安徽省哲学社会科学规划项目研究成果
项目批准号:AHSKZ2017D20

本书获淮北师范大学中国史特色学科
建设经费资助

刘佰合 著

清代安徽科举研究

中华书局

图书在版编目（CIP）数据

清代安徽科举研究/刘佰合著. —北京：中华书局,2023.6
ISBN 978-7-101-16222-6

Ⅰ.清…　Ⅱ.刘…　Ⅲ.科举制度-研究-安徽-清代
Ⅳ.D691.34

中国国家版本馆 CIP 数据核字（2023）第 087431 号

书　　名　清代安徽科举研究
著　　者　刘佰合
责任编辑　齐浣心
责任印制　陈丽娜
出版发行　中华书局
　　　　　（北京市丰台区太平桥西里 38 号　100073）
　　　　　http：//www. zhbc. com. cn
　　　　　E-mail：zhbc@ zhbc. com. cn
印　　刷　三河市中晟雅豪印务有限公司
版　　次　2023 年 6 月第 1 版
　　　　　2023 年 6 月第 1 次印刷
规　　格　开本/920×1250 毫米　1/32
　　　　　印张 13⅛　插页 2　字数 320 千字
国际书号　ISBN 978-7-101-16222-6
定　　价　78.00 元

目　录

第一章　安徽科举制度

有清一代"以科举为抡才大典,虽初制多沿明旧,而慎重科名,严防弊窦,立法之周,得人之盛,远轶前代"①,就制度层面而言,清代科举集前代之大成,已臻于成熟,形成了完备的体系和周密的制度。科举制度研究不仅要考察国家层面的制度规范,也应考察地方层面的规则设计;不仅要关照静态的制度呈现,亦应关照制度的动态运行。研究安徽科举制度,既有助于梳理清代地方科举制度,更可借此分析科举制度的实际运行状态及其在运行过程中呈现的制度调适与利益博弈。

第一节　乡会试中额:安徽科举的特殊地位

读书人在科举之途艰难跋涉,依次通过童试、乡试、会试和殿试获取生员、举人和进士等项功名,诚如梁启超所言:"近代官人皆由科举,公卿百执,皆自此出,是神器所由寄,百姓所由托,其政至重也。邑聚千数百童生而擢十数人为生员,省聚万数千生员而拔百数十人为举人,天下聚数千举人而拔百数人为进士,复于百数进

---

① 赵尔巽等撰:《清史稿》卷一百八《选举三》,中华书局,1976年,第3149页。

士而拔数十人为翰林,此其选之精也。"[①]也就是说整个科举体系由生员系内之考试、举人系内之考试与进士系内之考试组成[②]。乡会试中额是科举制度的核心,是各地科举水平与文风高下的直接反映,历来最为地方及士人所重,诸省当中,安徽情形颇为特殊。各省乡试中额不同,有大、中、小省之别,安徽初与江苏共享江南大省举额,乾隆元年之后定为小省。会试中式无定额,初行南、北、中卷之制,屡分屡并,至康熙五十一年确定分省取中,安徽与江苏合作一省定额,乾隆六十年,始行分省取中。

一、乡试合闱与分额

清代乡试为三年一科,逢子、午、卯、酉年为正科,遇万寿登基各庆典加科者谓恩科,是科举体系当中重要的阶级,考试较为隆重。各省乡试在省城举行,于城内东南方建立贡院,凡属本省诸府、州、县之生员与贡监生等,经学政准予录送者皆可应考,中式后即为举人。顺治二年乙酉开科,仅顺天、江南、河南、山东、山西、陕西六省,至顺治十七年庚子科,浙江、江西、湖广、福建、广东、四川、广西、云南、贵州陆续开科,形成十五闱的乡试格局。湖广分省之后,湖南士子赴湖北乡试,必经由洞庭湖,湖水浩瀚无涯,波涛不测,间有覆溺之患,雍正皇帝谓"朕心甚为恻然,或至士子畏避险远,裹足不前,又非朕广育人材之意",决定"于湖南地方建立试院,

---

① 梁启超:《公车上书请变通科举折》,《梁启超全集》第一册,北京出版社,1999年,第162页。

② 亦有学者认为清代科举制度不是三级而是四级,如邸永君在所著《清代翰林院制度》(社会科学文献出版社,2007年,第161页)即谓:"我们有充分的理由认定清代的科举考试制度不是三级而是四级,庶吉士制度是科举制度的延伸与发展,翰林院制度是科举制度的极致和归宿。"

每科另简考官,俾士子就近入场,永无阻隔之虞,共遂观光之愿"①,湖南、湖北两省即分闱而试,湖广取中原额亦分与两省。甘肃一直与陕西合试并通同取中,至光绪初年方才实现陕甘分闱。终清一代,安徽始终未能单独建立贡院,乡试与江苏共用江南贡院,谓之合闱。

1、安徽与江苏共有江南乡试中额

乡试中额是各省乡试每科取中举人的数额,均由朝廷统一规定,亦称解额。各省依大、中、小省之别分定乡试中额。在清代乡试格局当中,安徽情形最为特殊,康熙初年安徽、江苏两省分立,虽然各设巡抚、学政,安徽始终未能单独建立贡院,清代科举制度体系当中只有江南乡试,并无安徽乡试。安徽省解额变化,以乾隆元年为界,前一阶段安徽与江苏共有江南乡试中额,其后阶段安徽有独立的解额。

乾隆元年之前,江南解额经历数次调整。顺治二年题准,江南乡试中式一百六十三名,内南监生皿字号三十八名,其中《易经》五十四名,《诗经》五十三名,《书经》三十五名,《春秋》十一名,《礼记》十名。顺治十七年,"乡试照旧额减半",江南为六十三名。康熙三十五年,又增中二十名,中额调整到八十三名。康熙五十年,因"各省读书士子日盛,乡试中额酌量加增","均于五分内加增一分",江南与湖广、浙江各增中十六名,此时定额达到九十九名。这一阶段,江南与浙江、直隶、湖广、江西等省同为大省,且解额有时高于其他省份。

解额之外,江南有七次一次性增广中额,每次增广额数不一,

<hr>

① 《清实录·世宗宪皇帝实录》(一),中华书局,1985年,第178页。中华书局于1985至1987年影印出版清代历朝实录,著中凡引《清实录》,不再一一注明其版本信息。

多达三十名,少亦有七名。顺治八年,江南与顺天、湖广等省,加中十五名;顺治十一年,与江西、福建等省,加中七名;康熙八年,与浙江、福建等省,加中十名;康熙二十三年,与其他大省,加中十名;雍正元年,特行乡试,大省广额三十名;雍正七年,"每正额十名加中一名";雍正十三年,乡试大省加三十名①。

2、安徽独立乡试中额

苏皖两省,不若湖广中有洞庭湖之阻隔,也不似陕甘地理广袤,一般而论,安徽士子到南京入闱并不比到安庆应试更加艰难,况且江南贡院规模宏大,地位崇高,所以安徽并无强烈的分闱意愿,其诉求主要集中于两省分额,更有通过两省分额实现共同增额的深层驱动。乾隆元年,尚书杨名时奏称,"江南人文甲于天下",下江八府三州,"贡赋数倍于他省,应试之士实较浙江、福建、江西全省而加众",如果按照湖北与湖南之例,分定额数,不过五十名,即使有所增加,也达不到历科取中的数量,导致"佳文之限于额者必多"的局面,上江应试诸生虽然少于下江,"亦多杰出之彦,非小省可比。"杨提出建议,"将下江解额照浙江、福建、江西之例,定为大省,上江解额照山西、陕西、河南之例,定为中省。"乾隆帝对江苏、安徽两省合闱情况非常了解,他知道江苏入场士子较多,中式名数常居十分之七,安徽虽也人文繁盛,因应试者少,中式名数约占十分之三,而早在雍正十三年乡试安徽即有四十余人获中。杨名时奏请增额,乾隆帝一方面认为"属应行",另方面则说,如果将下江定为大省、上江定为中省,"则加增之数未免太浮",于是决定

---

① (清)昆冈等修,刘启端等纂:《钦定大清会典事例》卷三百四十八《礼部·贡举·乡试中额一》,《续修四库全书》(史部·政书类)第803册,第471—476页。著中凡引《钦定大清会典事例》,均注《续修四库全书》(史部·政书类)第803册页码。

下江照中省之二等,取中七十二名,外加五经额四名,上江照小省之二等,取中四十八名,外加五经额二名,"共增额二十一名。"①朝廷对两省人文繁盛、科举发达表示了充分认可,但却不愿采取大量增额的措施,目的在于维系解额制度的稳定,避免长期以来已经形成的各省科举利益格局被骤然打破。

乾隆元年的两省分额,对安徽科举有着标志性意义,分额不仅使安徽解额大幅度增长有了制度性保障,更重要的是安徽由此开始具有独立解额。乾隆九年,调整直省中额,"除零数不计外,于十分中酌减一分","江南省上江额中五十名,酌减五名,下江额中七十六名,酌减七名"②,以乾隆丁卯科为始。

乾隆九年之后,安徽乡试中额为四十五名,相沿至于光绪年间,基本未再变更,但有两种形式的增广。

一是一次性的加额,嘉庆元年,江南等乡试大省加三十名,"江南中额向系江苏、安徽四六分中,今照例江苏加十八名,安徽加十二名"。道光元年,特开乡试,江南等乡试大省加三十名,"江南中额系江苏、安徽四六分中,今广中额三十名,仍应四六分派,江苏加十八名,安徽加十二名。"③咸丰元年、同治元年和同治十一年,江南乡试也都加三十名,遵照道光元年广额成案取中,其中安徽加十二名。这五次加额,都发生在新帝即位之初,将江南视为一省,江苏、安徽四六分中,对安徽而言,所获加额,较单独作为小省

---

① 礼部纂辑:《钦定科场条例》卷二十《乡会试定额·各省乡试定额》,沈云龙主编:《近代中国史料丛刊三编》第48辑,台湾文海出版社,1989年,第1412—1414页。

② 《钦定大清会典事例》卷三百四十八《礼部·贡举·乡试中额一》,第478页。

③ 《钦定大清会典事例》卷三百四十九《礼部·贡举·乡试中额二》,第483、485页。

为多。

二是咸同年间的捐输增额,这种增额也称为加乡试永远中额。咸丰九年,"安徽捐输军饷,加乡试永远中额二名,于本年己未恩科乡试为始。"同治元年,"安徽徽、宁、池三属捐输军饷,加该省乡试永远中额二名,自甲子科为始。"同治三年,"安徽历次捐输军饷一百一十万两有奇,加乡试永远中额三名,均自甲子科为始。"同治四年,"淮军报效欠饷,加安徽乡试永远中额一名,自丁卯科为始。"同治九年,"铭军报效欠饷,加广安徽乡试永远中额一名,自庚午科为始。"[①]从咸丰九年到同治九年,十余年间,安徽因捐输军饷和报效欠饷,先后五次获得增广乡试中额,累计九名。捐输增额的实质是,国家与地方以乡试中额为中心进行的利益博弈与交换。

3、安徽乡试小省的地位

清初确定的各省乡试中额虽经历朝调整,但其大、中、小省的地位及各省间的相互比例却基本没有变更。光绪年间,各省中额分别为顺天乡试直隶贝字号取中 97 名,加五经遗额 5 名共 102 名,山东 69 名,山西 60 名,河南 71 名,浙江、江西各 94 名,福建 87 名,湖北 47 名,湖南 45 名(另湖北、湖南共一名,轮科取中),陕西 41 名,甘肃 30 名,四川 60 名,广东 71 名(另卤字号一名),广西 45 名、云南 54 名,贵州 40 名,江南取中 114 名,内江苏 69 名、安徽 45 名[②]。在这个榜单上,安徽 45 名的中额仅高于贵州和刚刚分闱的陕西、甘肃,与广西同等,甚至云南也比安徽高出 20%。清代乡试中额依文风高下、人口多寡与丁赋轻重而定,但安徽显然是个例

① 《钦定大清会典事例》卷三百四十九《礼部・贡举・乡试中额二》,第 494—497 页。

② 礼部纂辑:《钦定科场条例》卷二十《乡会试定额・各省乡试定额》,沈云龙主编:《近代中国史料丛刊三编》第 48 辑,第 1403—1407 页。

外,安徽乡试中额,与人口、财赋、文风等因素并不完全匹配。仅以人口多寡而论,据曹树基的研究,乾隆四十一年安徽人口为 2585.7 万,同年云南 788.4 万,贵州 567.2 万,广西人口在嘉庆二十五年才达到 741.6 万[1],三省与安徽人口之比均在 21.9%—30.5% 之间,人口多寡悬殊,却同为乡试小省,举额相当。乾隆四十一年安徽人口甚至高出科举大省直隶(1720.9 万)、浙江(2236.5 万)、江西(1878.3 万),由此可看出安徽在乡试层面是名副其实的小省。

　　安徽乡试小省地位的确定,背景是制度设计层面在举人系内考试充分考虑省际及地域平衡,直接原因是苏皖两省共同承继江南乡试的地位与名额,江苏乡试中省地位同出此因。乡试小省显然不是安徽科举水平及竞争力的真实反映,正所谓"多杰出之彦,非小省可比。"[2]清代为官员子弟专设官卷,在各省乡试中额中单独取中,乾隆元年安徽、江苏两省分额之后,官卷也随之分立,安徽两名,江苏四名,但两省"历科皆照大省二十名之例取中,每以不及足额散归民卷"。安徽巡抚英翰在同治九年提出请求,安徽"既照小省二等定额,官生取中人数,似应照小省十名,或中省十五名计取"。朝廷果断答复"该二省素称大省,故官卷必二十名取中一名,不得照中小省人数取中"[3]。为"体恤边隅起见"[4],各省乡试中额往往为特殊区域另编字号,单独确定录取名额,例如顺天有夹字号、

---

① 曹树基:《中国人口史》(第五卷),复旦大学出版社,2005 年,第 101、244、264、210 页。

② 礼部纂辑:《钦定科场条例》卷二十《乡会试定额·各省乡试定额》,沈云龙主编:《近代中国史料丛刊三编》第 48 辑,第 1412 页。

③ 礼部纂辑:《钦定科场条例》卷二十一《乡会试定额·官卷中额》,沈云龙主编:《近代中国史料丛刊三编》第 48 辑,第 1562—1564 页。

④ 礼部纂辑:《钦定科场条例》卷二十《乡会试定额·各省乡试定额》,沈云龙主编:《近代中国史料丛刊三编》第 48 辑,第 1480 页。

旦字号,山东有耳字号,福建编至字号和田字号,湖南有边字号、田字号,湖北另编方字号、员字号,陕西编木字号,广东编玉字号,四川有丁字号,广西为泗城、镇安两府编泗字号和镇字号,甘肃编有丁字号、聿右号、良字号、聿中号,山西大同也另号额中。各省字号编置多有变化,实施时间也长短不一,在全国范围而言是较为常见的现象,其主要目的是保证边远或落后地区的科举利益。安徽乡试一直没有为省内特定区域另编字号,是全省各地科举发展相对均衡的反映,亦是对安徽科举水平和竞争力的认可。

安徽人口总量较大,科举人口规模亦大,所以其会试中额就较云南、广西、贵州诸省有显著增加,这或许是对安徽乡试小省地位的政策性补偿与修正。

二、安徽会试中额

进士系列考试包括会试、复试、殿试、朝考等环节,天下举人会聚京师参加由礼部主持的会试,中式者曰贡士,经复试后参加殿试,获得进士功名。会试中式无定额,自清初至于晚清,会试中额之制多有变更,安徽在这个制度体系当中颇显特殊。

1、会试中额的四个阶段

安徽会试中额变化大约经历四个阶段。

第一阶段,是顺治初年的丙戌、丁亥和己丑三科,该阶段会试取中不分南北,也不按照省份,而是在全国范围内"凭文取中"。

第二阶段,从顺治九年壬辰科到康熙五十一年壬辰科,是南北中卷阶段。顺治九年壬辰科会试"分南北中卷取中",其中浙江、江西、福建、湖广和广东五省为南卷,取中二百三十三名,山东、陕西、河南、陕西四省及顺天府等为北卷,取中一百五十三名,四川、广西、云南和贵州四省为中卷,取中十四名。江南分为两部分,江宁、苏州、松江、常州、镇江、徽州、宁国、池州、太平、扬州、淮安等十一府和广德州归入南卷,安庆、庐州、凤阳三府,与滁州、和州、徐州等三州,则编入中卷。其后南北中卷之制变易不定,核心是中卷屡分屡并。顺治十二年,会试中额只分南北卷,中卷安庆、庐州、凤阳三府,滁州、和州、徐州等三州,因"原系中江南乡试,应一并归入南卷",每科随时分派中额,不再预定南北名数。顺治十八年,仍分南、北、中卷,康熙十五年,裁并中卷,康熙二十四年,仿旧制再立中卷。康熙三十年,在南、北、中卷当中分设左右,将安庆、庐州、凤阳三府,与滁州、和州、徐州等三州"改归南卷"①,江南与浙江编为南左。康熙三十八年,又取消左右之分。在该阶段,安徽南部地区所属徽州、宁国、池州、太平各府及广德州,一直编为南卷,北部地区所属安庆、庐州、凤阳三府与滁州、和州,则在中卷和南卷之间摇摆,最终并于南卷。

第三阶段,从康熙五十二年癸巳恩科到乾隆五十八年癸丑科,是苏皖两省共占中额阶段。康熙五十一年正式确立了分省取士的制度。在南北卷体系下,各省考取额数,经常发生"一省偏多,一省偏少"的现象,"取中人数甚属不均",康熙帝认为其因是"未经分别省份之故",随着各地鼓励劝学、赴试人数迅速增加,有必要改变这种"不均"的状况,令礼部于临考时查明入场举人数目,题请钦定中额②,"计省之大小,人之多寡,按省酌定取中进士额数。考取之时,就本省卷内择其佳者,照所定之额取中",试图在"学优真才不致遗漏"的基础上破除"偏多偏少之弊"③,由此确立分省取士之

---

① 《钦定大清会典事例》卷三百五十《礼部·贡举·会试中额》,第498—499页。
② 后改为会试三场毕,由礼部行文至公堂,查明入场举人,除贴出外,将实在数目题请钦定中额,并夹单呈览上三科人数及中额。
③ 《钦定大清会典事例》卷三百五十《礼部·贡举·会试中额》,第500页。

制。在该阶段,安徽与江苏两省共占江南会试中额,因江南为科举大省,每科参加礼闱人数较他省为多,更因为江南士子科举竞争力强,江南中额领先于其他各省。表1—1当中的"会试中额1",为笔者依据《清实录》统计的乾隆元年丙辰科至乾隆五十八年癸丑科,各省各科会试中额之和,其中安徽与江苏共占江南中额,陕西与甘肃共占陕西中额。安徽与江苏两省共占江南中额,为科举大省,二十六科会试中额总数达到799人,比第二名浙江多137人,中额最少的广西只有95人,仅及江南的12%。安徽与江苏两省之间的会试中额却又明显不均,安徽额数远低于江苏,康熙六十年辛丑科甚至出现脱科现象,全省没有一人进士及第。乾隆元年两省乡试分额后情况略有改观,但安徽仍明显落后,例如乾隆二年丁巳恩科,江苏取中进士37人,安徽仅有12人,两省大约为一三比例,距离乡试四六之比,差异较大。

第四阶段,乾隆六十年乙卯恩科及其以后诸科,安徽有独立的会试中额。乾隆六十年乙卯恩科会试,取中114名,将前科江南21个名额进行分割,"江苏十三名,安徽八名"[①],从此江苏与安徽两省会试分额,安徽开始拥有独立的会试中额,相沿至于科举废除。

2、安徽会试中省的地位

安徽在会试中逐步获得完整的独立地位,不仅保障了每科取中名额,而且略有小幅提升,与江苏取中数额的差距也有缩小趋势。

表1—1当中的"会试中额2",为笔者依据《清实录》统计的乾隆乙卯恩科至道光三十年庚戌科,各省各科会试中额之和,其中

①《钦定大清会典事例》卷三百五十《礼部·贡举·会试中额》,第506页。

陕西与甘肃共占陕甘中额,福建包含几次台湾的单独中额,"满洲等"指满洲、蒙古、汉军和奉天的中额数。从乾隆乙卯恩科,经嘉庆年间十二科,至道光年间十五科,共二十八科会试,安徽中额在7—15人之间波动,较长时间稳定在14人左右,总计中额达到337人。安徽会试中额数,排在直隶、浙江、江苏、江西、山东等省及满洲(含蒙古、汉军与奉天)之后,在十九个单位序列当中列第七位,实际上已经获得了中省的地位。从这组数字我们可以发现,江苏也获得了实际上的大省地位,合两省计有中额850名,较直隶多出247人;但和贵州、广西等小省的差距有缩小的趋势,中额最少的广西有172人,占江南两省的20%左右,较之前一阶段的12%,有非常明显的攀升。这种现象固然是边远地区文教逐渐发展的结果,也是清廷始终追求省域均衡的结果,背后则是江苏、浙江、安徽等发达省份的科举利益必须做出让渡和牺牲。

安徽会试中省地位的确立,还可以进士作为主要指标,进行简单比较和判断。由于疾病、丁忧及其他原因,个别贡士没有参加当科殿试,而在其后某科补殿试,获得进士出身,这种情况导致他们的会试中式和进士及第就不在同一科年。如果有贡士一直没有参加殿试,谓为"未殿试",则他们就不能成为真正的进士。另外偶有"钦赐一体殿试"情形,所以历科或各省的会试中额与进士数可能存在一定的差异,但这种差异并不影响各省科举地位问题的有关讨论。

自顺治丙戌至光绪甲辰,260年间开正科、加科及恩科112科,历科进士中额不等,以雍正庚戌科406人为最多,乾隆己酉96人为最少,各省数额大小不同,进士额数亦有多寡,具体数据见表1—1《清代各省科举数据表》。表中乡试中额依礼部纂辑《钦定科场条例》卷二十《乡会试定额·各省乡试定额》;进士数指各省清代进士总数,因统计方法、范围与口径不一,各家数据略有差异,为便于比较,此处采用沈登苗的研究成果①,其中安徽进士1192人,为笔者统计的结果;科均进士数指该省进士总数与112科之比(忽略部分省份的脱科与罚科)。

表1-1　清代各省科举数据表

省份	乡试中额	会试中额1	会试中额2	进士数	科均进士数	举人进士比	鼎甲数	进士鼎甲比
安徽	45	799	337	1192	10.6	4.2	21	57
江苏	69		513	2949	26.3	2.6	116	25
浙江	94	662	575	2808	25.1	3.7	76	37
直隶	102	476	603	2674	23.9	4.3	17	154
山东	69	340	485	2270	20.3	3.4	14	162
江西	94	519	499	1919	17.1	5.5	18	106
河南	71	274	308	1721	15.4	4.6	5	344
山西	60	305	284	1420	12.7	4.7	4	355
福建	87	285	308	1371	12.2	7.1	10	137
湖北	47.5	207	264	1247	11.1	4.3	12	104
陕西	41	225	260	1043	9.3	4.4	2	521
甘肃	30			289	2.6	11.5	0	
广东	71	242	249	1011	9.0	7.9	11	92
四川	60	153	199	753	6.7	9.0	3	251
湖南	45.5	122	212	714	6.4	7.1	13	55
云南	54	126	237	694	6.2	8.7	0	
贵州	40	126	197	607	5.4	7.4	3	202
广西	45	95	172	568	5.1	8.8	5	114
满洲等		196	436					

① 沈登苗:《明清全国进士与人才的时空分布及其相互关系》,《中国文化研究》1999年第4期。

以科均进士数为指标,十八省可以分为三个阶梯,江苏、浙江、直隶与山东四省为第一阶梯,科均进士数均在 20 以上,科均进士数在 10 以下的有陕西、甘肃、广东、四川、湖南、云南、贵州、广西八省,江西、河南、山西、福建、湖北等省位居第二阶梯,科均进士数在 10—20 之间,安徽亦处第二阶梯,在诸省序列之中位列第十(进士总数同样排在第十位),是进士层次的中省,较之乡试层次已有明显提升。进士多寡的决定性因素之一是具有应试资格的举人数量,所以在衡量某省科举竞争力时,可引入举人进士比作为重要指标,该指标为乡试中额与科均进士数之比,是一个虚拟值,忽略乡试额数的增减与变化,亦不计各省贡监生参加顺天乡试中举人数,大约相当于举人考取进士的比率,具有简单直观和便于比较的优点。安徽的举人进士比是 4.2,仅高于江苏、浙江与山东,排列第四,甚至低于江西、福建、直隶等乡试大省,进一步证明了安徽进士中省的地位。需要指出的是,在湖广合闱及陕甘合闱期间,湖北与陕西是强势省份,所中举人数远多于湖南与甘肃,所以湖北、陕西两省与安徽的差距并不像表中数据显示的那样细微,同理湖南、甘肃两省的差距则略大。

三、安徽殿试鼎甲数额

殿试是清代科举最高层级的考试,每科取中第一甲三名,即状元、榜眼与探花,均赐进士及第,如鼎之三足,故谓鼎甲。鼎甲实际上是进士群体的特殊构成部分,高居科举体系的塔顶,是人生成功的标志,也是社会崇拜的对象,有着十分广泛而深远的社会影响。与乡试及会试比较,殿试有其鲜明特点,其一殿试由皇帝主持,或名义上由皇帝主持,故典礼隆重;其二殿试不是选拔考试,除违式外一般不再黜落,主要功能是排定甲第名次;其三不再区分省份地域,而是凭文评定等级高下,是故进士甲次,尤其是鼎甲人数最能反映各省文风高下。

　　清代安徽鼎甲人物共有 21 人（不含寄籍），其中状元 9 人，分别是乾隆三十六年辛卯恩科休宁黄轩、乾隆三十七年壬辰科歙县金榜、乾隆四十年乙未科休宁吴锡龄、嘉庆元年丙辰恩兼正科太湖赵文楷、嘉庆十四年己巳恩科歙县洪莹、嘉庆十九年甲戌科桐城龙汝言、道光二年壬午恩科天长戴兰芬、道光九年己丑科太湖李振钧、咸丰九年己未科寿州孙家鼐；榜眼 7 人，分别是顺治四年丁亥加科桐城程芳朝、康熙十八年己未科宣城孙卓、康熙三十年辛未科全椒吴昺、康熙四十八年己丑科桐城戴名世、康熙五十七年戊戌科桐城张廷璐、乾隆二十二年丁丑科宣城梅立本、嘉庆二十二年丁丑科定远凌泰封；探花 5 人，分别是顺治十五年戊戌科全椒吴国对、乾隆二十八年癸未科芜湖韦谦恒、乾隆四十五年庚子恩科歙县程昌期、乾隆五十五年庚戌恩科青阳王宗诚、咸丰三年癸丑科旌德吕朝瑞。安徽鼎甲发展的繁盛期，大约相当于乾隆、嘉庆和道光前期，鼎甲人数大幅攀升，达到 13 人，且以状元为主体，达 8 位之多，该期也是清代安徽科举最为辉煌的阶段，苏皖两省分额政策的实施对安徽科举的推动作用，于此已是隐然可见。

　　除顺治壬辰和乙未两科满汉分榜之满榜不计外，清代共产生鼎甲 336 人，各省（另及宗室、满洲、蒙古、汉军等）鼎甲人数多寡相差悬殊。商衍鎏著《清代科举考试述录及有关著作》有《殿试会试首先姓名表》与《清代殿试、会试历科首选省份人数统计表》①，依其统计出各省鼎甲人数，见表 1—1《清代各省科举数据表》。

　　按照鼎甲人数，诸省可分为三个层次，河南、广西、山西、贵州、

---

① 商衍鎏：《清代科举考试述录及有关著作》，百花文艺出版社，2004 年，第 182—190 页。乾隆五十五年庚戌恩科探花王宗诚，商著误为江苏青阳；故将江苏鼎甲数修正为 116 人。

四川、陕西等八省鼎甲均不及六人,或四五人,或两三人,云南与甘肃则皆无鼎甲,为鼎甲小省;江西、直隶、山东、湖南、湖北、广东、福建等七省为鼎甲中省,鼎甲数在 10—20 之间;人数在 20 以上的苏、浙、皖三省为鼎甲大省,其中江苏 116 人、浙江 76 人,遥遥领先于其他各省,为名副其实的鼎甲强省,与其科举地位相称,安徽虽与二省有较大差距,也已跻身大省行列,完成了从乡试小省到会试中省、再到鼎甲大省的提升与跨越。

若单纯比较鼎甲人数,安徽与其他中省相较,似乎并无据明显优势,如果结合进士鼎甲比考察,安徽的领先优势就能得到清晰反映,进士鼎甲比即各省进士人数与鼎甲人数之比,该比数字越小表明科举实力越强,各省进士鼎甲比见表 1—1《清代各省科举数据表》。安徽的进士鼎甲比为 57,意味着每 57 位进士中即有一个鼎甲,仅略低于科举强省江苏、浙江,鼎甲人数的差距明显缩小。江西、直隶两省鼎甲规模与安徽较为接近,但进士鼎甲比均低于安徽,直隶为 154,江西为 106,约是安徽的二分之一,这表明江西虽然鼎甲规模与安徽大约相当,但其科举核心竞争力却逊于安徽,因为江西的进士数是安徽的 1.7 倍,乡试中额是安徽的 2.1 倍。进士人数与安徽较为接近的福建、陕西与山西等省,进士鼎甲比都不同程度地低于安徽,陕西该比甚至为 521。同为乡试小省的广西、贵州、云南与安徽的进士鼎甲比亦有明显差距,举额高于安徽的云南,终清一代甚至未见鼎甲。值得注意的是,湖南进士鼎甲比为 55,与安徽大约相当,在晚清科举版图中异军突起,展现了很强的冲击力与上升趋势,但因其鼎甲仅有 13 人,故不能列于鼎甲大省。

安徽的科举地位具有清晰的层级性与递进性,在各省科举格局当中颇为独特,从乡试层次小省向会试中省的提升,体现了安徽士子具有较强的科举竞争力,再从会试中省跨越到鼎甲层次的大省,奠定了安徽在全国科举格局中的重要地位。安徽科举长期以来似乎被江浙地区的炽盛光芒遮蔽,多被轻视或忽略,实际上安徽亦是科举发达省份,与江苏、浙江共同组成了清代科举格局中的核心区域。

第二节　乡试展期与借闱

清代科举考试"八月乡试、三月会试"的试期制度在乾隆年间基本定型,其后相沿至于晚清,"凡乡试以子、午、卯、酉年八月,会试以辰、戌、丑、未年三月。初九日为第一场,十二日为第二场,十五日为第三场。每场皆先一日点入,次一日放出。"[①]会试及各省乡试,不论正科还是恩科,均应遵行试期,如果遇到时局巨变或是特殊情因,不能依例而行,则应展期举办。展期成因多样且复杂,贾琳在《时间延展与制度变迁:清代科举"展期"考论》文中,具体梳理了国内战乱、帝王巡幸、自然灾害、搜检防弊等九种原因,并进一步归纳为"突发性"和"类制度性"[②]两大成因类型。

一、江南乡试的展期和停科

按照展缓时间的长短,乡试展期大约可以分成两类,一是展缓数月,当年举行;二是推迟一年、甚至数年,待后科补行,这种情形亦称为"停科"[③]。江南乡试既有一般所谓展期,亦有停科,分述

---

① 礼部纂辑:《钦定科场条例》卷一《乡会试期》,沈云龙主编:《近代中国史料丛刊三编》第 48 辑,第 49 页。
② 贾琳:《时间延展与制度变迁:清代科举"展期"考论》,《中国史研究》2018年第 1 期。
③ 商衍鎏:《清代科举考试述录及有关著作》,第 122—124 页。

如下。

1、因水展期

道光年间,江南贡院多次出现积水问题,江南乡试受其影响而不得不展期举行。道光十一年,因贡院积水,两江总督陶澍会同江苏巡抚程祖洛、江苏学政白镕、安徽学政鄂木顺额,于六月二十五日奏请乡试改期,谓"现在贡院之水尚深二三尺不等,贡院以外暨附近街衢民居,向系士子作寓之所,均深至三四尺。江潮顶托,宣泄无方。就令秋后一月之内可以消涸净尽,而倒塌房间修理亦需时日……且向例,七月初间两学臣必应来省考试录科,而上下江考棚现亦皆在水中,宣泄修整更难赶办。臣等面同商榷,不得不为权宜之计。除行文各府、州、县,出示晓谕诸生暂缓来省,免致拥挤失所外,惟有据实奏恳圣恩,俯准将江南文闱乡试展限至九月初八日举行。至文闱事竣,正值办灾吃紧之时,所有武闱乡试,并请展至来岁三月举行"[1]。上谕"著照所请,所有江南文闱乡试准其展限至九月初八日举行"[2]。

道光二十年,江南乡试展期一个月举行。五、六月间连次大雨,山水骤发,江潮涌灌入城,江南贡院积水。两江总督伊里布援引前例,上折请展限办理乡试,称"现在贡院内积水日增,无从宣泄,本年八月乡试势难依期办理"。七月丙午日上谕,"著照所请。所有江南文闱乡试准其展限至九月初八日举行,其武闱乡试著展至来年三月举行"[3]。道光二十四年,"因近年时逢秋雨,江潮盛涨,

① (清)陶澍:《贡院被淹,乡试请展期办理折子》,《陶澍全集》第二册《奏疏2》,岳麓书社,2010年,第391—392页。
② 礼部纂辑:《钦定科场条例》卷一《乡会试期》,沈云龙主编:《近代中国史料丛刊三编》第48辑,第55页。
③ 《清实录·宣宗成皇帝实录》(六),第115页。

由西水关溢入秦淮。贡院滨临,号舍积涝者六千有奇,每于科场患之。"两江总督壁昌、江苏学政张芾决定对贡院进行修治,"将被淹号舍六千一百余间拆卸,筑土增高,重为建造。每号甬口加茸门墙,题明字号,以便稽查。并添开子沟,以利水道,棘垣周围增高二尺。"①江南贡院积水问题得以初步解决,但并未根治。

　　道光二十九年的江南乡试两次展期。该年春夏之间江南省又遇大水,雨多晴少,"闰四月内连日大雨,山水下注,江潮涌灌入城",两江总督陆建瀛和江苏巡抚傅绳勋奏称:"现在贡院内积水甚深,无从宣泄,本年八月乡试,势难依限办理。"上谕准其所请"江南文闱乡试,准其展限至九月初八日举行,其武闱乡试展至来年三月举行"②。其后陆建瀛等又奏请乡试再展期,"积水现退二尺有余,尚未全消,号舍墙垣倾颓,一时难以修整。著准其再展至十月初八日举行",已经简放的正副主考一月后启程③。

　　道光年间,江南乡试先后三次展期,其中二十九年的乡试还展期两月,表面看来,均是因贡院积水之故,其实还有其他原因,我们可以道光十一年为例,略加分析。

　　一是各地水患严重,地方官员着力防灾、赈灾,无暇备考、办考。道光十一年五月下旬,大雨倾盆,山水骤涨,六月中旬又复大雨如注,江潮涌灌,加之上游安徽、江西、湖广各省来水甚旺,以致宣泄不及,平地泛溢。洪泽湖水势异涨,且连日多风,波浪汹涌,以致扬河厅一带东堤,俱形危险;湖水漫过砌石,万顷汪洋,仅恃长堤一

① 《江宁重修贡院记》,南京市文化广电新闻出版局(文物局)编著:《南京历代碑刻集成》,上海书画出版社,2011年,第282页。
② 《清实录·宣宗成皇帝实录》(七),第902—903页。
③ 礼部纂辑:《钦定科场条例》卷一《乡会试期》,沈云龙主编:《近代中国史料丛刊三编》第48辑,第58页。

线,险象环生;运河迤西各境,早已寸土俱淹,老幼男妇猬集堤身,极为危苦。多地出现民田庐舍漫淹、堤圩冲破、灾民荡析离居的情况,地方官员集中精力勘办各处灾务,日切焦思。两江总督陶澍本欲赶赴清浦防河,因江宁水灾极重,"急切不能分身",后饬藩司驻省专办灾务,驶赴清江会同河臣相机筹办,"俟稍有头绪,仍即回省料理水灾事宜。"江苏巡抚程祖洛于六月十七日由苏州赴江宁,一路查勘,皆是水势浩瀚,又赶赴淮扬一带,勘查高宝下河被水各地方。因水灾"事关民瘼"①,乡试只能奏请展期。

二是因江宁水灾,不具备进行大规模考试的环境条件。江宁城中,水深数尺,衙署亦多在水中,"民居徙避城西,灾口嗷嗷,不胜焦灼"②,贡院以外暨附近街衢民居,向系士子作寓之所,均深至三四尺,且多有倒塌。计额定入场士子,并来省录遗,以及随行仆从、赶场买卖等,"总共不下四五万人,一时云集,住宿无所",灾中的江宁城已难以承受短期内大量人口的集聚,更遑论按时乡试,"若拘泥办考,必致贻误",所以展期就成不得不为的"权宜之计"③。

江南乡试数次展期,均因水灾④,对参加考试的士子和科举制度而言,都是影响甚微,相较而言影响更大的则是太平天国运动时期的停科。

---

① (清)陶澍:《续报沿江涨势添长,湖河危急情形折子》,《陶澍全集》第二册《奏疏2》,第393—394页。
② (清)陶澍:《续报沿江涨势添长,湖河危急情形折子》,《陶澍全集》第二册《奏疏2》,第393页。
③ (清)陶澍:《贡院被淹,乡试请展期办理折子》,《陶澍全集》第二册《奏疏2》,第392页。
④ 同治三年甲子科江南乡试未在秋八月举行,而是延迟到冬十一月,出于当年清军攻占南京,不同于一般之展期,详见第四章第三节。

2、因战停科

清代乡试停科有康熙初年、咸同之际和光绪后期三个高峰时段,其中咸同年间战乱频仍,内有太平军、捻军席卷大半中国,外有英法联军发动第二次鸦片战争,清政府于内忧外患之中疲于应付,各省乡试多次被迫停科,从咸丰元年到同治六年,各省乡试共停科49场次,停科率约为34%,所涉省份及次数为清代各朝之最[①],其中江南乡试停科四次。

咸丰三年,太平军攻占南京,定都于此,并开科取士,受其影响,江南乡试数次展期停科。咸丰五年,江南省应举行乙卯科文武乡试,怡良等奏请展缓乡试,称"军务未竣,现在试期已近,体察情形,不能依限举行",五月壬午日上谕"准其展至戊午科归并举行,按照两科定额取中",以昭慎重。咸丰八年四月,两江总督何桂清奏称,官兵"已将金陵合围,指日克复,惟探闻贡院残甚,非两三月所能修葺完竣。请将江南省上届乙卯及八年戊午科乡试,暂行展缓,俟克复省城,另行奏明,请旨特开一科,按照定额,归并取中"。咸丰十一年,因江安各属军务未竣,将江南辛酉科并补行戊午科乡试展缓举行,该督抚在军务稍竣之后,"随时察看情形,先期奏请办理",于此赋予地方督抚部分处置权力。至同治元年壬戌恩科,江南乡试"现难举行,仍请展缓"[②]。

咸同年间江南乡试四次停科,均因战乱而起,主要诱因是江南贡院所在地为太平天国所占领。先前尚能设计所停之科与后科"归并举行",后来只能模糊地要求地方"随时察看情形",表明停科对试期造成了巨大冲击。江南乡试所停诸科,得以次第补行,咸丰

----

① 王立新:《咸同年间文闱停科问题考订》,《近代史研究》2016年第5期。
② 礼部纂辑:《钦定科场条例》卷一《乡会试期》,沈云龙主编:《近代中国史料丛刊三编》第48辑,第67、71、82、88页。

五年乙卯科在咸丰九年己未恩科补行,咸丰八年戊午科在同治三年甲子科补行,咸丰十一年辛酉科在同治六年丁卯科补行,同治元年壬戌恩科在同治九年庚午科补行。停科得以次第补行,正是依靠科举制度的完整性与权威性,所谓展期与停科,并未也不足以真正对科举制度产生"内在侵蚀",造成"潜在冲击与撼动"①。

江南乡试停科的深层影响是苏皖两省士子向隅日久,科举不兴,文教衰蔽,一旦战事稍平,举行乡试就提上日程。同治三年六月,江宁省城甫一克复,曾国藩就饬派记名臬司黄润昌鸠工庀材、监视兴修贡院;曾国藩九月初七日抵江宁,初九日就亲至贡院,查验工程,"所有主考、监临、提调、监试、房官各屋,誊录、对读、弥封、供给各所,新造者十之九,修补者十之一。号舍一万六千余间,新造者十之一,葺补者十之九"。因江南人文荟萃,向虑号舍不敷,酌就闱外圈入隙地,以备添建号舍之用。他逐段勘验,"仅号板未全,牌坊及油饰未毕。约计九月二十日前,一律完竣,工坚料实,焕然一新。两江人士,闻风鼓舞,流亡旋归,商贾云集。"②曾国藩在九月十一日上《江南贡院修复工竣拟即举行乡试请简放考官折》,陈明情形,定于十一月举行本届甲子科及补行戊午科乡试,改变了朝廷原先特开一科的打算,并请简放考官。由此以后,江南乡试试期归于常态。

二、安徽乡试借闱浙江

太平天国运动时期,江南乡试先后四次停科,咸丰九年己未恩

①　贾琳:《时间延展与制度变迁:清代科举"展期"考论》,《中国史研究》2018年第1期。
②《江南贡院修复工竣拟即举行乡试请简放考官折》,《曾国藩全集》(七),岳麓书社,2011年,第450页。

科乡试却未停科,江苏与安徽两省该科乡试借闱浙江举行,情形颇为特殊,开其后乡试甚或会试异地开考之例。

1、江南借闱之议

咸丰九年正月初二日,内阁奉上谕,"朕自御极之初,特开恩榜,迄今已阅数年。缅惟皇考宣宗成皇帝五旬、六旬万寿均降旨特开乡会试恩科,仰见宏敷教泽,行庆作人,有加无已。兹于咸丰十年,届朕三旬万寿,允宜特开庆榜,嘉惠士林。著于本年八月举行恩科乡试,明年三月举行恩科会试,以副朕简拔人材至意。"① 特开恩榜谕下之后,江南绅士宗人府府丞温葆淳等人即"以士子怀才愿试,呈请暂借浙省文闱,将江南两科乡试于本年十月一并举行",当即批司会议。江宁藩司梁佐中、安徽藩司张光第、安徽臬司马新贻、苏州藩司王有龄、署苏州臬司汤云松等地方要员"会议具详"②,请两江总督何桂清等上奏。咸丰九年三月,两江总督何桂清、江苏巡抚徐有壬、安徽巡抚翁同书,会同江苏学政臣孙葆元、安徽学政臣邵亨豫,为暂借浙江文闱举行江南乡试之事恭折具奏,正式提出江南借闱乡试。

江南借闱浙江之议的提出,有几种因素共同作用,从何桂清等人所上《为暂借浙闱举行乡试事奏折》可以看出大端。

首先,江南为人文渊薮,上届两科乡试均未能依期举行,又逢庆典,"上下两江士子欢腾鼓舞,跃跃欲试之情迫不及待"③,有强烈的开科考试期待。咸丰九年己未恩科乡试停科有广东、广西、云

①《清实录·文宗显皇帝实录》(五),第3页。
②《两江总督何桂清等为暂借浙闱举行乡试事奏折》,中国第一历史档案馆:《咸丰末期江苏安徽借闱浙江乡试档案》,《历史档案》2019年第1期。
③《两江总督何桂清等为暂借浙闱举行乡试事奏折》,中国第一历史档案馆:《咸丰末期江苏安徽借闱浙江乡试档案》,《历史档案》2019年第1期。

南、贵州和湖南五省,其中湖南此前两次停科都已补行,广东和云南只有一次停科未补,广西和贵州两省与江南相类,有两次停科未补,但己未恩科乡试仍然停科,固然是因战局混乱,但也和两省为乡试小省密切相关,其地位与江南不可等观。

其次,借助特开恩科,博取朝廷的同情与同意,如果该届恩科再行请展,"不特无以副圣主辟门吁俊之怀,亦无以慰多士引领观光之望",恐将失去朝廷嘉惠士林之意。咸丰五年,江南即曾有咨借浙江贡院之举,经时任浙江巡抚何桂清据杭州府知府王有龄等"咨复窒碍难行"①,没有正式向上提出。很有意思的是,何桂清既是前次借闱的拒绝者,又是本次借闱的主导者,只是其身份与角色发生了变化。该届乡试为特开恩榜,朝廷内外更为看重,安徽最终能够与江苏一同借闱考试亦由于此。

再者,江南督抚承诺尽量不额外增加浙江负担,"所有内外提调、监试帘官及总理科场支应各员,浙省或有应须回避者,自可仍由江南派往,一切经费亦由江南筹备,足数解浙"②,以打消浙江方面的顾虑,说明借闱可行。

最后,与太平天国政权竞争并笼络人心,是一种潜在而不便明言的缘由。太平天国攻占南京之后就大规模地进行科举考试,简又文称"太平天国最注重开科考试……此诚天朝政治文化之最大特色之一也"③。太平天国的对抗者对太平科举已有模糊了解,隐约

---

① 《浙江巡抚胡兴仁为陈明咨借浙闱乡试诸多窒碍事奏折》,中国第一历史档案馆:《咸丰末期江苏安徽借闱浙江乡试档案》,《历史档案》2019年第1期。

② 《两江总督何桂清等为暂借浙闱举行乡试事奏折》,中国第一历史档案馆:《咸丰末期江苏安徽借闱浙江乡试档案》,《历史档案》2019年第1期。

③ 简又文:《太平天国典制通考》(上册),香港简氏猛进书屋,1958年,第263页。

意识到长期停科对笼络人心、争夺人才是不利的。自咸丰初年开始的捐输广额,国家与地方之间实现了科举利益的交换,但地方所获科举利益却因屡次停科一直未能真正兑现。及时开科可以"伸士气""固民心"①,能够进一步刺激地方士绅积极捐输办团,投身镇压太平天国运动。

2、安徽借闱的反复

借闱之事的决策过程多有曲折和反复,先是浙江不同意借闱,再是江苏开科而安徽暂缓,最后才确定两省共同借闱。复杂的决策过程,既反映了江苏、安徽和浙江等不同省份之间的冲突,也反映出地方在乡试层面越来越居于主导地位。

浙江省自巡抚胡兴仁及杭州将军瑞昌以下,至在籍绅士,对江南借闱之事多持担忧及反对态度。浙省贡院号舍一万一千有零,且无余地可以添建,而江苏、安徽两省应试者向有一万七八千人之众,"贡院断不敷用"。他们认为安徽"郡县半陷贼中,经费无出,学政考试尚难亲历",更担心皖省应试之人奸良莫辨、人数众多、难以稽查,"士子来浙应试,随从人役必多混杂,城门无从拦阻,诚恐逆贼诈伪百出,于浙江、江苏两省均有关碍"。浙江省巡抚胡兴仁以"有守土之责,为思患预防起见"②,会同杭州将军瑞昌上奏陈明态度。

胡兴仁奏上,咸丰帝"以江南士子未免向隅,复谕令江南、浙江

---

① 《大学士瑞麟等为议江南暂借浙闱举行恩科并补乙卯正科事奏折》,中国第一历史档案馆:《咸丰末期江苏安徽借闱浙江乡试档案》,《历史档案》2019年第1期。

② 《浙江巡抚胡兴仁为陈明咨借浙闱乡试诸多窒碍事奏折》,中国第一历史档案馆:《咸丰末期江苏安徽借闱浙江乡试档案》,《历史档案》2019年第1期。

各督抚妥为筹画"①。胡兴仁揣摩上意,部分改变态度,与何桂清、徐有壬等相互磋商,达成一致意见,联衔具折,提出"苏皖两省乡试拟请分别办理"的建议。乡试入闱士子总以学臣科试及遗才收录为凭,何桂清等奏明,"上下两江皆属人才渊薮,近年江苏学臣按试者取额无几,如今冬来浙应试人数既有可凭,水陆程途往来亦便,自必踊跃观光"。安徽情形与江苏大为不同,皖南"踞浙较近,而池、太现未收复,徽、宁所属仍时有贼踪",安庆庐州新旧省会、凤颍二府及六安等四州,"踞浙甚远,且多被贼氛窜扰,数年来科岁久停",即使勉强苏皖同闱,"皖北各属或资斧不继,或学业抛荒,能过江应试者不过数百人",以安徽全省两科中额,"仅取之徽、宁、广德两府一州,似尚非慎重科名之道。其余六府四州一经平定,转有怀才莫售之嗟,亦未免屈多伸少"②。咸丰帝认可了何桂清等所奏,谓"本年江苏省乡试,即定于十月内举行,借用浙江文闱办理;安徽省乡试著俟该省平定地方较多,应如何通融办理之处,由该督抚届时奏请补行,以示朕嘉惠士林至意"③。

江浙地方提出"苏皖两省乡试拟请分别办理"建议时,与安徽学政邵亨豫亦有函商,但对邵意似有曲解之嫌。胡兴仁致函邵亨豫,提出安徽"或借河南贡院,或于明年奏请特开一科"④,"以徽省既另作一次,所有闱差须调用皖员,稽查须责成皖学"。邵亨豫明确表示不予认同,否定了借河南贡院的建议,又谓"两场考试则皖

① 《清实录·文宗显皇帝实录》(五),第152页。
② 《两江总督何桂清等为遵旨会议苏皖借用浙江乡试并酌拟分别办理事奏折》,中国第一历史档案馆:《咸丰末期江苏安徽借闱浙江乡试档案》,《历史档案》2019年第1期。
③ 《清实录·文宗显皇帝实录》(五),第152—153页。
④ (清)邵亨豫:《雪泥鸿爪前编》,北京图书馆编:《北京图书馆藏珍本年谱丛刊》第162册,北京图书馆出版社,1999年,第550页。

省军务未竣,差委乏员,经费亦绌",安徽考生约计全数不过三千,"仍附江苏同考,办理亦易",号舍不敷之事可解;如须分期考试,"或请仿照顺天乡、会正场过后即考宗室之例,于十月十六日江苏考竣,十八日接考安徽,则一切提调、监试当可无庸更易"。尽管邵亨豫希望安徽与江苏一同借闱考试,胡兴仁还是移咨,"以安徽乡试拟请缓至来岁秋间请旨特开一科"①。苏浙两省以暂时牺牲安徽利益为前提达成一致意见,对于浙江可以减轻借闱负担,对于江苏则可确保借闱考试。

　　安徽绅士听闻皖省本科乡试展缓消息,意为不可,纷纷发声,翰林院侍读吕锦文,翰林院编修黄钰、宋梦兰、方锴、章琼,前浙江杭嘉湖道孙观、前福建汀漳龙道桂超万等三十余人呈文通政使司通政使张芾和安徽学政邵亨豫,联名请奏,为皖省众绅吁请遵旨仍借浙闱举行乡试。张芾和邵亨豫在咸丰九年六月初四同日上奏,邵奏简明,张奏有力,对两省乡试分别办理、江苏借闱而安徽展缓的各条理由,逐条驳议。所谓士子众多,稽查不易,此固慎重地方之意,"第独考江苏,亦须认真盘诘;合考安徽,无妨一律严查"。所谓经费孔钜,擘画维艰,"此亦先事预筹之意。第江、安同考,经费尚可分筹;江、安分考,经费更难独办",无论缓期来岁,或是特开一科,场费愈形浩大;如果科场经费由江苏筹画,容有不敷,各绅皆称"应自筹捐,稍资津贴"。即以时势论之,"安徽之安庆未断贼迹,江苏之金陵犹为贼踞",再以道理论之,"安徽之凤颍固越在淮南,江苏之海徐更远居河北",言下之意是江苏能考安徽就应同考。再就号舍,浙省贡院计有一万二千余间,江苏乡试向有六七千人,安

---

① 《安徽学政邵亨豫为皖省众绅请仍借浙闱举行本年乡试等事奏折》,中国第一历史档案馆:《咸丰末期江苏安徽借闱浙江乡试档案》,《历史档案》2019年第1期。

徽乡试向有五六千人,以现在计之,"江苏未必加增,而安徽被扰已久,数必大减,当不致过形拥挤,或虑不敷,再四思维,均无窒碍"。最终提出"或遵前旨,以分月上副宸衷。或循旧例,以同场下孚士望"①的方案和建议。张邵二人奏折所提主张,很快为咸丰帝接受,"江南文闱乡试曾经两次停止,本年特开恩榜,原以嘉惠士林,江苏业已举行,若将安徽展缓,该省士子未免向隅,所有安徽乡试,着即定于十月内,同江苏一并借用浙江文闱办理。"②

张芾因王茂荫之荐,在皖南专司防剿、练团劝捐,本与科举事务无关,但他曾有江苏学政的任职经历,又见"皖省人士不得与江苏共被皇仁,又不得分月入场,以遵谕旨,殊失多士之请",不顾"身居局外",不避"越俎而谋"之嫌,慨然上言。徽州人士对张芾之举颇多感念,黄崇惺《凤山笔记》记载该事,谓"徽州防务既得稍纾,文毅(张芾)念用兵数年,六邑捐输数百千万,虽给予奖励矣,而不可无以厚慰人士之心。本年万寿恩科,江苏大吏议借闱于浙,文毅力赞成之。以十月为试期。凡上江帝差供给之费,皆文毅遣员主之。而是岁六月学使邵公又于徽举行科岁试事。十一月,省试榜发,六邑登正副榜者凡四十人,为自来所未有。文彦彬彬,称为极盛"③。

3、安徽乡试的中额

借闱浙江是安徽乡试史上的特殊情形之一,特殊情形之二是己未恩科乡试安徽并未足额取中。

---

①《通政使张芾为皖省众绅吁请仍借浙闱乡试事奏折》,中国第一历史档案馆:《咸丰末期江苏安徽借闱浙江乡试档案》,《历史档案》2019年第1期。
②《清实录·文宗显皇帝实录》(五),第189页。
③ 黄崇惺:《凤山笔记》,《近代史资料》1963年第1期,中华书局,1963年,第132页。

　　咸丰九年七月十六日,朝廷对本年江南文闱乡试借用浙闱举行一事,作出安排,谕令"内外帘一切事宜,自应参酌旧章,变通办理",因该省乡试系带行乙卯正科,"所有官卷、民卷中额,均著加倍取,其捐输推广之额,均归民卷取中,不得加入官卷。"① 安徽学政邵亨豫关于中额的设想与此相同,他亦奏请,"皖省中额四十五名,本年万寿恩科带补乙卯乡试,系两榜并试,应照例倍中九十名。又新奉部咨,捐输广额,加乡试定额二名,加广乡试中额二名,共四名。"②

　　安徽巡抚翁同书对借闱浙江事较为疏离,只是偶尔参与,八月据安徽藩司张光第上奏,称"皖北贼氛未靖,仅有徽、宁、广德三属士子就试,各属未得普沾庆典,请展至来年秋间,特开一科"。翁奏关注点在安徽省内各属科举利益的均衡,但显然与上意不符,咸丰皇帝坚持原说,"安徽士子,志切观光,朕已加恩允准借闱举行,若因皖北士子未能赴考,复行停止,非朕嘉惠士林之至意",隐然有批评之意。咸丰帝也注意到了翁奏有合理之处,与考人数无多,又是两科并举,"照额取中,则未得与考者,不免向隅"③,要求暂行酌减中额。礼部随即拟定具体方案,安徽赴浙乡试,只有徽、宁、广德三属,将"两科归并中额九十名内,酌中三十六名,其所加定额广额各二名,亦先各中一名,余归下届补行取中"④,此处三十六名,实则按照定额四成取中。

　　安徽学政邵亨豫是安徽己未恩科乡试的中心人物。邵亨豫,嘉庆二十二年生,字子立,一字汧生,江苏常熟人,祖籍安徽休宁,

①《清实录·文宗显皇帝实录》(五),第229—230页。
②《安徽学政邵亨豫为办理借闱乡试情形事奏折》,中国第一历史档案馆:《咸丰末期江苏安徽借闱浙江乡试档案》,《历史档案》2019年第1期。
③《清实录·文宗显皇帝实录》(五),第260页。
④《清实录·文宗显皇帝实录》(五),第266页。

寄籍顺天宛平,道光三十年进士,改庶吉士,授编修。咸丰八年任河南乡试正考官,乡试闱中奉到上谕,任安徽学政。他在咸丰九年二月抵达歙县,接印视事,先后在徽州、旌德和广德主持有关考试。江浙两省"以皖省抚藩俱远在皖北,文移往返维艰,本届乡试公事均须变通办法"①,咨商各件均投送学政衙门核办,"凡关涉科场,无论向归何衙门者,俱归安徽学政总理。"②邵亨豫在九月二十四日到达杭州,二十八日再上《为皖北士子赴浙应试者较众请加中额事奏折》,吁恳天恩,累加推广中额。邵亨豫先为翁同书疏解,称其所奏,"系因定远不守,军务较为吃紧,皖北士子断不能间关跋涉赴浙观光,与其使皖北向隅,固不若暂缓试期,俾皖北皖南同占圣泽,此实抚臣万不得已之苦心,故为此两全之计。"邵亨豫抵达浙江之后,发现皖北士子观光情切,亦能弃家远涉,奋志科名,"约计池太皖北正案录遗将及一千",并非原来设想仅有徽州、宁国两府及广德一州士子赴考。重点强调徽州、宁国及广德一隅之地,"绅士自愿筹贴乡试经费",已经解交江苏科场总局一万五千,该绅士等"当地方凋敝之余,尚能踊跃输将,不分畛域,其勉图上进之情已为可悯"。在此基础上,邵亨豫提出"将恩科全额并加广四名,俯准于本科取中,其乙卯中额,仍请俟军务肃清,于下届辛酉乡试并案举行"的建议,若此则"全皖士子既戴恩于此日,而皖北士子亦留余于将来"③。

---

① 《安徽学政邵亨豫为办理借闱乡试情形事奏折》,中国第一历史档案馆:《咸丰末期江苏安徽借闱浙江乡试档案》,《历史档案》2019年第1期。

② (清)邵亨豫:《雪泥鸿爪前编》,北京图书馆编:《北京图书馆藏珍本年谱丛刊》第162册,第552页。

③ 《安徽学政邵亨豫为皖北士子赴浙应试者较众请加中额事奏折》,中国第一历史档案馆:《咸丰末期江苏安徽借闱浙江乡试档案》,《历史档案》2019年第1期。

咸丰帝接奏之后迅速做出反应,着"加恩将本年己未恩科及补行乙卯正科,以六成取中五十四名,其加额四名,全归本届取中,余四成三十六名,归入下届辛酉及补行戊午正科取中"。如此则确定了本科乡试安徽中额共为五十八名,较邵亨豫奏请四十九名,还要增加九名,的确能够体现咸丰帝"嘉惠士林至意"[①]。邵亨豫上奏请加中额,知交好友"均动色相戒",知悉咸丰帝加额之后,非常兴奋,谓"恩旨初传,欢声动地"。邵亨豫竭力促成安徽借闱考试,并奏请加额,以较小的代价获得了较大的科举利益,皖人视其"亲厚如家人",徐树人赠邵书曰:"非常之事必处非常之境遇,以苦而得乐功,以难而见奇为,自来秉使节者所未有。"[②]

己未恩科乡试对安徽而言,借闱浙江是"非常之境遇",本次考试赴考约3600余名考生[③],取中58名举人,中式率达到每62人中1人,较正常乡试年份每130人中1人,有大幅度提高,从这个角度看确实是"恩科"。(光绪)《重修安徽通志》卷一百六十五《选举志·表十五》记载了该科58位举人的姓名与籍贯信息,徽州府举人35人,宁国府举人12人,两府合计47人,占比高达81%;其他太平府1人,安庆府6人,庐州府3人,六安州1人,而凤阳府、颍州府、池州府与滁、和、泗等州则无人中式。借闱浙江考试,不仅是苏、浙、皖等省域之间利益博弈的结果,亦是安徽省内不同地区科举利益竞争的结果,皖南地方官员与士绅利用咸丰帝希望安徽能够参加恩科的心理,成功推动了安徽与江苏一同借闱浙江考试,

---

① 《清实录·文宗显皇帝实录》(五),第332页。
② (清)邵亨豫:《雪泥鸿爪前编》,北京图书馆编:《北京图书馆藏珍本年谱丛刊》第162册,第560—562页。
③ (清)邵亨豫:《雪泥鸿爪前编》,北京图书馆编:《北京图书馆藏珍本年谱丛刊》第162册,第559页。

极其巧妙地获取了皖南,尤其是徽州与宁国两府科举利益的最大化。

第三节　增广学额:地方与国家利益的交换

所谓增广学额,一般称为"广额",与制度内的增额不同,有其特定的含义,是"指在定制外另行增加的学额"①。广额有一次性广额和永久性广额,(光绪)《大清会典事例》分别称之为增广学额、永广学额。安徽在乾隆年间和咸同时期有两次大规模的增广学额,是安徽科举史上的重大事件,产生了深远影响。

一、乾隆年间的安徽学额增广

素尔讷等纂修《钦定学政全书》卷六十三《增广学额》记载,第一次增广学额是在康熙三十八年,该年四月发布上谕,"江南、浙江,人文称盛。入学名数,前已加增。今著于府学、大学、中学、小学各增取五名,举行一次,以示奖励。"②其后多次对全国或部分地区进行一次性增广学额,至光绪元年,共有三十三次③,其中以乾隆朝最为突出,多次涉及安徽学额的增广。

安徽在乾隆年间的增广学额具有鲜明的特点。

首先,增广学额次数较多。乾隆年间,安徽增广学额次数达到九次,与江苏、浙江、山东、直隶等省相当。乾隆在位期间二十次

---

① 李世愉:《清代科举制度考辩》,沈阳出版社,2005年,第181页。
② (清)素尔讷等纂修:《钦定学政全书》卷六十三《增广学额》,《续修四库全书》(史部·政书类)第828册,第854页。著中凡引《钦定学政全书》,均注《续修四库全书》第828册页码。
③ 李世愉:《清代科举制度考辩》,第181—182页。

增广学额,其中有三次是面向全国各直省州县学,六次专门针对安徽、江苏和浙江三省。雍正十三年九月,乾隆帝即位,诏曰:"一、会试额数俟礼部临期请旨广额外,乡试,大省加三十名,中省加二十名,小省加十名。一、各直省儒学,无论府州县卫,俱于本年以正贡作恩贡,次贡作岁贡。一、各省入学额数,大学加七名,中学加五名,小学加三名。"乾隆二年四月,以世宗宪皇帝配天礼成,颁诏天下,"苍璧黄琮,具盛容而祗荐,既极尊崇之典,宜施浩荡之恩……直隶各省童生入学额数,大学著增七名,中学增五名,小学增三名,诏到举行一次,不著为例。"①乾隆十六年二月,因临雍讲学,又查照向例,分别广额。

　　乾隆在位期间六次南巡,均增广安徽、江苏与浙江三省各府州县学额。乾隆十六年,乾隆帝南巡江浙,问俗观风,清跸所至,广沛恩膏,更念"三吴两浙为人文所萃,皇祖圣祖仁皇帝屡经巡幸,嘉惠胶庠,试额频加,覃敷教泽",决定"法祖省方,銮舆斯莅,式循茂典,用示渥恩。所有江苏、安徽、浙江三省,本年岁试文童,府学及州县大学著增取五名,中学增取四名,小学增取三名,举行一次。该部传谕各该学政,慎加搜择,拔取真才,副朕育才造士至意"②。乾隆二十二年二月,乾隆帝载莅东南,乘春布令,济济青衿,来迎道左,三吴两浙民多俊秀,百年教泽,比户书声,应试之人日多,而入学则有定数,甚有皓首而困于童子试者,有遗珠之惜,上谕"宜循旧典,再沛渥恩,将江苏、安徽、浙江三省本年岁试文童,照乾隆十六年例,府学及州、县大学增取五名,中学增取四名,小学增取三名"③。

<hr>

① 《清实录·高宗纯皇帝实录》(一),第160、729页。
② 《清实录·高宗纯皇帝实录》(六),第22页。
③ (清)素尔讷等纂修:《钦定学政全书》卷六十三《增广学额》,第856页。

乾隆二十七年、三十年、四十五年和四十九年,乾隆帝四次南巡,均增广三省学额,可谓"嘉惠胶庠,试额频加"。

其次,增广学额规模较大。李世愉著《两次大规模增广学额之比较研究》一文,内附《乾隆时期增广学额统计表》,列出历次广额的时间、对象、起因、情况、资料来源及估计数字等信息,其中"估计数字"合计为31240人,但该数字可能有一定误差,因其计算是建立在"大学数量基本上同于小学"[①]这一假设基础上的,而实际上安徽大学数量远过于小学。

据《钦定学政全书》卷四十七《安徽学额》统计,乾隆时期安徽有安庆、徽州、宁国、池州等八个府学,六十一个州县学,其中怀宁、歙县、泾县、当涂、合肥、滁州、和州等三十三学为大学,望江、祁门、铜陵、舒城、定远、蒙城、盱眙等十七学为中学,灵璧、太和、来安、英山、五河等十一学为小学。雍正十三年、乾隆二年和乾隆六十年,三次面向全国增广学额,每次增加额数完全一致,即"大学著增七名,中学增五名,小学增三名,诏到举行一次"[②],以此为据,安徽每次各学增广额数是349,合三次额数是1047。乾隆帝六次南巡增广学额,每次增加额数完全一致,即"府学及州县大学著增取五名,中学增取四名,小学增取三名,举行一次"[③],以此为据,安徽每次各学增广额数是306,合六次额数是1836。合九次增广,乾隆年间共增安徽学额2883,大约相当于每科定额的2.3倍,的确是一个不小的数字。

再者,增广学额是对安徽科举地位的认可。乾隆帝二十次增

① 李世愉:《清代科举制度考辩》,第182—187页。
②《清实录·高宗纯皇帝实录》(一),第729页。
③《清实录·高宗纯皇帝实录》(六),第22页。

广学额,除三次是面向全国各直省州县学之外,四次面向山东,四次面向直隶,三次面向盛京和奉天等地(增额很少影响较小),六次专门面向安徽、江苏和浙江三省,由此可见江南之特殊地位。乾隆帝增广学额,固是为了宣示皇恩、育才造士,亦有其深层用意,各地又有不同。十三年二月,乾隆帝东巡,躬诣阙里,释奠庙堂,颁增广山东学额的上谕,"国家崇儒重道,尊礼先师……念鲁国诸生素传礼教,应加恩黉序,广励人材。山东通省入学额数,著增广一次。府学、大学增取三名,中学二名,小学一名,以广圣泽,以光文治",强调"崇儒重道,尊礼先师",增广理由是"念鲁国诸生素传礼教"。三十二年三月,为循览河堤水利、临幸天津的乾隆帝观风所莅,"嘉惠士林,用光黉序。所有直隶本年入学名数,大学增额五名,中学增额四名,小学增额三名",其增广学额的依据是"畿辅为首善之区,人文渐被,多士蔚兴"[①]。与山东和直隶不同,乾隆帝增广江南和浙江学额,是因为这里是科举最发达的区域,"人文所萃""民多俊秀""文风素盛"[②]等字样屡屡见于上谕,这是对安徽文教与科举水平的高度认可。

　　童试录取率是取中数和考生数之比,在取中数即学额一定的前提下,其高低主要取决于考生数,而特定省份的考生数则受人口基数、文风强弱、经济水平等诸多因素影响。有研究表明,清代安徽童试录取率大约在0.6%—2.5%之间[③],在各省当中处于极低的位置,亦可说明安徽考生甚众而学额较低。各省人口有多寡之分、文风有强弱之别,但国家在制度层面所设计的府州县学学额,虽有大中小学之异,却差别不显,在追求区域公平的同时,对包括安徽

① (清)素尔讷等纂修:《钦定学政全书》卷六十三《增广学额》,第855、857页。
② (清)素尔讷等纂修:《钦定学政全书》卷六十三《增广学额》,第855、856页。
③ 王立刚:《清代童试录取率研究》,《社会科学论坛》2014年第3期。

在内的文教科举发达省份来说,则意味着科举利益的牺牲与让渡。乾隆年间的历次增广安徽学额,是对安徽科举利益的一种补偿,能够从一定程度上缓解童试录取率极低的困局,换言之,朝廷试图通过增广学额弥补制度的潜在缺陷,寻求制度设计与地方利益的局部均衡。

二、咸同年间的安徽学额永广

咸丰同治年间有两次循例而行的增广学额,一是咸丰二年四月初三日,以恭奉宣宗成皇帝配天礼成,颁诏"各省童生入学额数,大学著增七名,中学增五名,小学增三名,诏到举行一次,不著为例"[1],二是咸丰十一年十月初九日,同治皇帝即位于太和殿,颁诏天下"各直省入学额数,大学加七名,中学加五名,小学加三名"[2]。与增广学额旨在宣示皇恩不同,永广学额是清政府在剧烈动荡、内外交困的情况下实行的举措,其影响更大,也更值得关注。

为镇压迅猛发展的太平天国运动,筹措日益剧增的军费,清廷出台了捐输广额的措施[3],意图"借资民力,以济军储",咸丰三年所颁上谕是该政策开始实施的标志,该谕曰:

> 现在大江南北军营,援剿之兵不下二十余万。朕不惜帑金,为民除害,统计所拨已及二千七百余万两。际兹大兵云集,需饷尤殷,仍不能不借资民力,以济军储。著照大学士等所请,由各省督抚妥为劝导,无论已捐未捐省分,凡绅士商民

①《清实录·文宗显皇帝实录》(一),第766页。
②《清实录·穆宗毅皇帝实录》(一),第168页。
③ 张瑞龙:《中央与地方:捐输广额与晚清乡试中额研究》,《近代史研究》2018年第1期。该文对捐输广额政策与章程的出台过程有较为详细的叙述。

捐资备饷,一省至十万两者,准广该省文武乡试中额各一名,一厅州县捐至二千两者,准广该处文武试学额各一名。如应广之额,浮于原额,即递行推展。倘捐数较多,展至数次犹有赢余者,准其于奏请时声明,分别酌加永远定额。①

该谕提到"分别酌加永远定额",但未明具体捐输银数,于是在咸丰八年做了补充性规定,"一厅州县捐银一万两者,加永远文武学额各一名,均以十名为限。惟原额不及十名者,各学所加永远定额,概不得浮于原额之数。其原额仅止十名,并原额不止十名,各学所加定额已至十名者,续有捐输,不准再加定额",提出了"一厅州县捐银一万两者,加永远文武学额各一名,均以十名为限"的基本原则。同治七年将捐银一万两的标准提高到两万两,"如有地方绅富捐输巨款,暨官弁兵勇报效欠饷,不请奖叙,专请加学额者,其银数照旧章酌加一倍,其一厅、一州、一县捐银至二万两者,酌加文武学定各一名。凡未经报部者,概不计算,令各该督抚查明实用实销之款,切实核减,方准奏请加额,不得任听笼统开报,致滋流弊"②。同治十年,令各省概不准请加永远学额。

咸同年间,安徽各学较早获得增额的是六安州和英山县,咸丰四年六月,以"六安州士民捐赀团练出力",免咸丰三、四、五年额赋,永广文武学额各一名,九月以"绅民捐赀剿贼出力"③,永广英山县文武学额各一名,其后各府州县学陆续增额。安徽各府州县学增广学额情况比较复杂,例如庐州府各学学额增广如下:咸丰

①《钦定大清会典事例》卷三百七十《礼部·学校·永广学额通例》,第746页。
②《钦定大清会典事例》卷三百七十《礼部·学校·永广学额通例》,第746页。
③《清实录·文宗显皇帝实录》(三),第376、542页。

六年,"以地方捐输团练等项",由督抚学臣奏请广文武学定额,合肥县学、庐江县学、无为州学均各加三名。同治三年,江苏巡抚李鸿章奏皖省捐输银两,加广合肥县文武学定额各十名,广一次额各十一名;庐江县文武学定额各一名,广一次额各三名;舒城县文武学定额各一名,广一次额各三名;无为州文武学定额各三名,广一次额各一名;巢县文武学定额各三名,广一次额各三名。同治五年,增广一次性学额,庐州府学四名、合肥县学五名、庐江一名、舒城二名。同治七年,加庐江县学定额八名、无为州学四名。同治十年,直隶总督李鸿章奏淮军统领周盛波等"报效军饷",加广一次合肥县学文武学额各两名。

(光绪)《庐州府志》对学额增广的不同情形,有较为清晰的区分,加广"文武学定额"是永广学额,"广一次额"即指一般的增广学额,据该志记载,永广合肥县学额十三名,庐江县十二名,舒城县五名,无为州十名,巢县三名①。(光绪)《凤阳府志》对增广学额的记载不同于(光绪)《庐州府志》,未载一次性的增广,只记永广学额,凤阳县学原额二十五名,咸丰十年,"以克复临淮及府县城绅士团练,随同官军忠勇报国",总督袁甲三、巡抚翁同书奏请广额三名;同治三年,提督骆国忠捐银一万五千五百两,复广一名;七年,湖南粮储道王葆生垫办军需银八万两,复广八名。除凤阳县学增额记述较为详细,其他各学均简略,如定远县学于同治二年广额四名,寿州学于同治四年广额四名,九年复广六名②。各学增广学额均应按照规定,履行程序,以同治四年三月十五日曾国藩与乔松年会

① (光绪)《庐州府志》卷十七《学校志·学额》,江苏古籍出版社,1998年,第279—280页。
② (光绪)《凤阳府志》卷十三《学校考》,江苏古籍出版社,1998年,第470、473、474页。

衔具奏《宿松望江二县请广学额折》较为清晰,可以为例,录于下。

　　　　奏为查明宿松、望江二县历年捐输银数,请加广文武学
额,恭折仰祈圣鉴事。

　　　　窃安徽一省用兵十数年,凡各属之量力筹捐、转输军实
者,惟徽、池二府捐饷及宁国府协捐徽饷,经前副都御史张芾
分案请奖,并遵照奏定章程,请广中额、学额。同治元年闰八
月,臣国藩复续办一次。声明皖北各捐案内应办广额,俟查
复另奏在案。兹据宿松县详报,该县绅民节年支应各营钱米
并计,共合银七万四千五百七十一两三钱,转运民夫船价钱
合银一万四千十一两四钱六分,马营柴草钱合银七千二百两
九钱,又办团经费钱合银十万九千五百六十一两三钱三分二
厘。望江县详报,该县绅民节年捐解各营银、钱、米三项,暨
临淮大营棉衣裤一项,共合银三万二百二十六两七钱一分五
毫;又承办转运、设立腰站、募勇、军装四项钱米并计,共合银
七万二千五百二十两二钱一分二厘。均不按名请奖,但求援
案加广学额等情。迭经臣等辗转驳查,复饬司核议,将原报
宿松县一六合银、望江县一三合银之数,统改照报销部例,以
钱二千文作银一两。并将转运、柴草等款地方应行供给者,
腰站、募勇、军装等款案据间有遗失者,令其一概剔除。计宿
松一县捐数核准银六万四十一两四钱,望江一县捐数核准银
二万五千十四两七钱九分一厘五毫。应照例分别名数,加广
永远定额及一次学额。据安徽藩司详请奏办前来。臣等查
历届办捐成案,原得于请奖外,统核银数,增广学额。即捐
输团练,近亦有一律广额之案。此次捐助军需,兼筹团费,该
绅民等不邀奖叙,仅请加额,与例实属相符。应恳天恩,敕部

查议,准以银六万两加广宿松县永远文、武学额各六名,以银二万四千两加广望江县永远文武学额各二名,一次文武学额各二名,俾作士气而昭激劝。除将捐数造册报部,仍饬查各州县所捐银两另案分办外,所有请广宿松、望江两县学额缘由,谨会同安徽学臣朱兰合词具奏,伏乞皇太后、皇上圣鉴训示。谨奏。①

折上之后,清廷反应迅速,六月二十一日即"以安徽捐输军饷,永广宿松县学额六名,望江县二名"②。

依据《钦定大清会典事例》卷三百七十二《礼部·学校·安徽永广学额》、(光绪)《重修安徽通志》卷八十六《学校志·学制》等文献统计,咸同时期,安徽各学共有一次性增广学额1255名,五十一学先后获得永广学额325名,将其概况列表如下。

表1-2　咸同时期安徽各学永广学额表

府州	学	原额	增广额数	永广额数	永广学额基本情况
安庆府	安庆府学	25			
	怀宁县学	25	14	3	1同六,捐输军饷③;8同四④。9
	桐城县学	25	14	17	5同三,历次捐输;2同六,捐输军饷;3同七,捐输军饷。10

① (清)曾国藩撰:《曾国藩全集》(八),第264—265页。
② 《清实录·穆宗毅皇帝实录》(四),第422页。
③ "1"表示本次广额数量,"同六"指同治六年,捐输军饷是广额途径。表中本栏其他意同,咸指咸丰。
④ 《钦定大清会典事例》卷三百七十二《礼部·学校·安徽永广学额》未载该条,见(光绪)《重修安徽通志》卷八十六《学校志·学制》,《续修四库全书》(史部·地理类)第652册,第55页。

续表

府州	学	原额	增广额数	永广额数	永广学额基本情况
安庆府	潜山县学	20	14	28	10	3咸六,乡团出力;7同五,捐输军饷。
	太湖县学	20	14	18	11	3咸七,犒师助剿;1同三,历次捐输;1同六,捐输军饷;6同六①,捐输军饷。
	宿松县学	20	14	1	7	1同三,历次捐输;6同四,捐输军饷。
	望江县学	16	10	5	4	2同四,捐输军饷;2同六,捐输军饷。
徽州府	徽州府学	25			10	10咸九,捐输军饷②。
	歙县学	20	14	96	12	2咸五,绅民团练杀贼克城;10咸九,捐输军饷。
	休宁县学	20	14	67	13	3咸七,绅民集团助战;10咸九,捐输军饷。
	婺源县学	20	14	23	10	5咸九,捐输军饷;5同元,捐输军饷。
	祁门县学	16	10	11	12	2咸七,绅民集团助战;3咸九,捐输军饷;7同元,捐输军饷。
	黟县学	20	14	44	12	2咸五,绅民团练杀贼克城;10咸九,捐输军饷。
	绩溪县学	16	10	6	8	5咸九,捐输军饷;3同元,捐输军饷。

①《钦定大清会典事例》卷三百七十二《礼部·学校·安徽永广学额》未载该条,见《清实录·穆宗毅皇帝实录》(五)(第692页),同治六年七月辛未上谕,"以安徽捐输军饷,永广霍山县学额七名,太湖、庐江二县各六名,无为、阜阳二州县各四名,铜陵县三名。"霍山、太湖、庐江、无为、阜阳、铜陵等学同此。

②《钦定大清会典事例》卷三百七十二《礼部·学校·安徽永广学额》未载该条,见《清实录·文宗显皇帝实录》(五)(第211页),咸丰九年七月辛未上谕,"以安徽捐输军饷,永广乡试中额二名,徽州、歙、休宁、黟四府县学额各十名。"

续表

府州	学	原额	增广额数	永广额数	永广学额基本情况
宁国府	宁国府学	25			
	宣城县学	25	14	2	3	3咸九,绅民团练克复城池。
	泾县学	25	14	12	10	3咸五,绅民团练杀贼克城;1同三,历次捐输;2同六,捐输军饷;4同八,捐助军饷。
	南陵县学	20	14	2	5	3咸九,绅民团练克复城池;2同六,捐输军饷。
	宁国县学	20	14			
	旌德县学	20	14	7	2	1同三,历次捐输;1同六,捐输军饷。
	太平县学	20	14	10	11	2咸五,绅民团练杀贼克城;5咸九,捐输军饷;3同元,捐输军饷;1同六,捐输军饷。
池州府	池州府学	25				
	贵池县学	20	14	9		
	青阳县学	20	14	2	4	2咸九,捐输军饷;2同元,捐输军饷。
	铜陵县学	16	10	1	3	3同六,捐输军饷。
	石埭县学	16	10	2	2	1咸九,捐输军饷;1同元,捐输军饷。
	建德县学	20	14	3	2	2同元,捐输军饷。
	东流县学	16	10	2		
太平府	太平府学	25				
	当涂县学	20	14			
	芜湖县学	20	14	1		
	繁昌县学	16	10			
庐州府	庐州府学	22		4		
	合肥县学	20	14	21	13	3咸五,绅民团练杀贼克城;10同三,历次捐输。

续表

府州	学	原额	增广额数		永广额数	永广学额基本情况
庐州府	庐江县学	16	10	4	12	3咸六,乡团出力;1同三,历次捐输;2同七,捐输军饷;6同六,捐输军饷。
	舒城县学	16	10	5	5	1同三,历次捐输;4同五,捐输军饷。
	无为州学	20	14	8	10	3咸六,乡团出力;3同三,历次捐输;4同六,捐输军饷。
	巢县学	16	10	2	3	3同三,历次捐输。
凤阳府	凤阳府学	23				
	凤阳县学	25	14	4	12	3咸十,绅民克复城池;1同三,历次捐输;8同八,捐助军饷。
	临淮乡学	16	10	6	2	2咸十,绅民克复城池。
	怀远县学	16	10	4	6	2咸十,绅民克复城池;3同三,历次捐输;1同六,捐输军饷。
	定远县学	16	10	4	4	4同三,历次捐输。
	凤台县学	8	6	1	1	1同三,历次捐输。
	灵璧县学	12	6	2		
	寿州学	12	6	11	10	4同三,历次捐输;6同九,绅民捐办团练。
	宿州学	18	14	4		
颍州府	颍州府学	20				
	阜阳县学	14	10	21	10	4同三,历次捐输;2同四,捐输军饷;4同六,捐输军饷。
	颍上县学	12	6	3	3	3咸七,官绅力保危城。
	霍邱县学	12	6	4	3	1咸十,营员捐饷;2同三,历次捐输。
	亳州学	16	14	1	2	2同九,绅民捐办团练。
	涡阳县学	10				

续表

府州	学	原额	增广额数	永广额数	永广学额基本情况
颍州府	蒙城县学	13	10		
	太和县学	12	6	2	4同三，办团击贼力保危城。
滁州	滁州学	20	14	3	1咸十，营员捐饷；1同三，历次捐输。
	全椒县学	20	14	2	2同三，历次捐输。
	来安县学	12	6	4	1咸十，营员捐饷。
和州	和州学	20	14	2	2同三，历次捐输。
	含山县学	20	14	4	2同三，历次捐输。
广德州	广德州学	25	14	1	1同三，历次捐输。
	建平县学	20	14	1	
六安州	六安州学	20	14	33	1咸四，士民捐资团练杀贼克城；5同三，历次捐输；4同五，捐输军饷。
	英山县学	12	6	2	1咸四，士民捐资团练杀贼克城；4同五，捐输军饷。
	霍山县学	12	6	2	3同五，捐输军饷；7同六，捐输军饷。
泗州	泗州学	20	14	1	2同三，历次捐输；2同六，捐输军饷。
	虹乡学	12	6	4	
	盱眙县学	16	10	13	1同二，捐助军饷；6同三，历次捐输；3同六，捐输军饷。
	天长县学	16	10	2	4同三，历次捐输。
	五河县学	12	6		2咸十，绅民克复城池。
合计		1279	698	557	325

注：表中"原额"依据《钦定大清会典事例》卷三百七十二《礼部·学校·安徽学额》，是指原制每学额进名数；因行政区划调整导致学额划转、变化，与（光绪）《重修安徽通志》卷八十六《学校

志·学制》所载略有不同。"增广额数"指暂时性的增加学额数，由两部分组成，一是咸丰二年和十一年循例而行的增广学额，据各学情况计算而得，列于前，二是因捐输而增广的各学学额，据(光绪)《重修安徽通志》卷八十六《学校志·学制》等所载统计，列于后。"永广额数"据《钦定大清会典事例》卷三百七十二《礼部·学校·安徽永广学额》统计；(光绪)《重修安徽通志》"永广额数"与《钦定大清会典事例》基本相同，其中凤阳县学"咸丰十年加额二名"①误，当为三名。咸丰十年闰三月，安徽巡抚翁同书奏克复地方，请豁免钱漕，加广学额，旋"以安徽绅团协力收复城池，永广怀远、五河两县及临淮乡文武学额各二名，凤阳县三名"②。"永广学额基本情况"中的时间与原因主要依据《钦定大清会典事例》卷三百七十二《礼部·学校·安徽永广学额》，并参考《清实录·文宗显皇帝实录》《清实录·穆宗毅皇帝实录》。

咸同时期，安徽共有八府学、九州学、五十一县学，另有临淮乡学和虹乡学，咸丰二年和十一年两次循例增广的学额为 698 名，因捐输而增广的各学学额为 557 名，两类合计共为 1255 名，恰与各学原额总和大约相当。安徽各地对捐输一次性增广学额的关注与投入有非常明显的区别，咸丰年间主要在江南，直到同治四年，江北的桐城、合肥、寿州等州县才真正开始捐输学额，其中徽州府的捐输热情最高。徽州府属各县均多次捐输请广学额，歙县请广十次，增广学额达到 96 名，休宁县请广八次，增广学额 67 名，黟县请广七次，增广学额 44 名等，全府七学共增广学额 247 名，竟然占到全省增广学额的 44%。道咸以后，徽州在安徽科举格局中的地位

① (光绪)《重修安徽通志》卷八十六《学校志·学制》，《续修四库全书》(史部·地理类)第 652 册，第 55 页。
②《清实录·文宗显皇帝实录》(五)，第 602 页。

明显下降，以巨大热情捐输学额，或许正是为了谋求更为丰富的地方科举利益，试图由此提振科举竞争力，昔日盛景却难以重现。

咸同年间，安徽各学捐输永广学额为 325 名，涉及 70 个府州县乡学中的 51 学，各学捐输学额数并不平均。按照永广学额数，各学大约可分四类。一类是永广十名及以上各学，有二十学，休宁、合肥等二学各 13 名，歙县、祁门、黟县、庐江、凤阳等五学各 12 名，太湖、太平等二学各 11 名，桐城、潜山、婺源、泾县、无为、寿州、阜阳、六安、霍山、盱眙等十学各 10 名，徽州府学是唯一具有永广学额的府学，亦永广 10 名。二类是永广四到九名各学，有怀宁、绩溪、宿松、怀远、南陵、舒城、英山、望江、青阳、定远、太和、泗州、天长等十三学。三类是永广一到三名各学，有宣城、铜陵、凤台、全椒、和州、广德等十八学。四类是没有永广学额者，有池州府学、宿州学、蒙城县学、虹乡学等十九学，其中涡阳因分县设学较迟，没有捐广学额。徽州府是安徽八府当中唯一的府属各学均有永广学额的府，府属七学仅绩溪县学广额 8 名，其他六学广额都达到或超过 10 名，总广额数为 77 名，比位居第二的安庆府多出 26 名，比位居第三的庐州府多出 34 名，在省内各府遥遥领先，反映出徽州地方浓重的科举情结。与徽州府形成鲜明对比的是太平府，太平府属四学没有永广学额，仅有芜湖县学于同治五年增广学额一名。作为安徽学政驻地，也是安徽科举较为发达的地区，太平府捐输学额如此惨淡，颇显特殊，其因值得探讨。

安徽各学获得永广学额主要有捐输军饷、捐输团练、克复城池、犒师助剿、协剿出力等途径。捐输军饷是获得广额的主要方式，咸丰九年七月以安徽捐输军饷，永广徽州、歙、黟、休宁四府县学额各十名，绩溪、婺源、太平三县各五名，祁门县三名，青阳县二名，石埭县一名；同治元年十二月，又以安徽捐输军饷，永广祁门县学额七名,婺源县五名,太平、绩溪二县各三名,建德、青阳二县各二名,石埭县一名,这种情况较多,不一一列举。在省外任官者捐饷可以增广本籍学额,咸丰八年十二月,以甘肃安西协副将李世忠备饷剿贼,其部弁随同剿守出力,永广来安、滁州、霍邱三州县学额各一名;同治二年以漕运总督吴棠捐输军饷,永广盱眙县学额一名;同治四年二月,以河南副将尹嘉宾捐输军饷,永广阜阳县学额二名;同治八年四月,以湖南官员捐垫军需,永广凤阳县学额八名,泾县四名。

捐输团练、克复城池、犒师助剿、协剿出力等方式主要集中于咸丰年间,至同治年间大幅减少。咸丰四年六月,六安州士民捐赀团练出力,永广文武学额各一名;咸丰八年十二月,以宣城、南陵二县办团出力,永广学额各三名;同治九年八月,以捐输团练,永广寿州学额六名,亳州二名。咸丰五年十月,以克复庐州府城,永广合肥县学文武学额各三名;咸丰六年十月,以团勇助剿,克复城池,永广无为、庐江二州县学额各三名;咸丰十年闰三月,以绅团协力收复城池,永广五河、怀远两县、临淮乡文武学额各二名,凤阳县三名。咸丰六年十二月,以绅民协剿出力,永广潜山县永广文武学额各三名;咸丰七年二月,以太湖绅民犒师助剿,永广文武学额各三名。克复城池、协剿出力、犒师助剿等在永广学额的同时,还可以获免积欠额赋,也为地方关注。

咸同时期的永广学额并非安徽独有,而是具有普遍性,涉及全国所有直省,李世愉著《两次大规模增广学额之比较研究》一文,内附《咸丰、同治时期永广学额统计表》[①],分别列出省区、涉及学

---

① 李世愉:《清代科举制度考辩》,第196—197页。该表安徽涉及学校数是49,永广额数是312,均误。

校数、永广学额、获得永广学额的途径及数额。依《咸丰、同治时期永广学额统计表》的有关数据,安徽永广额数在各省当中排在第九位,并不十分突出,如果我们计算各省每学平均获得的永广额数,安徽是 6.37,排在安徽之前的省份分别是江西(平均数是 8.75)、湖北(平均数是 7.47)、湖南(平均数是 6.74)、江苏(平均数是 6.43),再加上和安徽非常接近的浙江(平均数是 6.03),这六个省共同构成捐输广额投入大获益多的地区。六省具有两个鲜明的特点,一是都处于长江中下游地区,为太平天国活动的主要区域,受战争影响巨大;第二,江南、浙江、江西、湖广是乡试中额"大省",六省又是清代科举最发达的区域。

　　两个特点叠加在一起,反映了捐输广额政策的实质,就是国家与地方利益的交换,朝廷以增广学额为手段,劝导和刺激地方政府、士绅与民众捐输军费、对抗太平天国运动,地方则通过捐输军费、筹措钱粮等途径,不遗余力地积极谋求增加学额。在国家主导、地方参与的交换过程中,清廷得以筹集大量军费,缓解财政危机,最终镇压了太平天国运动,作为报偿,则为地方增加学额;地方通过捐输,既向朝廷表示忠诚,又谋得了大量增加学额的核心利益。对包括安徽在内的六个省份来说,因战乱影响,社会、经济、文教、科举等领域均遭受巨大破坏,捐输学额既有利于战争状态的结束,更能在战后恢复与重建过程中发挥积极作用。

　　学者对咸同年间增广学额的负面作用多有所论,捐输学额不仅对培养人才毫无益处可言,而且造成了"对名额制度的伤害"[①],使"原有区域学额分配制度失范"[②],对科举产生巨大破坏;"集中

---

① 谢海涛:《中央与地方的交换:晚清咸同年间科举录取名额的增加》,《清史研究》2009年第 4 期。
② 梁志平:《咸同年间江南地区的捐广学额活动》,《求索》2012年第 4 期。

地、大规模地增广学额是各省贡院添建号舍的制度性诱因之一",
而清末添建号舍则或可构成科举制度"逐步走向衰落的一条隐
线"①。所论对捐输学额政策的影响有偏重消极之嫌,其主要论据是
学额增长幅度过大。

安徽的永广学额占全省各学原额之比为 25.4%,也就是说,
经过捐输广额之后,安徽各学定额平均上调了 25.4%,单看这个比
例,确似增长幅度很大,但如果我们换一种思路比较,可能会有不
一样的认识。永广学额在十名及以上的安徽各学,加其原额,桐城
县学为 35 名,潜山县学为 30 名,太湖县学为 31 名,歙县学为 32
名,休宁县学为 33 名,婺源县学为 30 名,祁门县学为 28 名,黟县
学为 32 名,泾县学为 35 名,太平县学为 31 名,合肥县学为 33 名,
庐江县学为 28 名,无为州学为 30 名,凤阳县学为 37 名,寿州学
为 22 名,阜阳县学为 24 名,六安州学为 30 名,霍山县学为 22 名,
盱眙县学为 26 名,最高的是凤阳县学为 37 名。顺治四年定,各省
儒学取进童生,"大学四十名,中学三十名,小学二十名。"② 各学广
额之后都没有达到顺治四年时的"大学四十名"学额,多在"中学
三十名"左右波动,所以我们很难说永广之后的学额已经到了过多
过滥的地步。尽管因广额而出现考生"根柢浅薄、文艺粗疏者滥竽
充数"的状况,但对遭受战乱破坏、文教停滞的安徽而言,增广学额
有利于地方科举事业的恢复与重建,即有浮冒之嫌,其积极意义显
然更为突出。

---

① 徐世博:《清代贡院号舍添建活动考论》,《近代史研究》2021年第 6 期。
② 《钦定大清会典事例》卷三百七十《礼部·学校·学额通例》,《续修四库全
书》第 803 册,第 745 页。

第四节　科场弊案：个体与制度的利益冲突

为了保证科举取士的严肃性与公正性,清代统治者采取防惩措施,试图遏止愈演愈烈的科场舞弊之风,但却收效不显,科场弊案仍然频频发生,直接影响了科举的公信力和生命力。科场作弊手段非常丰富,以通关节、夹带、枪替、冒籍、换卷、传递等较为常见,参与者从考生、考官、内外帘官,到其他相关者,形成一个完整的链条。从根本上看,科场弊案的实质是科举体系当中,个体与制度之间的利益冲突,应试者试图冲破制度的限制和约束,获取自身科举利益的最大化,科举制度为应对和消解来自个体的冲击则不断趋于完善。

一、吴泌乡试通关节案

通关节主要是考生与考官之间勾连成弊,影响最劣。康熙五十年辛卯江南乡试大案即由通关节而起,其核心人物是歙县贡生吴泌。

辛卯江南乡试正副主考官分别是左必蕃和赵晋,乡试放榜之后,历来科举发达的苏州仅有十三人上榜,多中扬州盐商子弟,士论大哗、舆情汹涌,苏州生员集于玄妙观,抬财神像进入府学明伦堂,争作诗词、对联与歌谣,其中有联曰"左丘明两目无珠,赵子龙一身是胆",明指左必蕃不识文字、赵晋大胆贿卖举人,极尽讽刺之能,甚至有好事者"或以纸糊贡院之匾,改贡院二字为卖完"[1]。左必蕃不敢隐瞒,上奏报告"撤闱后,闻舆论喧传,有句容县知县王曰俞所荐之吴泌、山阳县知县方名所荐之程光奎,皆不通文理之人……或系传递代做文字,或与房官打通关节,亦未可定。祈将新中举人吴泌、程光奎或提至京覆试,或发督抚严讯,以正国法而肃

---

[1] 商衍鎏:《清代科举考试述录及有关著作》,第309页。

科场"。江苏巡抚张伯行亦疏言,"今岁江南文闱榜发后,议论纷纷,于九月二十四日有数百人抬拥财神,直入学宫,口称科场不公。臣不敢隐匿,相应题明"。康熙帝高度重视,派"张鹏翮会同江南江西总督,江苏、安徽巡抚在扬州地方彻底详察,严加审明具奏"[1]。

张鹏翮与赫寿、噶礼、张伯行等在扬州开堂会审,副主考赵晋当堂供认考前确曾受贿,阅卷官句容知县王曰俞、山阳知县方名也供认,将卷子中作了关节的吴泌、程光奎荐为举人。经过进一步审讯,大体弄清了吴泌贿买、赵晋贿卖的细节。

吴泌通关节贿买举人可分为三个环节:

一是场前通关节。安徽歙县贡生吴泌是徽州大盐商吴荣赞的儿子,家资万贯,虽然不学无术,却希求谋取科举功名,只能利用非常规手段。吴荣赞给吴泌二万两银子,"共三十六蒲包,人人无不知道",并由余继祖和原安徽巡抚叶九思的门生员炳为其设法转求门路。员炳分别联络叶九思和安徽布政使司书办李启,李启又联络安徽布政使马逸姿家人轩三。李启与轩三"进衙商量,给予关节,启得之于轩三,炳得之于李启"[2]。约定关节"其实有"三字并"放在第一破题内"[3]之后,员炳将关节告知吴泌和叶九思,叶九思将关节告诉帘官泾县知县陈天立,嘱其代送赵晋,并许银五百两。

二是闱内取中。吴泌入场之后,座位在"荒"字号,事先买通的扬州生员相权在"庙"字号,相权为吴泌代作头场卷子,第二、三两场也多有串通。吴泌试卷经弥封、誊录之后,送到内帘,分在同考官句容知县王曰俞房内。陈天立请托赵晋,并以赵晋名义请托

① 王炜编校:《〈清实录〉科举史料汇编》,武汉大学出版社,2009年,第121页。
② (清)张伯行:《沥陈被诬始末疏》,《正谊堂文集》卷二,中华书局,1985年,第26页。
③ 商衍鎏:《清代科举考试述录及有关著作》,第310页。

王曰俞，王曰俞遂以所通关节为据找到吴泌试卷上荐，赵晋就此将吴泌取中正榜。

三是试后送贿。吴泌中举之后，送给叶九思贿银五千两，又将贿金交给李启；李启把收受吴泌和程光奎二人贿金三十锭，分送赵晋十五锭、轩三十五锭。

乡试案因牵出轩三而改变了审理重心与走向，逐渐转为江南官场斗争，两江总督噶礼和江苏巡抚张伯行各执己见、互相参奏。张鹏翮于久拖之后，给出处理意见，舆论不服，康熙帝亦不满，于是改派穆和伦、张廷枢为钦差大臣，再审该案，但其审理意见仍不得康熙帝之意，只好提至京师，由九卿、詹事、科道共同审理，最终拿出处理结果，两江总督噶礼革职，江苏巡抚张伯行革职留任。江南科场贿通关节之副考官、编修赵晋，"擅通关节，大干法纪，应照顺治丁酉科场例，改斩立决"，呈荐吴泌试卷之同考官、句容县知县王曰俞，"通同作弊，亦应改斩立决"，"贪缘中式之吴泌及说事通贿之俞继祖等，照原拟绞监候。"[1] 呈荐程光奎试卷之同考官山阳县知县方名应改斩立决，程光奎照原拟绞监候。正考官、副都御史左必蕃系专任科场之官，失于觉察应革职。

顺治十四年丁酉科江南乡试由方犹和钱开宗担任正副主考，放榜之后物议沸腾、士忿不公，工科给事中阴应节在十一月参奏，"主考方犹等弊窦多端，榜发后，士子忿其不公，哭文庙，殴帘官，物议沸腾。其彰著者，如取中之方章钺系少詹事方拱乾第五子，悬成、亨咸、膏茂之弟，与犹联宗有素，乃乘机滋弊，冒滥贤书"。顺治帝非常恼怒，表示"方犹等经朕面谕，尚敢如此，殊属可恶"，要求严行详审，并令方拱乾"明白回奏"。如果方章钺与方犹为同族，例当

---

① 王炜编校：《〈清实录〉科举史料汇编》，第125页。

回避,不能参加本科乡试,但方拱乾出自桐城桂林支方氏家族,与方犹非为同族,于十二月回奏,"臣籍江南,与主考方犹从未同宗,故臣子章钺不在回避之例,有丁亥、己丑、甲午三科齿录可据"。该案经复杂的复试与审理,到十五年十一月,顺治帝对有关考官与考生进行了极为严厉的处罚,方犹、钱开宗"俱着即正法,妻子家产,籍没入官",叶楚槐、周霖等十八位同考官(卢铸鼎已死)"俱着即处绞,妻子家产,籍没入官",方章钺、吴兆骞等人"俱着责四十板,家产籍没入官,父母、兄弟、妻子并流徙宁古塔"[①]。

康熙五十年辛卯科江南乡试案中,吴泌等人通关节贿买举人证据确凿,与之比较,顺治十四年丁酉科江南乡试案,方章钺回避事却查无实证,只能是一桩"疑案"[②]。吴泌通关节案与方章钺回避案,之所以演变为科场大案,应和政局变幻、官场斗争等因素相关,亦与朝廷对江南复杂而矛盾的心态,有着密不可分的关联,因为清初帝王对"江南""往往抱有既恐惧又不信任,既赞叹不已又满怀嫉妒的心态。最为严重的是对'江南'作为历朝文化中心拥有一种既爱且恨的复杂感知"[③],此已超出一般科场案件的意义了。

二、徐斌与叶宗本乡试怀挟案

怀挟,又称夹带,是指考生将与考试内容有关的文字与书籍藏于衣物或考具当中,设法带进考场,以便抄袭,因夹带具有很强的私密性,又无须使人花钱,侥幸弋获,相习成风,是较为普遍的作弊手段,各级考试均较常见,"怀挟作弊,行类穿窬,诡计百出,竟有意

---

① 王炜编校:《〈清实录〉科举史料汇编》,第40、46页。

② 李国荣:《清朝十大科场案》,人民出版社,2010年,第50页。

③ 杨念群:《何处是"江南":清朝正统观的确立与士林精神世界的变异》,生活·读书·新知三联书店,2010年,第13页。

想所不到者。"乾隆九年,朝廷有意整顿科场,严禁怀挟,于甲子科
乡试之前,特颁谕旨,强调"科场为国家抡才大典,关系綦重,向来
外场弊窦多端,士子怀挟文字入场,希图弋获,此等无耻之习,一日
不除,则真才何由得出",严饬各省乡试监临、提调等官,严加搜检,
"片纸只字,不许携带入场,务使弊绝风清。"① 因为严行搜检,该科
顺天乡试第二场点名时,竟然有两千八百余人临场而散,贡院门外
抛弃的蝇头小卷,堆积于墙阴路隅者不计其数。同科江南乡试也
有徐斌等人怀挟被查。

　　广德州增生徐斌参加乾隆九年甲子科江南乡试,"因头场患
病,恐二场不能终场,故带表文一篇,便于照写",于八月十一日二
场点名时,被搜出怀挟表文一篇,随即经监临、安徽巡抚准泰发外
监试、江宁府知府官保审讯,审讯后即"令枷示场前",至十四日放
枷,革除生员功名发为民。与徐斌被查同时,吴江县附生王曾培夹
带表判一卷,因言是在龙门前地内拾着的纸卷,准泰仅予其枷示的
处分,淮安府学生员张再蠡在考篮内带一篇表文,因尚未带入门
内,免其枷示,即行释逐。乾隆帝获悉江南乡试搜获怀挟之人,而
又悉行释放,认为准泰的处置过于宽松,令两江总督尹继善查明。
乾隆帝表示,"必须稽察严密,按法惩创,使怀挟剿袭之徒,不能侥
幸",准泰"明系有意疏纵"②,不能尽法惩治,革职留任,并谓"朕所
以罪汝者,以汝不应有外吏习气;所以宥汝者,则以人人尽如此,岂
能惟责汝一人"③,透出一种无奈的心理。乾隆皇帝对顺天与江南
乡试怀挟之弊非常恼怒,甚至以此诏减各直省乡试中额。

---

① 《清实录·高宗纯皇帝实录》(三),第 870、845—846 页。
② 《清实录·高宗纯皇帝实录》(三),第 949 页。
③ 《清实录·高宗纯皇帝实录》(四),第 34 页。

　　嘉道年间，虽时有申明怀挟禁令，已渐从宽弛。嘉庆十三年戊辰恩科顺天乡试，桐城县监生叶宗本、江南江宁县监生梅渥等人，俱怀挟策文，查出后均行革惩。道光十二年壬辰科顺天乡试，头场搜出误带《四书》之安徽贡生程受易、直隶生员沈景颜等八名，照例逐出。迨至同光时期，虽仍派搜检官，"不过循行故事，由吏役高呼一声搜过，掩耳盗铃，自属可笑；后则此声亦寂无闻，任士子之随意挟书矣。"①

三、叶栋召试代倩之案

　　清代召试专指皇帝在巡幸之地临时举行的考试，康熙、乾隆与嘉庆诸帝历次巡幸，屡有召试，当地及外省迎銮士子，凡进士与举贡生员等，皆可进献诗册，由学政会同督抚阅定选取。取中者汇开名单，多于行在设场考试，钦命题目赋一、论一、诗一，派大臣监试、阅卷，分拟等次进呈，并依等第，或授官、或赐举人出身、或有赏赐。安徽士子对召试有很大热情，取中数量可观，也发生了附监生叶栋所进诗册被乾隆皇帝斥责之事，对召试之制产生了较大影响。

　　康熙四十二年巡幸江浙，御试士子，"中选者赏白金，令赴京录用有差"②，开创召试之例；四十四年巡幸江浙，再行召试，青阳人吴襄考取。乾隆仿其祖父，六巡江南、三巡山东、四巡天津，均行召试。乾隆十六年，乾隆帝巡幸江浙，于二月颁布上谕，称"朕省方观民，南巡江浙，群黎士庶，踊跃趋迎，就瞻恐后，绅士以文字献颂者载道接踵，爱戴之忱，有足嘉者……缅昔皇祖圣祖仁皇帝时巡所至，优奖士类，一时硕学通才多蒙鉴拔，方策所载，称盛事焉。兹之

————————

① 商衍鎏：《清代科举考试述录及有关著作》，第70页。
②《钦定大清会典事例》卷三百五十七《礼部·贡举·召试》，第585页。

于于而来皆械朴作人,久道所贻也。夫胶庠之秀志切近光,其积学有素、文采颖异者,加之甄录,良合于陈诗观风、育才造士之道。顾工拙既殊,真赝错出,理应试之,无使鱼目碔砆得混珠玉,其如何分别考试,著大学士傅恒、协办大学士梁诗正、侍郎汪由敦会同该总督、学政详议具奏"。[1] 安徽各属进献诗赋之生监等,由安徽学政分别去取,入选者与江苏献诗人等俱在江宁一体考试,怀宁人蒋雍植、全椒人吴烺考中,获赐举人出身。乾隆二十二年,歙县人吴宽、芜湖人韦谦恒应召试,考列一等,特赐举人;休宁人程晋芳、宣城人蒋宽、歙县人洪朴与金榜先后应二十七年和三十年的召试,考取一等,俱特赐举人,授为内阁中书学习行走;乾隆四十五年召试,全椒人金廷欣、歙县人洪梧和朱文翰,乾隆四十九年召试,桐城人张曾献、歙县人金应奇、程振甲、鲍勋茂、朱承宠[2] 等人考取一等,准其一体会试。安徽士子应召试,考取一等者获赐举人,从一定程度上弥补了安徽举额较低的缺陷,他们由此获得参加会试的资格,其中的蒋雍植、韦谦恒、程晋芳、洪朴、金榜、洪梧、朱文翰、朱承宠等人金榜题名。嘉庆帝也在巡幸天津和五台时举行召试,桐城人龙汝言在嘉庆年间两应召试,先后获赐举人出身和内阁中书,并在嘉庆十九年甲戌科高中状元。

由于召试多次举行,历久生弊,多有钻营者希图取进,于是乾隆五十三举行的召试,规制趋严,依科场条例行事,确定回避之法,"所有此次进献诗赋士子,内而京堂,外而督抚、藩臬及翰詹科道子弟,并校书赏给举人,及由俊秀报捐贡监生者,竟著毋庸考试"[3],以

---

①《清实录·高宗纯皇帝实录》(六),第38—39页。
②《钦定大清会典事例》卷三百五十七《礼部·贡举·召试》,第586—589页。
③《钦定大清会典事例》卷三百五十七《礼部·贡举·召试》,第590页。

免侵占寒畯之路。

召试之后,军机大臣在各省士子在天津进献诗册当中,挑选词义稳妥者进呈乾隆帝阅览,乾隆帝初看安徽附监生叶栋所进诗册,印象极佳,因其"系集御制诗文,体格颇新,本欲加以奖赏,因只系词章末技,若遽加恩奖,恐外间士子因此或竞尚浮华,不务实学",是以迟而未发。随即调阅叶栋应试原卷,发现"该生所作之赋,已有失押韵脚肤泛之句;而诗内砌凑春夏秋冬二联,全与题无涉;至用霜叶红火云烘等语句,更不值一噱",得出叶栋所进献诗册,"必系他人代倩,断非出于叶栋之手,殊属可鄙"的结论。乾隆帝由此在乾隆五十三年三月颁发谕旨,对浮靡士风大加批判,希望整饬学风与文风,强调国家设科取士之目的在于上以实求、下以实应,要求各士子及试官等务宜激发愧耻,各知勉励,砥行立名。该谕是乾隆帝科举观的集中体现,对其后科举发展有着深刻影响,兹节录于下。

士子读书讲学,原应湛深经术,坐言起行,方为敦本崇实之道。至文词本属游艺末节,然亦须根柢经训,有裨身心,方为载道之文,若徒以藻缋为工,即素号专家,已非真儒所尚。至并此不能,甚或临时剽窃、假手捉刀,更为士林所深耻。近日士风浮靡,即呈进诗文仅属末艺,尚不免丐求赝笔,未能出自心裁。而遇有考试,辄百计钻营,甘心黩法,总由不务实学,惟事弋获虚名,遂至作奸犯科,罔顾廉耻,思之实增愧恨。夫国家养士百余年,教泽涵濡,不为不久,士子等习尚不端,何竟卑鄙至此?推求其故,或因朕几余游艺,不废诗文,临御以来,初二、三、四集风行海宇,哀集日多。承学之士,妄意朕雅尚词华,遂不思务本力学为立身行已根基,此则甚非朕崇实黜华之意也。且朕所作诗文,皆关政教,大而考镜得失,小而廑念民依,无不归于纪实。御制集俱在,试随手披阅,有一连十数首内,专属寻常流览吟弄风月浮泛之词,而于政治民生毫无关涉者乎? 是朕所好者载道之文,非世俗徒尚虚车之文。若朕所制各集,俱不过词章能事,则朕早将御制四集诗文,概行废而不存矣。且士先器识而后文艺,国家设科取士,上以实求,下以实应,况制举为士子进身之阶,其得邀科目者,或备职郎曹,或出司民社,其大者则简任大员,论思献纳,皆由是起。若始进先已不端,则后此见之措施必无足取,乃士子等身列衣冠,而一切干营舞弊之事愈出愈巧,无所不至。上年经大学士、九卿等议定科举防弊各条,已属纤悉具备,当经训谕士子等当各知羞愧。近日冯应榴、龚骖文先后请严召试之例,又降旨允行钱沣条奏科场事宜,胪列关节各字样。本日吴省钦复奏请申严殿试、朝考及散馆、大考各折,俱系确有所见。士子皆读书明理之人,乃习于下流,无耻侥幸,考官等俱通籍清华,仰邀简用,非惟不能抡拔真才,乃暧昧营私,罔知儆畏,即幸逃宪典,亦必为天理所不容。今伊等平日舞弊伎俩,俱已纷纷破露,自不得不大为之防。但杜弊之法,繁设科条,几至士子等于穿窬,而考官行同窝劫。每阅诸臣条奏之折,不独为伊等愧,而朕之不能感化,亦且引以为愧。试思国家旁求俊乂之典,致下侪于防闲宵小之条,伊等清夜扪心,即不自愧,宁不为国家取士大典稍存颜面耶? 嗣后,各士子及试官等务宜激发愧耻,各知勉励,砥行立名,一洗纯盗虚声,通同舞弊陋习,庶不负朕振饬士风,谆谆训诲至意。①

① 王炜编校:《〈清实录〉科举史料汇编》,第525页。

四、佘蟠州试冒籍之案

一般来说，士子应该在本籍本地参加科举考试，"士子考试，须确查的籍，取具印甘各结，并无违碍，方准送考"[1]，但也有人由于不同原因不能或不愿在本地参加考试，异地考试问题随之产生。清代异地科举具有复杂的双重属性，一方面因人口的大量流动而产生异地考试的客观性需求，另一方面因分地定额制的推行而导致强烈的主观性需求。清代对制度设计之外的异地考试行为厉行禁止，即所谓严禁冒籍。冒籍即指制度范围外的异地考试，形式有二，一是以本籍冒考商籍、卫籍、军籍等，二是"以外县籍贯而冒认此县之籍者"[2]，两者往往牵混交织，多表现为跨地应考，其本质是冒籍者在侥幸心理驱动下试图冲破既存制度束缚、获取自身利益的举动。刘希伟著《清代科举冒籍研究》是一部目前关于科举冒籍研究最全面系统的著作，专设《清代科举冒籍的一般类别》一章，分别考察科举大省、科举中省及科举小省的冒占民籍问题[3]，但该书没有涉及安徽的冒籍情况，实际上安徽亦有冒籍现象，只是不及其他省份普遍和严重。

为数众多的移民及其子孙跋涉在漫漫科举之途，充满着未知和艰辛，对他们来说，在异地参加考试是客观因素造成的。针对这种情形，清政府允许部分读书人在非原籍地参加科举考试，但定有严格的条件和程序。詹天佑手立《徽婺庐源詹氏支派世系家谱》

---

① 礼部纂辑:《钦定科场条例》卷三十五《冒籍》,沈云龙主编:《近代中国史料丛刊三编》第四十八辑,第 2421 页。
② 商衍鎏:《清代科举考试述录及有关著作》,第 45 页。
③ 刘希伟:《清代科举冒籍研究》,华中师范大学出版社,2012 年,第 95—158 页。

中,有其伯父詹钰申请入广东南海籍的呈状,附于詹同济等编写《詹天佑生平志:詹天佑与中国铁路及工程建设》卷首,该状能够清晰反映清代入籍的条件和程序,兹录于下:

> 具禀人童生詹钰,年二十一岁,现住西门外十二甫,地保陈成。
>
> 具状文童詹钰为沥情叩恩批准入籍事。
>
> 窃童祖詹榜,原籍安徽婺源县人,自乾隆二十五年,来广东省垣营生,因挈眷来粤,为童父鸣珂娶治属朱姓之女为室,生童等兄弟。嘉庆五年置大北门拱辰坊屋居住。是年祖父母身故,葬北门外纱帽岗。童母于嘉庆六年身故,葬北门外飞鹅岭。迨嘉庆二十一年,迁居西门外十二甫,自置房屋。计自故祖居家粤城,今逾六十余载,庐墓产业,在在可据。丙子年修造南海学宫,童父捐银壹百员,众绅士经收单据。兹童肄业多年,观光志切,惟是生斯长斯,从未施籍,人事生疏,徽粤远隔,委实不能往徽应试。窃在治属居住远年,祖孙父子已成四代,所置屋业契经投印,庐墓俱全具有。叔祖詹文光已入南海籍,现补前山营外委可据。理合取具保邻甘结,并将庐墓契抄粘。
>
> 匍叩
>
> 仁台俯念童籍不能归,实是治下子民,恩准入籍考试。顶祝切赴
>
> 嘉庆二十五年十一月初三日状 ①

---

①《徽婺庐源詹氏支派世系家谱》,见詹同济等编写:《詹天佑生平志:詹天佑与中国铁路及工程建设》卷首之呈文复印件,广东人民出版社,1995年。

二十八日再次呈请,经南海县批,"查核年分及各契,与例相符,准尔入籍,仍候移明原籍知照"。如果不能严格规范地履行程序,即使入籍考试,也可能被攻而遭斥革。例如籍隶安徽的捐职商人洪淑鉴之子洪檀,冒籍汉阳,通过岁试入学,但在湖北学政初彭龄于乾隆五十九年科试汉阳时,被童生张先铭呈控,经查虽然洪淑鉴已在汉阳经商四十余年,但洪檀"入籍时并未呈明实系无籍可归,该县亦未经行查原籍,与入籍考试定例不符"①,故将其褫革。

詹钰呈请入籍较为顺利,亦有曲折遭阻者,六安州捐职州同佘蟠赴部呈控廪生周合等阻考等情一案,是情形复杂、影响很大的寄籍案件,同时又与贱民冒考关联。佘蟠由凤阳府定远县迁居六安州,其子应试,廪生周合等阻挠,该州饬回原籍考试,佘蟠至礼部呈请归入寄籍考试,上谕"着交陶澍亲提人证卷宗,秉公确查,照例办理"。陶澍办理完毕后,上《查明审议六安州阻考案折子》,该折对佘蟠案的原委曲折有详细记载。

佘蟠原籍凤阳府定远县,曾祖佘汉功于康熙五十四年迁居六安州,生子佘通海、孙佘光前,置有田房产业。乾隆四十六年,佘光前呈请入籍,绅士李杰等数十人以佘光前祖母佘缪氏在州花鼓唱歌、其父佘通海以抬轿营生、其母受雇于人服役,谓"事业卑贱,请饬回原籍,以杜朦考"。佘光前以"将相无种,人贵自立,古有屠狗赌奕即身卿相"等词具诉,后呈明愿归原籍结请备案,但实际上并未回籍。佘光前去世后,其子佘虬和佘步蟠于嘉庆三年和十五年,先后请入州籍,并邀生员吴麟标等具结投呈,但未获准,佘步蟠遂赴藩司和学臣衙门控告。候补县赵壎会同知州吴永绥以佘步蟠

① 《湖北学政初彭龄为报处置冒籍考试之洪檀等事奏折》,中国第一历史档案馆:《乾嘉时期科举冒籍史料》,《历史档案》2000 年第 4 期。

"迁居已在六十年之外，州绅士禀其身家不清，并无证据，似应准其入籍捐考"，时任安徽巡抚胡克家，"饬取印甘各结，未据申送"。佘步蟾与兄佘蟠此间先后"赴部报捐职监，行取族邻供结饬催，亦未送呈"。嘉庆二十五年，佘步蟾子弟出应州试，"州众童生以其出身卑贱，声言不愿为伍，廪生周合等均不敢承保"，佘步蟾即以"违例阻考上控"。署州吴簏遍询与考生童及合学廪生，"佥称佘缪氏花鼓卖唱属实，议请不准捐考"。佘蟠到巡抚衙门呈控，行州查讯，除佘蟠姻亲张苤臣愿具保结以外，其余廪增附生员，"佥称佘姓身家实不清白"，该州牛映奎据此仍照原议，佘蟠遂以周合等阻考等情赴礼部具呈，至此案件升级。

安徽巡抚陶澍对该案详加查核，于道光四年五月十二日具奏，提出办理意见，"佘缪氏之花鼓卖唱，比之乐户、丐户，事属相类，应请比照办理。佘蟠请照削籍之乐户、丐户例，以改业之人为始，下逮四世，清白自守，准予报捐应试"。佘蟠是佘缪氏曾孙，从其祖佘通海改业，尚止三世，均不准其捐考，原捐之职员监生均应斥革，佘蟠之子侄"已逮四世，寄籍六安又在六十年以外，年例相符，应准其在该州入籍捐考"，如该州士民再有混阻，即行照例惩办。陶澍的建议得到道光皇帝的认可，谕"兹据该抚详加察核，比例定拟。所有佘蟠等入籍捐考，著准其照削籍之乐户、丐户，以报官改业之人为始，下逮四世，清白自守，方令报捐应试。惟佘蟠、佘步蟾等距伊祖佘通海改业尚止三世，著仍不准捐考。所捐职员监生即行一并斥革。其佘蟠之子侄现已年例相符，著准在六安州入籍报捐考试，毋许该士民再有阻挠"[1]。至此，该案以道光皇帝钦定的形式得以解

---

① （清）陶澍：《查明审议六安州阻考案折子》，《陶澍全集》第一册《奏疏1》，第178—181页。

决，佘蟠、佘步蟾等虽然所捐职员监生被斥革，但子侄辈取得了入籍报捐考试的资格，对一直试图阻止佘氏应考的六安生员而言，他们是失败的。

　　商籍是清代异地考试的重要形式，所谓商籍是指"为盐商及其子弟设立的应考科举的籍类标记"①，直隶、浙江、山东、山西、广东等省设有商籍。徽州士子多有在浙江以商籍入学者，王绍先和徐玉佩二人浙江商籍事，引起讨论并推动商籍例案的完善。乾隆十七年，浙江学政彭启丰奏称，浙江官生内有王绍先和徐玉佩二人，徐系江南歙县编修徐光文之侄，王系江南婺源县庶吉士王应瑜之侄，"官籍既在江南，未便在浙江官生内考试，应请改归安徽，准作官生。"彭启丰所请被礼部驳回，"徐玉佩、王绍先既由浙江商籍进学，仍令以浙江商籍民卷应试，所请改归安徽作为官生之处，毋庸议。"② 这里涉及浙江与安徽、商籍与民籍、官卷与民卷等多重因素，颇为复杂，礼部就该事详加讨论，进一步完善例案，奏请实行，请嗣后"本官由民籍中式者，其子孙编入民籍官卷，不准复隶商籍。如已冒商籍入学者勒限改归，未入学者不得再考商籍。若本官由商籍中式者，其子孙编入商籍官卷，不复于本籍重编官号，其同胞兄弟之子虽例得编为官生，然必与本官同籍者方准编入。若民商异籍者，不得借名改归。至商籍应试之人，或借族姓盐引，充考商籍，不论为官为民，即照冒籍例处分"③。

――――――――――

① 刘希伟:《清代科举考试中的"商籍"考论:一种制度史的视野》,《清史研究》2010 年第 3 期。
② 礼部纂辑:《钦定科场条例》卷三十五《冒籍》,沈云龙主编:《近代中国史料丛刊三编》第四十八辑,第 2566—2567 页。
③《清实录·高宗纯皇帝实录》(六),第 481 页。

五、学政考试案

清廷对学政考试事务非常重视,谓"学政科场乃国家兴贤育才之要政,关系重大"①,雍正年间河南学政俞鸿图纳贿营私、贿买秀才被处斩事,是影响最大的学政科场案件,安徽也出现了学政考试案件,既有学政擅离职守,也有考童滋事,亦见考试录取之后的士论不服。这些案件关乎学政职守,反映了生童对考试公平的追求,内中包含着考生个体与制度之间的紧张关系。

道光八年八月,胡开益以詹事府詹事提督安徽学政。胡开益是嘉庆七年壬戌科进士,顺天府宛平县人,嘉庆十三年任河南乡试副考官,道光八年典试江西。

道光九年,胡开益在徽州府与宁国府主持院试,歙县、泾县等处取进文童,"每有家资富足,文理平常之人,一时士论,未能翕服。"士论未能翕服之事为道光皇帝所知,令两江总督蒋攸铦密行察访,其后判定胡开益"即无贿嘱情弊,而雇倩枪替、怀挟抄袭在所不免。是胡开益局试场规,不能严肃,已难辞咎,岂能胜学政之任"②,命其到京以翰林院侍读侍讲降补。

锡龄于咸丰二年八月以工部右侍郎提督安徽学政,宗室锡龄,镶蓝旗人,道光二十一年进士,咸丰二年为浙江乡试正考官。咸丰三年太平军攻占安徽沿江地区,锡龄离开学政驻地,被李嘉端奏,"有带印避至苏省及他府情事",上意"锡龄系二品大员,简任学政,虽无守土之责,何至闻警逃避,至今未据奏报,殊不可解"。四月,锡龄奏请"所有安庆、太平两府岁试着展限半年再行考试",并片奏安徽办理防堵情形,被咸丰帝驳诘,"该学政虽无守土之责,如果

---

① 王炜编校:《〈清实录〉科举史料汇编》,第 203 页。
②《清实录·宣宗成皇帝实录》(三),第 559 页。

访闻该省防堵办理不善,即应早为陈奏,乃直至该省失事后数月来始行敷衍入奏,实属迟延,且据称现驻徽州府,是否出棚考试,未据分晰奏明,亦属含混",交部议处。八月二十二日,已被解除安徽学政职务的锡龄晋见咸丰帝,报告当日情形,出棚考试徽州府,因该郡办理防堵,未能开考,即驻徽州,至新任学政孙铭恩到后,回署交卸。咸丰帝谓,该学政驻扎太平府,非因考试,例不外出,锡龄在徽州,"并未开考,日久逗遛,殊属有违定例,著以三品京堂降补。"①

李端遇,山东青州府安邱县人,同治二年二甲第六十八名进士,光绪二十年八月以太常寺卿提督安徽学政。光绪二十二年,李端遇出棚,按试庐州府县六学,遇到考童滋事。先是文生放场时,拾获合肥县匿名揭帖,内称贿卖秀才,"迨考录合肥童生,出题后,突有考童六、七十人蜂拥出号,口称题目场外已经传闻,肆意滋闹。"② 经教官禀请学政,改题另出,滋事童生仍称此题外间亦知,并有毁烧席棚、殴打家人情事。后拿获马肇霖等二人,交合肥县收押,方才控制事态。李端遇将该事上报,光绪帝命安徽巡抚福润确切查明此案,派员审办。

①《清实录·文宗显皇帝实录》(二),第 197、212、550 页。
②《清实录·德宗景皇帝实录》(六),中华书局,1987 年,第 141 页。

第二章　安徽科举社会

　　清代科举形成周密制度和完备体系,上联国之政教,下接民之耕读,但在地方,尤其是州县层级,国家制度的作用力与影响力渐趋弱化,怎样的因素与力量支持着地方科举的运行与发展,怎样建构为地方科举社会,就成为一个值得讨论的话题。刘海峰将科举社会的含义界定为"科举在政治生活和社会结构中占有重要的地位、科举的影响无所不在的社会,也可以是指教育和文化活动都以科举为中心、以科举为取向的社会"①。该论所见极是,尤其突出了科举制度对社会的作用和影响,科举社会的另外一面则是社会和民众对科举及其运行的呼应、参与,甚至还有迎合与支撑。地方科举生态复杂而丰富,广泛的科举人网络、开放的科举空间网络、丰富的科举社会网络,共同构成一个立体交错的地方科举网络,支持着地方科举社会的生成与发展,推动着中国社会成为科举的社会,也推动着中国科举成为社会的科举。清代安徽地方科举社会稳定而成熟,保证了安徽科举的活力与竞争力,奠定了安徽在全国科举格局中的重要地位。

---

① 刘海峰:《科举学导论》,华中师范大学出版社,2005 年,第 232 页。

第一节 地方科举网络:以绩溪为例

绩溪为古歙华阳镇,自唐代大历初年置为绩溪县,明清属徽州府,"势居宣歙之脊,为入徽之冲,山高泉美",号为"东南邹鲁"①。清代绩溪既没有出现歙县"连科三殿撰,十里四翰林"②的科举盛况,又不似蒙城等县那样为科举盆地,科举水平在安徽省域大约位居中游,恰好具有一般意义上的代表性,可以为考察地方科举网络提供一个恰当样本和可行视角。

一、广泛的科举人网络

科举人包括三个群体,一是通过各级考试、获得了不同功名者,他们能够谋取相应的地方资源,享有较高的社会地位,是科举人的主体;二是准备或期望进入科举体系,但一直未能获得功名的潜在科举人,即失意的落第者,这个群体规模甚大,社会关注度一般较低;三是在绩溪任职的科举人,如知县、教谕等,虽人数不多,却能对地方产生一定影响。后两个群体不应完全忽略。科举群体由特定的科举人组成,每个独立的科举人背后又有其家庭或家族支撑,构成一个非常广泛的科举人网络。

从童生到生员,再到举人、进士,构成金字塔状的科举人体系,国家设科取人,关注焦点自然是塔顶,也就是乡会试及其选拔出来的举人与进士,实际上处于塔基的科举人,与地方及地方事务的关联更为密切直接,尤其是生员阶层颇为特殊。

童生通过初阶考试,拨入府学、县学,就成为生员,生员数量取

---

① (嘉庆)《绩溪县志》序,江苏古籍出版社,1998 年,第 334—335 页。
② 许承尧撰:《科举故事一》,《歙事闲谭》卷十一,黄山书社,2001 年,第 355 页。

决于学额,而学额又依该地文风高下、钱粮及丁口多寡为差。绩溪县学"额进十六名,廪生二十名,增生二十名,二年一贡"[1],所谓"额进十六名",就是"遇提学岁科两试,每次入学十六名"[2]。遇到特殊事由,学额亦有可能调整增减,咸丰九年、同治元年,以安徽捐输军饷,先后两次分别增广绩溪县学额五名和三名。生员当中,由府州县贡入太学者曰五贡,即岁贡、恩贡、拔贡、优贡、副贡,声名和地位都高于一般生员。因学额相对固定,地方生员能够保持较为稳定的规模,有的生员孜孜追求更高级别的功名,更多生员则热心地方社会及文教等项事务。在地方日常生活中,生员就是科举制的化身,就是科举人的代表,在书院教育、学宫修建、宾兴组织等科举活动中,处处可见生员的身影。(嘉庆)《绩溪县志》的修纂,除知县任主修,教谕和训导任监修、纂修之外,合邑绅士分修参订,所有收掌、督理、司理等具体杂务的承担者主要是生员,例如收掌是增生邵开先,督理是岁贡生周廷辉,司理有监生周广辉,生员为胡世珍、胡定匡、汪瑞炎等人,没有一个绩溪举人,更没有绩溪进士直接参加这次县志的修纂。这种现象固是因为绩溪举人、进士数量较少,更可说明生员群体实际上是地方科举人的构成主体,对这一点应有清晰的认识。

绩溪生员经科试或录遗等程序,可赴南京参加江南乡试,赴北闱参加顺天乡试,取中就成为举人。顺治二年始开江南乡试,到顺治八年辛卯科才有绩溪人考中,胡尔宁是清代绩溪第一位举人。顺治之后,经康乾嘉道,至咸丰同治各朝,均有绩溪人中举。每科

---

[1]《钦定学政全书》卷四十七《安徽学额》,《续修四库全书》(史部·政书类) 第 828 册,第 762 页。

[2] (道光)《徽州府志》卷三《营建志·学校》,江苏古籍出版社,1998 年,第 246 页。

中举数多为一或两人,例如康熙二年癸卯科的曹有光,嘉庆十五年庚午科的胡培翚和曹州,道光二十九年己酉科有胡泮、胡湛和胡肇发三人①同登乙榜,颇为罕见,可谓绩溪科举盛况。至同治十二年癸酉科曹璜中举,绩溪共产生47位举人,其中有北榜12人(均在乾嘉两朝),平均两科考中一位举人。

　　终清一代,绩溪一共产生14位进士(寄籍外地者不计),因数量较少,列于下:顺治十五年戊戌科胡公著、康熙三年甲辰科曹有光、乾隆五十五年庚戌恩科方体、嘉庆四年己未科胡秉虔、嘉庆六年辛酉恩科周启鲁、嘉庆二十四年乙卯恩科胡培翚、道光九年己丑科胡文柏、道光二十一年辛丑恩科葛良治、同治十年辛未科胡宝铎、同治十三年甲戌科章洪钧、光绪六年庚辰科曹作舟、光绪十六年庚寅恩科程秉钊、光绪二十年甲午恩科程世杰、光绪二十九年癸卯科胡位咸。进士数是衡量一地科举水平与科举竞争力的主要指标,在安徽六十个州县进士数量的序列当中,中位数是12人,绩溪14位进士略高于中位数,说明其科举水平在省内大约处于中间位置,但和徽州府内歙县、休宁等县差距很大。

　　举人与进士大多任职于外地,例如绩溪第一位举人胡尔宁,字裕民,宅坦人,授泰兴县教谕,"课士以实学",两摄县事,官声颇佳,"尝置平斛于四城……尽革纳粮诸弊,各宪交荐"。再如绩溪第一位进士胡公著,龙川人,知灵寿县,勇于任事,设计于席间令捕役擒拿邑之响马,"置之重狱","郡盗劫牢,公著遇害。"②因绩溪举人与进士数量较少,作为一个精英群体,他们较少直接参与地方的具体

---

① (清)沈葆桢、吴坤修等修,何绍基、杨沂孙等纂:(光绪)《重修安徽通志》卷一百六十五《选举志·举人》,《续修四库全书》(史部·地理类)第653册,第171—172页。
② (嘉庆)《绩溪县志》卷十《人物志·宦业》,第549—550页。

事务,他们更多的存在,是族谱与方志的记载,是宗祠匾额或科举
牌坊背后的荣耀,是人们口耳相传的楷模与记忆,换言之,在地方
日常生活中,举人与进士往往扮演着荣耀、榜样与象征的角色。当
然,特定的举人或者进士如果有条件参与地方活动,因身份与功名
之故,其号召力和影响力又远非一般生员可比,他们可以成为地方
科举人,甚至是推动地方科举发展的核心,胡培翚就扮演着这样的
角色。

胡培翚(1782—1849),字载屏,绩溪城东人,人称竹村先生,
清代著名经学家,积四十年心血著成《仪礼正义》,影响深远。胡
培翚于嘉庆十五年庚午科中举,嘉庆二十四年应乙卯恩科中二甲
第二十九名进士,授内阁中书、实录馆校官,擢户部主事,在京任职
期间,"居官勤而处事密,时人称其治官如治经,一字不肯放过。绝
不受财贿,而抉隐指弊,胥吏咸惮之。"去官之后,主讲钟山、云间、
泾川等书院,以"引翼后进为己任"①。胡培翚对绩溪文教与科举多
有关注和推动,倡捐创办东山书院,东山书院是近代绩溪最主要的
书院,规模宏敞,有斋舍数十间,延请山长课士,"培植人才,一时称
盛。"②绩溪科第不盛,非因无才,而是读书寒士最多,每遇乡试,难
能赴闱,有鉴于此,胡培翚于嘉庆二十三年就提出仿照休宁宾兴成
例,公捐经费、发典生息的倡议,惜未成功。道光四年,胡培翚"乞
假归里,遍告绅士,重申前议,通邑翕然从之"③,城乡士绅非常踊
跃,很快得捐银五千余两,成立绩溪宾兴,发典生息,每科以息银分

① 赵尔巽等撰:《清史稿》卷四百八十二《儒林三》,中华书局,1977 年,第
　13272 页。
②《绩溪县教育志》编委会编:《绩溪县教育志》,方志出版社,2005 年,第
　34 页。
③（道光）《徽州府志》卷三《营建志·学校》,第 247 页。

给应试者旅费。绩溪宾兴得成,胡培翚一直居于核心主导地位,而其进士及京官身份显然发挥了关键作用。如果以道光元年为界,徽州府在道光之前有进士 160 人,在道光及以后的清代后期仅有 85 人,数量急剧下降,科举竞争力呈现萎缩趋势,歙县、休宁、婺源等县都有类似变化。绩溪却与徽州府及府属其他诸县有着不同的发展轨迹,道光之前有 6 位进士,设立宾兴以后则有 8 位进士及第,科举水平稳步提升,或可说明宾兴对绩溪科举的价值,若如此,亦可反映胡培翚在绩溪地方科举体系中的核心地位。鉴于胡培翚的贡献与地位,《绩溪县教育志》编委会编《绩溪县教育志》将其收入,列于第十五章"教育人物"首位。

二、开放的科举空间网络

地方科举的发展与运行有三条主要线索,一是各类教育机构,二是各级考场,三是为考取功名者所建牌坊、悬示功名匾额的宗族祠堂。以这些机构、考场、牌坊和祠堂为节点,构成科举的空间网络,教育机构、牌坊分布于绩溪县境,考场则延伸到县域之外。

绩溪有三十所社学,遍于各乡,康熙五十二年知县雷恒在城西建设义学。书院和乡学较多,举其要者,有眉公书院,建于顺治九年,乾隆二年更名敬业;颍宾书院,建于明嘉靖年间,至嘉道时只存屋一楹供遗像,其余尽废;萃升文会,乾隆年间由旺川曹氏"合族公建"①。另有东山书院、濂溪书院、谦如书院、龙峰书院,还有梅林书屋、浣溪书屋、怀竹书屋、石泉书屋等,只是有的书院因年代久远,至清已毁。绩溪士子在私塾、书院等教育机构接受初步教育,研习经史,切磋学问,为真正进入科举体系做准备。

---

① (嘉庆)《绩溪县志》卷五《学校志·乡学》,第 445—446 页。

绩溪考棚设于县学之内,其遗址至今尚存,和休宁等县单独建设考棚、桐城等县"合为考棚而纳书院于其内"[①]的设计不同。考棚是人才荟萃之地,也是读书人进入科举体系的起点,绩溪童生在考棚参加县试,由此开始他们科举之路的漫长跋涉。童生参加府试、院试,生员参加岁试、科试则要到徽州府试院;乡会试要跋山涉水,远赴省城(南京)、京师,入闱江南贡院和顺天贡院。从童试、乡试到会试,从绩溪、徽州到南京、北京,这条线索的空间范围已经远远超出绩溪地方,其中为帮助乡会士子而创建的京师会馆具有别样的意义。

绩溪学宫初建于宋,经元、明、清,历多次增建、修葺,嘉道时规模与格局基本稳定。庙学在县治西冠山麓,主体建筑是大成殿,殿前砌石为台,前为戟门,东西是斋明所、宰牲所,大成殿东南为崇圣祠,东北为明伦堂。明伦堂后是尊经阁,阁下左右分别是名宦祠和乡贤祠,其西为朱文公祠;明伦堂之南稍西为教谕廨,前为化龙池,池中有亭,东西皆石桥,又其南为大门。崇圣祠右为文昌殿,南为土地祠,再南是训导廨,廨左汤公书院,廨右敬业书院,庙西围墙外为射圃[②]。作为县学,学宫具有教学与管理的功能,清代前期新进生员均在学宫肄业,有月课、季考,但至嘉庆以后,"月课诸事渐不举行……所谓入学肄业者,久已有名无实矣。"[③]学宫成为绩溪地方科举空间网络的枢纽,具有更为重要的仪式价值与象征意义。

以书院、学宫、考场、牌坊等为标志形成地方科举的空间网络,具有相当的活力和生命力,因其不是完全封闭的体系,具有一定的

---

① (道光)《续修桐城县志》卷三《学校志·书院》,江苏古籍出版社,1998年,第318页。

② (嘉庆)《绩溪县志》卷五《学校志·学宫》,第426页。

③ 商衍鎏:《清代科举考试述录及有关著作》,第27页。

开放性,尤以遍布城乡四境的科举牌坊最为典型。

科举牌坊盛于明清时期,是科举制度在其体系之外的自然延伸与物化呈现,也是科举文化进行社会传播和表达的重要载体。绩溪科举牌坊兴盛及存在时间较长,类型丰富多样,具有多层次的表达与纪念指向,广泛分布于城乡各地,非常自然地融入日常社会生活,是地方科举网络在空间和社会维度具有开放性的重要表现。

绩溪科举牌坊的兴建贯穿于明清两代,长达数百年,与瞬时性的科举仪式不同,科举牌坊一般存世时间较久,仿佛不断传递着牌坊主人及其家族的荣耀,持续表达着科举制度对社会的深远影响。牌坊一般用木、砖、石等材料修建而成,以石制最为多见,能够久历风雨,绩溪县城内西大街项家桥巷口,有为举人章英立的"登科坊",是跨街楠木牌楼,是木牌坊的代表,有"江南一绝"[1] 的美誉,存在时间超过五百年。

绩溪科举牌坊有功名类、仕宦类、表彰类、标志类等多种类型,其中功名牌坊较为常见,从表彰者的科举功名看,有进士坊、举人坊、贡生坊。仕宦牌坊主要为表彰各级官员功德而建,因官员多出科举,该类牌坊亦可归入科举牌坊范畴,如尚书坊、大司空坊、少保坊等。表彰牌坊是表彰为地方文教科举事业作出贡献者而建,例如光绪三十一年,"以捐资助学,予安徽绩溪县监生王禹卿建坊"[2],即为表彰王禹卿助学建坊。标志坊一般建于绩溪学宫内外,有科第坊、储俊坊和毓才坊,还有位于泮池前的泮宫坊,一方面是学宫建筑的构成部分,另方面亦可起到劝学、励学的作用。

---

① 绩溪县地方志编纂委员会编:《绩溪县志》,黄山书社,1998 年,第 844 页。
② 王炜编校:《〈清实录〉科举史料汇编》,第 1107 页。

绩溪科举牌坊分布于城乡各地,树坊于乡,旌表科第,励人积学,称道勿绝。(嘉庆)《绩溪县志》卷二《建置志·坊表》按照在城坊、东乡坊、南乡坊、西乡坊、北乡坊的顺序,录载科举牌坊六十余座。在绩溪县城,不经意间就会穿过"科第坊""登云坊""步蟾坊""世科坊""翰花坊",行走乡里,随时可能遇到"世肖坊""鸣凤坊""大方伯坊""奕世尚书坊""登俊坊""大司空坊""观光坊""掇科坊"①,矗立眼前。科举牌坊大多建于村落入口、祠堂广场、主要街道,构成城乡聚落的公共空间,构成地方的共同记忆,是科举活动融入日常生活的标志物,也是科举在乡的象征物。科举牌坊的存在,使得地方科举网络极大开放,科举场域尽可能扩大,开放到日常生活,扩大到基层社会,通过科举牌坊,人们"从科举场外的隔离者与无关者,逐渐转变为科举场内的观察者与在场者"②。

三、丰富的科举社会网络

地方科举活动有两种类型,一种以考试为中心,从考官选任、考场准备、命题、制卷,到考生报名、入场,从阅卷、录取、发榜,再到行礼、入学、食廪、岁科两试、准备参加乡会试等事;一种是支持科举考试的系列活动,包括学宫、考棚、书院、会馆的修建,宾兴的创设与运行,各种经费的倡捐、筹集与管理等,从知县、教谕等地方官员,到乡绅、耆长,从进士、京官,到生员、童生,从宗族、商号,到邑人、百姓,多种力量共同参与,形成发达丰富的地方科举社会网络。

---

① (嘉庆)《绩溪县志》卷二《建置志·坊表》,第389—391页。
② 刘佰合:《科举的社会表达:明清时期徽州科举牌坊考察》,《教育与考试》,2018年第3期。

学宫是地方科举的中心,历来为国家与地方所重,其修建多由知县或教谕等具有官方身份者主导进行。清初绩溪学宫因乱破败,知县郭四维"顾以兴学育士,则思欲鼎新,又恐劳民疲役",踌躇再四,于顺治八年决定修复大成殿,"庀材鸠工,悉殚心计⋯⋯亲自督课,焕然改观",期望"绩庠之人文且将蒸蒸蔚起,必有应运而生,为新殿生色者也"①。教谕端茂杞、庠生周士选和程嘉谟,邑绅程台生和章世诚等人也都积极参与重修工作。顺治十五年,知县李之韡重修明伦堂,得首事者汪宗枝、舒国正、吴士鹏等乡绅襄助,并自撰《重修明伦堂记》。康熙十年,知县刘滋重建大成殿。雍正九年教谕汤显忠"跋涉山谷,风厉劝谕,士民声风鼓舞,量力乐施",修葺大成殿及两庑,重建明伦堂、尊经阁、朱子祠,期待重现"昔日名公巨卿文章德业之盛"②。乾隆四十二年,知县孙银槎倡议重修文庙,至四十八年知县张邦桓率绅士晨夕董劝乃成。

学宫之修亦有绅民出于主动者,如康熙三十六年,邑人章远、汪若金等捐金建教谕署,嘉庆九年邑人程鹤年重修戟门和东西围墙,工程量一般较小。又如雍正年间曹邦瑞、曹天尉父子等人分别助七都田五亩和九分,两田"租银逐年修理学宫之用"③,坊市十一家排年黄张明等助九都田一亩二分五厘,亦修理学宫之用。学产除店屋三间、学地若干处外,有百姓捐助者,例如方锐妻胡氏助十三都田二亩地一角四十五步,方显仁妻汪氏助十三都田一十亩

① （清）端茂杞:《重修庙学记》,（嘉庆）《绩溪县志》卷十一《艺文志·记》,第726—727 页。

② （清）汤显忠:《重修庙学记》,（嘉庆）《绩溪县志》卷十一《艺文志·记》,第728—729 页。

③ （嘉庆）《绩溪县志》卷五《学校志·学产》,第444 页。

零,两氏"租银逐年散给,为灯油之费"①,女性以捐田助学的特殊方式参与地方科举活动,颇值得关注。

　　胡培翚等人于道光四年倡设的绩溪宾兴,是绩溪县境内"地方官、社会精英、宗族、典商等社会行为主体围绕科举这一主题所进行的制度设计与多维互动"②,地方科举的社会网络于此得到清晰体现,亦可见各阶层对地方科举事务有着共同的热情与追求,蕴藏着浓重的科举情结。

　　在众多宾兴捐助者当中,宗族祠堂颇为特殊,绩溪全县城乡有胡、程、汪、章等九个大姓的二十个宗族,以祠堂名义集体捐资,积极参与地方科举事务,宗族内部科举活动亦很丰富。宾兴费筹集之后,即给发胡咸丰、章源大等城乡五十四家殷实典商,生息增值。宾兴之用在资助赴试盘费,遇乡试年份结算息银,除去杂项开支,以十分之九给与南北两闱乡试士子,以十分之一给与会试举人,到省参加录遗但入场未取者,也给盘费,不在本籍居住者则不给费。

　　有论者认为宾兴发展表明地方乡绅参政诉求增强,或下层士绅权力扩张③,笔者以为从绩溪宾兴管理及运行模式来看,绩溪宾兴之设,是传统时期地方士绅参与社会活动在教育及科举领域的延伸,未能上升到绅权增强与扩张的层面,反映了各地宾兴具有较大的差异。胡培翚在初次倡议时就和绩溪知县王日新讨论,捐银

①（嘉庆）《绩溪县志》卷五《学校志·学产》,第444页。
②陈瑞:《制度设计与多维互动:清道光年间徽州振兴科考的一次尝试——以〈绩溪捐助宾兴盘费规条〉为中心的考察》,《安徽史学》2005年第5期。
③陈明华:《清中后期宾兴款的设置与下层士绅权力的扩张:以温州为例》,《华东师范大学学报》(哲学社会科学版)2016年第4期;毛晓阳:《清代科举宾兴对基层地方社会的影响》,《闽江学院学报》2013年第4期。

之后又呈请王日新与徽州知府马渔山立案，王还亲自过问劝捐、捐银催缴、典商调查等琐碎细事，积极推动宾兴之设，并为之作记，收于胡培翚编撰的《绩溪捐助宾兴盘费规条》和（道光）《徽州府志》当中。宾兴经费管理采用公匣制度，所有账簿、领约等项，俱藏公匣，而公匣则永存学署，这种处置方式对官府来说，是对宾兴的承认与保护，对士绅来说，则是彰显公信。由此而言，在国家—地方—社会的权力结构中，士绅与官府在密切互动合作的基础上，充分整合地方科举社会网络的各项资源，成就了绩溪宾兴的创设与运行，其目的是追求绩溪科举水平和科举竞争力的提升，正如王日新所言，"绩溪之人文，自此其日起矣……其科名之盛，讵出歙县休宁下哉！"①

　　绩溪京师会馆创始于明代，乾隆间复建，维持到科举废除之后，会馆规模颇大，到 1947 年会馆不动产计有，外二椿树上头条一号至五号，北椿树胡同十四号共六所，房屋九十八间及地基，又外三绩溪义园门牌二号地三段内房屋六间②。会馆初建、扩建与修葺需要大量经费，一般来源于乡人捐资，例如乾隆壬戌春，绩溪同乡耆长再申建立会馆之议，"遂捐输得数百金"③；嘉庆、道光、光绪年有数次大规模改建翻修，历次"重建房屋多有捐资者"。会馆日常开支除房屋租金外，也要求绩溪士子发科受职之后，亦应输资，以充公用，并按官阶酌定银数开列具体数额，京官正一品二十四两，八九品未入流一两；外官督抚总漕总河盐政一百两，九品未入流六

---

① （道光）《徽州府志》卷三《营建志·学校》，第 247 页。
② 《绩溪会馆总登记表》，北京市档案馆编：《北京会馆档案史料》，北京出版社，1997 年，第 893 页。
③ 汪立烁：《绩溪义冢碑记》，转引自李巍：《北京绩溪会馆遗存刻石略考》，《北京文博文丛》2017 年第 1 期。

两;武官一品三十两,七品一两;出差,学差五十两,会试总裁四十两,到钱局监督十两;科甲状元二十四两,榜探十六两,进士四两,举人二两,恩拔副岁优贡一两。道光六年公议的《绩溪会馆规条》规定,"各项乐输自道光十一年为始,有应输者即行交出,毋得拖延,值年先将所输银数登记于簿,并书于大厅粉匾,俟汇齐多名再行刊版,勒石垂久"[①],此举既为公开财务、表彰捐资人,也有将捐资制度化、义务化的倾向。

科举会馆为科举应试而设,主要功能自是为科举人及科举活动提供服务和支持,同时在地方社会整合与国家政权管理之间扮演着特殊角色,是地方科举社会网络的重要节点。

首先,科举会馆是科举个体与体系之间的联络节点。绩溪会馆的首要功能就是为参加乡会试的士子提供居住服务与生活保障,"凡应乡会试朝考来京及外任入觐者,俱准住居馆内,如或人多房少,乡试年份先尽乡试者居住,会试年份先尽会试者居住,不得任意占据,若遇房屋空闲时,无内眷之候补候选人员,亦准居住,其余一切人等概不得住居会馆。"绩溪士子从会馆走进考场,或可成功跻身进士行列,站到科举塔尖之上。

其次,科举会馆是科举群体之间的联络场所。绩溪会馆的联谊活动颇为典型,每年正月十三日上灯恭祀众神,正月十八日恭祀汪越国公,二月初三日恭祀文昌帝君,五月十三日恭祀关圣帝君,九月十七日恭祀福德财神,十二月二十六日腊祭能干祠,"同乡年十五以上者均衣冠齐集拜祭。"绩溪京官、乡会试留京考生、候选候补人员,每岁新春"择日在馆团拜一次,各出分资",共叙乡情。遇有公事至京、外官简放、铨选道府以及放学差,阖邑公饯,外官道

---

① 《绩溪会馆规条》,北京市档案馆编:《北京会馆档案史料》,第 286 页。

府以上来京陛见、引见者,会馆也公请一次。科场年份于乡会出场后,由值年备酒席为之接场。会馆成为乡人定期聚会、联络情谊的公共空间,科举人以会馆为场所,以乡谊为纽带,结成特殊的群体,对地方社会及文教产生多重作用。

再者,科举会馆是京师与乡里之间的联络窗口。绩溪有在京经商、求学、谋生之人,或因变故、疾病、贫困等,生活困顿,流落京城,难以回籍,遇到这种情况,会馆出于道义,查明实系平日安分之人,就由值年人"通知大众,酌量饮给盘缠",同乡"有在都病死无力敛埋者"①,会馆则给棺安葬。科举会馆作为京师与乡里之间人员与信息的重要联络窗口,并不仅仅局限于为考生提供住居之所,还承担着患难周恤、资助贫困、办理义园的慈善功能,诚如何炳棣所论,会馆具有"较广泛的同乡组织的性质",其功能"不如一般人想象的窄狭"②。

第二节　考棚:地方科举场域的中心

清朝建立之初,江南按试统置学使一人,后因道途辽远、多士调赴不易,分立安徽学政驻节当涂,于是"各府各直隶州皆营建试院,以为学使按临之所"③,诸县及属州则陆续创建考棚。(道光)《安徽通志》和(光绪)《重修安徽通志》均在《学校志》中专立"试院"并附考棚,试院或考棚之意,别之甚明,府称为试院,县则曰考棚。学政院试之所既有贡院、试院之称,也见考棚之说,商衍鎏

---

① 《绩溪会馆规条》,北京市档案馆编:《北京会馆档案史料》,第283—285页。
② 何炳棣:《中国会馆史论》,台湾学生书局,1966年,第20页。
③ (光绪)《重修安徽通志》卷九十三《学校志·试院》,《续修四库全书》(史部·地理类)第652册,第109页。

即言,各府直隶州"皆设有考棚,学政以次分期案临考试,谓之出棚"①。(民国)《怀宁县志》亦将安庆试院称为考棚,其中所录申瑶《考棚记》有言"京师礼部试暨各直省乡试并提学岁试,莫不有试院,试院中莫不有考棚,而皖省独以考棚名试院,皖初无试院也"②。朝廷也未对两者加以区分,乾隆二年四月辛未日上谕,"闻安徽所属地方应试童生,有完纳卷价之陋例。其费汇交知府、直隶州,除修葺考棚外,有余则补学政养廉之不足"③,此处考棚显指试院。将县级考场称为试院者,亦较多见,(同治)《祁门县志》、(宣统)《建德县志》、(光绪)《庐江县志》、(民国)《重修蒙城县志》等均以试院为名,(民国)《宿松县志》以试棚指代,在所录《知县谭廷献重修试院记》又径言试院④,可见在地方志的相关记载当中较为随意,有时甚至是两词混用。该处统以考棚指代童试及生员系内各种考试的考场,在具体行文过程中,依(道光)《安徽通志》和(光绪)《重修安徽通志》之例,以试院指称各府直隶州之考棚。

一、考棚的陆续创建

清代安徽较早的考棚是顺治年间建立的安庆府和庐州府试院,随后其他各府试院先后在康熙年间建成,而各直隶州试院建于雍正年间,各县考棚大量出现于乾隆、嘉庆时期,道光年间达到创设高峰,至咸丰、同治时期渐趋沉寂。

顺治七年,操江巡抚李日芃治安庆,看到"诸生就试无地,赴

---

① 商衍鎏:《清代科举考试述录及有关著作》,第9页。
② (民国)《怀宁县志》卷八《考棚》,江苏古籍出版社,1998年,第133页。
③《清实录·高宗纯皇帝实录》(一),第724页。
④ (民国)《宿松县志》卷二十一《学校志·试棚》,江苏古籍出版社,1998年,第424页。

调为艰,乃亲营度,鸠工葺治",在旧察院遗址,修建东西文场各六楹与大堂,并于仪门外设屏门曰龙门,是为"皖省试院之始",其后文教日盛,试士日增。安庆试院历经多次整理重修,康熙十二年,知府姚琅重建大堂;康熙四十八年,增生江岱倡捐拓地,增置号舍;雍正十年,东西文场为大风所倾,知府徐士林捐俸增建文场四十二间;嘉庆二十五年,郡守申瑶大加修葺,增建号舍五楹,号内之地"悉铺以石",考生"永无摩肩挤臂之患";咸丰初年兵毁,同治二年两江总督曾国藩檄建,光绪年间再次重修号舍,桌凳均易以石脚,"能容考生三千数百人。"①科举废后改为安徽师范学堂,民国再改为省立第一师范学校。庐州督学试院是安徽于顺治年间建立的另外一处考棚,俗名大书院,位于合肥南门大街西书院巷,为庐州府崔允宏建,有"东西考棚三十六间"②,咸丰三年毁,同治六年移建前街落水桥县学旧基。

安庆和庐州考棚于顺治年间创建之后,太平府试院、宁国府试院、徽州府试院、池州府试院和凤阳府试院先后于康熙七年、二十五年、二十八年、三十二年、五十三年次第创设,其中太平府试院非常特殊。(道光)《安徽通志》和(光绪)《重修安徽通志》将太平府试院基本等同于其他各府试院,实际上却有很大不同,(乾隆)《太平府志》将其称为提督学政署,更为准确地解释了它的实际地位。该试院位于太平府治东南,从康熙七年开始为学使按临校士之所,康熙十年、三十四年、四十五年,数任当涂知县分别予以修葺。雍正三年,分设安徽学政,即为督学驻扎署,郡属三县士子

---

① (民国)《怀宁县志》卷八《考棚》,第 132—133 页。
② (嘉庆)《合肥县志》卷五《营建志·行署》,江苏古籍出版社,1998 年,第 66 页。

公捐，在学政孙嘉淦主持下，"自内衙至考棚瓦舍，修整一新"①；其后历次修葺均在安徽学政主持下进行，咸丰兵毁，同治十一年，安徽巡抚英翰、布政使吴坤修筹款重建。从该试院具有内衙的结构、历次修整主持者的身份来看，的确与各府试院性质不同，太平府试院主要承担学政官署的功能，其间设有考棚。或正因此故，嘉庆二十二年，"邑南乡士民公捐"，建置头门三间，奎昌阁一座，正堂三楹及东西号舍三十间，是为"府学考棚"②，这样在太平府当涂县就有两处考棚。旌德县考棚于康熙年间就已建成，在宁国府试院建成之前，"生童俱赴旌德县考棚应试"③，徽州岁科试一度亦在旌德。

除滁州试院建于康熙五十年，各直隶州试院主要建成于雍正年间。雍正二年，升颍州、亳州、六安州、泗州为直隶州。颍州知州于雍正三年建颍州试院，九年亳州试院建于州治学宫之右；至雍正十三年，颍州升州为府，遂合五州县士子，"为公试之所"，而亳州因降为属州，试院"不复按临"④，废之。雍正四年，知州李懋仁捐俸倡建六安州试院；九年，署知州曹元梦等劝输建置和州试院。雍正四年，泗州试院建于盱眙上龟山，乾隆四十二年裁虹归泗，试院并未迁移；泗虹旧无试院，皆考童自备桌凳在学宫扃试，道光二十八年，州守沈祥熙"捐廉为倡"⑤，在城内状元街建试院，有号舍二十

---

① （乾隆）《太平府志》卷七《建置志·公署》，江苏古籍出版社，1998年，第86页。

② （光绪）《重修安徽通志》卷九十三《学校志·试院》，《续修四库全书》（史部·地理类）第652册，第111页。

③ （清）陶澍、邓廷桢修，李振庸、韩玫纂：（道光）《安徽通志》卷七十二《学校志·试院》，黄山书社，2015年，第1019页。

④ （道光）《安徽通志》卷七十二《学校志·试院》，第1020页。

⑤ （光绪）《泗虹合志》卷六《学校志·试院》，江苏古籍出版社，1998年，第471页。

间,咸丰二年春仲落成。如此则在两地先后有两个泗州试院。直隶州中只有广德州"向无考棚,岁科两试生童赴宁国府附考"①,迟至咸丰九年方才创建,十年即毁兵火,殊是可惜。

县级考棚从乾隆年间开始陆续创建,乾隆年间有太湖、泾县、英山等七县建立考棚,休宁、东流、霍山等六县在嘉庆年间设立考棚,道光年间是安徽县级考棚建置的高峰期,桐城、舒城、宿州等十六州县纷纷建立考棚,如加上泗州试院,达到十七个。咸丰年间是安徽考棚的灾难期,全部考棚均因兵火而毁,到同治和光绪时期,进入考棚的重建阶段,新建者只有庐江、涡阳和巢县三处。同治二年,邑绅王华、吴长庚捐置庐江考棚;涡阳于同治四年设县,同治六年由知县薛元启捐俸并募赀创修考棚,"东西考棚有房十六间"②;同治五年,巢县在定林寺基址"别建考棚"③。

建于乾隆中期的上江考棚最为特殊,因其位于安徽省外之江宁。安徽添设学政之后,省内士子改在太平府的提督学政署考棚参加录遗考试,录取后再赴江南乡试,如此安排,时间紧迫,颇多不便。乾隆中期,歙县候选道员徐本增捐出私宅,改造为安徽学政录遗考棚,并承担修理费用,由此安徽学政录遗考试皆在江宁上江考棚举行。

清代安徽考棚的建立与发展呈现出清晰的时代轨迹,顺治、康熙年间创立的主要是各府试院,直隶州试院基本在雍正年间建置,县级考棚从乾隆年间开始陆续创建,道光年间是安徽县级考棚建置的高峰期,咸丰时期各地考棚普遍遭到破坏,同光年间主要是修复与重建,只有庐江、涡阳和巢县三县新建考棚。

① (光绪)《重修安徽通志》卷九十三《学校志·试院》,《续修四库全书》(史部·地理类)第652册,第111页。
② (民国)《涡阳县志》卷五《建置志》,台北成文出版社,1970年,第145页。
③ (光绪)《庐州府志》卷十七《学校志》,第287页。

二、考棚的区域分布

（光绪）《重修安徽通志》卷九十三《学校志·试院》以"按"的形式记载，南陵、芜湖、无为、巢县、怀远、凤台、灵璧、颍上、霍邱、亳州、全椒、来安、天长、五河等"十四州县俱未建置"[①]考棚。此处"十四州俱未建置"之说有误。首先，如前文所述，亳州"旧有试院"。其次，巢县亦有考棚，"考棚建在定林寺旧基"[②]；南陵知县在乾隆四十八年劝谕各乡绅士，分任捐资，重建春谷书院，"设立号房，为县试童生之所"[③]。再则，凤台虽没有独立建置考棚，但该县自雍正十一年析地设县以后，与寿州同城而治，共用考棚，此点类于苏皖两省合闱于江南贡院，（光绪）《寿州志》卷九《学校志·考棚》和（光绪）《重修凤台县志》卷六《学校志·考棚》均以"寿台试院"名之，显是经过协调而达成共识。其他十个州县，另加建平县，就笔者目前所见材料，未发现建立考棚的有关记载，或仍有遗漏。再一个需要说明的问题，建有试院的八府，在各自府治所在县，如安庆府的怀宁县、宁国府的宣城县等，没有单独建置考棚，府级试院实际承担了县考棚的功能，所以我们在考察考棚区域分布问题时，为便于行文和比较，将府级试院与其首县考棚等同视之。

清代安徽先后建有 50 处考棚（易址重建者不计），除位于南京的上江考棚和位于太平府的提督学政署，具有省级考棚性质，其余 48 处考棚广泛分布于各府与直隶州。

---

① （光绪）《重修安徽通志》卷九十三《学校志·试院》，《续修四库全书》（史部·地理类）第 652 册，第 112 页。
② （光绪）《续修庐州府志》卷十七《学校志·考棚》，第 282 页。
③ （民国）《南陵县志》卷八《学校志·书院》，江苏古籍出版社，1998 年，第 131 页。

　　安庆府领怀宁、桐城、潜山、太湖、宿松、望江等六县,都建有考棚;徽州府辖歙县、休宁、婺源、黟县、祁门、绩溪六县,宁国府属宣城、宁国、泾县、旌德、太平和南陵六县,池州府所隶贵池、青阳、建德、石埭、东流、铜陵六县,亦建有考棚。安庆、徽州、宁国与池州四府实现了考棚全覆盖,颇有意味的现象是,安庆、徽州与宁国三府是清代安徽科举最发达的地区,而池州府的科举竞争力却远为逊色。太平府辖当涂、芜湖和繁昌三县,芜湖县未建考棚;庐州府隶合肥、庐江、舒城、巢县四县和无为州,其中无为州旧有贡院,至清废毁,新绣溪书院虽然有"兼作试院"① 的功能,但(光绪)《庐州府志》卷十七《学校志·考棚》并未载入;凤阳府领凤阳、怀远、凤台、定远、灵璧五县及寿州、宿州两州,凤台与寿州合用寿台试院,怀远和灵璧没有考棚;颍州府统阜阳、颍上、霍邱、太和、蒙城、涡阳六县与亳州,颍上、霍邱两县没有考棚。

　　安徽统辖八府、五直隶州、五十一个县、四属州,将直隶州本州视同县级区划,共有六十个州县,建有四十八处考棚,考棚建置率为80%,在全国各省当中位居前列,从一个特定角度反映了安徽科举之风较盛。晚清时期安徽设徽宁池太广道、安庐滁和道和凤颍六泗道,恰好将安徽分成南、中、北三大区域,考棚建置率分别为91%、81%、67%,由南向北,逐次递减,与进士数量分布态势基本一致,是安徽各地科举水平的真实映照。这反映出,一个地区的考棚建置率与科举发展水平之间存在一定的正相关关系,这种相关趋势值得进一步探究。

　　考棚大多独立建置,或依旧址,或辟新地,特殊者则附建于书院,这种考棚主要见于凤、颍、庐等府和六安州等皖北地区。定远

① (光绪)《庐州府志》卷十七《学校志·书院》,第287页。

县考棚在道光年间由知县饶元英就曲阳书院改建。涡阳县考棚建于义正书院,后涡阳高等小学"即义正书院及考棚改造"①。道光年间,太和县知县雷时夏"创修文峰书院,选生童肄业,其间设考棚,以重抡才大典"②,即为太和县考棚。蒙城县试旧无考棚,每逢考期,本童自备桌凳赴县署应试,"自修养正书院,即以书院作考棚"③,后因书院考棚考课有余,考试不足,胡兰轩捐集款项,添盖东西两院考棚计二十余间。英山县兴贤馆考棚,乾隆三十七年建,东西考棚各四楹,道光二十一年尽被水圮,"暂改书院为考棚"④。霍山县在嘉庆三年建云程馆,"以为屇试童子之地"⑤,后知县朱士达改名奎文书院。桐城考棚由知县史丙荣建于道光二十三年,咸丰兵毁,同治四年以培文书院改建,该考棚在筹建阶段即有"合为考棚而纳书院于其内"的设计。知县廖大闻为筹建考棚事,与县绅商议,谓"谋事不可不勤,而见事不可不广也,为考棚以考,其闲时即为书院,庶所益多矣! 自城及四乡或有相率偕来捐赀以成之者乎"⑥,并且购买南乡新生洲,岁收其息,作为修理考棚几案的经费,同时供应书院膏火。

　　巢县考棚与巢湖书院的关系最是典型。巢县旧无考棚,巢湖书院因兵燹而废,同治五年,巢人"欲别建考棚,苦无其费,欲别构

<hr />

① (民国)《涡阳县志》卷九《学校志》,第258页。

② (民国)《太和县志》卷七《秩官・名宦》,江苏古籍出版社,1998年,第441页。

③ (民国)《重修蒙城县志书》卷五《学校志・试院》,台北成文出版社有限公司,1975年,第283页。

④ (民国)《英山县志》卷四《学校志・试院》,江苏古籍出版社,2001年,第110页。

⑤ (光绪)《霍山县志》卷五《学校志・书院》,江苏古籍出版社,1998年,第103页。

⑥ (道光)《续修桐城县志》卷三《学校志・书院》,第319页。

书院,又难得其基",于是"将书院并入考棚之中,一地而两用之",建成大堂五楹,东西文场四棚,龙门一道,"平日则为讲堂,县试则为锁院,一举两得。"①

清代各地已经普遍设立书院,在书院官学化与科举化的背景中,合考棚与书院为一,正是"一举两得",实在是省力、节费的可取之法,但安徽考棚仅有寥寥几处采用这种建置方法,除桐城县外大多非为科举发达县域,这实际涉及到地方对考棚定位的认识,建于书院往往是退而求其次的选择。

三、考棚的修建动因

《钦定学政全书》对学政出棚驻扎衙门有细致具体的规定,"衙门需宽大,可试千余人,高垣厚壁,环覆以棘"②,可见各府直隶州建立试院有着明确的制度依据,但县试场所一直没有相应的制度,州县考棚建立主要出于地方主动,且在筹建过程中需向上级有关衙署报告。

首先,各地建立考棚是为便于考生考试,减轻其考试负担。考棚未建之前,一般以县署、学宫、书院或寺院等场所作临时考场,每逢考期,生童自备考试用具,如笔、墨、桌、凳等,非常繁琐艰苦。巢县无考棚,遇考试就在县治大堂甬道两旁,考生自带桌凳,拥挤异常,遇到阴雨天气,更是无措,"与考者殊多不便,权宜从事,数百年矣!"③蒙城县"考童自备桌凳,半在庭院风日之中,阴雨尤为窘迫"④。桐城知县廖大闻在筹建考棚时也意识到这种弊端,人各自备

---

① (光绪)《庐州府志》卷十七《学校志》,第 287 页。
② 《钦定学政全书》卷十一《学政按临》,第 597 页。
③ (光绪)《庐州府志》卷十七《学校志》,第 287 页。
④ (民国)《重修蒙城县志书》卷五《学校志·试院》,第 283 页。

几案,"如四乡之人,入城无亲故可倚者,必价赁于胥吏市侩,胥吏市侩藉之居奇"①,其害无穷。庐江县试也在县署,但"邑经兵燹,县署被毁"②,邑人遂专建考棚。

其次,建设考棚有利于预防作弊、维护考试公平。朝廷虽然对考棚建制没有明确规定,但对考风却非常关注。府州考试童生,多无考棚号舍,无从编定坐号,或在衙署,或在学宫,听自备桌凳进考,"师弟父子共坐一处,父师作稿,子弟誊抄,或一人几卷,更易姓名,侥幸俱取。另与他人进院考试,诸弊丛生。"台湾考试生童向来未建考棚,只就海东书院之便,地方湫隘,实不能容。遂别开门径,通于圣庙戟门外搭盖棚厂,"未免杂沓喧嚣,邻于亵慢,且虑关防不密,易滋弊端",遂命台湾"修造试院,俾宫墙肃静,考试谨严,以重造士育才之典。"③乾隆五十八年,池州知府荆道乾重修试院,"名为修而有建之实",工大费繁,完工之后,荆道乾作《重修试院碑记》,郑重指出"所以慎关防、便使令者,至严且备"④。

第三,地方往往将修建考棚看成重视科举、提振文风的重要举措。如同贡院是一省科举的象征,考棚逐渐成为府级或县级地方科举场域的中心。安庆试院建成之后,时人谓"文教日盛,试士日增"⑤。宁国府试院未建之前,"有便试于徽郡之议,遂移试旌德",宣城知县袁朝选在送试旌德的过程中,感于风雨载途、泥泞行滑、

① (道光)《续修桐城县志》卷三《学校志·书院》,第 319 页。
② (光绪)《庐江县志》卷四《学校·试院》,江苏古籍出版社,1998 年,第 140 页。
③ 王炜编校:《〈清实录〉科举史料汇编》,第 275、232 页。
④ (光绪)《贵池县志》卷十一《学校志·试院》,江苏古籍出版社,1998 年,第 219—220 页。
⑤ (民国)《怀宁县志》卷八《考棚》,第 133 页。

苦不堪言,慨叹赴旌德试"徽之便,宁之苦也","乃自动于志,必欲修辑宁之旧署,请于学宪案临",并谓"宁郡以父母邦人试于父母之邦,亦天之道也,而亦国之制也"①,于是捐俸购料建造试士之所。与宁国府类似,直到康熙二十八年黄凤翼捐资建造徽州试院,"学使始按临岁试,而科试仍在旌德。"②州县多为考棚以考,桐城"皖巨县也,名宦学士代兴,其间每考童子军三四千人,不凡才自有之矣,而无考棚,官署盈尺之地,欲其激昂青云,不其难乎"!对知县倡修考棚,全县士绅皆曰"善"③,实际上已经生出桐城县应该拥有考棚的社会心理并进一步产生影响。泗州试院初建盱眙,道光年间重修,时任安徽学政沈维鐈称其为"安徽全省试院第一","将见人文之盛,风俗之兴,蒸蒸日上,虽在偏隅,岂不转胜于通都大邑"④,试院寄托着当地士人振兴科举的追求。

　　第四,官员提倡、绅民合力是各地考棚得以筹建或重修的基本模式。修建考棚对于地方来说是一项费功耗财的复杂工程,必须获得各级官员的认可与支持,在新建与重修考棚的过程中,官员责无旁贷,扮演着倡议者和主导者的角色,其身份大约有四种类型。一是总督、巡抚等封疆大吏,如操江巡抚李日芃、两江总督曾国藩,前者创建安庆试院,后者重修,当然这和安庆的特殊政治地位密切相关。二是主管全省学务与考试的安徽学政,学政孙嘉淦主持修建提督学政公署,学政沈维鐈按试泗州,"见其堂廉迫狭,不足庇

①(光绪)《宣城县志》卷三十《艺文》,江苏古籍出版社,1998年,第686页。
②(光绪)《重修安徽通志》卷九十三《学校志·试院》,《续修四库全书》(史部·地理类)第652册,第109页。
③(道光)《续修桐城县志》卷三《学校志·书院》,第318—319页。
④(光绪)《盱眙县志稿》卷五《学校》,江苏古籍出版社,1991年,第73页。

风雨,捐俸茸之。"[1]三是外任官员,非常关注本籍试院的修建,曹文埴对徽州试院、李鸿章对庐州试院的关注皆属此类。四是各府、州、县的知府、知州与知县,他们是考棚倡修者的主体,在修建考棚的工作中发挥主导作用。宁国县考棚建在县城东门内,于道光二十二年由知县林自立"倡令合邑捐建",同治四年知县蔡铎以其址为县署,在大堂两廊建坐号八间,"兼为考棚"[2],这种情况比较普遍,不一一列举。官员倡导于前,实际负责工程经理者则是乡绅,黟县考棚在道光五年由知县创建,两个月时间内"集费三万余金,邑绅胡元熙实董其成"[3]。个别考棚修建主要出自地方士绅,例如嘉庆十二年邑绅刘启伦营造休宁县考棚,再如道光十九年邑绅朱则环重建旌德县考棚等。

四、考棚的基本格局

考棚是人才荟萃之地,也是读书人进入科举体系的起点,各地非常重视考棚的修建,但各地考棚大小不同,规模不等,布局也各有差异。

(嘉庆)《合肥县志》卷五《营建志·行署》对庐州试院的构造有细致的记载。该试院布局非常规整,前有照墙一座,大牌楼一座,鼓吹亭二座,官厅三间,仪门三间,龙门一座,东西考棚三十六间,大堂三间,东西班房各一间,二堂四间,门房一间,川堂三间,上房五间,有楼,楼后共九间,楼西承差奏厅房各三间,包公祠、土地祠各三间,厨房三间,柴房三间,茶库房一间,吏房东厕二间。值得

---

① (光绪)《盱眙县志稿》卷五《学校》,第 73 页。
② (民国)《宁国县志》卷六《学校志·考棚》,江苏古籍出版社,1998 年,第 150 页。
③ (道光)《徽州府志》卷三《营建志·学校》,第 244 页。

关注的是该试院内建有包公祠和土地祠,应是地方色彩,他处并不多见。和州于同治三年由署知州林廷杰倡令州县士民捐输,重建试院,格局十分工整,依旧址建大堂三间,暖阁一座,堂前卷棚间,东西号舍十间,门子皂隶房六间,穿堂一间,上房三间,中书房三间,东书房三间,又书房前屋三间,厨房五间,西书房三间,又书房前屋三间,大门五间,龙门三楹,照壁墙一座,鼓吹亭两间,东西官厅三间,供应所三间。六年增建旗杆二根,东西栅栏二道,辕门楼二座,东西号舍八间等,"较之旧制,尤为完美。"① 道光二十八年始建的泗虹试院,前置面壁,东西列辕门,四外绕以垣墙,中建头门,次建仪门,次大堂,两旁翼以号舍二十间,"凡讲肄内寝庖湢之所,无不毕具。"②

　　各府直隶州试院的格局较为清晰,即注重仪式性建筑,如龙门、鼓吹厅、旗杆等,也注意到试院内考试区、生活区、工作区的隔离与安排,考场规模较一般州县考棚为大。

　　州县考棚当中,寿州试院,亦即寿台试院,占地较广,规模较大。寿台试院在州治东南德化坊,道光七年,知州朱士达倡建,州绅孙克依捐畦地为基,南北长四十一丈,东西广二十四丈,又买其旁畦地取土备用。八年三月兴工创建,有大门、仪门各三间,大堂五间,后堂七间,东棚十一间,中棚左右各七间,桌凳一千七百六十张,卷棚三间,大堂东西耳房六间,后堂东西耳房六间,厢房六间,厨房五间,群房十六间,箭亭一间,鼓乐棚二间,照壁一横,三堵围墙一百二十丈,月池一面,又造文峰塔,统于九年二月落成,共用银二万余两。该试院内有月池和文峰塔,规制与各府试院相仿,十四

---

① (光绪)《直隶和州志》卷八《学校志·试院》,江苏古籍出版社,1998年,第179页。
② (光绪)《泗虹合志》卷六《学校志·试院》,第471页。

年即奏准"岁科两试学政便道按临寿州,考试寿台生童"[①]。

相较寿台试院,其他州县考棚大多比较简单,占地亦狭。道光十五年,舒城知县吴士良同邑人建考棚,毁后存址,"南北距三十五弓,东西距前二十七弓,后三十弓。"[②]同治四年,知县延龄与邑人修复,凡照墙一座,头门九间,穿堂五间,东西文场二十间,大堂三间,东西号舍各三间,二堂三间,三堂三间,东西号舍各三间。(道光)《休宁县志》卷三《学校·考棚附》记载了嘉庆十二年所修休宁县考棚的基本情况,前有照墙,左右鼓吹亭,头门内左右班房,二门内左右门房,甬道左右设东西文场,直接大堂,堂后房二进,各三间,东厅西厨房。同治六年知县薛元启捐俸并募赀创修涡阳县考棚,建大庭三间,耳房各一,东西配房六,中为过庭,两端配房四,前为东西考棚,有房十六间,后来增修大门、二门和西小号。一般而言,州县考棚规模较小,格局较简,以满足其核心的考试功能为要,并不追求气派、宏大,讲求实用。例如庐江县考棚,在大西门内,坐北朝南,计照墙一座,每进屋五间,共六进,第四进中有阁一间,四进、五进、六进中有穿堂,旁有厢屋,"共计屋四十三间。"[③]

衡量考棚规模的指标是能够容纳考生的人数。安庆试院在光绪年间重修号舍后,能容纳考生三千数百人,乾隆三十九年邑贡生马元龙建泾县考棚,东西号舍二千四百有余,寿台考棚能容一千七百六十人同时进场考试,祁门考棚则有号舍八百余座。这几个考棚是不同规模考棚的代表,大者能容两千人,甚至超过三千

①(光绪)《寿州志》卷九《学校志·考棚》,江苏古籍出版社,1998年,第125页。

②(光绪)《续修舒城县志》卷二十一《学校志·学堂》,黄山书社,2009年,第176页。

③(光绪)《庐江县志》卷四《学校·试院》,第140页。

人,中等规模则可容纳一、两千人,等而下之则不足千人。考棚规模一般与该地科举人口、考试人数大致匹配,既是一地文风高下、一邑科举盛衰的表征,也可为考察科举流动频率及录取率等情况提供直观的数据支持。

五、考棚的经费筹措

作为地方科举场域的中心,考棚建设是地方文教领域与日常社会生活中的大事,其建设包括若干环节。首先是新建考棚,往往需要购置土地,加之工程量大,花费亦巨。寿台试院由州绅孙克依捐畦地为基,原价银一千一百四十两,又买其旁畦地取土备用,价银四百七十两,整个工程"共用银二万余两"①。其次是重建考棚,太平天国运动期间,安徽考棚几乎全部遭到毁坏,所以同光时期出现重建高潮,考棚重建与新建的花费大约相当。其三是考棚增建、修葺与日常维护,考棚建成之后,可能会遇到雨、雪、风等自然灾害,导致不同程度的损毁,或因年久枯敝需要修葺;因考生增多,考棚过于狭小,也需要增加号舍。考棚创建之后的重修频率较高,可以徽州试院为例,康熙二十八年,黄大顺、黄凤翼父子捐资建造,因岁久朽敝,雍正十一年汪涛捐资重建,乾隆五十六年曹文埴重修,同治三年知府刘传祺复建,不计日常维护与一般修葺,仅大规模重建,每五、六十年要进行一次。再如建德考棚,乾隆四十一年建,六十年修门首桥路,道光元年重修并建头门,十七年移于东门,同治年间知县王必蕃捐修,百年内重修或增建三次。

考棚从创建到重修,再从增建到修葺,花费巨大,但款从何来?《清实录》记载了这样一则史料:"闻安徽所属地方应试童生,有完

---

① (光绪)《寿州志》卷九《学校志·考棚》,第 125 页。

纳卷价之陋例。其费汇交知府、直隶州,除修葺考棚外,有余则补学政养廉之不足。虽每童所出不过钱数十文,而在贫寒书生,亦不免拮据之苦。且学政养廉,朕已特颁谕旨加至四千两,甚属宽裕,更不必取资于卷价。至于修葺考棚,乃地方之公事。"① 这则史料包含了两条信息,一是应试童生曾经有完纳卷价之例,其费用以修葺考棚,二是修葺考棚乃地方之公事,应动存公银两办理。在实际运作过程中,存公银两作用非常有限,考棚经费主要来自于地方官绅民众的捐资,其捐建大约有以下几种形式。

第一,地方官带头捐资。地方志关于考棚修建的记载中,多见地方州县官员"捐廉""捐俸",寿州知州朱士达是其中的典型代表。朱士达,江苏宝应人,由进士分发安徽,历任黟县、霍山、南陵、怀宁等地,擢升寿州知州,兴学校,设义塾,士气日上,应试者越来越众。他发现州署试院人众地狭,拥挤不堪,即使临时搭建席棚,犹不足用,偶遇雨雪,渗漏堪虞,关防尤难周密,于是"先经捐办桌凳一千九百六十张",后更"倡捐养廉银八百两,广为劝输"②,州绅纷纷响应,捐银近两万两。创建考棚的过程中,朱士达亲自勘验地形,赴工督办,考棚建成后,又详请分棚专考,寿台士子得免远赴凤阳跋涉之苦。朱士达为官寿州,声誉极佳,(光绪)《寿州志》卷十六《职官志》将其列入"名宦",(光绪)《凤阳府志》卷十七《宦绩传》亦有其传,道光九年十月,朝廷因其捐建考棚专门予以表彰,"升叙有差。"③

第二,绅民合力修建考棚,这是最为常见的方式。安庆知府申

---

① 《清实录·高宗纯皇帝实录》(一),第724页。
② (光绪)《寿州志》卷九《学校志·考棚》,第125页。
③ 王炜编校:《〈清实录〉科举史料汇编》,第722页。

瑶重修考棚时，"榜示合属，闻者咸踊跃葶材输饩，辐至襄事"，建成后计用钱近九千缗，并且将节余银二百五十两，交给后任，以为"刊碑及岁修用"①。道光十年，祁门知县王让和邑绅洪炯，"邀集四乡，劝输购地，在学宫之左创建考棚"②，计费逾万金。再如宿松考棚，嘉庆十三年，知县吴耿光因绅士请建，"计财里出，缙绅士庶者较修学益，拓基则邑绅数姓合捐。"③道光十五年，舒城知县吴士良同邑人建考棚，头门三间、穿堂五间、大堂三间、后楼三间，分别由乡贤捐建，东西文场二十间则是邑众同建。

第三，个别乡贤及其家族捐建考棚。康熙二十八年，休宁人黄大顺之子黄凤翼建徽州试院，孙黄铨及其曾孙黄治安等"越世增修，继承弗替"，汪涛"踵而修之"，徽人对黄、汪两家给予高度评价，谓"自康熙丁卯以迄于雍正癸丑，郡士赖黄之苈者，几五十年，自雍正癸丑迄今乾隆辛亥，其赖汪之苈者，又六十年"④。青阳县考棚由知县段中律捐俸率合邑建于乾隆四十一年，道光二十一年大雪压塌，"胡王氏命子如望、如春重修，计费六百金。"⑤庐江乡绅王华、吴长庚于同治二年捐建考棚，亦属此类。

第四，筹设考棚岁修基金，主要用于考棚的日常维护与修葺。泗虹试院设岁修公款，系光绪八年五河县捐款，有钱八百千，"照章分存典商，按月一分二厘生息，以备逢考修补之用"；休宁县在考棚

① (民国)《怀宁县志》卷八《考棚》，第133页。
② (同治)《祁门县志》卷十八《学校志·书院》，江苏古籍出版社，1998年，第187页。
③ (民国)《宿松县志》卷二十一上《学校志一·试棚》，第424页。
④ (民国)《歙县志》卷二《营建志·学校》，江苏古籍出版社，1998年，第56页。
⑤ (光绪)《青阳县志》卷一《营建志》，江苏古籍出版社，1998年，第48页。

之外有楼房四进,"租赁以为岁修之费。"①黟县考棚经费"向之发典生息"②,后典商遭兵,考棚小修亦在船厘项下支用。部分县有考棚岁修田,如舒城县在麻石井、潘家冈、八里桥和新河口等地有田九处,共约二百四十余亩,每年额收租谷③,以供考棚岁修之用。

清代安徽考棚从顺治年间初建,康熙、雍正、乾隆时期陆续新建,至道光年间达到考棚创建的高峰期,咸丰年间因兵燹而遭到大面积破坏,同光年间为考棚重建期。安徽各府及直隶州普遍建立考棚,加上位于江宁的上江考棚,共达四十九处。考棚的建立一方面便于考试的举行及管理,其意义更表现在考棚逐渐成为地方科举场域的中心和象征,各地官绅民众合力投入考棚修建,反映了安徽科举风气的炽盛与科举水平的发达,也反映了基层科举社会的一般样态。

第三节　宾兴:科举事务的地方投入

"宾兴"一词起源于《周礼》,谓"以乡三物万民而宾兴之",其义多有演变,渐趋复杂,毛晓阳所著《清代科举宾兴史》对宾兴含义进行了细致梳理,宾兴主要有六种含义指向,即特指周代选士制度,泛指历代科举制度,代指科举制度中的解试或乡试,特指欢送科举生员的礼仪宾兴礼,代指地方财政预算性科举经费,第六种含义是指"明清科举社会尤其是清代免费资助当地士子参加各级科

---

① (光绪)《泗虹合志》卷六《学校志·试院》,第471页;(道光)《休宁县志》卷三《学校·考棚附》,第72页。

② (同治)《黟县三志》卷十《政事志·书院》,江苏古籍出版社,1998年,第410。

③ (光绪)《续修舒城县志》卷十七《食货志·公田》,第141页。

举考试的教育公益基金"①,该著在这一含义的基础上展开相关研究,本书也在这种含义的基础上对清代安徽宾兴进行初步的整体性考察,同时对部分先行研究的观点进行呼应或商榷。

一、宾兴的建立与分布

徽州府休宁县和安庆府望江县是清代安徽建立宾兴较早的地区,在康熙年间就有宾兴活动。康熙十四年,休宁监生程子谦捐银一千两置学田一百九十六余亩,每年征租银九十七两,"除完纳粮课外,余银为本学生员乡试盘费"②,这是目前笔者所见有关清代安徽宾兴的最早记载。康熙五十九年,望江邑令章节发现该县诸生多有因"缺资斧"而不赴乡举者,遂捐资以助,深感"心余力绌","于是集绅士而为众擎易举之计"③,"捐俸置科举义田"④,有周大智、张正庭等五十七人各共捐银一百八十四两,置买科举田地,并立碑于明伦堂。从乾隆、嘉庆、道光至咸丰、同治,各地陆续初建宾兴,建平和全椒两县则在光绪年间⑤新建宾兴。光绪元年,建平县绅士戴名贤等禀请县令方,准于士民垦熟田亩,每亩捐钱七文,除民欠外,共收钱一千千,在东门置买市房一所收租,"作为土著士子

① 毛晓阳:《清代科举宾兴史》,华中师范大学出版社,2014年,第29页。

② (道光)《休宁县志》卷三《学校·学田》,第66页。

③ (乾隆)《望江县志》卷八《艺文·记》,江苏古籍出版社,1998年版,第606页。

④ (乾隆)《望江县志》卷四《学校·学产》,第437页。

⑤ 毛晓阳著《清代科举宾兴史》107页表2—7《清光绪时期初设科举宾兴的府州县一览表》,以初建于光绪十五年的安徽亳州记于该表,当误。(光绪)《亳州志》卷七《学校志·书院》(江苏古籍出版社,1998年版,第201页)记载,乾隆三十七年,州人李学书捐地一百五十亩九分六厘,"半充书院膏火,半充寒儒省试之费。"

乡会试宾兴之费。"①光绪十五年,全椒县令朱寿祥与邑人士筹款
购置吴姓旧宅,"复于钱粮羡余项下提拨银两",起造正屋四重,横
屋四重,以为宾兴公所,租赁收取租金,"为士子宾兴及公车计偕之
费。"②

　　州县宾兴建立后,可能延续增建,也可能会出现中断或重建的
情况。休宁在康熙十四年出现宾兴后,又有汪国柱、徐名进等人捐
输本邑士子乡试盘费。嘉庆十二年,汪国柱属刘启伦书告汪滋畹,
曰"有志于兹久矣,若能告诸当道,妥立章程,垂诸久远,敢不倾囊
以兴是举",汪滋畹欣然函致制府,发交方伯暨郡邑两贤,候未匝月
而集议成之。徐名进曰:"吾与擎堂,同心合业经营于汉上五十有
余年,今兹义举,擎堂能为之倡,吾独不能为之继乎!"③遂亦捐置
五千金,其措置一如汪国柱。汪滋畹有《乡试旅资记》《增捐乡试
旅费记》两文,述汪徐两人捐输宾兴之事,颇为生动。再如霍山县,
"宾兴会始于西乡千笠寺等八保旧存公田,每逢乡试之年由八保董
事等将租变价携至江宁,分给士子,名曰科费,今名旧宾兴";光绪
十八年,知县程仲昭因"食田者未必皆贫,贫者或不得食田",稽核
田亩,惠可均沾,"与书院旧田,各为簿领,名曰新宾兴"④,乡试给
诸生银外,会试统给公车银二十金。这种情况在各地均较常见,我
们仅以州县为单位考察宾兴状况,忽略重建或增建,只要某州县曾
经存在宾兴,就将其视为有宾兴的州县。

① (光绪)《广德州志》卷二十四《学校志·宾兴》,江苏古籍出版社,1998年,
　　第352页。
② (民国)《全椒县志》卷一《舆地志·公廨》,江苏古籍出版社,1998年,第
　　30页。
③ (道光)《休宁县志》卷二十二《艺文·纪述》,第642、644页。
④ (光绪)《霍山县志》卷五《学校志·宾兴》,第106—107页。

　　笔者依据江苏古籍出版社出版的《中国地方志集成》所收清代安徽各府州县志,梳理有关宾兴的记载,共有三十七个州县建有宾兴组织,或有宾兴活动。考虑到可能因方志修成较早而不得记载初建较晚宾兴的情况,又检索冯煦主修、陈师礼纂《皖政辑要》卷五十二《学科·普通》。《皖政辑要》详载各地于科举制度废除前后创办的中学堂、小学堂的基本信息,部分中小学堂的经费来源就包含原先的宾兴费用。例如蒙城县高等小学堂,于光绪三十一年由知县陆士奎开办,就文庙内明伦堂余房及学署改设,"以书院田租、宾兴存款及银米串票费为常年经费"①;光绪三十一年,由知县谢士彤开办的铜陵高等小学堂,在城内东门文庙内,"以书院田租、宾兴存款、盐肉串票捐为常年经费。"②位于城西五烈祠及关帝庙内的和州两等小学堂、城内东门大街的涡阳高等小学堂也以书院宾兴款为开办经费。

　　梳理二书后,清代安徽先后建有宾兴组织或有宾兴活动的州县达到四十一个,分布于十二个府及直隶州,分别是安庆府的桐城、太湖、宿松、望江等四县,徽州府的歙县、休宁、婺源、祁门、黟县、绩溪等六县,宁国府的泾县、旌德等两县,池州府的贵池、青阳、铜陵、石埭、建德等五县,庐州府的合肥、庐江、舒城、巢县等四县,凤阳府的凤阳、怀远、凤台、寿州等三县一州,颍州府的颍上、霍邱、蒙城、涡阳、亳州等四县一州;滁州直隶州的滁州本州、全椒、来安等一州两县,和州直隶州的和州本州,广德直隶州的建平县,六安直隶州的六安本州、英山、霍山等一州两县,泗州直隶州的泗州本

①（清）冯煦主修,（清）陈师礼纂:《皖政辑要》卷五十二《学科·普通》,黄山书社,2005年,第528页。
②（清）冯煦主修,（清）陈师礼纂:《皖政辑要》卷五十二《学科·普通》,第517页。

州、五河、盱眙等一州两县。

　　安徽宾兴的空间分布具有鲜明的特点,首先,分布较为广泛。安徽六十个州县(含五个直隶州本州和四个属州)当中,有四十一个州县建有宾兴组织或有宾兴活动,分布较为普遍,这种广泛性可以通过与其他各省的比较体现出来。毛晓阳著《清代科举宾兴史》在《清代全国科举宾兴分布概览》中列出了湖北、山东、台湾等十九省的宾兴分布率①,按照其计算方法,安徽的分布率不是44.1%,而应是61.8%,低于湖北省的83.5%,与江西、湖南、江苏等省大致相当,排在诸省第四位。

　　其次,分布较为均衡。毛晓阳著《清代科举宾兴史》认为,安徽宾兴"全省分布较不均衡,如宁国府、池州府、太平府均未见相关经费记载"②,此说显误,应和作者对安徽宾兴统计多有遗漏有关。宁国府泾县在乾嘉年间,汪应玢后裔"克遵先志",置宣城湾沚镇罗田圩田百五十亩,为"邑士乡试卷烛费"③;乾隆三十九年,池州府石埭县人沈廷襄,捐屋创设沈氏文苑,并捐田租谷二百石,"为此后全县士子乡会试卷烛之赀。"④八府五直隶州当中,太平府未见宾兴记载,宁国府所属六县中,泾县和旌德建有宾兴;其他诸府州,所领州县建有宾兴者均超过半数。晚清时期安徽设徽宁池太广道、安庐滁和道和凤颍六泗道,恰好将安徽分成南、中、北三大区域,建置宾兴的州县分别为14个、12个、15个,数量非常接近。

　　再者,分布与科举水平之间没有明显关系。建有宾兴的州县,既有歙县、休宁、泾县、合肥等科举大县,也有建德、五河等科举落

① 毛晓阳:《清代科举宾兴史》,第145页。
② 毛晓阳:《清代科举宾兴史》,第118页。
③ (嘉庆)《泾县志》卷十九上《懿行》,江苏古籍出版社,1998年,第399页。
④ (民国)《石埭备志汇编》,大事记稿,江苏古籍出版社,1998年,第15页。

后县。宁国府科举实力较强,只泾县和旌德两县有宾兴活动,而在南北两个科举盆地,宾兴建置率却较高,池州盆地六县中五个有宾兴,亳州盆地中蒙城、涡阳、亳州三地亦有宾兴。

最后,没有建立宾兴组织与基金的州县,地理分布颇有意味。太平府当涂县、芜湖县、繁昌县,宁国府宣城县、南陵县,凤阳府定远县,泗州直隶州天长县、和州直隶州含山县,广德直隶州本州等九地没有宾兴,而这九地正是距离南京距离较近的区域。距南京路遥的徽州,六县均有宾兴,科举较为落后的池州府,六县之中仅东流县未有宾兴,甚至科举竞争力最为薄弱的颍州府七县(属州),也只有阜阳、太和两县未见宾兴。特定区域设立宾兴数与其距离南京远近之间恰好成反比,说明与南京之间的空间距离,构成一地是否设立宾兴的潜在影响因素,从另外的角度反映了南京在安徽科举体系与科举活动中的特殊地位。

研究者指出,从总体来看,清代各省宾兴分布大致有两个特色,一是"宾兴的省际分布基本与其距离京城的远近成正比关系",即距离北京越远的省份,宾兴分布越多;二是"宾兴的省际分布大致与全国各省举人录取定额成正比关系"[①],即乡试定额越低的省份,宾兴分布越少。考察安徽宾兴数量,对两种特色而言,显然是个例外。与广东、四川、福建等省比较,安徽距离北京更近,但宾兴分布率却高于三省;安徽乡试仅为小省,相当长时期内乡试解额与广西同等,仅略高于贵州,但安徽宾兴分布率却远高于贵州、广西、云南等乡试小省,山东、山西、河南等乡试中省,甚至直隶、江西、浙江等乡试大省的宾兴分布率亦在安徽之下。在清代宾兴省际版图当中,安徽与湖北、江苏等省相类,共同构成宾兴发达区域,由此或可

---

① 毛晓阳:《清代科举宾兴史》,第145页。

为理解安徽由乡试小省成为会试（进士）中省，提供一种解析思路。

二、宾兴经费的来源与筹措

　　毛晓阳著《清代科举宾兴史》将清代宾兴定性为公益基金组织，并将其标示于另一著作《清代宾兴公益基金组织管理制度研究》的书名当中。余元启针对毛论，明确提出"清代宾兴都是公益基金组织吗"[①] 的疑惑与反问。考察安徽宾兴经费的来源与筹措，或许有助于清代宾兴是否为公益基金组织的讨论，清代安徽宾兴经费大约有两种来源，一是以地方政府为主导筹措，二是地方士绅为主导捐集。

　　以地方政府为主导筹措宾兴经费的方式，在安徽多有所见。青阳县"劝农局余银五百两，爵相曾惠作宾兴费"[②]，除丁卯、庚午、癸酉给赀外，将仍存实银，于同治十二年契买陈之祥承天巷中街坐西朝东店屋一所，为宾兴公所管店屋，一连四进，前通大街，后通大河，契价纹银三百二十两。婺源县令朱理复于道光六年"于茶牙项下划出银六百两，为乡会试盘费，禀府立案"，但行之未久；至同治五年，"以茶捐每引四分，拨入书院，以资膏火及乡会盘费"[③]，又按老章给库纹四百两，由督宪定案。光绪二年，凤台知县颜海飏查充陶家圩天宁寺、青峰顶等处匪产，荒熟田地二百六十一亩有奇，"一并归入州来书院充公"，谕令书院董事分别招佃承种，岁收租谷除完纳丁漕外，"所有余存款项，俱作文武乡会两试宾兴公费，不得挪

---

① 余元启：《清代宾兴都是公益基金组织吗——毛晓阳著〈宾兴〉读后献疑》，《教育与考试》2016年第1期。
②（光绪）《青阳县志》卷二《学校志》，第92页。
③（民国）《婺源县志》卷六《建置·学校》，民国十四年刊本，第28页。

为别项支用"，"抑亦鼓励人才之意。"①

宿松、霍邱、颍上三县情况与青阳、婺源略有不同。宿松县在道光二十年即建宾兴，刑部郎中石砺金"捐足钱四千缗，发典生息，为合邑乡会试文武士子赆仪"，"禀请县署事石公详请咨部立案"，由廪贡生石希周等三人董其事，乡试每人足钱三千二百，会试每人足钱十六千，但到太平天国时期遭到破坏，"公项无存"。同治元年奉都宪曾公国藩批开，"废庙田产一概归官"②，转奉善后局各宪札办理；同治二年，知县刘公将城乡所有废庙基址田亩照造清册，具文详报请准，永远归入宾兴会，作士子乡会试川资，各大宪准如所详立案。宿松宾兴馆田产有义乡庄西来庵桂家枫树五十七亩、五里庄西来庵弹子山五十九亩、马桥庄西来庵二十六亩六分、长溪庄观音庵六亩六分七厘、长江庄望月禅林田产三十亩等多处。宾兴馆房屋，光绪十八年买自刘姓，北厢衙后，坐北朝南，计二重十三间，科举废后改为教育会所、劝学所。霍邱宾兴田地除张兰田妻谢氏于咸丰三年"因夫故无嗣"自愿将田"捐作南闱乡试盘费"之外，主要是所谓"逆产"充公，胡常山等逆产二百五十六石，向系解司充公，同治七年，绅董王则侨等"禀恳留充乡会试盘费"，蒙藩宪批准照办，并制订章程立案，逢乡会试之年，将历年租银平分，一分给会试举人，一分给乡试诸生，"按到金陵人数均摊。"③同治十年冬，李绍禹、李维训共捐康家营地十二项，"半入文庙，半入科费"；同治十年，颍上廪生张元炳等呈请江口集一带逆产充公地二十八顷有

---

① （光绪）《重修凤台县志》卷六《学校志·书院》，江苏古籍出版社，1998 年，第 111 页。

② （民国）《宿松县志》卷二十一上《学校志一·宾兴馆》，第 426 页。

③ （同治）《霍邱县志》卷四《学校志》，江苏古籍出版社，1998 年版，第 142—143 页。

奇,移入学宫,每岁纳租收储公所,"分作文武乡会试及拔贡、朝考盘费"①,为颍上宾兴。

旌德与徽州相邻,但邑内业商者稀少,其宾兴经费完全来源于官款牛本银两。旌德士绅汪应森、江鸿、吕贤彬等联名于同治五年十二月上禀曾国藩、李鸿章及安徽巡抚,谓:

> 今届三年期满,泾县绅董曾禀恳将泾县各户缴还牛本银两请作泾县宾兴公车经费等因,业蒙宪台批准。伏念旌德士子困苦更甚于泾,本县劝农局所收各户缴还牛本银两,及丁戊两年应收牛本银两,可否仰邀宪恩,准照泾县成案,作为旌德宾兴公车经费,遴选妥绅经管生息,以每年所收息银按届支放,期于推广圣朝一视同仁之湛恩,实与别项公事现用现销者有别。如蒙俯允所请,敬求宪台札饬旌德县及劝农局委员余文奎、郑沄,先将本年所收牛本银如数解至金陵,交职等暂行妥存金陵典内生息,由现寓金陵之绅董江英、汪时坚经营,按期支放,妥慎办理。②

旌德士绅为何上禀曾国藩,请求将牛本银两作为泾县宾兴公车经费,其因在于时任两江总督曾国藩为恢复皖南经济,核定《皖省开垦荒田章程》,筹拨纹银两万七千两,分给宣城、青阳、泾县和旌德等九县,每县各三千两,散发流民开垦荒田,作为牛本和籽粮之费,酌减分年摊还,"三年之后,此项库发银两即存该县,禀明作

---

① (同治)《颍上县志》卷四《学校·学田》,江苏古籍出版社,1998年,第56页。
② 《旌德金陵会馆·旌德宾兴公项章程》光绪十一年刻本,安徽省图书馆藏。
　　参看梁仁志:《清同治年间的旌德宾兴:兼与绩溪宾兴的比较》,《安徽师范大学学报》(人文社科版)2014年第2期。

为公事暨各善举之用,概不缴还省城。"① 旌德士绅所请即该项官款,同治七年劝农局就将牛本洋四千五百八十八元解至南京,旌德宾兴因以建立。

　　青阳、婺源、凤台、宿松、霍邱、颍上与泾县、旌德等县宾兴,经费主要来源于官款,皖南以劝农局经费为主,皖北数县则以充公"逆产"为主,背景主要是咸同兵燹对地方社会、经济及文教造成的巨大冲击与破坏,和曾国藩、李鸿章等人试图修复地方科举密切相关,同时也反映出宾兴经费来源的多样渠道。

　　地方士绅为主导建立宾兴,有捐田和捐集钱银两种方式,与捐田入学宫、书院等相类,直接捐田宾兴,是一种简单有效的方式。巢县乡会试卷资及县试桌凳费田,除合学公置外,东塘圩田租为胡永汇、胡永燨捐,南乡葡萄岭田租为邓光奎捐,坐落西乡的县试津贴卷资,武举程泗源捐②。合肥县宾兴田有两处,乾隆二十六年贡生黄存义捐置东乡二十里铺聂家湾田,乾隆四十八年陈锦捐置北乡三十头田五十亩,其租均"归学经管,易银存贮,逢乡试年助诸生宾兴之费"③。桐城县方氏试资田,乾隆三十二年方观承捐置,共田一十八亩四分四厘,种一十五石,额租一百零五石,又棉地租一石。道光元年又添置河地两片,每年地租三石五斗,"为邑中寒士科举之费。"④ 舒城宾兴田有两处,一在鱼鳞桥,同治十年洪元焯捐,一在春樾圩,光绪年文生李昭鼎捐,共一顷三十七亩,"额收租谷一百五十八石四斗。"⑤ 原任山西大同府同知郑元昆,捐施

①（同治）《黟县三志》卷十一《政事志·蠲赈》,第426页。
②（道光）《巢县志》卷七《学校志·学田》,江苏古籍出版社,1998年,第283页。
③（嘉庆）《合肥县志》卷十《学校志·学田》,第115页。
④（道光）《续修桐城县志》卷三《学校志·善举》,第320页。
⑤（光绪）《续修舒城县志》卷十七《食货志·公田》,第140页。

家湖田一十九亩,计田稞陆拾担,为英山县"合邑卷资"①,后被水冲,其子一坊换捐樊家冲田,坊孙及曾孙等后人陆续捐田,计田稞一百四十一担三斗,花稞六十八斤。

捐钱捐银以助宾兴较为普遍,多发典生息,保证钱款增值。祁门人郑世昌,少年家贫,后经商致富,道光间"独捐钱二千缗入书院生息,津贴阖邑乡试卷费"。郑世昌的店伙计江茂星,自奉俭约而好义,每岁辛资余赢,积铢累寸数十年,得钱二百缗,"当昌之捐助乡试卷费也,心窃慕之,遂将所积倾囊附焉。"②盱眙邑绅吴棠捐会试银六百两、乡试银一千四百两,存清河公济新典生息,金运昌捐会试银六百两、乡试银一千四百两,清河协义昌存银一千两,盱眙郑祥和存银四百两,吴协泰存银四百两,又在潘兴义存银二百两,各生息,为公车宾兴款。歙县商人资助本邑士子科举经费颇为踊跃,仅道光年间以"乡试卷烛费"名义捐输的就有:汪坤祖于道光二年尊父仁晟遗命,"呈捐库平纹银一千两,为乡试卷烛之费",奉县批饬各典生息,于乡试之年,"派给进场诸生";葆村人程崧生于道光五年遵伯父绍允、父绍充遗命,"呈捐库平纹银二千两,以增乡试卷烛之费",奉县批照汪案办理;大阜人潘弈星,遵母吴氏命,"呈捐库平纹银一千两,以增乡试卷烛之费"③,奉县批照前案办理;棠樾人鲍树艺,"遵父致远遗命捐银一千两";又有大阜人潘弈紫遵父遗命于道光十六年捐银八百五十两,"以增乡试卷烛之费,呈县备案,发典生息,分给乡试诸生";鲍均捐银五千两,存两淮生息,"以增紫阳书院膏火,赈同县之应乡会试者。"④

① (民国)《英山县志》卷四《学校志·义田》,第111页。
② (同治)《祁门县志》卷三十《人物志·义行》,第345页。
③ (道光)《徽州府志》卷十二《人物志·义行》,第30页。
④ (民国)《歙县志》卷九《人物志·义行》,第380—381页。

　　捐款之后置买田地或市屋,收取租金以助宾兴,也较为常见。道光二十八年,贵池士绅桂超万捐置市房一所,坐落府前大街,光绪九年,邑绅高珍捐纹银一千两,购置市屋一所,坐落市门口大街,计用纹银四百八十两有奇,其余暂存店生息,再议置产,"每年息钱,作文闱乡会两试卷费,乡试二成,会试一成,俱按人数给发。"①吴勤惠捐置市房一所,契买银四百七十两,为滁州宾兴公费,计"门面平房四间,上下楼房六间,次进平房四间,向北披厦三间"②。康熙五十九年,望江县令章节捐俸,周大智、周伦、舒其志等五十余人,共捐银一百八十四两,"置科举义田。"③

　　凤阳县宾兴经费比较特殊,有多种来源与途径,先是邑人教谕朱衣点首先捐水旱田地一分,收租谷若干,以作乡试费,后变价得制钱三百千整,存典生息。道光年间,先后将书院膏火余银、地方捐输、举人李恂捐银、附贡生王葆生捐银、舒梦龄筹捐制钱,合共本钱三千五百串,存咸亨典,按月二分生息,每年按十月结算,年息钱七百串,统归乡试项下支取,"以为凤邑士子乡试川资。"太平天国运动时,典商远遁,房屋焚毁,以其地基抵兑本息,另筹款修盖房屋,招租生息。光绪十年,凤阳府知府顾树屏将淮南书院各款、院田及当典抵偿地基建盖房屋各租款等,"俱拨入书院,作为凤阳县士子乡会试及选贡、朝考川资。"④

　　前文所论宾兴,经费大多由个体单独出资或少部分人捐助,

①（光绪）《贵池县志》卷十一《学校志·学宫》,第219页。
②（光绪）《滁州志》卷三《营建志·学校》,江苏古籍出版社,1998年,第299页。
③（乾隆）《望江县志》卷四《学校·学产》,第437页。
④（光绪）《凤阳县志》卷八《经制志·学校》,江苏古籍出版社,1998年,第339—340页。

部分地方的宾兴经费则来源于社会的共同捐纳,这种形式不应忽略。绩溪科第不盛,因读书寒士颇多,每遇乡试,难能赴闱,胡培翚于嘉庆二十三年就提出仿照休宁宾兴成例,公捐经费、发典生息的倡议,惜未成功;道光四年,胡培翚"乞假归里,遍告绅士,重申前议,通邑翕然从之"①,城乡士绅非常踊跃,很快得捐银五千余两,成立绩溪宾兴。捐助者的身份与城乡分布非常广泛,据统计共有402个捐助主体,其中县城97个,乡村305个②,既有全县胡、程、汪、章等九个大姓的二十个宗族,积极参与地方科举事务,以祠堂名义集体捐资,更多则是分布城乡各地,从一都到十五都各主要村庄的个人捐助。同治十三年黟县"由本邑人等捐赀兴复"碧阳书院,公劝捐银一万九千四百五十四两,存典生息,置市房取租,用于书院各项开支,其中费用就包括"县府岁科考卷资乡会试宾兴"③。建平县绅士戴名贤等在光绪元年禀请县令方家藩,准于士民垦熟田亩,每亩捐钱七文,除民欠外,共收钱一千千,在东门置买一所市房收租,"作为土著士子乡会试宾兴之费。"④公劝、公捐、摊捐的形式,从某种意义上说带有一定的强制性,特定的捐助者是被公劝裹胁,迫于社会舆论压力,或许并非真正完全的自愿,所谓"通邑翕然从之"只是总体状态的描述,如此公劝过程中出现的"民欠""催缴"等现象,也就非常容易理解了。

　　《清代科举宾兴史》将清代宾兴归入第三部门史,并指出当代

---

① (道光)《徽州府志》卷三《营建志·学校》,第247页。
② 陈瑞:《制度设计与多维互动:清道光年间徽州振兴科考的一次尝试——以〈绩溪捐助宾兴盘费规条〉为中心的考察》,《安徽史学》2005年第5期。
③ (民国)《黟县四志》卷十《政事志·学校》,江苏古籍出版社,1998年,第247页。
④ (光绪)《广德州志》卷二十四《学校志·宾兴》,第352页。

第三部门的六种特征,即非政府、非赢利、自治性、志愿性、公共利益和组织体系,这六种特征在宾兴活动中都得到体现,所以宾兴是"传统中国第三部门的典型代表"①。余元启针对毛论,提出"至少在志愿性、非政府、自治性、公共利益四个方面,并非所有清代宾兴都具有相应特征"②。从清代安徽宾兴经费的筹集来看,政府及地方官始终扮演关键角色,是宾兴的发起者、推动者、控制者,说清代宾兴具有非政府性,恐难成定论。那么,清代宾兴具有非政府性难成定论,就此否定宾兴的公益属性,是否妥当呢? 或亦不然! 陈瑞认为绩溪宾兴是"地方官、社会精英、宗族、典商等社会行为主体围绕科举这一主题所进行的制度设计与多维互动"③,笔者以为这一判断也基本适用于安徽其他各地宾兴。宾兴具有地方公益的性质,是在国家—地方—社会的权力结构中,士绅与官府在密切互动合作的基础上,充分整合地方社会的各项资源,推动各种阶层与力量共同投入地方科举事务,蕴藏着浓重的科举情结。

三、宾兴资助的范围与指向

清代安徽宾兴较为发达,依据受资助者所处地域范围和参加考试级别两个维度,可以分成不同类型,有不同的资助范围和指向。

依照受资助者所处地域范围,有府(直隶州)级宾兴、县州(属州、直隶州本州)级宾兴及乡镇级宾兴,安徽的府(直隶州)级宾兴

---

① 毛晓阳:《清代科举宾兴史》,第325页。
② 余元启:《清代宾兴都是公益基金组织吗——毛晓阳著〈宾兴〉读后献疑》,《教育与考试》2016年第1期。
③ 陈瑞:《制度设计与多维互动:清道光年间徽州振兴科考的一次尝试——以〈绩溪捐助宾兴盘费规条〉为中心的考察》,《安徽史学》2005年第5期。

和乡镇级宾兴均不多见,以县州宾兴为主,为州县士子服务,所谓"乡试公费乃一邑之私款,而他邑不得与焉"①,只泗州宾兴较为复杂。(光绪)《泗虹合志》载有多项宾兴:宾兴公款,郡绅杨殿邦捐银一千两,为泗宾兴费,后因典商胡德承闭歇典铺,捐钱四千串,州守"因以泗六虹四分作两学宾兴盘费"②;泗宾兴,原钱二千四百串;虹宾兴田,计三顷六十七亩;虹宾兴,原本钱一千七百六十八千;虹宾兴宅房,坐落在南牛市巷,系朱广卫抵充作本钱一百千文,以每年租钱若干抵作利息。乾隆四十二年裁原属凤阳府的虹县,以其地入泗州,并为州治,虹县虽裁,但其学额却照临淮归并凤阳之例得以保留,"将入学及廪增考贡名数各照旧存留,其考试时于泗州考案内另编乡学字样。其教官分拨管学,令泗州学政专管泗州学,其乡学生童即分拨泗州训导董率督课"③。于此有虹乡和虹乡学之称,虽谓之乡学,实则是原县学的保留,仍然享有县学的部分权利,泗宾兴和虹宾兴之分,其因即是泗州与虹县的行政变更、两地合并的产物,后来州守将"宾兴公款""因以泗六虹四分作两学宾兴盘费"的做法亦是前述思路的延续。虹宾兴既不同于一般的乡级宾兴,也非独立的县级宾兴,只是泗州本州宾兴的构成部分。又(光绪)《盱眙县志稿》有载,李长乐捐"泗州五属会试银一千两、乡试银一千四百两"④,原存江甘公垣盐局,后存天长盐栈。泗州五属指泗州直隶州所辖盱眙、天长、五河三县,泗州本州和虹,该项宾兴资助指向五属,当为府(直隶州)级的宾兴。

与乡镇级宾兴相较,安徽的宗族助考非常发达,限于体例,一

① (光绪)《凤阳县志》卷八《经制志·学校》,第340页。
② (光绪)《泗虹合志》卷六《学校·宾兴》,第470—471页。
③ (光绪)《泗虹合志》卷六《学校·学宫》,第454页。
④ (光绪)《盱眙县志稿》卷五《学校》,江苏古籍出版社,1991年,第77页。

般地方志虽记载不多,但亦有所见,例如(民国)《歙县志》载,歙县雄村人曹景宸与兄曹景廷,建竹山书院,"置义田五百余亩于休宁,以给族之寡妇,并助族中乡会试考费。"① (道光)《徽州府志》载,休宁商人程子谦,除为县诸生捐输科举费外,又"捐赀置文萃会,以给族之应举者";婺源人程世杰,由儒就商,往来吴楚,独力重建族中义塾,"延师使合族子弟入学,并给考费。"② (道光)《安徽通志》记,青阳人杨士文在嘉庆年间,"尝捐田五十余亩入祠,公给考费",杨士奇"尝捐田五十余亩入祠,公给考费"③。泾县宗族助考也有所见,例如望族中村董氏,在乾隆年间集资,为会于支祖文仁公之庙,名曰文德堂文会,"岁时有课,试于乡及礼部者有赆,获隽者有赏";朱宗溱整顿族产,发展家族教育,捐银设立继范堂,"出巨资生息,自应童试以至乡会试咸有助"④,一时造就甚众。桐城方氏试资田初设目的是"为邑中寒士科举之费",方氏族人享受者较少,后来发生变化,宗族色彩渐重,道光二年"请凭合邑公议,每科定额三十二名,外姓之有科举者分其半,本族泮游者亦分其半"⑤。发达的宗族助考更多地反映在族谱之中,此类情况颇为普遍,仅举一例,《明经胡氏龙井派宗谱》在其"祠规"中规定:"至若省试盘费颇繁,贫士或艰于资斧,每当宾兴之年,各名给元银二两,仍设酌为饯荣行。有科举者全给,录遗者先给一半,俟入棘闱,然后补足。会试者每

---

① 民国《歙县志》卷九《人物志·义行》,第363页。
② (道光)《徽州府志》卷十二《人物志志·义行》,第33、61页。
③ (道光)《安徽通志》卷二百《人物志·义行六》,第2790页。
④ (清)胡承珙:《求是堂文集》卷五,《续修四库全书》第1500册,第292页。
　 (清)俞樾:《春在堂杂文六编补遗》卷五,《续修四库全书》第1551册,第294页。
⑤ 方传理:《桐城桂林方氏家谱》卷六十二《试资》,安徽师范大学出版社,2016年影印,第90页。

人给盘费十两"。宗族助考对宗族科举发展有深远影响,但其范围限于一家一族,与地方宾兴毕竟不同。

依参加考试级别来看,各地宾兴资助对象多有不同,梳理方志的有关记载,大约有四种表述,一是指向各级考试的考生,或未作明确区分与指定,例如黟县宾兴租息收入供"县府岁科考卷资、乡会试宾兴"①。再如乾隆四十四年寿州人孙士谦捐钱二千六百缗,为复息助贫生丧葬,"以其余备童生试卷及乡试会试费";五十年孙士谦弟孙蟠加捐钱三百缗,嘉庆元年复加捐四百缗,十九年孙士谦子孙克任等加捐钱一千缗,孙蟠子孙克佺等加捐钱一千缗,加息二千三百缗,俱为举本,共七千六百缗,州人咸道"孙氏之惠"②。知州张佩芳作《孙氏乐输记》,知州事杜茂才有《孙氏捐增学校公费记》,载于州志。另如吴勤惠在滁州捐置市房一所,为"宾兴公费"③,亦未明确说明具体指向。

第二种是资助参加乡会试者,多称为乡会试盘费,婺源、祁门、宿松、建平、颍上、盱眙等地宾兴均属此类。祁门人郑世昌于道光年间,"独捐钱二千缗入书院生息,津贴阖邑乡试卷费。"④同治二年宿松知县将城乡所有废庙、基址、田亩照造清册,"永远归入宾兴会,作士子乡会试川资。"⑤各地乡会试盘费在实际操作过程中,更倾向资助乡试士子。贵池宾兴每年息钱,作文闱乡会两试卷费,其中乡试二成,会试一成,俱按人数给发;绩溪宾兴,每科以息银分给应试者,其中十分之九给乡试士子,十分之一给会试举人。

① (民国)《黟县四志》卷十《政事志·学校》,第 426 页。
② (光绪)《寿州志》卷九《学校志·学田》,第 120 页。
③ (光绪)《滁州志》卷三《营建志·学校》,第 299 页。
④ (同治)《祁门县志》卷三十《人物志·义行》,第 345 页。
⑤ (民国)《宿松县志》卷二十一上《学校志一·宾兴馆》,第 426 页。

　　第三种是资助参加乡试的生员,这是较为普遍的指向,而参加乡试者又以南闱为主。歙县人汪坤祖于道光二年呈捐库平纹银一千两,"为乡试卷烛之费",奉县批饬各典生息,于乡试之年,"派给进场诸生";程崧生于道光五年呈捐库平纹银二千两,"以增乡试卷烛之费";潘弈星呈捐库平纹银一千两,"以增乡试卷烛之费"①,亦照汪案办理。桐城方氏试资田的资助对象为"县府学生员考有科举,而赴省盘费无出,非公助不能应试者",因其所入有限,仅资助"贫寒士子的乡试费用";道光以后对族中"无科举而极贫者"②也给予适当资助。泾县人汪应玢后裔,置宣城罗田圩田百五十亩,为"邑士乡试卷烛费"。来安县有录遗卷费田,为嘉庆九年监生徐庭芳捐置,在小西门外八里庙,"乡试年,尽数分给录遗各生"③,亦是鼓励赴试之意。

　　第四种是资助生员系列的各项考试。郑元昆捐施家湖田一十九亩,为英山县"合邑童生岁科季考观风试卷资"④。庐江县有两学办考田,其中有柯桂原捐银八百两所置北乡蟹子桥山田、大西门外张家巷山田等六处,"为文武童生县府院三试印结单费及助两学送府院试川资";邑绅潘氏捐北乡茶庵山田与高台山田,为"府考覆试乡试三场卷资";柏桢捐西乡油坊冈山田和西北乡阳和冈山田,为"文武童生县府院三试印结单费"和"两学送府院试川

①(道光)《徽州府志》卷十二《人物志·义行》,第30页。
②郝红暖:《宗族、官绅与地方善举:清代桐城对地方科举的资助——以方氏试资田为中心》,《江汉论坛》2019年第11期。
③(道光)《来安县志》卷四《食货志·义田》,江苏古籍出版社,1998年,第372页。
④(同治)《六安州志》卷十五《学校志·书院》,江苏古籍出版社,1998年,第233页。

资"①。舒城县有县府院三试结单及学印田,在三门荡等六处,共田二顷五十二亩,再有县府院三试礼房办考费田,其中迎水庵绕山塘田十九亩,是"岁科生试卷费",德林庵田四十五亩,系"县府院童试卷费"②。必需说明的是,该类捐助虽有助学助考的作用,实际是宾兴助学活动的延伸,但究竟不同于宾兴,当时一般也不称为"宾兴",(光绪)《续修舒城县志》即将"县府院三试礼房办考费田"与"宾兴田"分而列之。

四、宾兴的运行管理

宾兴的功能是资助考生赴试,如何进行管理保证其有效持久运行,始终是最受关注的问题。从倡议、捐款,到选定管理机构及经理人,从制订宾兴规条,到资助各类考生,从宾兴经费的发典、置产,到宾兴的修补、甚至重建,各地宾兴运行形成一个完整的流程,其中宾兴规条是宾兴的核心,管理机构及经理人选定、资助具体方式及地点等问题值得关注。

规条是宾兴运行的基本依据,各地在宾兴筹捐与运行过程中均十分重视宾兴规条的制订,往往通过勒石、刊刻、载于方志等手段,将其公开,以示郑重。我们选取订于乾隆十七年的望江《科举程费公议》、嘉庆十二年的休宁《乡试旅资规条》和光绪元年的《建平县宾兴条款》,对宾兴规条的内容略作考察。

康熙五十九年,望江邑令章节捐俸筹款置买科举义田,设立宾兴,雍正六年黄鹤鸣又置科举田,乾隆十一年邑令徐斌作《藉田科举碑文条规》,碑在明伦堂之左,附有《计开条规九则》,规定了科举

---

① (光绪)《庐江县志》卷四《学校・试院》第 140—141 页。
② (光绪)《续修舒城县志》卷十七《食货志・公田》,第 141—142 页。

田的租谷经手、庄佃监割、完粮、庄塘修葺诸事,其中第七条言明,
"此项田地花息,宾兴之时,齐集明伦堂,照文武科举并录遗生员名
数分给,不得各持己见充作公用,以负各任栽培至意,如有不遵另用
者,经手之人赔出。"乾隆十七年,制订了《科举程费公议》,禀请学宪
批准,阖学公立,碑嵌于明伦堂东壁。该公议仅有三条,极简明。

　　一议起送日将此项银两公同封固,付与殷实公正生员贰
名,带至省城,出闱后十六日赴公所,不论贡监科举遗才,一体
均分。
　　一议武闱预存几名,付识认门斗带至省城交给,剩仍归公。
　　一议文闱鸠首生员贰名外,共贴一名之费,使任劳者庶不
推诿。①

　　建平县在光绪元年成乡会试宾兴之费,制订《建平县宾兴条
款》,内容较为简单,主要规定资助各类考生的洋钱数。

　　一、经理宾兴出入账目由城乡公正绅士请示选谕,叁年一更。
　　一、乡试宾兴在金陵给发,量人数之多寡,按支派给。
　　一、乡试中式文武举人,酌给花红洋钱叁拾圆。
　　一、举人会试,文酌给宾兴洋钱叁拾圆,武酌给宾兴洋钱
贰拾圆。
　　一、优、拔、副贡生,酌给花红洋钱拾伍圆。
　　一、优、拔贡生朝考,酌给宾兴洋钱贰拾圆。

①（乾隆）《望江县志》卷四《学校·学产》,第439—440页。

一、乡试录科遗落者,酌给宾兴半资。

一、会试中式文武进士,酌给花红洋钱肆拾圆。[①]

嘉庆十二年,汪国柱捐输休宁士子乡试盘费五千两,随即制订《乡试旅资规条》,后徐名进亦捐银五千两同归此例,规条载于(道光)《休宁县志》,现录于下,以见其貌。

一、本县职监汪国柱捐输本邑士子乡试盘费生息,九五平九六色本银五千两,遵发典商领运。查休邑典铺现开三十五典,照捐分领,均有零尾,今该职监加捐银二百五十两,连前共捐银五千二百五十两,业据各典分领,每典领去银一百五十两。照海阳书院规条,每周年一分二厘行息,所有息银至乡试之年,按季记利,总交司事绅士汇收。余非乡试年分,息银存典,不必交付。若有新开典铺,各典将本均派应扣若干,付与新典,一律生息。如有歇典,将原领本银及该利息,一并缴交经管书院董事,随即分派现在各典领运,总以交接同时,庶无迟延,息亦不缺。

一、收支生息银两必须经理得人,每值乡试之年,捐输之家同经管书院董事,于五月初间,邀集在城绅士,公举人品端严者一人司事,再捐输之家乡试子弟及乡试亲友诚实者一人同办省中给费事。至六月收齐息银即登确记,一同将银解省,无至迟误。司事及解夫路费均在息银开销,亦不有累。嗣后照规办理,永为成例,则司事约人庶无侵挪之患。

一、乡试正科三年一次,息亦照三年一收,如遇恩科,或隔

① (光绪)《广德州志》卷二十四《学校志·宾兴》,第352页。

一年,或系连科,收息年分不一,总以上科七月起,至本年六月止,不拘一年两年,息银多寡,尽数分派,约分若干,照学册名数分给。如录科已填册而未进场考试者,学书于考试后照册开交,司事不准给费,以均鼓舞,以杜冒滥。

一、士子录科入场未取者,司事查对学册,均给盘费。定以八月初一日起未取者,亲至司事领费,书簿先给早回。

一、士子在省领费,司事立簿对册,领费者须簿内自书收字,以便查考,俾无冒领浮开情事。其簿回日即交经管书院董事查算收存,俟至下科公举有人,交与接收照办。

一、府学、县学、恩、拔、岁、副、优、廪、增、附、附监到省应试者,概行给与盘费。

一、本籍入学寄居客外,均系至省不远,酌给一半盘费。

一、非本籍入学及由俊秀捐纳贡监赴省应试,均非不足之人,无庸给费。

一、生息本银遵发典商生息,如有歇典缴本,即发现典领去,不得违例另发别业之人,倘有不遵,查出禀追,经管之人同罚。

一、收息支给平色俱照原发本银,九五平九六色,出入画一,不得参差。①

休宁《乡试旅资规条》比望江《科举程费公议》《建平县宾兴条款》的内容要更加丰富,说明宾兴经费来源,规定了发典增值的具体措施,详细确定资助对象和方式,具体司事人员、经事书院的责任亦有要求,具有一定的示范性。道光四年,绩溪宾兴设立,即

① (道光)《休宁县志》卷三《学校·乡试旅资规条》,第72页。

仿休宁成例,由胡培翚等详订《绩溪捐助宾兴盘费规条》①,并与宾兴创立过程中形成的诸如记、序、案卷、捐输等项一起,刊刻为《绩溪捐助宾兴盘费规条》。《规条》内容颇为详实细致,规定了将捐助资金存典生息,具体到城乡各典如何选择,设计董事与司事的人选推举、息银催征的时间节点,明确宾兴资助接受者的身份,关于资金日常管理、后续捐助、杂项支出等亦有详尽规定,以期行之久远,于士习文风皆有裨益。

旌德县于同治年间将劝农局牛本洋钱设立为宾兴公款,出台《旌德县宾兴公车经费大概章程》,后又修订《旌德宾兴公车经费公议经理给发章程》,增订《丙子、己卯续增条议》,对宾兴经费的经营增值、宾兴资产的日常管理、宾兴经费的具体分配进行了严密有效的设计②,灵活应变的特点非常突出,保证了旌德宾兴的良性运转。

各地宾兴经费及日常事务的管理机构大约有三种情形,其一是县学直接经管,合肥县宾兴归学经管,凤阳宾兴款项初由县学管理,颍上县将逆产移入学宫分作宾兴盘费,五河县儒学有宾兴公费银三百两,望江县科举田也归县学,《藉田科举碑文条规》《科举程费公议》等立碑于明伦堂,均属此类。其二是书院,黟县碧阳书院、亳州柳湖书院、凤台州来书院、休宁海阳书院等承担各地宾兴"经管"任务。其三是专门机构,如六安州会文局、宿松县宾兴会等。

---

① 胡培翚:《绩溪捐助宾兴盘费规条》,清光绪刊本,安徽省图书馆藏。参看
　　陈瑞:《制度设计与多维互动:清道光年间徽州振兴科考的一次尝试——以
　　〈绩溪捐助宾兴盘费规条〉为中心的考察》,《安徽史学》2005 年第 5 期。
②《旌德金陵会馆·旌德宾兴公项章程》光绪十一年刻本,安徽省图书馆藏。
　　参看梁仁志:《清同治年间的旌德宾兴:兼与绩溪宾兴的比较》,《安徽师范
　　大学学报》(人文社科版)2014 年第 2 期。

从表面看,士绅对各地宾兴设立及运行富有热情地积极参与,有论者据此认为宾兴发展表明地方乡绅参政诉求增强,或下层士绅权力扩张①。笔者以为从运行及管理模式来看,宾兴活动是传统地方士绅参与社会活动在教育及科举领域的延伸,未能上升到绅权增强与扩张的层面,绩溪宾兴或可为证。胡培翚在初次倡议时就和绩溪知县王日新讨论,捐银之后又呈请王日新与徽州知府马渔山立案,王还亲自过问劝捐、捐银催缴、典商调查等琐碎细事,积极推动宾兴之设,并为之作记。绩溪宾兴采用公匣制度进行管理,所有领约、账簿等项,俱藏公匣,而公匣则永存学署,这种处置方式对官府而言,是对宾兴的承认与保护,对士绅来说,则是彰显公信。绩溪宾兴不是孤立的个案,各地宾兴都是在"禀县""禀府""禀学宪""咨部立案"之后得以设立,有的还直接附于县学、书院经管。从某种意义上说,绅权在教育及科举领域延伸的同时,国家权力也在向基层社会浸透,在国家—地方—社会的权力结构中,士绅与官府在密切互动合作的基础上,充分整合地方科举社会网络的各项资源,成就了宾兴的创设与运行,绩溪知县王日新"绩溪之人文,自此其日起矣……其科名之盛,讵出歙县休宁下哉"②之言,恰好道出宾兴之设的意义,其目的是追求地方科举水平和县域科举竞争力的提升。

宾兴乡试盘费在什么地方分发应试士子是一个颇有意味的问题,按照一般的想象,在州县举行宾兴礼、为赴试者送行时分发,应是最为适当的地点与时机,但我们注意到,很多宾兴是在南京

① 陈明华:《清中后期宾兴款的设置与下层士绅权力的扩张:以温州为例》,《华东师范大学学报》(哲学社会科学版)2016年第4期;毛晓阳:《清代科举宾兴对基层地方社会的影响》,《闽江学院学报》2013年第4期。
② (道光)《徽州府志》卷三《营建志·学校》,第247页。

给费。休宁《乡试旅资规条》言之甚明，"一同将银解省，无至迟误……士子在省领费，司事立簿对册。"望江县《科举程费公议》规定，每遇乡试年份，"将此项银两公同封固，付与殷实公正生员贰名，带至省城，出闱后十六日赴公所，不论贡监科举遗才，一体均分。"建平县宾兴款在"在金陵给发"，建德县市屋租银由殷练首士轮流收管，乡试时"齐到金陵共同拆分"①。霍山县旧宾兴始于西乡千笠寺等八保旧存公田，每逢乡试之年，"由八保董事等将租变价，携至江宁，分给士子，名曰科费"②，嘉庆后八保将租田捐给书院，由书院派人送江宁分给。绩溪、旌德两县也是在南京给费，旌德更是在南京进行宾兴资产的营运。多地宾兴不计成本高、风险大，选择在南京给费，固是为了防止冒领、浮开等弊端，更主要的是为接近科举中心地。在南京将资助经费给付参加乡试诸生，具有特殊意义，不仅科举人向南京集中，科举资本也向南京流动，南京成为清代安徽科举的另类中心。另外，休宁有"将银解省"、望江有"带至省城"、五河有"上省盘费"③之说，其中的"省"与"省城"颇关肯綮，虽然苏皖分省，安徽省域之内仍将南京视为省城，这种文化认同和社会心理对安徽科举活动当有深远影响。

五、宾兴余论

宾兴为科举而设，目的在于通过资助士子赴试，提高地方科举水平，那么宾兴之设，是否能够、又在多大程度上提升地方科举竞

---

① （宣统）《建德县志》卷七《学校志·学租》，江苏古籍出版社，1998年，第274页。
② （光绪）《霍山县志》卷五《学校志·宾兴》，第106页。
③ （光绪）《重修五河县志》卷四《建置志·学校》，江苏古籍出版社，1998年，第435页。

争力呢？换言之,宾兴是否有其存在的价值和意义呢？分析和回答这个问题,颇为困难。

判断宾兴效果,以该地有无宾兴、宾兴设立前后的科举人才,主要是举人与进士的数量作指标,进行量化统计和比较,是很容易采取的路径和方法,我们以最能代表一地文风和科举竞争力的进士数作为指标,对安徽各有关州县及其宾兴进行简单考察。桐城、歙县、休宁、泾县、合肥等县进士数都在六十人以上,是清代安徽的科举强县,而且均有宾兴,两种因素之间似乎存在正相关关系,宾兴促进了科举发展。池州府所属六县,除东流之外的五县建有宾兴,但池州府却是安徽两大科举盆地之一;当涂、芜湖、天长、定远、含山等县未有宾兴,却发展成各府、直隶州的科举中心县,又可得出几乎相反的认识,宾兴无助于科举提升。

不妨再转换角度,考察各州县在宾兴创设前后的取中进士人数是否有明显增加,不同州县也是表现不一。宿松县在同治年间整理宾兴,光绪朝就产生进士12人,而终清一代该县总共只有21位进士,可以推论宾兴极大提高了宿松县的科举水平;绩溪与宿松相类,道光之前有6位进士,设立宾兴以后则有8位进士及第,科举水平稳步提升,或可说明宾兴对绩溪科举的价值。歙县、休宁的宾兴设立较早,经费充裕,但到道光朝之后,两县进士数明显减少,光绪朝分别只有10人和6人进士及第,宾兴没有扭转其科举衰落的趋势。处于科举盆地中的亳州、蒙城和涡阳,没有产生一位进士,虽有宾兴,却未产生标志性成果。

种种看似矛盾的现象表明,这种量化比较分析的路径,或许适用于特定州县的个案考察,扩大到省域范围就会"失效",因为各府州县的区域时空差异实在太大。我们目前只能说,清代安徽普遍设立的宾兴,对整合各种社会资源,推进地方科举发展,提高科举竞争力产生了积极作用。

1905年,清廷诏停科举,地方宾兴失其所以依托,开始转型之路。科举停废前后,安徽省各府州县大力创办新式学堂,需费甚巨,原先和科举考试相关的款项,包括宾兴资产,逐步转为新教育经费。

光绪三十二年,知县贾士骏就熙湖书院改设开办官立太湖县中学堂,有学生四十九名,以"书院宾兴田租、县署衙租、地丁提款为常年经费"。光绪三十四年,知州李万基开办泗州初等小学堂,以"虹乡旧有宾兴田租"等为常年经费。光绪三十年,知县袁学昌就义正书院改设,开办涡阳高等小学堂,以"书院宾兴、旧有田租、存款利息及银米串费捐"等为常年经费。光绪三十一年,绅士贺人凤开办宿松高等小学堂,以"书院卷费、宾兴、田租"等为常年经费;绩溪县就东山书院改设绩溪高等小学堂,以"书院旧有田租及宾兴、田租"等为常年经费。知县谢士彤开办官立铜陵高等小学堂,在城内东门文庙内,以"书院田租、宾兴存款、盐肉串票捐"等为常年经费;知县彭诚孙就宾兴公所改设,开办凤临高等小学堂,以"宾兴、旧有田房租及地藏庵、森泉寺田租"等为常年经费;知县陆士奎就文庙内明伦堂余房及学署改设,开办蒙城高等小学堂,以"书院田租、宾兴存款及银米串票费"等为常年经费。光绪三十三年,书院同仁就海阳书院改设休宁高等小学堂,以"书院宾兴、田租、盐捐"① 等为常年经费;舒城设师范学堂,"其费除书院宾兴各田租千余石充学用,余悉取诸租捐。"② 前述各府州县所设中小学堂,常年经费都包含科举时代的宾兴款项。宾兴房产演变为地方公产,例如宿松宾兴馆房产,光绪三十三为教育会会所,后又为劝学所;全

① (清)冯煦主修,(清)陈师礼纂:《皖政辑要》卷五十二《学科·普通》,第505—528页。
② (光绪)《续修舒城县志》卷二十一《学校志·学堂》,第175页。

椒宾兴公所于科举废后"作为地方公产"①。

　　民国以后,宾兴的科举功能已完全丧失,地方公益基金的性质逐渐弱化,在国权强化对地方社会渗透的过程中,宾兴渐趋消解,退出了科举和后科举时代的历史舞台。

第三节　科举会馆:为科举服务的同乡组织

　　会馆是同乡人士在京师和其他异乡城市建立,专为同乡停留聚会或推进业务的场所,"狭义的会馆指同乡所公立的建筑,广义的会馆指同乡组织"②,有商业会馆、移民会馆与科举会馆等多种类型。科举会馆③以科举为纽带,服务于科举考试与科举群体,分布于各直省乡试之地,又以北京最为集中。安徽科举会馆创立早,数量大,涉及区域广,能够直接反映明清时期安徽的人文风气、科举观念与科举水平。

　　一、安徽科举会馆的基本概况

　　何炳棣在所著《中国会馆史论》中指出,"一般方志既不提当

① (民国)《全椒县志》卷一《舆地志·公廨》,第30页。
② 何炳棣:《中国会馆史论》,第11页。
③ 二十世纪二十年代以来,会馆史研究已经取得丰硕成果,近年来对科举会馆的关注亦越来越多,何炳棣著《中国会馆史论》的研究具有开拓性和示范性,王日根著《中国会馆史》(东方出版中心,2007年)设有专节,探讨明清科举制度与会馆的互动关系;安徽科举会馆的研究主要集中于徽州,寺田隆信《关于北京歙县会馆》(《中国社会经济史研究》1991年第1期)、邹怡《善欲何为:明清时期北京歙县会馆研究(1560—1834)》(《史林》2015年第5期)、张小坡《明清徽州科举会馆的运作及其近代转型》(《安徽大学学报》哲社版2016年第4期)等文对歙县会馆及徽州府各县会馆进行了深入考察,力图还原会馆运行的面貌,并分析会馆之近代转型。

地在京师所建的会馆,自更忽略当地为童生赴府城投考生员而设的府城试馆,和为生员赴省城投考举人而设的省垣试馆。但方志中亦偶有记载。"①笔者在翻检安徽有关方志时进一步印证了何先生的判断,地方志对会馆并无记载的热情,没有发现府城试馆,省垣会馆和京城会馆确是"偶有记载"。

　　(民国)《芜湖县志》记载,"京都芜湖会馆在前门外长巷上三条"②,(民国)《怀宁县志》记载了怀宁会馆在京师南门外果子巷延旺庙街,并谓"乡会试士子入京者率以为行馆"③。(民国)《婺源县志》载有京师婺源老会馆和京师婺源新会馆,分别位于正阳门外西河沿石侯儿胡同、西河沿大耳胡同,另载金陵婺源试馆,述其地点、构造、房产等颇详,科举停后,"归紫阳学社管理。"④(民国)《石埭备志汇编·大事记稿》于乾隆四十年条下记有"邑人之旅南京者,倡建石埭会馆,以为乡试侨寓之所",嘉庆十年下又记,"旅宁同乡于武定桥侧另建会馆一所,地邻贡院,便于士子入闱"⑤,是为新会馆,民国十八年后改为石埭旅京同乡会。(嘉庆)《黟县志》载"会

---

① 何炳棣:《中国会馆史论》,第 35 页。
② (民国)《芜湖县志》卷十三《建置志·会馆》,江苏古籍出版社,1998 年,第 46 页。该志还记载了外地在芜湖建立的若干会馆,如徽州会馆、山东会馆、湖北会馆、湖南会馆、广东会馆、潮州会馆、庐和会馆、泾县会馆、太平会馆、旌德会馆、宿太会馆、山陕会馆、安庆会馆、江苏会馆、宁波会馆、浙江会馆、江西会馆、福建会馆、临清会馆等,对考察近代芜湖经济与社会发展状况颇有价值。
③ (民国)《怀宁县志》卷四《会馆》,第 97 页。该志记载了外地在安庆建立的若干会馆,如徽州会馆、泾县会馆、旌德会馆、湖广会馆、八旗奉直会馆、江苏会馆、元宁公所、湖北会馆、湖南会馆、浙江会馆、河南会馆、江西会馆、两广会馆、福建会馆等,对考察近代安庆经济与社会发展状况颇有价值。
④ (民国)《婺源县志》卷六《建置·学校》,第 34—35 页。
⑤ (民国)《石埭备志汇编·大事记稿》,第 15 页。

馆在京城宣武门外……屋三十四楹,乾隆五十九年置"[1],并在卷十五《艺文》收汪日章作《黟县会馆记》,记会馆创设大概。(乾隆)《铜陵县志》谓铜陵会馆在北京草场头胡同,曾被豪强侵占,康熙年间举人陈哲等人捐金赎回,"本邑北上者得有邸第。"[2]地方志对会馆的记载较为忽略,可能和会馆的非官方属性有关,安徽科举会馆显然非仅以上数志所载。

安徽科举会馆主要有省城试馆和京师会馆两种类型,但和一般省份不同,安徽生员在江南贡院参加乡试,所以省城试馆建于南京。清朝南京有会馆四十处,安徽省所建达半数之多,甚至远远超过了江苏省所建会馆数,主要原因就是安徽士子要跨省赴试。

安徽科举会馆数量更多的是设于北京的京师会馆。何炳棣依据朱一新和缪荃孙合编的《京师坊巷志》,制成"晚清北京郡邑会馆统计"简表,列出直隶、山西、广东等省在京的会馆数及已废会馆数,可以"部分的反映有清一代各地区对科举的反应"。其中安徽有省馆1座、府馆4座、州县馆22座,共27座,另有芜湖、宣城等已废会馆7座[3]。该数字不仅较直隶、山东、甘肃等北方省份及广西、云南、贵州等西南省份为多,甚至超出科举强省江苏(20座会馆)、浙江(25座会馆),在各省当中仅次于有47座会馆的江西省,安徽会馆之风于此约略可见。限于当时的条件,《京师坊巷志》所记会馆并不完全准确。

白继增、白杰著《北京会馆基础信息研究》在进行文献梳理、档案查阅及实地调查的基础上,以当前省级行政区划为基本单元,

---

[1] (嘉庆)《黟县志》卷十《政事志·会馆》,江苏古籍出版社,1998年,第354页。
[2] (乾隆)《铜陵县志》卷二《公宇》,江苏古籍出版社,1998年,第348页。
[3] 何炳棣:《中国会馆史论》,第11—29页。

分别制成各省域在京会馆一览表,详列各个会馆的馆名、别名、建立年代、现地址、老地址、地亩、房间、掌馆人及现状等信息,是有关北京会馆信息最为丰富的著作。依据白著附表一《各省(自治区、直辖市)在京会馆及其附产统计表》,安徽在京会馆有省馆 2 座、府馆与县馆 68 座,共 70 座[①];若加上清代隶属徽州府的婺源县 3 座会馆、建于清代早期的江南会馆(与江苏两省合属)、白著漏收的铜陵会馆、白著误收于浙江省的建德会馆[②],总数达到 76 座,其中 7 座建于明代,69 座建于清代。浙江省在京有 95 座会馆(除建德会馆),江西(除婺源)有 117 座会馆,两省会馆数在安徽之上。直隶(合今北京市、天津市和河北省)在京会馆有 69 座,山西省会馆有 70 座,江苏省会馆(合今江苏省和上海市)有 68 座,广东会馆 60

①《各省(自治区、直辖市)在京会馆及其附产统计表》,白继增、白杰:《北京会馆基础信息研究》,中国商业出版社,2014 年,第 542 页。本节各省会馆数字均依据该表统计,有关会馆信息凡引该著不再出注。必须指出的是,白著也存在部分讹误,例如该著第 185—186 页介绍颍州会馆,谓"本馆自清光绪十六年(1890 年)设立,专供同乡仕宦居住","由颍州领六县共同管理",并分别列出六县阜阳、颍上、太和、阜南、临泉、界首。但此处所列六县既非清代行政区划,也不是民国时期的六县,更非现时阜阳市的区域,不知其据为何,实误。再如该著第 199 页介绍桐城试馆,言"建于清朝末年",而方胜宁撰《桐城科举》谓该馆创办者是张英(安徽美术出版社,2011 年,第 23 页),显非清末。
② 白继增、白杰:《北京会馆基础信息研究》,第 202 页。白著《浙江省在京会馆一览表》将建德会馆与严陵会馆、严州会馆并列为严州府级会馆,实误,清代浙江省严州府有建德县,安徽省池州府也有建德县,两县异地同名。北京市地方志编纂委员会编著《北京志·市政卷·房地产志》(北京出版社,2000 年,第 58 页),在《1953 年—1955 年各地在京会馆及其房产情况一览表》中,明确将位于前门外北沟沿 1 号的建德会馆系于安徽省。造于 1954 年的《安徽省会馆财产管理委员会房地产移交清册》当中明列建德会馆(北京市档案馆编《北京会馆档案史料》,第 759 页)。

座,湖北会馆有 61 座,湖南会馆有 54 座,其他诸省会馆数量较少,不再列举。

各省在京会馆数序列当中,有两点值得关注,一是安徽在京会馆全部为科举会馆,有的直接以试馆为名,而其他省份多有商业会馆,例如山西有 21 座商业会馆,直隶有 20 座商业会馆,其他如浙江有 6 坐,江苏有 5 座,广东有 4 座,江西有 3 座。如果不计商业会馆,安徽在京会馆数与江西、浙江两省的差距更小(如仅比较府馆与县馆,则两省科举会馆数量大致相当,安徽略多),而其他各省与安徽的差距则进一步拉大。徽州商业会馆随着徽商的足迹遍布全国各地,但在北京却仅建科举会馆,与晋商形成鲜明对比,由此亦反映出徽商与晋商科举价值取向的巨大差歧。

二是安徽在这个序列中的排位高居第三,这个排位一方面能够表明安徽科举会馆的发达程度,更有意义的是可以反映各地会馆数与科举水平之间内在的紧密关联。在清代科举地理版图中,安徽地位颇为特殊,乡试层次与贵州、云南、广西等省同为小省,进士层次已提升到中省,鼎甲层次和江苏、浙江并为大省,鼎甲人数在江苏、浙江之后,位居全国第三,表明安徽与江苏、浙江共同组成了清代科举发达的核心区域。沈登苗的研究成果,将清代各省人才数量进行排序,安徽亦是在江苏、浙江之后,排位第三[①]。此处三个序列,安徽均位居第三,显非纯粹的偶然因素所致,三者之间的高度耦合匹配,正说明了科举会馆积极而普遍的设立,对提升安徽科举竞争力及科举地位产生了潜在的、正向的影响,并进一步刺激了省域人才的大量涌现。

---

① 沈登苗:《明清全国进士与人才的时空分布及其相互关系》,《中国文化研究》1999 年第 4 期。

二、安徽科举会馆的区域分布

安徽科举会馆主要分布在南京和北京两地,北京"四方之极,英俊鳞萃,绂冕所兴,士之试京兆礼部者,各郡县类有行馆,为之栖止,而中朝士大夫,休沐盍簪,又必择爽垲建馆宇,相与燕飨为乐"[1],是安徽科举会馆的集中之地,共建有76座科举会馆,包括建于清初的江南会馆(又称江安会馆)、分别建于同治十年和十一年的安徽会馆等3座省馆,安庆会馆、池州试馆等16座府馆[2],绩溪会馆、望江会馆等57座县馆。安徽在京科举会馆的省内建馆属地,分布非常广泛,表现出南重北轻的特点,并与省域各地科举发展水平大体一致。为便于分析会馆区域分布及其特点,制成《安徽分府(州)在京会馆数据表》,表中安徽省会馆数为76,包括三座省馆,因需要进行各府州分布比较,计算全省县均会馆数时,没有将三座省馆纳入。

安徽科举会馆的地域分布非常广泛,覆盖面较大,除滁州之外,八府五直隶州或其属县在北京建有会馆。安徽所属共八府,安庆、徽州、池州、庐州、凤阳和颍州等六府都建有府馆,太平府虽未有府馆,但所领三县仅有繁昌县无会馆,宁国府也未建府馆,但所领六县当中,有五县建馆,只宁国县无会馆。五个直隶州中,和州

---

① 《新建安徽会馆记》,北京市档案馆编:《北京会馆档案史料》,第 1332 页。
② 白著《北京会馆基础信息研究》将会馆分为省馆、府馆与县馆三类,本文沿用这种分类方法,但《安徽省在京会馆一览表》将贵池会馆、广德会馆、宣城会馆、六安会馆、泗州会馆等 9 座会馆归入府馆,似可商榷,因其忽略了府与府之首县、直隶州与直隶州本州的行政差别。例如对于六安州来说,六英霍会馆是府级会馆,而六安会馆则是为六安本州科举群体提供服务的会馆,为县馆。故我们对白著府馆与县馆的具体归类进行了部分修正,数字则略有不同。

有和含会馆(和州本州与含山县的合属会馆,实际相当于府馆级别),六安州有六英霍会馆(性质与和含会馆类同),广德本州和泗州本州均建会馆,而且"素苦水患,士无恒产"① 的五河县也在北京高井胡同建有会馆,只滁州及所领全椒、来安县没有建会馆的记载。六十州县当中,以州县为单位建立会馆(包括合属会馆)的有桐城、黟县、当涂等 29 个州县;虽未直接建馆,但所属府建有府馆的,有宿松、祁门、东流、巢县、怀远、阜阳等 24 个州县,两类合计达到 53 个,占比约为 88%,充分说明了会馆区域分布的广泛性。

表2-1　安徽分府(州)在京会馆数据表

	州县数	会馆数	府馆数	县馆数	县均会馆数	进士数	县均进士数
安庆府	6	10	1	9	1.7	286	47.7
徽州府	6	21	3	18	3.5	245	40.8
宁国府	6	13	0	13	2.2	165	27.5
池州府	6	10	2	8	1.7	36	6
太平府	3	3	0	3	1.0	60	20
庐州府	5	3	3	0	0.6	114	22.8
凤阳府	7	2	2	0	0.3	68	9.7
颍州府	7	2	2	0	0.3	33	4.7
滁州	3	0	0	0	0	48	16
和州	2	1	1	0	0.5	34	17
广德州	2	1	0	1	0.5	14	7
六安州	3	4	2	2	1.3	50	16.7
泗州	4	3	0	3	0.8	39	9.8
全省	60	76	16	57	1.2	1192	19.9

---

① (光绪)《重修五河县志》卷十三《选举志》,第 544 页。

安徽在京科举会馆当中,建于明代永乐年间的芜湖会馆,在中国会馆史上的地位颇为重要。尽管学界关于会馆起源问题仍有不同的看法,但较为一致的说法则是从明朝初年开始出现,"首先是安徽芜湖人在北京设置了芜湖会馆"①,该会馆为"明永乐间邑人俞谟捐资购屋数椽并基地一块创建"②,换言之,芜湖会馆是第一个会馆,其创设开数百年之风气。俞谟字克端,先任南京户部主事,转北京工部主事,在京师前门外,从路姓名下购置旅舍数椽,另基地一块,"归里时,付同邑晋俭等为芜湖会馆"③,正统年间,路姓后人曾构讼争地,俞谟子俞日升持契入质,重归会馆,馆内有明泰昌土地位,东西两院各有大椿树一株,西厢房外有鲍氏捐免江夫碑一座。清康熙与雍正时,先后两次遭遇地震,致房屋倒塌,皆随时修葺,嘉庆间增修改建,有正偏各屋三十余间。咸同年间,会馆为"京民侵占",约三十年,光绪十一年"讼官仍还会馆,然房屋摧毁,基地亦失一半,翌年重建"④,民国时期虽能勉力维持,已是渐趋冷清艰难。

安徽科举会馆区域分布的第二个特点是荣枯分明、南重北轻。光绪三十四年,清廷对安徽道级政区进行了调整,在省和府(直隶州)之间原设有凤颍六泗道、安庐滁和道和徽宁池太广道等三个道,"裁安徽安庐滁和道,改徽宁池太广道为皖南道,以安庆隶之,凤颍六泗道为皖北道,以庐、滁、和三府隶之,各加兵备衔,改铸皖南、北两兵备道关防,并添铸新设巡警、劝业两道关防。"⑤皖南道

---

① 王日根:《中国会馆史》,东方出版中心,2007年,第39页。
② (民国)《芜湖县志》卷十三《建置志·会馆》,第46页。
③ (民国)《芜湖县志》卷四十八《人物志·宦绩》,第223页。
④ 《芜湖会馆总登记表》,北京市档案馆编:《北京会馆档案史料》,第903页。
⑤ 《清实录·德宗景皇帝实录》(八),第818页。

辖安庆府、徽州府、宁国府、池州府、太平府和广德州等五府一直隶州,皖北道辖凤阳府、颍州府、庐州府、泗州、六安州、滁州、和州等三府四直隶州,恰好将安徽分成南北两大部分。皖北各府州建有15座科举会馆,甚至没有达到徽州一府之数,凤阳府、颍州府、庐州府所领19个州县,竟无一县馆,滁州更是会馆空白区;皖南各府州建有58座科举会馆,皖南会馆数是皖北的近四倍,南北两大区域荣枯立现。

　　安徽科举会馆北少南多的区域分布,和全国范围各省在京会馆区域分布的特点呈现出完全一致的趋势。何炳棣的研究表明,除了山西因晋商活动多有会馆之外,华北各省因畿辅或地近畿辅之故,"在京师无设置多数会馆之必要",而长江中下游及东南地区八省,"占清季北京会馆总数百分之六十以上",是会馆分布的中心与重心,并进一步指出"各区域会馆的多少也部分的反映各区人文的盛衰和风气传统之不同"[1]。安徽地居南北之中,既是传统时期经济中心东移南迁的通道,也是南北文化的过渡与中间地带,皖北接近北方经济与文化区,皖南则是南方经济与文化区的构成部分,两地"人文盛衰"和"风气传统"自有大不同,会馆分布南重北轻是这种"不同"的直接反映。

　　皖南地区在北京设立会馆较多,固因讲乡谊崇古道的文化传统,更和经济实力,尤其是徽商的热情参与密不可分,在这里商业和科举"竟达到互补共进的和谐"[2]状态,歙县会馆的修建是最为典型的代表,从徽商那里得到了巨大的经济支持。歙县会馆初建于明代,毁于明末兵火,清初张习孔以其住宅,公之阖郡,为新安会

---

① 何炳棣:《中国会馆史论》,第34页。
② 王日根:《中国会馆史》,第272页。

馆,到乾隆五年,吴烨倡议建歙邑会馆,"因寄书于同乡之侨寓广陵者"①,乾隆二十四年,同里谋划扩建会馆,"苦于无资,因遍告之邗江诸君"②,这里两次修建需要大量经费,倡修者首先想到的都是求助于徽商,主要是扬州盐商。嘉庆十六年,在两淮盐商的努力下,盐运使甚至把资助歙县会馆纳入盐务部门的例行开支,"自辛未年始准于辛工项下岁支三千金,助歙馆经费,如扬例,于是岁修年例一切费皆裕如"③,有效保证了会馆的日常运营。可见在歙县会馆新建与扩建的过程中,捐集经费的主要是"官僚和扬州的盐商",而"官僚中也以盐商的关系者为多"④,并且徽州在京的茶商也参与其中,只是影响较小。必须指出,虽然徽商对会馆颇多捐助,甚至有时参与会馆的日常管理,但歙县会馆却非一般商业会馆,《乾隆六年会馆公议条规》载之甚明,第一条就倡明宗义,会馆"创立之意,专为公车及应试京兆而设,其贸易客商自有行寓,不得于会馆居住以及停顿货物,有失义举本意"⑤,其后屡次修订会馆条规不断重申该条。相较来说,皖北地区就没有这样的富商大贾资助会馆建设,但情况到晚清发生了明显改变,其标志就是李鸿章为核心的淮系集团迅速崛起,对省域科举版图变化产生了潜在而巨大的作用。

　　安徽科举会馆省内分布与科举发展水平大体一致,反映了科举会馆的基本属性。我们以进士数作为主要指标,判断各地的科举发展水平,清代皖北地区各府及直隶州共有进士386位,皖南地

---

①《新建歙县会馆记》,(清)徐光文、徐上塘重录:《重续歙县会馆录》,大东图书公司,1977年,第25页。

②《会馆增南院书斋记》,《重续歙县会馆录》,第26页。

③《会馆岁输经费记》,《重续歙县会馆录》,第54页。

④寺田隆信:《关于北京歙县会馆》,《中国社会经济史研究》1991年第1期。

⑤《乾隆六年会馆公议条规》,《重续歙县会馆录》,第31页。

区则产生了806位进士,显然是省域科举发达区域,与科举会馆南重北轻的分布格局完全一致。再看各府的情况,安庆、徽州和宁国府的清代进士数分别为286人、245人和165人,在省内遥遥领先,位居前三,三府的县均进士数也远高于全省县均进士数,毫无疑问地成为科举最发达的地区;三府科举会馆数分别是10座、21座和13座,合为44座,在省内占比约为六成。安徽科举最发达的地区和会馆最集中的地区于此完全重叠。凤阳和颍州两府是科举落后地区,县均进士数仅为9.7和4.7,远低于全省平均水平;同样两府设立的科举会馆也很稀少,所领州县都没有县馆,只有府馆,而且建立时间较迟,颍州会馆甚至到光绪十六年才建立,真正发挥试馆作用不过短短十余年时间。从县级区划看,拥有多处会馆的县,如徽州府的歙县、休宁县、婺源县,安庆府的怀宁县,宁国府的泾县、旌德县,再如池州府的青阳县、太平府的当涂县、六安本州、泗州本州等,多是省内科举强县,或者是区域性的科举强县。没有单独设馆的县,如安庆府宿松县、徽州府祁门县、宁国府宁国县、池州府东流县、太平府繁昌县,再若滁州来安县、广德州建平县等,科举发展水平都相对低下,有清一代取中进士大多屈指可数。

　　会馆之设主要出自京官的倡导,京官数量多少、地位高低、财力大小等往往是决定性因素,科举落后,进士稀少,京官自然数少,难以形成有影响力的同乡集团,会馆筹建的动机与能力也就随之弱化。科举会馆的分布及其特点,不仅是会馆版图本身的反映,更是省域科举版图、教育版图、文化版图,甚至政治版图的直接反映与真实写照。

　　三、安徽科举会馆的功能与结构

　　会馆出现之后逐渐演进成“一种较具适应性的社会管理组

织"①,在国家政权管理与地方社会整合之间扮演着特殊角色,发挥着丰富且复杂的社会功能。科举会馆与商业会馆、移民会馆等不同类型的会馆,就其社会功能而论,相互之间并没有泾渭分明的界限,但毕竟各有宗旨。科举会馆为科举应试而设,主要功能自是为科举群体及科举活动提供支持和服务,如果说贡院是科举前台的象征,那么会馆就可视为科举后台的中心。

　　首先,会馆是科举个体与体系之间的联络节点。"京师之有会馆也,贡成钧诣公车者居停之所也"②,科举会馆的首要功能就是为参加乡会试的士子提供居住服务与保障,各会馆的规条言之甚明。歙县会馆规定,"会馆新旧房屋几及百间,公车尽容下榻,除大厅暨兰心轩上下存为同人公叙之所,不得居住外,其余房屋由内及外,自左达右,编定号数,以到京先后为序,每人居住房一间,不许多占,亦不拣择。"③泾县会馆也有条例,规定"凡会试之年,候补、候选及客商、闲住之人俱要让出屋与会试人居住","凡乡会试、赴选及一切正务来京者,俱得居住。其遇乡会试年分,如本邑应试人多,凡住馆者即当搬让,以重考试。"④绩溪会馆规定"凡应乡会试朝考来京及外任入觐者,俱准住居馆内,如或人多房少,乡试年分先尽乡试者居住,会试年分先尽会试者居住,不得任意占踞,若遇房屋空闲时,无内眷之候补候选人员,亦准居住,其余一切人等概不得住居会馆"⑤。

---

① 王日根:《中国会馆史》,第272页。

② 何炳棣:《中国会馆史论》,第20页。

③《乾隆二十八年增议规条》,《重续歙县会馆录》,第32页。

④《泾县会馆申明条例》,《新议馆规》(嘉庆二十二年四月),周向华、张翔点校:《北平泾县会馆录汇辑》,安徽师范大学出版社,2014年,第17、26页。

⑤《绩溪会馆规条》,北京市档案馆编:《北京会馆档案史料》,第283页。

安徽生员参加江南乡试与顺天乡试,举人赴京会试,首选的落脚点与居住地就是各地在南京或北京的会馆,例如戴震居于休宁会馆,曹振镛住在歙县会馆,包世臣多次寓居泾县会馆,李鸿章住在庐州会馆,胡传则在绩溪会馆备考,再如王茂荫道光十二年参加壬辰科会试,殿试后中第三甲第四十名,期间"寓居北京歙县会馆"①。他们从会馆出发,走进江南贡院或顺天贡院,通过会试者,再参加殿试,成功跻身进士行列,幸运者更能高中鼎甲,站到科举系列的塔尖。会馆往往以悬匾、题名、赠送考费等方式表彰乡会中式者,中式者则会为会馆捐输银两。从这个意义上我们可以说,会馆成为科举人与科举制度之间的联络节点,科举人从会馆走进考场,走进科举体系。

第二,会馆是科举群体之间的联络场所。地域政治观念的盛行,影响着科举会馆的发展态势,会馆成为特定府县的科举人定期聚会、联络情谊的公共空间,科举人(包括中式之后授官者)以乡谊为纽带,以会馆为场所,结成特殊的群体,对政治、政局、社会及文教产生多重作用及影响。会馆联谊主要有共同祭祀、团拜聚餐、接风接场等形式,是向外展示同乡面貌的集体象征,也是维系同乡团结的精神纽带。绩溪会馆的联谊活动颇为典型,每年正月十三日上灯恭祀众神,正月十八日恭祀汪越国公,二月初三日恭祀文昌帝君,五月十三日恭祀关圣帝君,九月十七日恭祀福德财神,十二月二十六日腊祭能干祠,"每次祭毕散福,每席酌用京钱二吊二百文,不得多费。同乡年十五以上者均衣冠齐集拜祭。"每岁新春,绩溪京官、乡会试留京考生、候选候补人员,"择日在馆团拜一次,各出分资"②,

----

① 王经一编著:《王茂荫年谱》,安徽人民出版社,2015 年,第 44 页。
②《绩溪会馆规条》,北京市档案馆编:《北京会馆档案史料》,第 283—284 页。

共叙乡情;遇有公事至京、外官简放、铨选道府以及放学差,阖邑公钱,外官道府以上来京陛见、引见者,会馆也公请一次。科场年份于乡会出场后,由值年酌量人数多少,备酒席为之接场。黟县人何宗逊在其1898年1月26日(农历正月初五日)日记里,记载参加安徽会馆的团拜活动,"十二点钟后,梨园开演","同乡京官自李中堂、孙老师、胡老师以次咸集,并请有外客","下午四点开席,终席时已届薄暮"①。

第三,会馆是京师与乡里之间的联络窗口。何炳棣指出,科举会馆具有"较广泛的同乡组织的性质",其功能"不如一般人想象的窄狭"②,此为至论。会馆作为京师与乡里之间人员与信息的重要联络窗口,并不仅仅局限于为科举人提供居住之地,还承担着资助贫困、患难周恤、办理义园的慈善功能。安徽各府州县多有在京求学、经商、谋生之人,或因变故、疾病、贫困等,流落京城,生活困顿,不能回籍,遇到这种情况,会馆出于道义,查明实系守分之人,就会予以救助,由值年人"通知酌量给予盘费,本人不得竞争多寡",谓之"患难周恤"③。"在都病死无力敛埋者"④,会馆给棺安葬;如果归榇无期,则可葬于义园,每年清明,值年还要诣坟祭奠。歙县会馆、绩溪会馆、休宁会馆、宣城会馆、旌德会馆、泾县会馆、太平会馆、石埭会馆、青阳会馆等均附有义园或义地,有详细的规程,并请专人管理。安徽籍各会馆附属之义园,数量多,规模大,据北京民政部门在1949年的统计,当时各省籍会馆和玉行会馆等行业会馆,共有义园土地854.899亩,其中安徽各会馆所附义园土地即有

---

① 《何宗逊日记》,凤凰出版社,2019年,第89页。

② 何炳棣:《中国会馆史论》,第20页。

③ 《新议馆规》,《北平泾县会馆录汇辑》,第27页。

④ 《绩溪会馆规条》,北京市档案馆编:《北京会馆档案史料》,第285页。

209.078 亩 ①，占比高达 24.5%，接近四分之一。这一比例，既可反映在京安徽流动人口的规模，亦可体现安徽会馆对义园的重视与投入。会馆之设，具有"适馆垣弛负担，于以联其情，萃其涣，是亦厚乡俗，广敦睦" ② 之目的，"患难周恤"的举措正是会馆设立初衷的直接体现。

　　安徽各会馆的规模、占地面积、房间数量等多有不同，由于历年经远，馆舍结构亦多有所变，只能从有关文献及碑刻中简单还原特定时期的会馆结构。乾隆十四年，泾县重修会馆，尽除旧房，填土筑基与后街平，仍七间旧制，在右偏阶下增建小厢一，奉神像居正中，新购馆左杨氏空地，凡四层，层各两间，其前二间上有楼，"自是而门堂室宇高爽完整。" ③ 乾隆十八年修成休宁会馆，"凡为屋若干楹，稍加缮葺，而堂廷廊庑，庖湢厩库之次，与几榻箕帚" ④，次第完备，并置闲房取息，以备岁修。《重续歙县会馆录》收有一幅会馆全图，颇为珍贵，能清晰反映会馆的四至、布局与结构。再如清季宣城会馆，旧存之屋，"只正厅三大间，两厢屋四间，前进门房客厅共四间" ⑤，在后院增盖平房三间，又添厦屋一间，用作厨所。在所有会馆当中，规模最阔、结构最完整者当属建于同治年间的安徽会馆。

　　由李鸿章、鲍源深、吴廷栋等人倡议集资修建的京师安徽会馆，于 1871 年在宣武门和正阳门之间的后孙公园旧址正式落

① 胡春焕、白鹤群：《北京的会馆》，中国经济出版社，1994 年，第 7 页。
②《休宁县会馆碑文》，北京市档案馆编：《北京会馆档案史料》，第 1327 页。
③《重修泾县会馆碑记》，《北平泾县会馆录汇辑》，第 12 页。
④《休宁县会馆碑文》，北京市档案馆编：《北京会馆档案史料》，第 1327 页。
⑤《京师铁门宣城馆碑记》，北京市档案馆编：《北京会馆档案史料》，第 1334 页。

成。李鸿章为撰《新建安徽会馆记》,谓"凡馆之中,屋数百楹,庖湢悉备,经始于八年二月,落成于十年八月,共糜白金二万八千有奇……吾馆旷二百数十年,未有作者,亦乘事会,以观厥成,非偶然也"①。杜春和著《李鸿章与安徽会馆》一文,对会馆的修建、重建及衰败进行了细致考察,亦涉会馆的基本结构。

安徽会馆位于后孙公园街正中,坐北朝南,北起八角琉璃井,南到前孙公园,西从十间房,东至厂甸,分中、东、西三路。中路大门楼上悬挂李鸿章题写的"安徽会馆"匾额,内东西厢房各四间;第一进是"文聚堂"五开间,宏伟壮丽,东西厢房各三间;第二进悬钟鼓,正楼五间,方台一座,前后左右均五楹,东西各有一间耳房;第三进是神楼,楼上奉祀文昌帝君和关圣帝君像,楼下奉祀闵子和朱熹牌位,历代名儒名臣从祀,其东夹道有仙苑;第四进是五开间的碧玲珑馆,前有叠翠亭;第五进叠石为山,捎沟为池,花竹扶疏,嘉树延荫。东路门内有房二间,另有三间包衣房,第一进为奎光阁,奉祀魁星,前有六间藤间吟屋,宽闲可以觞宾,后有四间廊房;第二进是思敬堂,有房五间,左右各有三间厢房;第三进是龙光燕誉堂,有房五间,左右各有两间厢房,以待外官朝觐者,夹道有更房、箭亭与庖湢等十一间。西路从大门往内有三进,每进都是正房五间、左右厢房各三间。合东西中三路,中院有房75间、东院有房51间、西院有房39间,共计各种房屋165间②。

安徽会馆建成之后,逐步完善规章制度,经费较为充裕,加之朔望行香,节日团拜,馆务活动十分兴盛,成为皖籍科举人物、在京高官及淮军将领聚会活动的重要场所,一度有"京师第一会馆"之

---

① 《新建安徽会馆记》,北京市档案馆编:《北京会馆档案史料》,第1332—1333页。
② 杜春和:《李鸿章与安徽会馆》,《安徽史学》1995年第1期。

誉。会馆建筑的部分楹联,如"安得广厦千万间,庇天下寒士;愿与我党二三子,称乡里善人"、"冠盖萃江淮,尽东南宾主之欢,梦社筵开,古谊犹存乡饮酒;楼台演歌舞,极丝竹管弦之盛,梨园美具,世情且看戏登场"、"安庐凤颍徽宁池太,滁和广六泗,八府五州,良士于于来日下;金石丝竹匏土革木,宫商角徵羽,五音六律,新声袅袅入云中"①等,具有鲜明的特色,充分反映了安徽会馆的气势与功能。

　　1889年,因西邻失火祸及会馆,正屋焚毁殆尽,李鸿章再次倡议捐集银两,重修安徽会馆,作《重修安徽会馆记》,言明会馆功能:"会馆之设于京师,以为宦游宴聚栖止之地,所以联恰乡谊也。"②但安徽会馆显然没有完全局限于"联恰乡谊",还和戊戌变法时期的维新派及维新活动结下不解之缘。1895年8月,康有为、梁启超在北京创办第一份维新报刊《万国公报》(后改《中外纪闻》),选登阁抄,译录新闻,对开通风气产生重要影响,康有为谓"报开两月,舆论渐明,初则骇之,继亦渐知新法之益"③,《万国公报》"报社即设在安徽会馆内",后又创立改革派第一个政治团体强学会,"会址亦在安徽会馆内。"④《万国公报》和强学会为安徽会馆的历史抹上浓重色彩,维新派能够以安徽会馆作为主要的活动基地,显然与李鸿章的态度密切相关,此点可以为考察戊戌时期李鸿章与

① 北京市档案馆编:《北京会馆档案史料》,第1403页。
② 《重修安徽会馆记》,《李鸿章全集·诗文》(第三十七册),安徽教育出版社,2008年,第68页。
③ 茅海建:《从甲午到戊戌:康有为〈我史〉鉴注》,生活·读书·新知三联书店,2009年,第129页。
④ 戴逸:《〈北京安徽会馆志稿〉序》,《皓首学术随笔·戴逸卷》,中华书局,2006年,第305页。

维新派的关系、李鸿章的政治态度等问题提供特殊的视角,此处不
作多论。

四、安徽科举会馆的运营与管理

因为科举会馆具有独特的社会功能,朝廷、官员、地方士绅及
一般民众都能自觉地投入或关注会馆的建设与发展,使科举会馆
能够勃然兴盛,但其发展并非一帆风顺,特定的具体会馆往往经历
不同的曲折和顿挫,有辉煌,也有暗淡,更见起起落落,这种曲折与
起落,既是政治变幻、社会变迁的结果,也和会馆本身的运营及管
理密切相关。会馆管理与运营包括经费管理、日常事务运营、规则
管理等方面,管理的组织机构及其变迁亦非常值得关注,尤其是在
会馆转型过程中,更有清晰的体现。

会馆之设"所以待贡举之士,馆之兴废,士之盛衰视焉"①,会
馆兴废固然是一地科举盛衰的直接反映,也和会馆本身的运行及
管理密切相关。安徽科举会馆的管理逐步完善后,已经处于一种
非常细致稳定的状态,这实际上是一种规则的管理,通过不断完善
的会馆规条规约反映出来,会馆条规成为会馆日常运营的基本依
据,其内容事无巨细,几无不涉。歙县会馆于乾隆六年制订《会馆
公议条规》,凡十四条,首先倡言会馆创设的目的,接着规定了会馆
作寓居住的具体条件与办法,再则说明经费收支的范围与程序,最
后声明"以上各条,斟酌公议,务宜永久遵行,不得紊乱"②。其后数
次增议续修条规,根据时势变化不断进行调整与补充,刊行于道光
十四年的《重续歙县会馆录》,收有《乾隆二十八年增议条规》《嘉

①（清）曹振镛:《重续歙县会馆录序》,《重续歙县会馆录》,第3页。
②《乾隆六年会馆公议规条》,《重续歙县会馆录》,第32页。

庆十年公议条规》《嘉庆十九年续增条规》《道光十年续议条规》，
内容愈加丰富完善，具有更强的可操作性，并再次声明条规系"共
同酌议，妥协详悉，凡我同乡，各宜自爱，永远遵守，幸毋作俑，致乱
成规，则斯馆之设，可以垂久矣"①。

安徽各科举会馆非常重视会馆录的编集与刊刻，一方面是会
馆文化的传承，如曹振镛所言，会馆"历数百年如一日，固当笔诸简
编，以示后人"②，另一方面也是会馆加强管理、昭信梓里、提高公信
力的重要手段。泾县会馆是北京十大会馆之一，自明至清，相沿弗
替，经营及运行状况总体较好，在同治年间刊有《京都泾县新旧两
馆录》，光绪年间刊行《京都泾县馆录》，民国二十二年又编印《北
平泾县会馆录》，今人周向华、张翔以《北平泾县会馆录》为底本，
汇辑前两种馆录，重新点校而成《北平泾县会馆录汇辑》出版。从
《重刊馆录序》《老馆缘起》《重修泾县会馆碑记》等起，到《小施兴
胡同房屋契据》《河泊厂门牌一百零三号房屋契据》终，《北平泾县
会馆录》共收泾县会馆各种文献92篇，包括碑记、劝捐启、馆规、章
程、乐输款目、会议记录、告示、执照、公函、甘结、契据等，反映了会
馆经营状况与发展轨迹，亦可见会馆创业守业之艰难。

科举会馆运行的重心是经费的运营与管理，经费筹措的渠道
与数目、经费支出，决定着会馆经营的效果，甚至关系着会馆的存
废兴亡。经费筹措主要有几种来源及渠道，捐输是其大宗。泾县
会馆位于前门长巷下头条胡同，是为老馆，新馆则位于南横街中
间，数百年间不断修整、扩建，主要经费就来自捐输。乾隆初年，会
馆大修增建，先是赵青藜"为文告邑人，而陈氏、卫氏争先输致京

①《乾隆二十八年增议规条》，《重续歙县会馆录》，第34页。
②（清）曹振镛：《重续歙县会馆录序》，《重续歙县会馆录》，第3页。

邸",后由倪天修"为传单,走告邑人,咸踊跃,敛费若干",入国子监者、公车谒选者也援例捐助,得以"完其悬项"[1]。尽除旧房,填土筑基,与后街平齐,高其垣墙,增建厢房,又新购馆旁杨氏产业。嘉庆年间重修,先后于嘉庆五年发出《泾县会馆劝捐启》、嘉庆八年发出《泾县会馆规捐启》、嘉庆十六年发出《征修会馆启》,"遍告阖邑,踊跃捐输,不拘巨细,或因旧廓新,或择吉添置,总以捐输之多少酌为创建之章程。"[2] 同治十年再修会馆,发出《公启》,呼吁"凡我同人欲求一体修整,不得不广筹捐款及早兴办,伏祈各省仕商并在籍各姓诸公量力慨捐,俾得集腋成裘,保全公业以垂久远"[3]。泾县会馆数百年相沿弗替,固是经营得当,筹划有方"皆由诸君子踊跃乐输传之永远"[4],深处则是"邑人之好义急公","素所风尚"[5],崇尚科举使然。

　　会馆之设"备应试待铨者居住",作为会馆的直接使用和受益者,中式或受职之后,"亦应输资,以充公用"[6],谓之乐输或喜助。泾县会馆对喜助非常重视,对乐输者的身份与捐资数目向有定规,其《乐输款目》言之甚详,分京官、外任、武官、各差、贡举、封典和职衔六个序列,按品级高低明定喜助金额。兹列京官和贡举两个系列,以见其貌。

　　一、京官:

　　中堂五十两,协办大学士三十二两,尚书二十两,左都御

---

① 《重修泾县会馆碑记》,《北平泾县会馆录汇辑》,第 12 页。

② 《征修会馆启》,《北平泾县会馆录汇辑》,第 21 页。

③ 《同治十年捐修会馆公启》,《北平泾县会馆录汇辑》,第 45 页。

④ 《嘉庆八年泾县会馆规捐启》,《北平泾县会馆录汇辑》,第 20 页。

⑤ 《重修泾县会馆碑记》,《北平泾县会馆录汇辑》,第 12 页。

⑥ 《绩溪会馆规条》,北京市档案馆编:《北京会馆档案史料》,第 285 页。

史十六两,侍郎十二两(兼钱法堂加十两),阁学八两,三品京堂以下(初升四两,每升一阶二两),正詹以下坊缺(初开坊四两,每升一阶二两,转左读不输),编检二两,庶吉士四两,给事中御史俱二两,中书二两,主事三两(每升一阶二两,散馆改部者不输),七品小京官四两。其余五品者三两,六品者二两五钱,七品者二两,八九品未入流一两。

…… ……

一、(文武)贡举:

状元五十两(武十两),榜、探十六两(武四两),进士四两(武二两,元加倍),举人二两(武一两,元加倍),拔贡一两六钱,副优八钱,恩岁廪附贡恩廪附监生、例贡监生五钱。①

会馆主事者在新旧两馆分别设立粉牌,及时公布乐输情况,并造册入账,偶有当捐之人或因各种缘故,"有已书未付,有应助未书"等滞捐情形发生,会馆往往会设法敦促。同治三年会馆查出细账,并且"公缮启言邮寄",说明喜助之款,"在各位名下为数无多,原易为力;而在阖邑馆中集腋成裘,为益甚大"②,并将吴昌瑞、沈源等喜助"已书未付"者二十三人的姓名开列于后,一则提醒诸人,二则亦有施压的意味,敦促及时捐助。

《绩溪会馆规条》按照官阶开列乐输银数,分京官、外官、武官、出差(学差与试差)、科甲,详定银两之数,标准大约略低于泾县。泾县科举发达,人文兴盛,喜助之资数量较大,但对科举落后、试者寥寥的州县而言,这种来源的经费自不可观。

---

①《乐输款目》,《北平泾县会馆录汇辑》,第37—38页。
②《同治三年催缴喜助借项启》,《北平泾县会馆录汇辑》,第43页。

　　会馆日常收入主要是附产房屋及土地的租金，虽然受房价波动影响，但总体而言这项收入相对比较稳定。泾县会馆置有多处附产，义园亦有土地，历次修订馆规都很重视房屋租赁，因为"会馆出息全在房租"，例如光绪丁丑年重议馆规就谈到，"近日京城房价日起，我馆亦应议增。"①房产出租一般应立契据，以示郑重，契约有固定的通行格式，例如嘉庆二十一年签下的两份"皮棚租字"：

　　立租字：三盛号蓬莱县人季孔文今租到泾县会馆名下阡儿胡同口南义地房屋西边四间。是（身）租受做皮作坊，每月上租息京钱七百文，其钱按月凭折支取，其皮灶一盘言定不得在垣墙外起造。倘租息不清任从房主另租。此焰。
　　　　嘉庆二十一年季夏月　日立季孔文有押
　　立租字：公义号吴桥县人王梓林今租到泾县会馆名下阡儿胡同口南头义地房屋四间。是身租受做皮作坊，每月上租息京钱六百文，其钱按月凭折支取。皮灶二盘言定不得在垣墙外起造。倘租息不清任从房主另租。此焰。
　　　　嘉庆二十一年季夏月　日立王梓林有押②

　　不同时期或不同年份，会馆收入多有波动，光绪年间收入总体高于同治年间。光绪二十年，由潘安涛值年收账，具体如下：

　　收十九年存银六十七两八钱三分。
　　收兵马司后街许宅正月至十月租银一百三十两。

①《光绪丁丑年重议馆规》，《北平泾县会馆录汇辑》，第49页。
②《皮棚租字（补刻）》，《北平泾县会馆录汇辑》，第99页。

收张相公庙尹宅正月至九月租银八十一两。

收潘家河沿吴宅甲午二月至乙未三月租银七十七两,茶银在内。

收潘家河沿郝宅正月至十二月租银二十四两。

收义园王姓皮棚正月至十二月租银六两。

收老馆郑姓正月至八月租银十九两五钱。

收老馆赵宅四月至十二月租银三十两,茶银在内。

收会馆例助银五十六两七钱五分。

收会馆义助银一百二十八两。

收义园例助银六十四两。

收义园义助银一百九十八两。

收六吉号利银漕平十六两,合京平十六两六钱二分。

收申平色银九两九钱六分。

共收京平银九百零八两六钱六分。

收南横街广兴粮店正月至十二月租钱一百九十二吊。

收张相公庙王永安车店正月至十二月租钱一百九十二吊。

收施兴胡同张姓正月至十二月租钱一百六十八吊。

收义园程玉文正月至九月租钱五十四吊。

收义园程玉文正月至九月租钱二十三吊四百文。

收义园信玉振正月至十二月租钱十五吊六百文。

收义园刘克让正月至九月租钱二十四吊三百文。

收义园刘克让正月至十二月地租钱九吊六百文。

收义园李德元正月至十二月地租钱七吊二百文。

收义园孟传珍正月至十二月地租钱七吊二百文。

收兑人钱六千五百九十一吊二百六十文。

共收钱七千二百八十四吊五百六十文。①

这份账单简单清晰地记录了光绪二十年泾县会馆的总体收入,反映出光绪年间泾县会馆附产、义园的大致情况,也可以看出当时经济往来及结算使用银和钱两种货币,银以京平银通行,这对考察北京房产、地价均有一定的参考价值。

会馆在《规条》中对经费使用的方式、用途、数目进行细致的规定。我们以《绩溪会馆规条》为例进行说明,该规条于道光六年据嘉庆十九年旧规核定,关于经费支出有如下表述:

馆内每年租息所入,除岁修祭祀一切费用外,尚多余资积至百两以上,即须增置产业或盖房屋。

管理会馆于一切用度⋯⋯不可浮滥,即或公项不敷,只可集众捐垫,不得藉端借贷,如有主行借贷,即将借项责令偿还,其出借之人亦不得向馆内索取,违者呈究。

(每年恭祀众神,如汪越国公、文昌帝君、关圣帝君、福德财神等)以上每次祭毕散福,每席酌用京钱二吊二百文,不得多费。

元宵灯节自正月十三起到十五日止,每夜油烛等费,值年酌量动用,不得滥支。

每年十二月二十六日腊祭能干祠及除夕上年供元旦香烛等费随时酌用。

每月朔望值年敬诣会馆神前拈香,并查看一切,先期长班预请其香烛之费,亦随时酌用。

---

① 《北平泾县会馆录汇辑》,第184—185页。

每年清明、七月十五两次预备冥仪酒饭鸡豚，值年率众诣坟园祭奠并查看冢土房屋，随时修整，奠毕到者小憩餐饭，每席用京钱二吊二百文，如或一时到者人多，备席不敷，均匀酌散，添饭不添酒肴。

每岁新春京官及乡会试留京并候补候选人员，择日在馆团拜一次，各出分资。

科场年分于乡会出场后，值年酌量人数备酒席接场。

修理房屋值年须随时察勘兴工，不得因循致就倾圮，亦不得借端滥糜公项，违者查出罚赔。

看馆长班……每月工食给京钱二吊二百五十文。

义园须择城（原文如此）实小心者看守……清明、七月十五，每次赏给京钱二吊。

同乡有贫病无依情愿归里者，查系平日安分之人，值年通知大众，酌量伙给盘缠，须有保人承担，倘不出京，所领盘缠著落保人赔出归公，暂去复来以后无力南旋不得再给。

同乡有在都病死无力敛埋者，馆内给棺安葬。①

从《绩溪会馆规条》可以看出，会馆经费的支出项目除大规模修建、扩建会馆或购置房产外，主要有岁修、祭祀、团拜、宴席、长班等人员工资，还有对贫困同乡的慈善性资助，均能反映会馆的公益性质。一般会馆经费支出项目与绩溪会馆大体相似，但因收入丰枯有异，或有不同。泾县会馆在道光年间岁入较为充裕，有"致送京官节敬及乡会试元卷等款"②，咸丰六年因经费不敷停止。在经

①《绩溪会馆规条》，北京市档案馆编：《北京会馆档案史料》，第283—285页。
②《光绪丁丑年重议馆规》，《北平泾县会馆录汇辑》，第49页。

费使用过程中,非常注意量入为出,所谓一切用度"不可浮滥"、"不得滥支",余资一旦达到相当规模,即要设法添置新的资产,并避免借贷,以规避风险。经费支出还要做到账目清楚,定期公开,绩溪会馆每年会馆经理新旧交接时,"新班务将旧班经手收支账目算清,不得含混,如有亏短即集众议论,若新班循隐接收所亏之项,即令赔偿,其交代账目并于是日开一清单,粘贴于壁,听众查核。"①泾县会馆的收支账目在每年二月邀集同乡结算,乡会试时面众统为核算,并且照章"详细刊入馆录","凡遇正务来京及捐助银两者,各送一部,以广流布而免疑义。"②

《北平泾县会馆录汇辑》收有光绪二十年会馆用账清单,从值年修金二十四两、会试十九位卷费十九两、秋团二席八两,到新馆会试打更二十天二十吊、老馆糊棚拾间八十五吊、老馆一年香烛十九吊五百文等等,全年统共用银九百二十八两六钱六分,用钱八千二百六十吊一百四十文③,非常详细,既能反映会馆支出细目,亦能反映会馆的日常事务,对考察北京物价、工值等问题也颇有价值。

五、安徽科举会馆的转型

1905 年科举制度废除,在京科举会馆的性质开始发生转移,变成仕宦、学生、商旅公共的同乡组织,民国时期国家强化对各省会馆的控制,会馆主动因应时势之变,"走出精英主义的藩篱,逐渐显示出民主化的倾向。"④

①《绩溪会馆规条》,北京市档案馆编:《北京会馆档案史料》,第 283 页。
②《同治辛未年重议馆规》,《北平泾县会馆录汇辑》,第 46 页。
③《北平泾县会馆录汇辑》,第 185—193 页。
④ 王日根:《中国会馆史》,第 87 页。

1915 年 4 月,京师警察厅以"维持公安,保护公产"起见,颁布
《管理会馆规则》,要求各馆将馆章向警察厅"禀报备核",公举董事
和副董事担负完全责任,而且必须将董事及其他工作人员"报明警
察厅备案",住馆之人若是语言形迹可疑者、违犯烟赌等项禁令者、
犯罪之在逃者,"应责成馆役报告该管警察署"①,以这种方式将会
馆纳入国家治理系统。1918 年 3 月,京师警察厅发布关于修订管
理会馆规则的布告,对会馆董事的人数与任期进行调整。北平市
公安局于 1930 年 3 月发布的《管理会馆规则》,内容与前基本相
同,只是此时国都南迁,北平已非京师。1945 年 8 月,北京市社会
局颁行《北京市各省府州县会馆管理办法》,其中第七条规定,"旅
京各省、府、州、县人,欲在各该本籍会馆居住者,应先商得各该会
馆董事会之许可,方得迁入,但以清寒学生及委任以下之公务员为
限"②,这条规定是清代科举会馆主要功能的延续。1947 年 10 月,
北平市社会局进行会馆登记,内容包括会馆的基本信息与运营状
况,诸如会馆名称、地址、章程、沿革、组织、馆务、馆产及经济来源、
职员数及同乡数。1948 年 3 月,北平市又发布《修正北平市会馆
管理规则》,其中第五条规定,"凡在本市组有同乡会者,其会馆登
记暨管理人选举事宜,应由同乡会依第二、第三、第四各条规定办
理"③,由同乡会员大会及其理事会负责管理会馆,由此将同乡会和
会馆紧密结合,合二为一。

_____

① 《京师警察厅颁布管理会馆规则》,北京市档案馆编:《北京会馆档案史料》,
　第 1—2 页。
② 《北京市各省府州县会馆管理办法》,北京市档案馆编:《北京会馆档案史
　料》,第 27 页。
③ 《修正北平市会馆管理规则》,北京市档案馆编:《北京会馆档案史料》,第
　31 页。

在时势多变、政局动荡的背景下,面对国家对会馆管控的逐步加强,安徽科举会馆逐步转型为近代同乡公益组织,在馆规的内容表达、组织机构设置及运行等方面均有表现。

1922年4月,休宁会馆制订了会馆公立规约,与科举时代的一般馆规比较,既有内在精神的沿袭,更见新的时代因素。《京都休宁会馆公立规约》采用分章形式,共设六章,第一章“总纲”开明宗义,说明会馆是“以敦笃乡谊,增进公益为宗旨”的“财团法人”;该馆会员分成正会员和副会员的做法颇具特色,“世居休宁或迁居休宁逾三十年以上而能操休宁语言者”、“寄居他处其祖若父曾为或现为本馆正会员,或能开明三代履历城乡住址,经在京正会员三人以上证明者”都是副会员,其中年满二十岁以上,“且在京有正当职业者”为正会员,说明会馆的服务范围与基本属性。第二章“治约”,规定正副董事的产生办法与具体职责,说明团拜、追祭、议事等活动的时间与召集办法,详列馆产的利用与处置办法。第三到第五章分别是“禁约”“恤约”“罚约”。第六章为“附则”,最能反映会馆之近代意识,第三十三条设计了规约修改的程序,“非经在京正会员三分之一以上提议,三分之二以上之赞成不得修改”,第三十四条则声明规约“呈报警署立案后施行”[1],自觉纳入国家政权的控制体系。

《青阳会馆章程》于1948年1月制订,已采用“章程”之名,第一章为“通则”,第三至第五章分别是“馆产”“经费”“附则”,第二章“组织”,最详最要,由“同乡会”“执行委员”“监察委员”“会员”四节构成,其组织构成显然受国民党及国民政府组织的影响,

---

[1]《京都休宁会馆公立规约》,北京市档案馆编:《北京会馆档案史料》,第292—296页。

甚至可以说是一种移植与复制,只是具体而微。该章第一节"同乡会",规定了同乡会的职权、召开办法和会期,同乡会具有议决馆务进行方针、任免馆长和修改章程的"最高立法权",又有监察馆长职务执行的"最高监察权";第二节为"执行委员",设执行委员三人,其中一人担任馆长,具有对外代表会馆、召集同乡会、执行和报告馆务等职权①。这种组织结构的设计具有鲜明的分权色彩,同时也将青阳同乡会与会馆紧密连接,会馆由此转型为近代意义上的同乡会。

旧时会馆的管理,一般由京中素有乡望地位之人担任,例如泾县会馆"每年主会一人",亦称值年人,负责馆务及经费管理,而其产生则由"京秩拈阄挨管"②。会馆逐步转型的同时,其管理者也从个人转换成机构。1930年3月9日,泾县会馆开会,推举王介侯、陈锡朋、翟建人、徐震先和吴庸五等五人为正董事,组织会馆董事会,另举吴仲南、潘茂孙、吴叔良等三人为候补董事,董事会由总务股、会计股和保管股构成,并制定《北平泾县会馆董事会章程》。董事会对会馆行管理之权,管理"新、旧两馆暨本县义冢,并其他一应进行事宜"③,馆中事务均由董事会会议决定后付诸实施。1948年5月,泾县会馆制定新的管理章程,其管理机构改为理事会,有理事长、常务理事,理事会职权与董事会大体相同。

王笛著《茶馆:成都的公共生活和微观世界(1900—1950)》有两个基本线索,"一个是在20世纪上半叶,国家角色日益加强,国家支持的现代化不断削弱地方文化的独特性;另一个是在国家

① 《青阳会馆章程》,北京市档案馆编:《北京会馆档案史料》,第314—317页。
② 《新议馆规》,《北平泾县会馆录汇辑》,第25页。
③ 《北平泾县会馆规则》,《北平泾县会馆录汇辑》,第61页。

权力深入地方的过程中,以茶馆为代表的地方文化,竭力对抗现代化所推行的国家文化的同一模式"①,又特别强调以茶馆为代表的地方文化怎样抵制和对抗国家文化的侵入和渗透。与茶馆类似,二十世纪上半叶的会馆同样处于国家与地方、国家权力与地方文化复杂互动的格局当中,又与茶馆的对抗国家文化渗透不同,会馆以主动适应、甚至积极迎合的姿态应对国家权力的扩张,实现其生存与转型,但我们却很难说会馆在后科举时代的转型是完全成功的,因为它最终仍是消失在国家主导与推进的现代化浪潮当中。

第五节 科举牌坊:价值的社会表达

徽州素有"东南邹鲁"之称,历来文风炽盛,学术发达,作为建筑艺术与人文精神交融的产物,牌坊遍布一府六县,与祠堂、民居并称徽州古建三绝。近年来学术界开始关注徽州牌坊,除一般介绍性的文字之外,焦点主要集中于贞节类牌坊,或考察徽州牌坊的建筑装饰艺术与文化传播意义等问题,均非以科举牌坊立论。科举牌坊和科举人物及科举活动相伴而生,盛于明清时期,是科举制度在其体系之外的自然延伸与物化呈现,也是科举文化进行社会传播和表达的重要载体。徽州科举牌坊具有典型的代表性意义,兴盛及存在时间较长,类型丰富多样,具有多层次的表达与纪念指向,广泛分布于城乡各地,非常自然地融入日常社会生活。

---

① 王笛:《中文版序》,《茶馆:成都的公共生活和微观世界(1900—1950)》,社会科学文献出版社,2010年,第2页。

　　一、厉世磨钝：长时段的呈现

　　牌坊，又名牌楼，是一种门洞式的纪念性建筑物，起源很早，到明清时期登峰造极，标识功能渐渐衰微，旌表功能和纪念意义日趋强化，科举牌坊开始大量涌现。徽州是明清时期全国范围内科举最为发达的地区之一，也是科举牌坊分布最为集中的地区之一，二者之间存在紧密的相关关系。矗立各地的科举牌坊既是科举水平较高的结果，更是科举制度与科举观念的社会表达与静默呈现，而这种社会表达与呈现具有长时段的特征，正如（民国）《婺源县志》所言，"厉世磨钝，道由此也，是故褒德录贤，扬姓名而垂之石，岂徒一时煊赫。"①

　　徽州科举牌坊长时段呈现的特征反映在两个维度，首先是科举牌坊的兴建贯穿于明清两代，长达数百年，我们可以休宁、祁门为例略加说明。据（道光）《休宁县志》记载，从洪武丁丑到隆庆朝，在各地建有"进士坊"，"凡二十"②，例如在万安为汪回、在安岐为谢志道、在双井前为程信、在上溪口为汪杲、在隆阜为戴靖夫、在黄村为黄福、在临溪为程廷策等建造。永乐年间为举人汪璪在石田建"登云"坊；宣德年间，在万安为举人吴连建"登庸"坊，在梢云为举人吴彬建"青云坊"，在西门为举人查琳建"凌霄"坊；正统年间，在南街为举人张逵建"观光"坊；景泰年间，在万安为举人范顺建"擢秀"坊。天顺之后，科举牌坊渐多，天顺年间在冰潭为会试第二名吴郁建"会魁"坊，在万安为举人游显建"文光"坊；成化年间，在城郭为榜眼程敏政建"及第坊"。弘治年间建有"云程""老桂""凌云""世第""光启""启秀""莘英"等牌坊，嘉靖

_____

① （民国）《婺源县志》卷七《建置六·坊表》，第1页。
② （道光）《休宁县志》卷一《疆域·坊表》，第32页。

年间建有"世美""亚魁""步云""登俊""登瀛""彩凤联飞""科贡题名""高冈鸣凤"诸坊,为数较多。从隆庆经万历到崇祯,先后建有"四俊同升""同榜五进士""世科第坊""壬辰进士""八柱恩荣"等坊。从明朝初期,迄于末年,休宁县修建科举牌坊,持续而未中断,亦可见科第之盛。

(同治)《祁门县志》卷十一《舆地志·坊表》,录明万历、清康熙和道光三部旧志,又增列"三元坊""彰义坊"和"进士坊",反映了祁门县从明朝初年到嘉道时期修建科举牌坊的基本状况。休宁和祁门两县修建科举牌坊的风气,到晚清时期渐呈衰颓之势,这种转变在黟县也有体现。(同治)《黟县三志》卷十《政事志·坊表》载有节孝总坊、百岁坊等,(民国)《黟县四志》卷十《政事志·坊表》载有孝子坊、节孝坊等①,均未见科举牌坊的记载,反映出徽州科举之风的深层转变。

其次,长时段表现在科举牌坊一般存世时间较久。科举考试的中式者,不仅可以获得非同一般的政治地位,更能获得崇高无上的社会声誉,传胪大典庄重威严,琼林宴极尽恩荣,但科举仪式具有短暂性和一过性,仪式之后,留下的只是亲历者记忆中的荣耀图景。与科举仪式不同,可以长久保存的科举牌坊,仿佛不断诉说着牌坊主人及其家族的成功,持续表达着科举制度对社会的深远影响。

牌坊一般用木、砖、石等材料修建而成,以石制最为多见,能够久历风雨。明代成化元年,在绩溪县城内西大街项家桥巷口,为举人章英立"登科坊",为跨街楠木牌楼,民间称为木牌楼,是木牌坊

---

① (民国)《黟县四志》卷十《政事志·坊表》,第225页。

的代表,有"江南一绝"①的美誉,1956 年被列为安徽省重点文物保护单位,但可惜的是为拓宽街道于 1970 年被拆除,前后存在逾五百年。休宁县的"进士坊"(为万历癸未科进士张应扬立)、绩溪县的"进士坊"(为成化十四年戊戌科进士冯璓立)、黟县的"大夫坊"(为嘉靖三十四年乙卯科举人胡文光立)、祁门县的"宪伯坊"(为正德三年戊辰科进士程昌立)等均为石坊,因材质原因,更易保存,至今仍在。

　　徽州府各县当中,牌坊保存较多的当属歙县。据《歙县志》统计,歙县(含今徽州区部分地区)"现存古牌坊 101 座"②,其中 46座建于明代,以万历年间为多,55 座建于清代,以乾隆年间为多,其中多有科举牌坊。丰口村立有四柱四面石坊,是四个单间三楼牌坊的组合,为嘉靖二十六年丁未科进士郑绮建,高约 9.9 米,南面额枋刻"宪台"两字,西面有"恩戎""进士"等字,梁柱为花岗岩,枋板为紫砂岩。殷家村建有殷尚书坊,三间三楼,四柱通天,为嘉靖二十六年丁未科进士殷正茂立,高 11.5 米,楼枋刻有"忠实勋庸"四个大字,灰凝石梁柱粗硕庄重。其他现存牌坊还有江氏世科坊、吴氏世科坊、胡氏进士坊、郑氏世科坊、父子大夫坊、科第坊、光分列爵坊、同胞翰林坊、县学甲第坊等多处,使得徽州俨然成为牌坊之城。

　　徽州在明清时期建造了大量科举牌坊,后科举时代保存的科举牌坊也是为数颇多,形成独特的科举牌坊景观,亦是重要的科举文化遗产,其中原因非常复杂,涉及学术发达、社会结构、宗族组织、经济水平、地理环境、建筑工艺等诸多方面,核心影响因素则是

---

① 绩溪县地方志编纂委员会编:《绩溪县志》,第 844 页。
② 歙县地方志编纂委员会编:《歙县志》,中华书局,1995 年,602 页。

徽州科举的兴盛与繁荣。

　　徽州历来有着崇儒重教的文化传统,人们对读书与科举有根深蒂固的追求和执着,这一点甚至在水岚村法官庙的签书中也有鲜明的反映,"寒窗苦读为求名,富贵端缘在此行。挥洒文章随我意,羡君独占凤凰城","寒窗苦读不曾休,惟愿朱衣暗点头。从此文章应让我,少年得意步瀛洲"①,这些签中的"寒窗苦读""少年得意"直接体现了徽州社会重视读书与科举的价值取向,崇儒重学、相互激励成为主流社会风尚,也成就了徽州科举的兴盛,大批科举人才不断涌现。李琳琦根据徽州各县志统计,明清两代徽州共有进士1136人(包括部分占籍或寄籍外地中式的士子),在全国总进士数中占比达2.2%②。因科举最盛,故而官居上爵者,代不乏人,形成一个庞大的官员群体,明代徽州籍仕宦载于《明史》者有45人③,在安徽各府及直隶州中,仅低于凤阳府,远高于其他府州,但与凤阳府仕宦主要是明初以军功起家不同,徽州仕宦几乎皆为宣德之后以科举入仕。再以清代歙县论,在北京歙县会馆观光堂的题名榜上,有清一代,就有大学士四人、尚书七人、侍郎二十一人、都察院都御史七人、内阁学士十五人④,在朝廷各部及地方任职者更众。科举及仕宦人物众多,为大量修建科举牌坊提供了必要条件,在各种因素的共同作用下,徽州科举牌坊的社会风气和文化氛围愈发浓重,成为徽州地方历史记忆与建构的重要载体。需要

---

① 王振忠:《水岚村纪事:1949年》,生活·读书·新知三联书店,2005年,第225页。

② 李琳琦:《明清徽州进士数量、分布特点及其原因分析》,《安徽师范大学学报》(人文社会科学版)2001年第1期。

③ 王世华主编:《安徽通史·明代卷》,安徽人民出版社,2011年,第342页。

④ 许承尧撰:《清代歙京官及科第》,《歙事闲谭》卷十一,第348—349页。

指出的是,科举牌坊文化既是徽州科举发达的结果,同时也是促进徽州科举持续兴盛的内在驱动因素。

二、褒德录贤:多层次的表达

作为一种建筑符号,牌坊具有强烈的象征意义和深厚的文化内涵,具有多种功能和类型。牌坊分类有多种标准,赵媛等人的分法具有一定的代表性,她们将牌坊分成七大类,即节孝坊、功德坊、百岁坊、标志坊、庙宇坊、陵墓坊、宗族坊,其中功德坊包括三个亚类,"一是表彰科举和功名,二是标榜官位、彰显功绩、褒奖忠臣,三是旌表义举善行"[①],按照这种七类分法,科举牌坊似应属于功德坊当中的第一亚类。实际上褒德录贤的科举牌坊,其修建不仅是为表彰获得进士、举人等功名的科举人物,也和科举活动、科举建筑、科举制度等紧密相关,其社会意义的多向表达具有多层属性。

从表彰及建立的主要目的看,科举牌坊有功名类、仕宦类、表彰类、宗族类、标志类等多种类型,大致可分成三个层次。处于核心位置的是功名类牌坊,也是较为常见的科举牌坊,主要是赋予各级科举考试中式者,即各级科举功名获得者荣誉和地位。从表彰者的科举功名看,科举牌坊有进士坊、举人坊、贡生坊,另外还有封赠者牌坊,覆盖了科举考试体系的各个层级。

为进士所立牌坊大多直接以"进士坊"为名,亦有以联奎坊(婺源进士方升)、世显坊(婺源进士江元辅)、及第坊(休宁进士程敏政)、乡会联魁坊(婺源进士叶天爵)、科甲联登坊(婺源进士叶天球)等为名,祁门为万历二年甲戌科一甲第二名余孟麟建有"榜眼学士

---

① 赵媛等:《中国现存牌坊文化遗迹的地域分异及成因》,《地理研究》2016年第10期。

坊"。因举人数量远过于进士,故各地举人牌坊数量较进士牌坊为多,举人牌坊命名也是异彩纷呈,若登庸、登俊、攀桂、步云、青云、凌云、凌霄,如观光、擢秀、步蟾、云程、莘英、魁英等等,皆含登科美意。贡生在科名体系中是一个特殊的阶层,所以也有为贡生立坊的,但贡生坊数量很少,婺源北乡为拔贡洪一源建"拔秀坊"。休宁林塘建有"八柱恩荣"坊,坊主有进士范涞、举人范初等,其中就有岁贡范隆、范淑淹;休宁上资建有"科贡蜚英"坊,坊主除举人汪如珍、进士汪先岸等人之外,还有岁贡汪如玉。

　　功名坊的表彰对象既有单独的个体,也见多人同为坊主,其间主要有血缘宗族关系和地缘同年关系,这种现象值得关注。徽州科举家族众多,牌坊之立亦可初步反映,例如休宁溪西为俞连和俞一木建"父子登科"坊,婺源东乡为举人汪天锡及其孙汪谟、汪让、汪谐建"祖孙济美"坊。歙县城内有"父子明经"坊,为进士凌琯和其子举人凌尧伦建,该坊仍存,一面刻有"父子明经",另一面刻有"三世承恩",因其父获有封赠。徽州有若干为同科同年建立的牌坊,该类牌坊借表扬中式者个人,彰显地方科举盛事,因为一科能够考中四、五名进士,对于一个县来说的确是辉煌之迹,值得大力宣扬。休宁陪郭有"四俊同升"坊,为隆庆五年辛未科进士张应元、曹诰、胡宥和叶时新立;在南关社前为万历十一年癸未科进士邵庶、张应扬、吴尧臣、程朝京、汪焕等建"同榜五进士"坊。

　　建立牌坊已是莫大荣耀,有些人物能够多次建坊,其影响力自非一般,以程敏政最为典型。程敏政以乡试第二名中举,成化二年丙戌科高中榜眼,由科举高第入仕,官至礼部右侍郎,侍皇太子东宫讲读,卒后赠礼部尚书,是著名学者和文学家,学问渊博宏富,有"天下文章程敏政"之誉。据(道光)《休宁县志》所载,先后四次为程敏政建坊,先是在陪郭为程敏政与其父程信(曾任南京兵部尚书）立"父子尚书"坊，在东门立"经魁坊"，又在陪郭立"学士坊"和"及第坊"①。程敏政四坊当中的"父子尚书"坊，已经涉及到科举牌坊的第二层次。

第二层次是仕宦类和表彰类科举牌坊，是科举牌坊的进一步延伸。仕宦类牌坊主要为表彰各级各类官员功德而建，因官员多出科举，该类牌坊亦可归入科举牌坊范畴。仕宦牌坊不仅突出其官职官衔，亦将其科举出身与功名刻于坊上，例如位于黟县西递村前的胡文光石坊。该坊建于万历六年，系四柱三间五楼单体仿木结构，造型宏伟，雕刻精湛，是明代徽州牌坊的代表作之一，通体用质地坚腻的黟县青石料构成。坊主胡文光主要事迹见载于（嘉庆）《黟县志》，"字原中，西递人，嘉靖乙卯举人。知万载县，革宿弊，擒巨贼，决两省积狱，筑城垣，修学校……巡抚荐之，赐五品服俸，升知胶州兼理海运，寻迁荆王府长史，加四品服，以亲老归。"②牌坊二楼明间西面横梁上刻"胶州刺史"，东面刻"荆藩首相"，双钩楷书，渲染其宦业经历，一楼明间前后小额枋上分别刻有"登嘉靖乙卯科奉直大夫（朝列大夫）胡文光"③字样，表明其科举出身。

表彰类科举牌坊以祁门县"彰义坊"为代表。祁门向无试院，逢考皆在县署扃试，多有不便。道光十年，知县王让同邑绅洪炯，"邀集四乡，劝输购地"，创建考棚，两旁号舍八百余坐，"计费逾万金"④，道光十二年，在儒学前"为造考棚捐输"⑤建彰义坊，以表彰邑绅义行。

① （道光）《休宁县志》卷一《疆域·坊表》，第32—33页。
② （嘉庆）《黟县志》卷六《人物·宦业传》，第188页。
③ 黟县地方志编纂委员会编：《黟县志》，光明日报出版社，1989年，第449页。
④ （同治）《祁门县志》卷十八《学校志·试院》，第187页。
⑤ （同治）《祁门县志》卷十一《舆地志·坊表》，第111页。

第三层次是宗族类和标志类科举牌坊,两者各有其功能和定位,和科举活动有所交叉,不仅具有科举的意义,和社会的结合更直接、更紧密。宗族坊一般作为家族祠堂的附属建筑,包括宗祠的门坊以及立于宗祠外、用于彰显宗族兴旺的牌坊,这种彰显宗族兴旺及其地位的牌坊,往往即指宗族科举牌坊。位于歙县东门外的江氏世科坊,为三间五楼,白麻石质,枋板上镌有江氏家族的历代进士名录,建于明代中叶,原立于江氏祠堂的前面,后祠堂毁没,石坊仍存,只是风化严重。歙县大理村于明成化年间建有汪氏科第坊,为三间三楼四柱冲天式,立于汪氏祠堂前面,清乾隆、道光年间曾重修,上枋两面分别刻有"进士""科举",大字楷书,列明成化至清道光年间汪氏族中科第人的姓名。婺源西乡镇头方闾祠前,为元代举人方希鲁、明代进士方进建"科第世家坊"。

科举标志坊主要建于各县学宫,歙县学宫正门外"石建科第坊",邑人以鼎甲、传胪、会元、解元显者,"咸镌名其上",坊前有两座跨街石坊,东曰"腾蛟",西曰"起凤",咸丰后"易石以转、聊存其制"①。绩溪学宫内外建有科第坊、泮宫坊、储俊坊和毓才坊,黟县学宫建有儒林坊、腾蛟坊、起凤坊,祁门县学有科第坊,婺源县学宫门外左右分别建有巍科坊和高第坊,为历科举人、进士题名,该类牌坊一方面是学宫建筑的构成部分,另方面更可起到劝学、励学的作用。

三、树坊于乡:广区域的彰显

明清时期徽州科举牌坊遍布一府六县、城乡各地,旌表科第仕宦,树坊表于其乡,励人积学,称道勿绝。

---

① (民国)《歙县志》卷二《营建志·学校》,第53页。

徽州科举牌坊不仅呈现时段较长,而且数量较多,领先于省内各府与直隶州,可以休宁县为例稍加比较。休宁县清代有进士60人,泾县和合肥县则分别有进士62人,三县科举地位大约相当,均为科举强县。(嘉庆)《泾县志》载有进士坊、父子诰封兄弟进士坊等63座科第坊[①];(嘉庆)《合肥县志》所记科举坊,除云路坊、登云坊等标志坊之外,只有状元坊、父子科第坊、兄弟进士坊等寥寥数坊,甚至说"旧志不载所在,今皆无考"[②]。(道光)《休宁县志》记载由明至清先后所建各类科举牌坊多达150余座,较之泾县、合肥,其数甚巨。

徽州科举牌坊非常发达,但在府内六县的县际分布却非完全均衡。综合考察明清徽州学者人数、著述数量和书院数量的区域分布状况,可见六县学术文化发展的差异,其基本表现形态是"学术文化的三级区域构造"[③],歙县和婺源组成第一层级学术文化发达的区域,休宁和绩溪组成第二层级次发达区域,祁门和黟县组成第三层级学术文化发展相对滞后区域。与学术文化的三级区域构成相比,徽州科举牌坊的分布大体一致,歙县、婺源和休宁三县科举牌坊数量居前,绩溪和黟县数量稍小,但祁门显是例外。(同治)《祁门县志》卷十一《舆地志·坊表》载有"父子元魁坊""双凤坊""四俊坊""榜眼学士坊"等科举牌坊近90座,(嘉庆)《绩溪县志》卷二《建置志·坊表》录有60余座科举牌坊。两县相较,祁门为多,似与其学术文化及科举地位不符,其因值得进一步考察,或因文化与科举相对落后,更重视对科举的宣扬,进而提升文气。

---

① (嘉庆)《泾县志》卷二《坊表》,第35页。
② (嘉庆)《合肥县志》卷十四《古迹志·坊表》,第140页。
③ 周晓光:《徽州传统学术文化地理研究》,安徽人民出版社,2006年,第73页。

需要指出的是,绩溪县科举牌坊数虽在徽州排名靠后,但在安徽各州县序列当中,仍是非常靠前,由此亦可反映出徽州科举牌坊风气之盛。

徽州建有大量科举牌坊,广泛分布于城乡各地,在徽州府城及所属各县城,不经意间就会穿过"科第坊""进士坊""世科坊",行走乡里,随时可能遇到"登云坊""鸣凤坊""四世一品坊"矗立眼前。(民国)《婺源县志》卷七《建置六·坊表》按照在城坊、东乡坊、南乡坊、西乡坊、北乡坊的顺序,录载坊表,城郭及其他三乡均有多座科举牌坊,只南乡较少,有"联奎坊"(为方村进士方升立)等数坊。(嘉庆)《绩溪县志》卷二《建置志·坊表》也是按照在城坊、东乡坊、南乡坊、西乡坊、北乡坊的顺序,录载坊表,其中西乡科举牌坊较少,仅载"观光坊"。(道光)《休宁县志》卷一《疆域·坊表》,记载科举牌坊时具体到建坊地,陪郭、万安、隆阜、上溪口、大坑口、流口、西山、流塘、石田、曹村、庙山、林塘、溪西、黄村、月潭、梅林、板桥、石岭、油潭等地皆有科举牌坊,遍及县域四境。

明清徽州是典型的宗族社会,所谓"千年之冢,不动一抔,千丁之族,未常(尝)散处,千载之谱系,丝毫不紊"[1]。在徽州宗族社会体系当中,科举牌坊是乡村道德与权力的体现,扮演着特殊的角色,既和祠堂、宗谱共同承担着对内收族的功能,同时更承担着对外竞争的功能。一个特定宗族拥有科举牌坊,就意味着它可能上升为大族、望族,在地方事务的处理,甚至在和官方沟通互动的过程中,就拥有了更为丰富的资源,能够保证宗族的延续与发展。

科举牌坊处于科举制度的边缘,却是科举在乡的重要象征。

---

[1] (清)赵吉士辑撰:《寄园寄所寄》卷十一—《泛叶寄》,黄山书社,2008年,第872页。

科举牌坊大多建于主要街道、村落入口、祠堂广场等地,往往构成徽州城乡聚落的公共空间,构成共同的历史记忆与家族荣耀,是科举活动融入日常社会生活的标志物。唐模村口有跨道而立的"同胞翰林"坊,系为康熙年间先后考中进士并入翰林院的许承宣、许承家兄弟而建,二百年以后,许氏后人许承尧在《歙事闲谭》里专门提到,"吾村唐模,亦有同胞翰林坊。则力臣、师六二公也"①,字里行间仍然溢出自豪之情。

　　科举牌坊的存在,使得科举场域不再局限于贡院、考棚等考试场所与官学、书院、私塾等教育机构,而是尽可能扩大了,扩大到府县乡里,扩大到基层社会。通过科举牌坊,人们从科举场外的隔离者与无关者,逐渐转变为科举场内的观察者与在场者,蒙童少儿或许正是从科举牌坊出发,走向塾学、书院,走向考棚、贡院,走向科举之巅,走向下一座更加辉煌阔大的科举牌坊。"睹前贤之在望,兴后起于方来"②,正是科举牌坊作为科举社会表达物的意义所在和深层价值。

---

① 许承尧撰:《科举故事二》,《歙事闲谭》卷十一,第 356 页。
② (嘉庆)《旌德县志》卷二《建置·坊表》,第 48 页。

第三章　安徽科举人物

　　所谓科举人物,一般是指"通过科举考试选拔出来的人物,包括从秀才到状元各个层次的科举中式者"①。安徽科举人物众多,本书选取方苞、龙汝言、包世臣、孙家鼐作为代表,分别进行个案考察。他们既具有科举人的共同经历,又各有其特殊性,方苞于康熙四十五年会试中式但未能殿试,乾隆初年编成《钦定四书文》,示学子准绳;嘉庆十九年甲戌科状元龙汝言,是清代状元另类形象的代表,因其获中状元之途与众不同;包世臣科举经历最为复杂曲折,屡试不第,只能以落第举人的身份参加大挑;咸丰九年己未科状元及第的孙家鼐,贵为帝师,历任中枢,创办京师大学堂,是近代中国高等教育的开拓者。

　　科举人物指向科举中式者,是就科举考试而言,如果我们放宽视界,从科举社会的视角观察,科举人物实际上可以延伸到科场之外。科举运行与维系,既需要读书人的向往与应考,也离不开社会大众的参与和支持,他们以各种方式积极参加科举活动,或修建学宫考棚,或资助膏火,或设立宾兴,或运营会馆,是科举人群体的重要构成部分,与科举中式者相对,他们是科场之外的科举人,同样值得关注。

---

① 刘海峰:《科举学导论》,第 137 页。

第一节　方苞：是进士还是贡士

方苞(1668—1749),字凤九,一字灵皋,晚年自号望溪,学者称望溪先生,安徽桐城人,清代著名古文家,桐城派创建和发展进程中的关键人物。方苞不仅是科场的一般经历者,也是科举的思考者,亦是时文的引领者,四应乡试,举于江南,三赴礼闱,中式而未得殿试,晚年奉乾隆之命,选录明清诸大家时艺,"加以批评,示学子准绳。"①

一、没有殿试的"进士"

作为一个科举人,方苞首先是一个科场经历者,自幼随父兄读书,"五岁课章句,稍长治经书、古文"②,未成童时即能背诵《易》《诗》《礼记》《左传》,十岁始作时文,表现出过人天赋,"前辈见而异之。"③康熙二十八年,岁试第一,补桐城县学弟子员,受知于学使高裔,"自为诸生,已有声于时。"④康熙二十九年,方苞第一次应乡试,试文题是《子曰先进全章》,房考廖腾煃激赏方文,评曰:"于古文大家中,拔毛洗髓,脱尽藩篱,独存神骨,正昔人所云前未有此,后可为法者也。"⑤与畅素庵交论力荐,终则无成。康熙三十年,方苞随高裔北游,名动京师,李光地见苞文,叹曰"韩、欧复出,北宋后无此作也";万斯同降齿与交,谓:"子于古文,信有得矣!"⑥康熙

---

① 赵尔巽等撰:《清史稿》卷二百九十《列传七十七》,第 10271 页。
② (清)方苞:《台拱冈墓碣》,刘季高校点:《方苞集》,上海古籍出版社,1983年,第 515 页。
③ (清)苏惇元:《方苞年谱》,《方苞集》附录一,第 867 页。
④ 赵尔巽等撰:《清史稿》卷二百九十《列传七十七》,第 10270 页。
⑤ (清)方苞:《抗希堂稿》,转引自刘文彬:《方苞时文研究》,复旦大学博士学位论文,2013 年,第 18 页。
⑥ 孟醒仁:《桐城派三祖年谱》,安徽大学出版社,2002 年,第 16 页。

三十二和三十五年,两应顺天乡试,均落第。三十八年,方苞参加江南乡试,翰林院侍读张廷枢为乡试正考官,户科给事中姜橚为副考官,中式第一名,为解元,影响及于四方,士子纷纷购求其文。

康熙三十九年,方苞赴京师试礼部,不第;四十二年再试,又不第。四十五年丙戌科会试,吏部左侍郎李录予为正考官,工部右侍郎彭会淇为副考官,方苞终于中式。试题为《子曰不知全章》《唯天下至诚参矣》《设为庠序于下》,其文被评曰:"气朴理实,端凝之,概见乎其文,斗力斗智之意消归何有";"本《礼经》以说《王制》,古法古意,既精且详,其文之古色古气,亦斑然益然于楮墨间。"[①]届殿试,"朝论翕然,推为第一人",而他忽闻母疾遽归,李光地"驰使留之不得"[②]。作为应试者,方苞的科场经历至此终结。

会试中式者因各种原因未能参加当年殿试的情况较为常见,其中大部分贡士会在其后参加某科殿试,谓之补殿试,另有部分贡士则没有补殿试,即所谓未殿试。与一般未殿试者主要因去世过早而不及补殿试不同,康熙四十五年至方苞去世,其间有十七次殿试,但他一直都没有补殿试,其因约有两端。一则为客观因素所致,康熙四十六年十月,父亲去世,丁父忧,不得参加康熙四十八年己丑科殿试;康熙五十年,因受《南山集》案牵连,被带下狱,错过康熙五十一年壬辰科殿试。二是《南山集》案之后方苞模糊而略显尴尬的身份。康熙五十二年,《南山集》案定案,因康熙素知方苞文章学问,加之李光地大力营救推荐,方苞得以宽宥免治,朱批曰"戴名世案内,方苞学问,天下莫不闻"[③],下武英殿总管和素,召入南书

---

① (清)方苞:《抗希堂稿》,转引自刘文彬:《方苞时文研究》,复旦大学博士学位论文,2013年,第22—23页。

② (清)苏惇元:《方苞年谱》,《方苞集》附录一,第873页。

③ (清)方苞:《两朝圣恩恭纪》,《方苞集》,第515页。

房,此处"戴名世案内"颇关肯綮。雍正即位后,赦方苞及其族人入旗者归原籍,并召入对,慰之曰"先帝执法,朕原情。汝老学,当知此义"①。康熙、雍正和乾隆三帝一方面非常欣赏方苞,屡加圣恩,另方面没有改变《南山集》案的定性,方苞一直身在该案当中,在罪与非罪之间,角色模糊,身份尴尬,加之受《南山集》案的影响,方苞内心深处一直处于"矛盾而痛苦"②的状态,也就不便也无意参加殿试以博取进士"空名"了。

方苞没有参加殿试,是否获得进士出身呢?清代科目取士,"三年大比,试诸生于直省,曰乡试,中式者为举人。次年试举人于京师,曰会试,中式者为贡士。天子亲策于廷,曰殿试,名第分一、二、三甲。一甲三人,曰状元、榜眼、探花,赐进士及第。二甲若干人,赐进士出身。三甲若干人,赐同进士出身。"③此处言之甚明,会试中式者为贡士,殿试通过者才能获得进士出身。我们选择方苞入闱会试的康熙四十五年、阅看会试落卷的乾隆元年为例,看《清实录》对殿试及相关活动的记载:

> (康熙四十五年)三月戊寅,策试天下贡士尚居易等于太和殿前。制曰:朕抚御寰区,孳孳图治,期臻久道化成之效……大抵吏尚廉平则刑无僭虐,民知勤俭则家有盖藏。表帅董劝,责在司牧。尔多士讲明于吏治民生者素矣,其悉意以对,朕将亲览焉。
>
> 三月庚辰,上御乾清宫西暖阁,读卷官等以殿试卷进呈。

---

① 赵尔巽等撰:《清史稿》卷二百九十《列传七十七》,第 10270 页。
② 刘守安:《一个矛盾而痛苦的灵魂:方苞生平与思想探微》,《首都师范大学学报》(社会科学版)2005 年第 5 期。
③ 赵尔巽等撰:《清史稿》卷一百八《选举三》,第 3147 页。

　　三月辛巳，上御太和殿。传胪。赐殿试贡士施云锦等二百八十九人进士及第出身有差。①

　　（乾隆元年）四月丙寅，策试天下贡士赵青藜等三百四十四人于太和殿前。制曰：朕惟治法莫尚于唐虞尧舜相传之心法，惟在允执厥中……朕欲爱养足民，以为教化之本，使士皆可用，户皆可封，以臻于唐虞之盛治，务使执中之传，不为空言；用中之道，见于实事。多士学有所得，则扬对先资，实在今日。其直言之，勿泛勿隐，朕将亲采择焉。

　　四月戊辰，上御养心殿阅殿试进呈卷，召读卷官入。

　　四月己巳，赐一甲金德瑛、黄孙懋、秦蕙田三人进士及第，二甲蔡新等九十人进士出身，三甲兴泰等二百五十一人同进士出身。

　　五月丙申，内阁翰林院带领新进士引见。②

　　《清实录》的两处记载，印证了《清史稿》关于贡士、进士的界定，尤其是康熙四十五年三月辛巳，"赐殿试贡士施云锦等二百八十九人进士及第出身有差"，明确反映出参加殿试者为贡士，传胪时赐"进士及第出身"。方苞既未参加殿试，其身份只能是贡士，而非真正意义上的进士。《清史稿》对他出身的记载最为简洁准确，谓"康熙三十八年，举人。四十五年，会试中式，将应殿试，闻母病，归侍"③。

　　地方文献与私家著述多赋予方苞"进士"身份，略举数例：（道光）《续修桐城县志》卷七《选举表》在康熙丙戌科栏中，在齐方起和许进之后，录方苞之名，并附"会试中式"的说明，其传曰"丙戌

① 王炜编校：《〈清实录〉科举史料汇编》，第113—114页。
②《清实录·高宗纯皇帝实录》（一），第427—428、430、432、454页。
③ 赵尔巽等撰：《清史稿》卷二百九十《列传七十七》，第10270页。

成进士,届廷试,以母疾遽归,事母至孝"①。(道光)《安徽通志》卷一百十八《选举志·进士》,康熙四十五年丙戌科王云锦榜,第一位即著方苞,其传曰"康熙丙戌进士,以母病,未殿试"②。全祖望撰《前侍郎桐城方公神道碑铭》有"公成进士七年,以奉母未释褐,已有盛名"③之言,《桐城耆旧传》中《方望溪先生传》云"康熙四十五年,试进士第四"④。苏惇元辑《方苞年谱》在康熙四十五年载,"应礼部试,成进士第四名",《桐城派三祖年谱》在康熙四十五年三月条下亦云:"苞应礼部试,成进士第四名。"⑤对方苞进士身份的认可,反映了社会及世人对"进士"的一般认识,其因固然不能排除对清代科举体系认识的模糊及简单的陈袭旧说,更主要的则是人们对方苞的崇敬,但毕竟与正式体制稍有不合。终其一世,方苞从未以进士自称或自居,所谓"苞以白衣领事,未敢自比诸臣"⑥。

　　虽然方苞不是真正意义上的进士,但他在科场仍然具有十分突出的地位和极强的影响力。雍正十三年九月,顺天乡试考官顾祖镇、戴瀚以前列十卷进呈,乾隆帝因正"当皇考大事,恸入五中,勉强料理军国要务,此十魁卷著徐本、福敏、杨超曾、方苞阅看,拟定进呈",乾隆命方苞参与阅看进呈的十魁卷,是对其地位的充分

① (道光)《续修桐城县志》卷七《选举表》,第361页;卷十五《人物志·儒林》,第534页。

② (道光)《安徽通志》卷一百十八《选举志·进士》,第1635页;卷一百七十《人物志·儒林》,第2461页。

③ (清)全祖望:《前侍郎桐城方公神道碑铭》,《桐城派名家年谱》,安徽大学出版社,2019年,第87页。

④ (清)马其昶撰:《桐城耆旧传》卷八,黄山书社,1990年,第305页。

⑤ (清)苏惇元:《方苞年谱》,《方苞集》附录一,第873页;孟醒仁:《桐城派三祖年谱》,第32页。

⑥ (清)方苞:《圣训恭纪》,《方苞集》,第518页。

肯定。因解元许秉智系革职户部员外郎许秉义胞弟，"家赀甚富，情弊显然"，乾隆意识到本年顺天乡试"弊窦甚多"，将考试官顾祖镇、戴瀚革职，拏交刑部，派大臣严审，按律究拟，批评方苞等"四人覆阅，伊等毫未经心，漫无觉察，亦著交部严察议奏"，并谓"原参一折发出，著原派之大臣按款审讯，务在秉公办理，得其实情，亦不必以朕降旨在先，有意迎合"①。当年十二月，严厉处分了考试官，总理事务王大臣等奏，覆审考试官戴瀚擅改文字，进呈欺诈，应依律杖一百、徒三年，其听从私改之同考官徐焕然，并扶同进呈之考试官顾祖镇，拟以杖九十、徒二年半，但对方苞等四人则未见处理，固是因为阅看进呈十卷与科场之弊关联不大，惜才之意也很明显。乾隆元年三月，丙辰科会试阅卷之后，乾隆帝闻听会试遗卷内尚有佳卷，考虑到场事已竣，且其"于科场事宜不能深悉"，谕兵部尚书傅鼐，会同大学士鄂尔泰、朱轼议奏，"应如何加恩增中之处"。鄂尔泰等奏称，各房荐卷尚有文理明通可以取中之卷，应拣选进呈，续出一榜，准其一体殿试。于是乾隆下旨，"今科会试落卷内所有荐卷，著大学士鄂尔泰、张廷玉、朱轼，侍郎邵基、张廷璐，学士方苞公同阅看。"②此时乾隆再次予方苞格外恩宠，将其与鄂尔泰、张廷玉、朱轼并列，公同阅看会试落卷，其后方苞与鄂尔泰等进呈选取会试荐卷三十卷、年老举人试卷五卷。

　　方苞所以屡获圣眷，以非进士的身份承担阅卷重任，内中和乾隆对古文、时文的认识密切相关。元年四月戊辰日，乾隆在养心殿阅殿试进呈卷，召读卷官，取定诸卷之后，与读卷官谈话，颇能说明问题，他说："近来士子，于散体古文俱不甚留心，至会试中式之

---

①《清实录·高宗纯皇帝实录》（一），第163、196页。
②《清实录·高宗纯皇帝实录》（一），第405—406页。

后,方读天人三策以应试耳。然风檐寸晷,得此殊亦不易。朕自幼学为古文,所以一见知其优劣,作文之道,以气为主,气厚则文自佳。至于琢饰字句,不过一时美丽,气味未能深厚也。譬诸松柏,经冬不凋,唯其气厚,是以能久;水陆草木之花,当其初开时,非不鲜艳可悦,然而不能经久者,以其气薄也。朕以为文章之道亦复如是。"[①] 正是基于这样的认识,乾隆又交给方苞一个更为重要的任务,编选《钦定四书文》。

二、编选《钦定四书文》

方苞初游京师,时文名家韩菼见方苞之文,甚至欲自毁其稿,直呼:"庐陵无此深厚,南丰无此雄直,岂非昌黎后一人乎!"[②] 方苞中举时的江南乡试正考官张廷枢以"韩城友人张廷枢"的名义,为方苞时文集作序,先是对方苞之文击节赞赏,谓"江南旧为人文都会,己卯之岁,余与太原姜公实司省试,首举桐城方子灵皋。灵皋故海内知名士也,种学绩文历有年,所于六经、庄、屈、班、马、韩、欧之文章靡所不览,时文则自守溪、鹤滩以下皆能溯源穷流而一一道其所以然。撤棘后,余索其素所为文观之,阅未竟,不觉跃然而兴",再喟然而叹,"灵皋之文,穿穴经史,综贯百氏杂家,去其疵而取其醇,不袭程、朱、游、杨之说而吻合,其意高下纵横,沛然而不可御,由其理解融澈,素所蓄积然也。余喜灵皋之文为载道之言,足以发明天地万物之理,不与工丽雕琢之词同归泯灭,而世之习为肤浅庸烂以冀幸科第者,亦且大惩其前事之非,家修人励,以求至乎道也。"[③]

---

① 《清实录·高宗纯皇帝实录》(一),第431页。
② (清)苏惇元:《方苞年谱》,《方苞集》附录一,第869页。
③ (清)方苞:《方灵皋全稿》,转引自刘文彬:《方苞时文研究》,复旦大学博士学位论文,2013年,第21页。

作为时文大家,方苞文名达于天下,但他自己却经常表示对时文毫无兴趣,"余天资蹇拙,尤不好时文"①,厌恶之情似溢于言表。方苞对科举与时文的态度比较复杂,一方面对时文多有否定,曾谓"害教化败人材者莫过于科举,而制艺则又甚焉。盖自科举兴,而出入于其间者,非汲汲于利则汲汲于名者也",八股之作,"溺人尤深,有好之老死而不倦者焉","时文之于文,尤术之浅者也"②,"世之人材败于科举之学,千余岁矣,而时文则又甚焉。"③另方面,他对特定时文名家及具体时文,往往又给予充分的认可与肯定,赞杨千木时文"穷理尽事,光明磊落,辉然而出于众";评余东木时文"中所蕴涵,则非顺时取誉者所能貌似,此好古积学之自然而流露者也"④。曾亲自为杨黄在点定时文,凡数十篇,谓"观其文,意其人必能自树立,常欲开之,使得展布",又为杨文作序,称其文"能曲畅所欲言,以显事物之理;又能抽绎先儒之书,而发其端绪之未竟者",言"益信文之于人,譬诸草木,枝叶必类本也……览是编者,可慨然想见其为人也"⑤。

方苞时文观看似矛盾,实际上他所弃者是弋取功名利禄、败坏人才的时文,所取者是卓然有立的时文,他说,"自明以四书文设科,用此发名者凡数十家。其文之平奇浅深、厚薄强弱,多与其人性行规模相类。或以浮华炫耀一时,而行则污邪者,亦就其文可辨,而久之亦必销委焉。盖言本心之声,而以代圣人贤人之言,

① (清)方苞:《书高素侯先生手札二则》,《方苞集》,第629页。
② (清)方苞:《何景桓遗文序》《杨千木文稿序》,《方苞集》,第609、608页。
③ (清)方苞:《与熊艺成书》,《方苞集》,第659页。
④ (清)方苞:《杨千木文稿序》《余东木时文序》,《方苞集》,第609、99页。
⑤ (清)方苞:《杨黄在时文序》,《方苞集》,第100—101页。

必其心志有与之流通者,而后能卓然有立也"①,学者应当通览研究汉代书疏以及唐宋八大家古文,以求《春秋》《国语》《战国策》《史记》义法,"则触类而通,用为制举之文,敷陈论、策,绰有余裕矣"②,反映了他以古文为时文的思想。

方苞没有真正否定和摒弃时文,前半生以科场时文屡获声誉,两次编选刊行时文稿,供学子楷法,成为时文大家,后半生则多次考场衡文,编录《钦定四书文》,奠定文坛领袖地位。

作为国家选拔人才的大典,科举考试需要给应试者和选拔者规定共同遵守的"绳尺",保证科举考试的公平性和有效性。出于这种考虑,乾隆皇帝命方苞选录四书文颁行天下,其背景与目的,在乾隆元年六月的一段上谕中言之甚明:

> 国家以经义取士,将使士子沉潜于四子五经之书,含英咀华,发抒文采,因以觇学力之浅深与器识之淳薄,而风会所趋,即有关于气运,诚以人心士习之端倪,呈露者甚微,而征应者甚巨也。顾时文之风尚屡变不一,苟非明示以准的,使海内士子于从违去取之介,晓然知所别择,专意揣摩,则大比之期,主司何以操绳尺以度群才,士子岂能合矩矱以应搜罗乎? 有明制举之业,体备各种,如王、唐、归、胡、金、陈、章、黄诸大家卓然可传;本朝文运昌明,英才辈出,刘子壮、熊伯龙以后,作者接踵,莫不根柢经史,各抒杼轴,此皆足为后学之津梁、制艺之科律者。自坊选之禁,垂诸功令,而大家名作不得通行,士子无由睹斯文之炳蔚,率多因陋就简,剽窃陈言,袭取腐语。间

---

① (清)方苞:《杨黄在时文序》,《方苞集》,第 100 页。
② (清)方苞:《古文约选序例》,《方苞集》,第 613 页。

或以此幸获科名，又展转流布，私相仿效。驯至先正名家之风味邈乎难寻，所系非浅鲜也。今朕欲裒集有明及本朝诸大家时艺，精选数百篇，汇为一集，颁布天下，以为举业指南。学士方苞工于时文，著司选文之事，务将入选文逐一批抉其精微奥突之处，俾学者了然心目间，用以奉服摩拟。①

乾隆将经义、经史、制艺、衡文、取士、文风、人心等问题紧密联系在一起，试图通过"裒集有明及本朝诸大家时艺"，"颁布天下，以为举业指南"，其意不仅在于整顿文风，拔擢人才，更指向整顿学风，清理思想，使学者"了然心目间"。

工于时文的方苞是卓有成就的文学家，也是制义大家，正是乾隆心目中的恰当人选，命其"司选文之事"。乾隆四年四月，在万承苍、储晋观、赵青藜、曹秀先及周日藻等人的襄助下，方苞"遵旨选择时文告竣，请颁御制序文，并标名字样"，标名《钦定四书文》②，遂由武英殿刊刻颁行。方苞以"清真雅正"为标准，选录明代制义486篇，依时代分为《化治文》《正嘉文》《隆万文》《启祯文》四集，选录清初制义297篇，别为一集。所选文章皆上乘之作，"大抵皆词达理醇，可以传世行远"③，该书成为四库全书收录的唯一时文

---

① 《清实录·高宗纯皇帝实录》（一），第501—502页。

② 《清实录·高宗纯皇帝实录》（二），第391页。曹雪《方苞〈钦定四书文〉研究》（江西师范大学，硕士学位论文，2017年）对《钦定四书文》的选评动机、选编特点及评点特色，均有所论；安东强《〈钦定四书文〉编纂的立意及反响》（《中山大学学报》2012年第1期）对《钦定四书文》编纂缘起与立意、编者及其观念、反响与成效等问题进行了较为深入的讨论，可以参看。

③ （清）方苞编，王同舟、李澜校注：《钦定四书文校注·前言》，武汉大学出版社，2009年，第1页。

选本。《钦定四书文》最能体现方苞时文理念的部分当是对选文所作的"批抉","文之义蕴深微、法律变化者,必于总批、旁批揭出,乃可使学者知所取法"①,试略举数例:

评李时勉《君子贤其贤而亲其亲二句》:前辈用经语,能与题义切比,故若自己出。录之以存制义初范。本题重在"前王"之系属"君子"、"小人"处,是作亦最合释《诗》体。

评蔡清《吾十有五而志于学一章》:文如讲义,然此题须体贴圣学功候,非实理融浃于胸中,讵能言之简当若此!

评顾清《学而不思则罔一节》:稳切深透,语皆明洁。

评罗伦《哀公问社于宰我一章》:纯以炼胜,亦开倡风气之作。须识其丰骨清峻、胎息《左》《国》之神,非可于局调间刻摹形似者。②

乾隆帝对《钦定四书文》的编录和颁行颇为认可,谓"场屋制义屡以清真雅正为训,前命方苞选录四书文颁行,皆取典重正大,为时文程式,士子咸当知所宗尚矣"③。

第二节　龙汝言:未由乡试中举的状元

龙汝言(1778—1829)④,名澄,字锦珊,一字子嘉,号济堂,安

---

① (清)方苞编,王同舟、李澜校注:《钦定四书文校注·原书凡例》,第2页。
② (清)方苞编,王同舟、李澜校注:《钦定四书文校注》,第3、7、8、9页。
③ 《清实录·高宗纯皇帝实录》(六),第976页。
④ 安徽省地方志编纂委员会编:《安徽省志·人物志》,方志出版社,1999年,第850页。龙汝言生卒年,从《安徽省志·人物志》之说,周腊生著《清代状元奇谈·清代状元谱》(紫禁城出版社,1994年,第264页)有"1780？—1838"之说;另陈文新主编《中国文学编年史·清前中期卷》(湖南人民出版社,2006年,第650页)据朱彭寿《清代人物大事纪年》,持"1781—1832年"之说。

徽桐城龙家湾人,嘉庆十九年甲戌科状元,著有《赐砚斋集》。龙汝言事迹不显,记载较少,以书画知名,《安徽历代书画篆刻家小传》有其小传,极简略,生卒年亦未记载,仅谓"清代书画家。安徽桐城人。又名子嘉、锦珊。嘉庆十九年(1814年)状元。擅隶书,工画花鸟,尤长墨竹。早卒。安徽省博物馆藏其楷书册、隶书联"①。

一、状元的另类形象

状元是科举阶梯中的顶级科名,在科举时代具有无尚荣耀,如宋人尹洙所言,"状元登第,虽将兵数十万,恢复幽蓟,逐强虏于穷漠,凯歌劳还,献捷太庙,其荣亦不可及也"②,但状元龙汝言显然是一个例外。

作为嘉庆十九年甲戌科状元,龙汝言既未入阁拜相,也未久任封疆,甚至状元荣耀的光环根本就没有照到他的身上,足见龙汝言是清代状元另类形象的代表。不论是介绍性文章、通俗读物,还是学术著作,龙汝言的形象塑造均是负面的,集中反映于因拍马而中状元、因惧内而一字去官两点。商衍鎏著《清代科举考试述录及有关著作》是清代科举研究的重要著作,以"科场之轶闻"的方式,记说龙汝言事,"初蒙特达之知,本应立致通显,乃因家室之变,废弃终身……微职潦倒以终,其咎殆亦自取"③,颇为简洁、完整,字里行间透出不屑之意。周腊生《清代状元奇谈·清代状元谱》认为龙汝言是清代状元当中"遭遇最为奇特"的一位,得中状元与丢官皆为

① 刘景龙等主编:《安徽历代书画篆刻家小传》,南京大学出版社,1994年,第43页。
② (宋)田况撰:《儒林公议》卷上,中华书局,2017年,第8页。
③ 商衍鎏:《清代科举考试述录及有关著作》,第329页。

"阴错阳差"①。潘剑冰著《疯狂的科举》在第六章《状元是怎样炼成的》专列《龙汝言：拍马状元的诡谲人生》一节，径直称龙为"拍马状元"②。梁水源《马屁状元：成因一首诗，败因一个字》，直接以"马屁状元"为题，叙说龙汝言故事，谓其状元"是靠善于揣摩上意，投机逢迎得来的"③。龙汝言的故事与传说，流布颇广，还见于多种著作与文章，兹不一一列举，这些叙说的文字与情节，多以商衍鎏所著为本，只是添枝加叶，辅以想象加工，甚至是推演臆测，而商著之说则来源于《清稗类钞》，为笔记家言。我们依据《清稗类钞》，结合商著记载，看看龙汝言的脸谱化形象，一则因拍马而中状元，二为因惧内而一字去官。

龙汝言未第之时，馆于某都统家，适逢嘉庆十四年皇帝五旬万寿，都统遂请龙汝言代撰祝词以备小贡，龙乃煞费苦心，集康熙、乾隆两帝御制诗百韵以进。嘉庆帝见之大喜过望，召见都统欲行奖赏，都统不敢隐瞒，以龙名作对。嘉庆帝说，"南方士子往往不屑读先皇诗，此人熟读如此，俱见其爱君之诚，立赏举人，一体会试"。"次年春闱下第"。会试总裁在发榜之后，复命时大受嘉庆申斥，谓今科闱墨不佳，开始时还不明其故，及密询近侍，才知道是因龙汝言落第之故。至次科，即十九年甲戌科会试，主考官仰体上意，取中龙卷，殿试更以一甲第一名拟进。嘉庆帝"私拆弥封，视之乃无言"，传胪时谓"朕所赏果不谬也"，甫入翰林，即派南书房行走、实录馆纂修等差。正当圣眷正隆、风光无限、扶摇直上之时，龙汝言却出于意外而获罪，推其原由，则因其惧内。龙氏幼年孤贫，全赖

---

① 周腊生：《清代状元奇谈·清代状元谱》，紫禁城出版社，1994年，第20页。
② 潘剑冰：《疯狂的科举》，广东人民出版社，2013年，第149页。
③ 梁水源：《马屁状元：成因一首诗，败因一个字》，《文史博览》2018年第3期。

妻父卵翼培植成人，所以惧内特甚，而其妻又向来泼辣悍戾，轻视不礼汝言。有一天，夫妻反目，龙避居友家，恰巧实录馆的馆吏送来《高宗实录》请校。龙妻接受之后就随手放置，越日馆吏来取，龙始终不知此事。问题就出在这里，实录的抄写者犯了一个巨大的错误，将高宗纯皇帝之"纯"字误书为"绝"字，嘉庆帝阅后大惊且怒，龙虽未经手寓目，但恭校黄签则是其名，于是降旨"龙汝言精神不周，办事疏忽，着革职永不叙用"，仍不忍心宣其罪状，也没有交部议处。此即因一字丢官。嘉庆帝崩逝，龙汝言以内廷旧员兼受非常知遇，例准入京哭临，哀痛异常，道光皇帝念其有良心，特赏内阁中书，道光戊戌科"犹充会试同考官也"①。

二、为龙汝言辩

龙汝言形象形成于清人笔记，如"惧内""丢官"，后人再据之渲染，有"拍马""马屁"之类，笔记内本无此意，只是说其"遭际之奇"②。细读《清稗类钞》中的《龙汝言一体会试》，毕竟是笔记家言，颇有经不起推敲之处，略考如下，亦为龙汝言作辩。

1、嘉庆帝五旬万寿与"次年春闱下第"之说不符。嘉庆帝爱新觉罗·颙琰出生于乾隆二十五年，嘉庆元年即位，十四年为其五旬万寿。如果龙汝言在嘉庆十四年因代都统集御制百韵诗而获得举人身份，按照《龙汝言一体会试》的说法，"次年春闱下第"，应是在嘉庆十五年参加会试，但实际上该年并未有会试。商衍鎏应是注意到这个差误，于是在其所著《清代科举考试述录及有关著作》

①《龙汝言一体会试》，徐珂编撰：《清稗类钞》（第二册），中华书局，1984年，第668—669页。
②《龙汝言一体会试》，徐珂编撰：《清稗类钞》（第二册），第668—669页。

当中明言,"十六年辛未科会试,龙未中。"①商氏此说弥补了笔记"次年春闱下第"的漏洞,但亦有新的问题。嘉庆十六年三月,龙汝言在山西参加召试,不可能分身参加同时举行的会试。

2、"私拆弥封,视之乃无言"的场景很难发生。清制对殿试读卷的评判标准、读卷官所做标记、选定前十卷进呈钦定等都有严格细密的规定。进呈十卷的排次,例应读卷官共议,乾隆之后逐渐形成以读卷官官阶为准的惯例,第一本是官阶第一者所定之首卷,第二本是官阶第二者所定之首卷,依次类推,至第九、十本则仍是官阶第一、二者所定之首卷;皇帝钦定名次,尤其是包括状元在内的鼎甲三人,或直接依据读卷大臣进呈顺序,或可重新排定。乾隆时期改定顺序较多,嘉道之后多依读卷大臣进呈次第,改动少见。乾隆二十八年四月辛亥,乾隆召该科殿试读卷官入乾清宫,亲自阅定进呈十卷甲第,谕"嗣后殿试进呈十卷,不必豫拆弥封,候朕阅定后,再行按名传齐,带领引见"②,遂为定制。嘉庆帝对其父祖之制非常尊崇,不会为一个并非重要的人物而豫拆弥封,违反祖制,更不用说"私拆弥封"之举。嘉庆十九年四月乙酉日,嘉庆帝御乾清宫,召读卷官入,亲阅定进呈十卷甲第。

3、"甫释褐,即派南书房行走、实录馆纂修等差"实误。这里涉及实录馆问题。嘉庆四年二月,刚刚亲政不久的嘉庆皇帝就命令纂修《高宗纯皇帝实录》,任王杰、朱珪、董诰、那彦成为总裁,沈初、德明、纪昀等为副总裁,选清字经馆为实录馆。嘉庆帝非常重视《高宗实录》的编纂,督责甚严,坚持亲自审阅呈进本,甚至对点画、脱文、抬头等讹误也都一一指出,所以如果真出现将"高宗纯

---

① 商衍鎏:《清代科举考试述录及有关著作》,第 329 页。
② 《清实录·高宗纯皇帝实录》(九),第 671 页。

皇帝"误为"高宗绝皇帝"的大不敬之错,严厉惩处肯定是避免不
了的。嘉庆十二年正月十一日,《高宗实录》修纂工作完成,三月
十五日举行了隆重的进呈仪式。嘉庆为序,"纂辑实录,历八寒暑
修成一千五百卷……综千古帝王之心法、治法、道统、政统靡不赅
备,自有载籍图书以来,未有若斯之盛者也。"[1]十一月三十日,内
阁奉上谕,"现在实录馆缮校各本全数完竣,本日奏请封馆"[2],《高
宗实录》的所有修纂缮校工作全部完成。由此可见,实录馆已于嘉
庆十二年完成所有工作并封馆,龙汝言在嘉庆十九年中状元,怎么
可能被派任为实录馆纂修,既无出任实录馆纂修,又怎么可能出现
"纯""绝"之误呢? 果真出现如此大错,恐怕亦非简单的革职所能
了事。一"绝"字去官的故事,或为虚构,或为移植,其目的则是烘
托龙汝言的惧内形象。

4、"立赏举人,一体会试",清无此制。遇到皇帝旬庆大典,或
銮辂时巡,臣工等呈献词章,宗室王公之能文者及大学士科甲出身
之满汉大臣、京堂、翰詹、科道、督抚方准备进其册,或诗或文均可,
但一直没有据此"辨以差等,定以体裁"。嘉庆帝五旬万寿时,有江
苏附生蒋继照所进册页,其文系集《易经》成语,"体既纤巧,且杂
凑成文,于时事一无关合"。鉴于蒋继照之事,嘉庆帝在二十二年
三月谕内阁:"生员既非应行献册之人,而所作又毫无足取,似此生
心侥幸,大非士习所宜。着再通行申谕,明年戊寅,朕巡幸盛京,己
卯朕周甲旬庆,其非例应呈进册页之人,概不准呈进。各衙门亦不
准接收,毋庸豫期撰拟,作为无益,妄希恩泽也。"[3]嘉庆帝可能对代

---

① 《清实录·高宗纯皇帝实录》(一),第 1 页。

② 中国第一历史档案馆编:《嘉庆道光两朝上谕档》第十二册,广西师范大学
　　出版社,2000 年,第 589—590 页。

③ 王炜编校:《〈清实录〉科举史料汇编》,第 665 页。

撰祝词的生员龙汝言,印象深刻,青眼有加,但不会给予特别赏赐,更不会"立赏举人,一体会试",因为此前一直没有这样的成例。清代恩赐制度体例颇严,查《钦定大清会典事例》卷三百五十六《礼部·贡举·恩赐二》,嘉庆十二年恩赐内阁中书戴嘉谷"一体会试",十三年钦赐戊辰科会试各省年老举人叶芷等人国子监司业衔,十四年赏给原任安徽巡抚荆道乾孙荆炆"文举人"①,未见因万寿献册而获恩赐的制度,亦无龙汝言获赐举人的记载。

　　龙汝言代都统撰拟献册,可能获嘉庆帝欣赏,但并未因此而得恩赐举人,所谓"次年春闱下第"之说也可反证,加之"私拆弥封,视之乃无言"的场景很难发生,所以龙汝言因拍马而得状元的说法可以休矣。实录馆早在嘉庆十二年就完成所有工作而封馆,十九年进士及第的龙汝言没有在实录馆任职的机会,因修校高宗实录而一字去官的故事,只能是传说,或为虚构,或为移植。龙汝言的另类状元形象是后世的想象与构建,与真实的龙状元有一定的差距,但这种另类形象的产生,是否毫无依据呢?或许不是,龙汝言另类形象应该和后世对召试的模糊认识有一定关联。

　　三、由召试而举人

　　龙汝言参加会试以至一甲进士及第,必须具有举人出身,其举人功名既非经由乡试取中,亦非代拟献册而获恩赐,究竟从何而来呢?

　　1、龙汝言两应召试

　　康熙、乾隆与嘉庆诸帝历次巡幸,屡有召试之举,巡幸所到各地,当地及外省迎銮士子,凡进士与举贡生员等,皆可进献诗册。

---

①《钦定大清会典事例》卷三百五十六《礼部·贡举·恩赐二》,第565—566页。

先由本学及地方官申明学政,外省士子则应取具本乡正印官印结,赴学政衙门呈明,由学政会同督抚阅定选取。取中者汇开名单,"多于行在设场考试,钦命题目赋一、论一、诗一"①,派大臣监试、阅卷,分拟等次进呈,并依等第,或授官、赐举人出身,或有赏赐。康熙四十二年巡幸江浙,开创召试之例,获誉颇多,乾隆仿其祖父,六巡江南、三巡山东、四巡天津,均行召试,得人多,影响大,嘉庆帝也在巡幸天津和五台时举行召试。龙汝言在嘉庆年间两应召试,先后获赐举人出身和内阁中书。

嘉庆十三年,嘉庆帝巡幸津淀,龙汝言和直隶及各省士子迎銮献赋,蹈咏抒诚,三月辛酉"因命考试,就其文义高下,量加录用"。所有列在一等的安徽廪生龙汝言,安徽贡生齐彦槐、唐人最,直隶廪生李大壮,安徽增生方士淦,顺天附生许春颐等六人,"俱著赏给举人,准其一体会试";张廷选等十二人考列二等,"各赏大缎两匹",若愿在文颖馆效力者,准其在馆行走。龙汝言是这次召试的最大赢家,因列召试一等,越过竞争非常激烈的乡试层级,获得了举人出身,又得到嘉庆皇帝的格外垂青与加恩,因其"所进册赋,恭集御制之叠上下平韵,俱能稳惬,著加恩,赏给大缎两匹"②。龙汝言在嘉庆十三年召试,"赏给举人,准其一体会试",则前文所及的"次年春闱下第"问题也就能够给出合理解释了,因其参加的是嘉庆十四年己巳恩科会试。

嘉庆十六年,嘉庆帝巡幸五台,龙汝言再应召试。闰三月壬午,召试山西及各省迎銮士子,其文义高下,分别录取,列在一等之安徽举人龙汝言、四川举人张斐然、浙江举人杨镇源,"俱著赏授内

<hr>

① 李世愉、胡平:《中国科举制度通史·清代卷》,第639页。
②《钦定大清会典事例》卷三百五十七《礼部·贡举·召试》,《续修四库全书》第803册,第591页。

阁中书,照例补用"①,山西附生李堂栋等人赏给举人,一体会试,二等郭安钰、孟垣等十人各赏缎匹,并充文颖馆誊录。龙汝言五台召试得授内阁中书,对他参加会试,及至得中状元,有着潜在而重要的影响。清末以中书考取进士的朱彭寿统计,自雍正十一年癸丑科到光绪三十年甲辰恩科殿试,其中"有四十六科三鼎甲中的五十六人为中书或小京官出身",包括毕沅、金榜、张之万、翁同龢等二十一位状元②,龙汝言也名列其中。《桐城耆旧传》所记龙汝言应召试应是准确的,该传卷七曰,嘉庆十三年龙汝言"由寄籍廪膳生应天津召试,赐举人。十六年复应五台召试,授中书;十九年成进士,殿试一甲第一,授修撰"③。

嘉庆之后未再举行召试,召试逐渐远离科场,逐渐远离科举人的科举生活,其意义逐渐模糊甚至异化,龙汝言另类状元形象形成的原因也恰恰在此。龙汝言没有参加乡试获举人功名,又得中状元的科场经历,不为人们理解,甚或被看轻,于是附会甚至臆测出诸多情节,塑造出一个另类负面的状元形象,并广为传播。龙汝言在清代科举史上的符号是状元,是未经乡试而由召试举人参加会试并状元及第的代表。

2、龙汝言事迹钩沉

龙汝言父亲是龙骧,"积学不遇,好行任恤";龙汝言子龙森,字书楼,同治初年官浙江龙游县,"率乡勇剿贼,力战死。"④许瑶光为撰挽诗,有云"京师忘帝归家语,啧啧人犹说旧因。词客罢官无尺

---

①《钦定大清会典事例》卷三百五十七《礼部·贡举·召试》,《续修四库全书》第 803 册,第 591 页。
② 李世愉、胡平:《中国科举制度通史·清代卷》,第 260 页。
③（清）马其昶撰:《桐城耆旧传》卷七,第 243 页。
④（清）马其昶撰:《桐城耆旧传》卷七,第 243 页。

土,男儿捧檄为家贫"①,此处为龙汝言罢官提供另一种说法,"啧啧人犹说旧因"表明几十年后仍为人之谈资。

龙汝言高中状元后,族人集资重修龙氏祠堂,龙汝言为祠堂撰写一联,"溯武陵,吉水源遥,卜兹土,幸是佳城,山聚以龙,水环以凤,二美钟其灵,蔚起丁男绵后裔;含桂岭,螺峰脉秀,登此堂,无忘肯构,日戴而耕,膏焚而读,两般勤尔业,宏开甲第迪前光。"②因年久失修,风雨剥蚀,祠堂原貌难寻,只部分遗物如两对石鼓等尚存。

龙汝言参与纂辑《秘殿珠林》《石渠宝笈》三编。《石渠宝笈》初编和续编分别完成于乾隆十年和五十八年,嘉庆十九年英和奉命编辑《石渠宝笈三编》,因龙汝言工于书画,得以襄助其事。据英和自记,"内廷编辑书画,时在嘉庆甲戌、乙亥,直南斋者,余与黄左田、姚秋农。奉命以詹事吴其彦,庶子张鳞,侍讲顾皋,中允沈维鐈,修撰吴信中、龙汝言,编修朱方增、黄中模,襄厥事,仿乾隆丁亥年懋勤殿写经故事也。"该著编成后,英和于嘉庆二十三年正月"缮进"③。

嘉庆二十一年闰六月丙戌,龙汝言以修撰身份被任为湖北乡试正考官,浙江道御史史谱为副考官,史谱是乙丑科进士,山东乐陵人。同日被任的还有兵部左侍郎顾德庆为浙江乡试正考官,翰林院编修李振庸为副考官;詹事府詹事吴其彦为江西乡试正考官,翰林院编修林则徐为副考官。龙汝言为湖北乡试命题是"题'子夏为莒'一节,'好学近乎'三句,'师旷之聪'三句,赋得'连山蟠

---

① (清)龙顾山人纂:《十朝诗乘》卷十六,福建人民出版社,2000年,第658页。
② 方宁胜:《桐城科举》,安徽美术出版社,2011年,第77页。
③ (清)英和:《恩福堂笔记·诗钞·年谱》,北京古籍出版社,1991年,第62、383页。

武昌'得'游'字"①。龙汝言未经散馆即任乡试主考官,说明他还是具备一定能力的,其后这种情况就较为少见了。向来新科一甲进士,适届大考翰詹之年,以该员等尚在庶常馆教习,未经散馆,皆不就试;及考试试差,则以已经授职为辞,一体与考,事属两歧。嘉庆二十三年三月癸亥谕"该员等既不与大考之列,则考差亦不应与试。着自此次为始,凡一甲进士未经散馆者,遇考试试差时,亦毋庸与考,以归画一"②。

嘉庆二十四年三月,龙汝言充任己卯恩科会试同考官,应亦为该科同考官的林则徐之请,为林画白菜,林并题诗"恰与状头商画稿,也期梦得一苗来"③。及发榜,是科状元陈沆,恰好出自林门下,林则徐非常高兴,欲作《梦苗诗谶图》以为纪念。罗继祖《枫窗三录》记有一事,陈沆殿试策内"圣怀冲挹"遗落"怀"字,竟得首列,而龙汝言应散馆试,遗落"帝"字被斥,都人为之语曰:"陈子沆落怀及第,龙汝言忘帝归家。"④

道光二年,龙汝言为桐城彭氏三修宗谱作序,道光七年冬月又为桐城杨氏重修宗谱作序,该序和刘秉璋《同治十一年合修宗谱序》、杨昌祚《崇祯乙亥续修宗谱序》及《凡例引》等序例十一篇,收入盛清沂编《国学文献馆现藏中国族谱序例选刊初辑》杨姓之部,均采自同治十三年杨君菊等修皖桐杨氏宗谱。龙汝言在《杨氏重修宗谱序》中,论宗谱功能颇有一得之见,他说"一族之人则皆有亲亲之义焉,由是喜相庆也,忧相吊也,急难相周也,

① (清)法式善等撰:《清秘述闻三种》,中华书局,1982年,第570页。
② 王炜编校:《〈清实录〉科举史料汇编》,第670页。
③ 来新夏编著:《林则徐年谱新编》,南开大学出版社,1997年,第87页。另,来谱将该科状元误为陈沆。
④ 罗继祖:《枫窗三录》,大连出版社,2000年,第108页。

有无相通也,则一姓之人莫不亲其亲。准此而推之万姓,人人亲其亲,而天下平,此之谓以族得民……如此而要,非谱牒不为功"。他还鉴于修谱的重要性,对修谱之人提出具体要求,"宗谱之修重且大也,必有水源木本之孝思,有敬宗收族之诚意,有大公无私之襟怀,有辩异统同之识力,不得其人则不可以司谱局而董其成。"序文之末的自署颇有价值,"赐进士及第诰授奉直大夫兵部武选司军机处行走前翰林院修撰起居注协修丙子科湖北正主考乙卯恩科会试同考官同里济堂龙汝言拜撰"[①],较为准确地反映了龙氏的任官经历。需要指出的是,所谓"乙卯恩科会试同考官",当为"己卯恩科会试同考官"之误,而己卯恩科即为嘉庆二十四年恩科会试。

　　道光四年十一月,龙汝言由内阁中书接署军机章京。大学士曹振镛奏折,"查军机章京刑部郎中闻人熙,蒙简放广西知府,所遗章京一缺,应以署缺行走之内阁中书张祥河充补。其前署刑部主事钱廷熊出差之缺,应请以考取记名之内阁中书龙汝言接署行走。"十一月三十日奉旨"知道了"[②]。

　　龙汝言著有《赐砚斋集》十二卷,道光年间刊刻,道光十六年泾县朱琦为序,"又有光绪二年刻本,《安徽艺文考》著录。"[③]该著卷一、卷二为进献诗,卷三、卷四为进献赋,卷五为奏御诗文,卷六是古体诗,卷七是近体诗,卷八是拟古赋、古赋等,卷九为散体文,卷十为骈体文,卷十一是书启,卷十二为试体诗。

① (清)龙汝言:《杨氏重修宗谱序》,盛清沂:《国学文献馆现藏中国族谱序例选刊初辑》杨姓之部,联经出版事业公司,1983年,第105—109页。
② (清)张祥河:《张祥河奏折》,凤凰出版社,2015年,第495页。
③ 柯愈春:《清人诗文集总目提要》,北京古籍出版社,2001年,第1121页。

第三节　包世臣：仆仆会试之途的大挑举人

包世臣（1775—1855），字慎伯，号倦翁，晚年自号小倦游阁外史，安徽泾县人，因泾地尝置安吴县，亦称安吴先生，嘉道年间著名的经世思想家。包世臣少工词章，喜兵家之言，善经济之学，游学四方，"以布衣遨游公卿间。东南大吏，每遇兵、荒、河、漕、盐诸巨政，无不屈节咨询"①，毕生致力于经世致用之学，晚年裒集论说，编纂《安吴四种》，影响甚巨，《清史稿》《清史列传》《清代七百名人传》等皆有其传。包世臣也是安徽一位具有代表意义的科举人物，他有着浓重的科场情结，仆仆于会试之途，而却屡试不第，只能以落第举人的身份参加大挑，结束其漫长而艰难的科举历程。

一、复杂的科场经历

乾隆五十四年，包世臣"侍郡学公至郡应科试……试罢仍读书白门"②，这是他初涉科举考场，其后走上漫漫科举之途，"六赴秋闱乃一遇"，"十三次赴春官竟不遇"③，包世臣复杂而曲折的科举经历，在科举人群体中具有一定的典型意义。

1、六赴秋闱乃一遇

包世臣幼时资质聪颖，五岁开始读书，《安吴四种总目序》曰，"乾隆己亥，先君子抱世臣于膝上，授以句读"，七岁即学为文，八岁

---

① 赵尔巽等撰：《清史稿》卷四百八十六《文苑三》，第13417页。
② （清）胡韫玉辑：《包慎伯先生年谱》，北京图书馆编：《北京图书馆藏珍本年谱丛刊》第135册，第49—50页。
③ 《包慎伯先生年谱·传》，《北京图书馆藏珍本年谱丛刊》第135册，第41—42页。

时从父郡学公读书白门，"为八比、六韵。"① 包世臣早年的读书与问学有两个与一般童子不同的特点，读书颇多疑问与思考，而非简单停留在记忆背诵的层次，且有渐转实学的倾向。包世臣七岁始读《孟子》，就发出疑问："今天下内外官吏皆以读书起科第，皆读《孟子》，何不遵行其道？ 而使贫富相耀，宗族涣散也。儿异日若得一命以上，持此以出，其可乎？"其父曰："儿骨相非贫贱者，然推此意，其必不容于流俗矣。然儿慎保初心，毋为习俗所染！ 况事变不常，非一人聪明材力所能备。"读《大学》《中庸》，疑曾子述夫子之言，门人记曾子之意，文势何以与《孝经》《论语》迥殊？"此等见解得之幼年，可谓天授。"② 乾隆五十四年，在白门读书的包世臣，见调驻防赴台湾，"慨然有志于权家，求其书于市，并得法家言，私兼治之"；乾隆五十七年，父病归里，艰于生计，"艺蔬以易药饵，因究农家利病"③，包氏为学有渐转实学的倾向。包世臣一生蹉跎场屋，屡次会试而不第，或源于此。

嘉庆元年夏，包世臣游芜湖，受知于中江书院山长程世淳，奇其才而荐于徽宁道宋熔，安徽巡抚朱珪见其文异之，手招至门下，与谈楚豫匪事，为上《练乡兵对》二千余言，谓"包生真奇才"，"以贾生相期许"。嘉庆三年，包世臣首次参加江南乡试，是科朱珪监临，乡人皆谓世臣"必首举"④，但却未中。嘉庆五年秋，赴试庚申

①《安吴四种总目序》，（清）包世臣撰，李星点校：《包世臣全集中衢一勺·艺舟双楫》，黄山书社，1993年，第1页。
②《包慎伯先生年谱》，《北京图书馆藏珍本年谱丛刊》第135册，第46—47页。
③《安吴四种总目序》，（清）包世臣撰，李星点校：《包世臣全集中衢一勺·艺舟双楫》，第1页。
④《包慎伯先生年谱》，《北京图书馆藏珍本年谱丛刊》第135册，第57、70页。

科江南乡试,始识阳湖张翰风于号舍,是科被放;嘉庆六年秋,再应辛酉科江南乡试,仍不中。该科被放后,朱珪手书招包世臣入都,此间先后有十数通札相招,竟不一赴。嘉庆九年和十二年,两次入试南闱,均不得取,屡试不中,以至于"主试江南者皆以不得先生为恨",直到嘉庆十三年戊辰恩科方才考中举人,正所谓"六赴秋闱乃一遇"。戊辰恩科江南乡试正考官是工部右侍郎陈希曾,翰林院侍读学士周系英为副考官,两人试毕返京,都中诸人皆因取中包世臣纷纷为贺,甚至成邸也在宫门拜手而贺,"二公真不愧为国求贤!江南有千里驹,朱师傅秣养之十余年,无能市者,二公竟一网得珊瑚矣!"

2、十二次赴春官竟不遇

　　嘉庆十四年,包世臣踌躇满志,北上入都,应己巳科会试,此后二、三十年间,仆仆于会试之途,多次应试春闱,但均名落孙山,落第而归,所谓"十三次赴春官竟不遇"。虽然追求科举功名而不得,但每次北上应试的同时,包世臣都会在各地游历,观察民俗、了

①《先姚行状》,《齐民四术》卷六,第354页。《包世臣全集》共三册,分别为李星、刘长桂点校《小倦游阁集·说储》(黄山书社,1991年)、李星点校《中衢一勺·艺舟双楫》(黄山书社,1993年)、李星点校《管情三义·齐民四术》(黄山书社,1997年),下文凡引《安吴四种》及《小倦游阁集》者,仅注篇名及所在文集名称,标注页码则为所在《包世臣全集》之页码。
②《包慎伯先生年谱·传》,《北京图书馆藏珍本年谱丛刊》第135册,第41页。
③《包慎伯先生年谱·传》(《北京图书馆藏珍本年谱丛刊》第135册,第42页)载"十三次赴春官竟不遇";范麟《读安吴四种书后》(《包世臣全集:管情三义·齐民四术》附录,黄山书社,1997年,第557页)言"六赴秋试,乃一遇,十三赴春官,皆不得于有司"。道光十五年十二月十五日包世臣作《先姚行状》(《齐民四术》卷六,第356页)则曰"与乡试者六,与会试者十二"。关于参加会试次数,因其道光十二年还说"自领荐预试十有一次"(《却寄戴大司寇书》,《齐民四术》卷五,第323页),故取包氏自说,按其说法,道光十三癸巳科应未与试。

解政情,与志同道合的友朋切磋交游,践行其"但期有益于世耳,身虽不显而所言得行"①的人生理念,现依《包慎伯先生年谱》所记,将其各次会试情况略述于下。

嘉庆十四年春,包世臣入都应己巳科会试。三月谒协办大学士户部尚书戴衢亨于海院,言河漕诸事,颇得欣赏,不能见诸实行。四月戴衢亨与大学士董诰等被任为殿试读卷官。会试毕访檀柘、大觉胜迹,由西山边墙,游历易州、怀来、密云和顺义等京畿诸邑,作《畿辅形势论》和《密云税口说》。

嘉庆十六年春,进京参加辛未科会试,与阳湖恽子居相往还。试后应刑部尚书金光悌之招,至其第襄核秋审册。返回扬州途中,在清江晤淮海道黎湛溪。

嘉庆十九年,入闱参加甲戌科会试,识同邑查崇华九峰先生,相得甚欢。

嘉庆二十二年,入都参加丁丑科会试。识新建余铁香,剧谈终夜,相见恨晚。是岁大挑,有人阻之于成邸,而未入选。

嘉庆二十四年,与张翰风同客济南。

嘉庆二十五年,入都,为刑部司员条议数事。

道光二年冬,就直隶承宣使之聘,在署中调阅架存各州县所送地图贴说及漳河旧卷,将现行水道撮其大要为《直隶水道记》。

道光三年,滞迹都下。应癸未科试。《包慎伯先生年谱》于嘉庆二十四年、二十五年和道光二年、三年条下,未明载应试之事。作于道光十二年六月的《却寄戴大司寇书》,有言"世臣自领荐预试十有一次"②,据之推算,包世臣参加了这四科会试,而且四科会试

---

①《与秦学士书》,《中衢一勺》卷四,第 92 页。
②《却寄戴大司寇书》,《齐民四术》卷五,第 323 页。

之年包世臣在北京或周边地区多有活动。

道光六年二月,偕弟季怀入都;三月,丙戌春闱事毕,在米市胡同谒见朱虹舫。是年大挑,汪山阳又阻之。

道光九年,入都应己丑科试。返扬途中作《闸河日记》。

道光十二年,北上应壬辰恩科。撤棘后,拜访会试副考官、刑部尚书戴敦元,索取领回败卷,语及长洲宋翔凤于庭、黟俞正燮理初、归安凌堃厚堂、阳湖赵甲嘉芸酉,试卷咸出其上;将归之时,戴敦元"分俸资膏秣,又枉送作竟日谈,咨嗟叹息,若不自胜"[①]。

道光十五年,入闱乙未科会试,这时包世臣已年过六旬。

从嘉庆十四年到道光十五年,包世臣先后十二次入都赴试,却屡试屡败,又屡败屡试。每到礼部揭晓时,辄闻榜下人云,"安徽包君被放,登第人可想,吾辈亦足自豪!"桐城姚柬之曾为不平,向贡院司事者询问其故,皆言"卷虽发誊,然不送内帘,事后,乃加派房戳于败卷"[②],以是十余试,迄无一遇。

3、得之不易的大挑举人

举人可以作为正式出身,能够参加会试,在考中进士之前,举人的职业有多种选择,其中以教读与游幕较为常见,多次会试而落第的举人还可以参加大挑。包世臣一生经历复杂,可以作为考察清代落第举人的样本。

乾隆五十八年,十九岁的包世臣,集童子十三人于楂塘董氏教之。嘉庆六年,应太平府同知姚逢年之请,教授其子姚承谦读书,包世臣先是授以《资治通鉴》,后又讨论"近日救弊之要"[③],为《说

---

① 《却寄戴大司寇书》,《齐民四术》卷五,第322—323页。

② (清)姚柬之:《书安吴四种后》,李星点校:《包世臣全集:管情三义·齐民四术》附录,第554页。

③ 《姚生传》,《齐民四术》卷六,第343、344页。

储》上下两篇,显然不同于"以八股六韵为正经"的世俗授读之法。包世臣大半生以"游幕观政","游学四方,西溯泯蜀,东登海峤,南渡章江,北涉大河"①,辗转南北,先后做过陶澍、杨芳、裕谦等大吏要员的幕僚。包世臣大半生游幕,既是观政,亦为生计,每幕均时间短暂,因其还有闱场科第的追求,但屡屡被放下第,终走大挑之途。

举人大挑"在清代安置落第士子的措施中是条例最完备,推行时间最长的一项"②,其法开始于乾隆十七年,至道光年间完善,参加大挑举人的资格、挑中者的授职、大挑的期限等渐成定制,资格为经过会试正科三科而未中式者,大挑一等以知县用,二等授教职,大挑一般隔六年举行一次。齐如山曾描述大挑场景,"这种挑选法,仪注极简单,也不作文,也不写字,只是设一公案,摆上应选的举人名簿,主任王爵入座,即唱名传举人谒见,十个人一排,一齐跪在面前。因系奉旨主选,所以须跪。只凭他一看,他认哪个人是一等就是一等,毫无凭据。不过这里头弊病也不大,因为举人能认识王爵的人太少,果然能直接或间接认识,当然也可请托请托,但是极少数的,此事可以说是全凭运气。"③齐如山所说实在过于简单了,具体挑选也非"毫无凭据",对应挑者的形貌与应对颇为重视,所谓"人文并选,身言之试"④。朝廷对举人大挑非常重视,主持者均为王大臣,嘉庆帝、道光帝为亲王时都曾主持过大挑,道光帝言大挑"一等为州县求父母,二等为学官取师长,年太轻恐不晓事,年

① 《答钱学士书》,《齐民四术》卷五,第321页。
② 李世愉、胡平:《中国科举制度通史·清代卷》,第707页。
③ 齐如山:《中国的科名》,辽宁教育出版社,2006年,第81—82页。
④ 商衍鎏:《清代科举考试述录及有关著作》,第121页。

太老恐不任事,先取强壮,后取人品"①,大约可以说明大挑的标准与原则。落第举人也很看重大挑,因为他们或可经由此途正式入仕。

　　嘉庆二十二年,值大挑之年,因南河、东河、北河三处河工需员差委,以大挑一等人员分发试用,"俾之学习河务,以河工之繁简,定人数之多寡,既可策励人材,亦可疏通额缺",待两年试用期满后,经该河督秉公察看,"其能通晓河务者留于河工,照新定章程分别补用;如河务不能谙习,而才具尚堪膺民社者,奏明改拨地方,仍以知县补用;其才识迂拘者,以教职改补。"② 这次大挑分发河工的做法,对精通河漕之务的包世臣来说是一个难得的机遇,但却因"吴平湖、松蒙古阻之于成邸"而罢。道光六年再遇丙戌大挑,又因"汪山阳阻之于惇邸"③ 而未成。李慈铭所谓"振奇负气,所至龃龉,固可叹也"④,或可说明包氏屡屡受阻的原因。

　　道光十五年,包世臣入闱乙未科会试,被放之后参加大挑,得以一等试令江西。大挑结果甫出,包世臣即"就其乡士大夫在都下者,访吏治民风所宜"⑤,随即出都往江西,临行母亲告戒曰:"儿数十年出游,受恩多矣,不图报,非也;为报恩而自陷于非义,尤非也。儿为诸侯客久,于民间及衙前情伪悉已……儿其慎之。"⑥ 其实包世臣在此是借母亲之口言己之志。后为母亲家居守制,道光十八年夏,起服往江西,当年秋新喻县缺出,任新喻知县,旋被抚学两院劾

① (清)段光清:《镜湖自撰年谱》,中华书局,1960年,第7页。
② 王炜编校:《〈清实录〉科举史料汇编》,第664—665页。
③ (清)姚棻之:《书安吴四种后》,李星点校:《包世臣全集:管情三义·齐民四术》附录,第554页。
④ (清)李慈铭:《越缦堂读书记》(下册),上海书店出版社,2000年,第1109页。
⑤ 《包慎伯先生年谱》,《北京图书馆藏珍本年谱丛刊》第135册,第116页。
⑥ 《先妣行状》,《齐民四术》卷六,356页。

去卸任,结束了短暂的入仕治民经历,也结束了漫长而艰涩的科场生涯。

二、清晰的科举改革思路

包世臣早年即得文名,受识于大兴朱珪,更是文声远播,"郡邑长老,皆叹赏以为取科第如反掌也"①,福建名士也"争言先生年方弱冠,诗文若涌泉,不日即掇巍科"②,甚至首次参加江南乡试时,乡人皆谓"必首举",但他的考试经历却非常坎坷,道光十二年六月,为刑部尚书戴敦元上《却寄戴大司寇书》,详述科举之弊,提出较为清晰的科举改革思路,开晚清科举改革舆论之先声。该文以《上戴大司寇书》为题,辑入盛康《皇朝经世文续编》卷六十六《礼政》,李慈铭评其"力言科举之敝,其文亦皆可传"③,当是认可包氏之论。

1、浓重的科举情结

包世臣有着浓重的科举情结,几至逢试必考、逢闱必进,甚至举人大挑也先后参加三次,对科举功名充满强烈的渴望和期盼,但与一般为科举而科举、为功名而功名的人不同,包世臣更重入仕,科名只是入仕之基。面对姚生承谦"殊无意于科名,何耶"的疑问,包世臣解释说,"科名者入仕之基,仕以治民,不明于治民之术,而得科名,谚所讥学医者人费也。"④ 在《答钱学士书》中直言,"世臣私念得科第,则当入仕,深恐以雕虫无用之学,殃民而自贼,遂潜心研究兵、农、名、法、治人之术……知所学之卓然可用,乃求举以

①《答钱学士书》,《齐民四术》卷五,第 321 页。
②《姚生传》,《齐民四术》卷六,第 343 页。
③（清）李慈铭:《越缦堂读书记》（下册）,第 1111 页。
④《姚生传》,《齐民四术》卷六,第 343 页。

为入仕之基。六举而后获解，又被放于礼部者七。然则世臣文成而后学政，政成而后求举，其至今不得者，是在彼苍之意，而非斯文之罪也。"①包氏为有用之学，当是卓然可用，有利于仕以治民，但他将科举之文视为"雕虫无用之学"，不愿甚或不屑为之，使他走上了一条没有尽头的科举之路。科场之中"凭文去取"，而科场之文与包氏之文，道竟不同，包世臣久困场屋，其由固然复杂，主因恰是"斯文"。

包世臣自大挑之后，未再入闱，博取功名，他在晚年有两封与子兴言的信，真实表达了他的科场情怀，现将两信录于下：

近来科场得失全无把握。汝向来作八比，于先正成法，颇有知识，可向书坊买《天崇百篇》一部，自己用朱墨笔逐篇圈批。汝记性不好，不必求熟，只要适性，拔出豪兴。便中与春台先生结文会，彼此有益。河帅上科，亦上下江分送游幕客十余人，不患不得进场。二三场临时略看便可，经题不患场中不知解说及上下文。若能有弋获，则所得实多。且明年系联场，所费无几，不可恣意自弃，切切！

二林月前来此，亦云：明年必到南京乡试。汝较二林胜之远矣，切莫视为迂谈也。

父再笔。廿日酉刻。②

冀山在此，训迪精勤，四徒俱有进益，八一子中股可做四、五百字，八二子、八三子都可，冀山说，八三子尤有巧思，小二

①《答钱学士书》，《齐民四术》卷五，第 321 页。
②《安吴包慎伯手札·第七札》，《包世臣全集 管情三义·齐民四术》补遗，第548 页。该手札仅署廿日酉刻，未明年月，据其中"河帅上科"与二林"明年必到南京乡试"等语，推知该信当作于道光三十年。

子起讲亦能百余字。四人长律都能工稳,小二子时有妙句,出人头地固非其材,保秀才本分似乎尚可。

六月十六日父字。①

前信教包兴言习作八股之法,及入场如何应对,已与科场之文颇为相近,又与二林比较,劝包兴言明年进场,"不可恣意自弃","切莫视为迂谈",言之切切。后信述说四徒八股之文"俱有进益",希望能够"保秀才本分",言之殷殷。晚年包世臣对自己的科举之路已略有反思,寄望于子孙辈"能有弋获",且言"所得实多"。

2、试弊必除而真才始见

科举制度的本意在于公平取士,但几乎与科举创设的同时,各种舞弊取巧的行为就已出现,清代虽然制定详密制度试图防范和惩处,但科场舞弊仍是禁而不绝。包世臣久历场屋,对科场舞弊状况十分了解,因此痛陈舞弊之害,提出除弊之方。

包世臣指出,"考试之弊百出,大要有三:曰办夹带,曰倩枪手,曰打关节。"②父师训诲子弟,不与讲贯经史文法,而专为之访求遗文,觅书手作方寸千言细字,掌握之间,辄可万篇。枪手且有揽头,皆于试期前先集面试以定贿价,拜门递条,略不避人。通过办夹带、倩枪手、打关节等作弊手段而得手获中之人,指不胜屈。包世臣说"自领荐预试十有一次,矮屋相比莫不挟有细字小本",可信其无怀挟者,唯阳湖张翰风、吴沈小宛、泾县包世荣并世臣四人而已,而四人皆在被屏之列,其得手者可知,怀挟风之盛亦可知。道光

---

① 《安吴包慎伯手札·第九札》,《包世臣全集 管情三义·齐民四术》补遗,第550页。该手札末署六月十六日、未明其年,据"贼以二月十日攻破白门"等语,推知该信当作于咸丰三年。此为该手札节录。

② 《读律说下》,《齐民四术》卷七上,第360页。

十二年己丑科会试之后,会试副考官戴敦元为言"中式之士,后场条对语,卷卷相同,误且同误",包世臣据此断定"其为怀挟抄写,无可疑者……今闻阁下言,不得不致慨于冒险之易为得手矣",将怀挟等法斥为"士之丑行"①。

　　清廷对科场舞弊并非毫不知情,嘉庆十四年三月壬午日,嘉庆帝据清安泰奏,河南举人宋廷贵上年怀挟作弊,侥幸中式,现经告发,查拿审讯等情,谕军机大臣等"科场为抡才大典,必应公明详慎,遴取真才,今外省既有此等弊端,本年会试,或各举子等亦有私拟题目、夤构怀挟等弊,不可不加意防范"②。然而舞弊之风非但没有遏止,反有愈演愈烈之势,其故何由?包世臣认为"近年试弊,颇有败露,虽十不及一,而亦足以示惩创",但无如败露之案,"主者意在保全,以为忠厚,莫肯穷究根株";作弊者固在求利,未尝不畏法,而"前车始覆,后车接迹者,知主者必不执法也"。于是作弊之风日盛,渐成自然,早先为弊者尚知讳饰,嘉道年间已到明白告人而不愧不怍的地步,甚至有假托以自诩者,包世臣对这种现象非常痛心,他说"娼与窃虽随处有之,然未闻有面人自承者,是士人之于廉耻,尚远出娼窃之下也"。对舞弊之风,如果仅仅"曲全是事,以为积福,其弊不使天下士人将丧尽廉耻不止也。较之纵盗殃民,其效实有倍蓰千万者",必须就败露之案,"逐节研究,上及其父师,旁及居间说合造作之棍徒,依律重究,必可稍挽狂澜,使后来者畏威远罪,维将丧之廉耻,绝流传之谬种",如此才能"试弊必除,而真才始见"③。

①《却寄戴大司寇书》,《齐民四术》卷五,第323—324页。
② 王炜编校:《〈清实录〉科举史料汇编》,第639页。
③《读律说下》,《齐民四术》卷第七上,第360—361页。

3、三场并荐复专经之旧

包世臣提出一个振聋发聩的问题，"方今幅员万里，治安且二百年，而人心岌岌常若无以自存，岁计常凛凛若难乎为继，其病果安在哉……民生之所以日蹙，国用之所以不支者，凡皆廉耻道消，见利忘义之所致也！"近世用人，有科目、差使和捐输三途，而差使、捐输两途，究不敌科目之广而且重，恰是科目出了问题，"科目之设，所以网罗天下人才，分资治理，而仅决以一日之文，是虽使前明名家，自黄子澄至黄淳耀，皆登道光壬辰之榜，于治道何增？即获隽诸君子，文尽尘腐佻薄，于治道复又何损？"[1]包氏此问极其沉重，他期望科举能够拔出真才、得有耻之士。

包世臣所论科举改革，除表层的除搜检之令、稍增誊录对读之数、稍宽校阅与进呈之期等措施之外，触及科举体制的思路，大约有三，涉及衡文、取录及考试内容等方面。

第一，正衡文之法。"场中校文之法，惟以规模近科词调为入彀，其恪守程度、铨说名理者，则与主司所求相背而驰"[2]，场中衡文若此，场外举子则"束经史不寓目，只揣摩近科墨裁数十篇，摘句套调"，"分校诸公，大都近科，衣钵相传，每况愈下"，形成恶性循环，学风日下，士风日坏。衡文之法必正，因其得失"有关治道隆污"，希寄负儒林重望的戴敦元，能力持此义，"大倡鸿议，庶几闻风而起，不负所职，三数科间，有耻之士日出，寡廉之迹渐远，集群材以维国是。"

第二，三场并荐，公同校核，方定去取。自顺治二年开科，确定三场试题的内容，其后方式与顺序多有变易，至乾隆五十二年，确

---

[1]《却寄戴大司寇书》，《齐民四术》卷五，第 323 页。
[2]《答钱学士书》，《齐民四术》卷五，第 320 页。

定乡会试首场四书文三篇、五言八韵诗一首,第二场经文五篇,第三场策问五道,遂为永制。在科举发展过程中逐渐出现了主试官偏重首场,头场上堂,遽行批中,而"视二三场为虚车"。包世臣认为必须改变这种取录方式,闱中考官"必俟三场并荐,公同校核,方定去取"①,并进一步提出保证措施,揭晓后责成礼部堂官,分派司员查核败卷,如发现分校有于二三场竟不寓目,及使随丁照对读黄点断句舛谬者,应予严参重处。包氏所论,一直是清代科举颇为关注的问题,嘉庆十四年三月传谕会试正副考官,"闱内衡文,务将三场试卷通行校阅。其头场文字并须将制艺三篇一律比对,择其文理清畅、辞义匀称者取中,不可专就首艺一篇以定去取。"② 相沿至于晚清,张之洞在戊戌时期煞费苦心地提出的"随场去取之法"③,亦是针对名为三场考试,实则偏重首场,二、三场形同虚设的科举积弊,可以说是包世臣思路的延续与深化。

　　第三,复五百年专经之旧。清初三场试题,其中经文四篇,为《五经》各出四题,士子认习某经,就作本经中的四题,实际上就是只考试五经中的某一经,是为专经。乾隆五十二年,上谕"士子束发授书,原应《五经》全读,向来止就本经按额取中,应试各生只知专治一经,揣摩诵习,而他经并不旁通博涉,非敦崇实学之道",改用《五经》,意义颇重,"既可令士子潜心经学,又可以杜绝场内关节弊端。而衡文取中,复不至限于经额,致佳卷被遗。自应于分年轮试毕后,即以《五经》出题并试"④。包世臣指斥五经并试,"由乾隆

①《却寄戴大司寇书》,《齐民四术》卷五,第 323—325 页。
② 王炜编校:《〈清实录〉科举史料汇编》,第 639 页。
③《妥议科举新章折》,苑书义等主编:《张之洞全集》第二册,河北人民出版社,1998 年,第 1306 页。
④ 王炜编校:《〈清实录〉科举史料汇编》,第 523 页。

中陋儒,妄以士兼五经为文物之盛",实际上汉儒兼通五经者亦不过数人,何况晚近之时,造成的"删摘蜂起,驯至士人不读本经"严重后果,解决之法就是"复五百年专经之旧",如是则"绩学之士必可得,波靡之习必可挽"[1]。

三、晚年包世臣的活动

包世臣晚年事迹论者甚少,多是简略提及,或言"晚年寓居金陵",或曰"退居江宁,闭门著书"[2],即如胡朴安所编《包慎伯先生年谱》,虽谓对谱主一生游学四方、辗转南北的行踪"言之甚详"[3],但对包世臣晚年之行事与思想(所谓"晚年"起点即为包世臣署理新喻知县被劾去职)却也语焉不详,尤其是鸦片战争时期仅寥寥数语而已。鸦片战争期间,正当包世臣被劾去职、暂居豫章之时,他时刻关心着战局变化,积极搜集敌军情报,深入军营讯问士卒,与封疆大吏晤谈,致函当路大员,指称形势,筹划御敌之策,以其特有的方式参与这场反侵略战争。返抵白门之后,他似乎已经倦怠人生,卖文售字、托身农圃,以尽余年,但实际上包世臣经世之壮志并未因年龄增长而有所消沉。

1、指陈形势,筹划御敌之策

包世臣很早就开始关注鸦片贸易问题、留心海外夷情,对英国发动的侵略战争有着充分的估计和清醒的认识,并发出战争警报。包世臣在认识到鸦片"害人不异鸩毒"的同时,将鸦片贸易与银价

---

① 《却寄戴大司寇书》,《齐民四术》卷五,第324—325页。
② 《安徽文化史》编委会编:《安徽文化史》(下),南京大学出版社,2000年,第1690页;潘竟翰:《点校说明》,包世臣著,潘竟翰点校:《齐民四术》,中华书局,2001年,第1页。
③ 李星:《整理说明》,《包世臣全集　小倦游阁集·说储》,第3页。

变动紧密联系在一起,从更高层面关注鸦片输入对国计民生的影响。他明确指出鸦片贸易是造成银价踊贵、银贵钱贱的根本原因,"银币周流,矿产不息,何以近来银价日高,市银日少,究厥漏卮,实由于此";鸦片输入终将导致"外夷以泥来,内地以银往,虚中实外"①的严峻局面。他将银荒和烟毒问题联系在一起,试图通过厉行禁烟解决银荒问题,所谓"漏卮之塞,必在严禁烟土",果断提出但绝夷舶和撤关罢税的禁烟举措,以之为"拔本塞源"。与道光君臣直到战争爆发仍"震于英吉利之名,而实不知其来历"不同,包世臣对英国的了解与认识远非一般人所能比,他准确指出"粤海通商夷国十数,以英吉利为最强"②,提出"须早为预防之计",却被"笑为迂怯,置之不议"③。英国以中国禁烟为借口发动了鸦片战争,如包世臣所说"英夷据粤洋之新埠,逼肘腋,意殊叵测,固早知有今日之事也"④。

鸦片战争期间,包世臣时刻关注着战局的演变,与林则徐、杨芳等封疆大吏晤谈,或致函裕谦等当路大员,指称形势、筹划御敌方略。包世臣的方略建立在知己知彼的前提之下,已开始触摸到近代战争的某些特点,他在与杨芳笔谈时指出,"该夷又有火轮船,瞬息千里,以伺便利",加之"汉奸引为奸利,内地一举一动,彼无不知",因而反对"一隅着重"的防守思路,主张抗英防务"必宜通筹全局"。在抗英全局体系中,除广东外,包世臣尤其关注台湾和圌山两地防务,颇富远见地指出"大江之路,不可不防"。包世臣还明确提出利用各国之间的矛盾,运用"以夷攻夷之策"。他注意到通

①《庚辰杂著二》,《齐民四术》卷二,第212页。
②《致广东按察姚中丞书》,《齐民四术》卷十一,第487页。
③《上两江督部裕大臣书》,《齐民四术》卷十一,第494页。
④《职思图记为陈军门作》,《齐民四术》卷十一,第489页。

商诸国"多与英夷同技，不过英夷强梁，各国不能独与为敌"①，于是主张"撤关绝市，以激诸夷，使之共攻英夷以自效"②，与当时以"剿""抚"为基调的对英主导思路有了质的变化，毕竟包世臣的双脚已经开始迈入近代的门槛。包世臣擘画之御敌方略大部分不见采录，亦未实施，更多的是体现一个思想家的殚精竭虑、一个实践家的远见卓识。

鸦片战争结束后不久，包世臣就提出了总结战争经验的命题，"今者城下之事，已成既往，追溯前此失守各处，皆以空城待贼。踩营盘，掠粮台，拆焚衙署，抢夺行道，皆非夷匪所为。民情不附如此，此其可虑实倍蓰于夷匪寒盟也。故居今日而言补救，唯在收摄人心、物色人才而已"；"收摄人心者，结良以化莠，省刑薄敛，以固良民之心，则莠民无与助势。物色人才者，举强以劝弱，吊死问疾，以作强者之气，则弱者有以自立。"③只有争取民众对反侵略战争的支持，才能赢得反侵略战争的胜利，这是包世臣关心民众疾苦的民本思想在经历战争之后的升华。他在《与果勇侯笔谈》中明确指出"英夷之长技，一在船只之坚固，一在火器之精巧，二者皆非中华所能"，承认"英夷之长技"既需要见识，更需要胆魄，此点尤其难能可贵，决非闭关自大者所可比；同时他又向杨芳建议，"嘉应州贫士，多有就英夷之馆者，一请三年，习其地势人情。似宜明示，宥其既往，收为我用，或亦可得制炮之法。盖天下物之利者，无不有制也"④，于此提出学习夷之长技的问题，这甚至要早于魏源"师夷长技以制夷"主张的提出。

①《与果勇侯笔谈》，《齐民四术》卷十一，第491页。
②《致前四川督部苏公书》，《齐民四术》卷十一，第504页。
③《致前四川督部苏公书》，《齐民四术》卷十一，第505页。
④《与果勇侯笔谈》，《齐民四术》卷十一，第491、492页。

2、出山借箸，心系民生巨政

道光二十二年六月，包世臣由豫章乘船返抵白门，移入鸡笼山麓筹市口故居，洒扫庭内，修葺房屋，准备就此隐居，卖文售字，甚至有"声价已高，则求者不易，势难流布；取偿太易，则得者不珍，情尤轻屑。是用酌中议值，以告好我"①的告帖声明。包世臣自谓还山之后，杜门未出城闉，但显然并非真正的隐士，他与外界有着非常密切的联系，除道光二十四年曾短就旌德谭氏讲习外，与包慎言、洪梦琴、陈子鹤、姚大定、桂丹盟、魏源诸人过从甚密，或直接晤谈，或书信往还，以各种方式、通过各种途径表达着自己对国是民生的认识与思考，其关注领域颇为广泛，涉及开矿、行钞、银价、海运、漕弊诸事，集中体现在 1846—1847 年间所作的答复桂苏州七书，而尤以论漕为要。

道光二十八年任南河总督的杨以增有心当世之务，多次邀请包世臣出山，包世臣对杨有较好评价和较高期许，认为他"清畏人知，慈切身受，其德实冠绝三江……比及三年，必可回人心之狂澜，见求是之实事"②，于是便以七十五高龄在道光二十九年五月，重游袁浦，入南河总督幕，自谓"被南河杨公敦延再三，出山借箸"③，此处"出山"是相对前所谓"还山"之说而言的。河督杨以增是清代著名藏书家，在其家乡山东聊城建有海源阁藏书楼，包世臣游幕南河期间，协助杨氏父子从事藏书与刻书事业，直接参与东南地区之河漕巨政，竭心尽力，多有建白。游幕期间，包世臣认为比较满意的河工主要有两件，一是坚守义河，节省工费，再是延启下坝，以俟

---

①《白门倦游阁告帖》，《小倦游阁集》卷二，第 12 页。

②《复陈大司寇书》，《中衢一勺》卷七下，第 218 页。

③《安吴包慎伯手札·第一札》，《包世臣全集 管情三义·齐民四术》补遗，第 543 页。

秋收,二事均有明显效果;同年十月作《南河善后事宜说帖》,为南河总督料理六堡合龙之善后事宜,筹划颇为细致。

漕运为清代大政,桂丹盟在苏州办漕对包世臣多有询问,包两年间有致桂七书,论漕颇详,"几及万言,其与漕及海运机宜,得失亦略备矣。"他细致分析了漕弊根源,在于官以民为鱼肉,大户不甘鱼肉、不得不输漕规,小户则诡寄大户,大户反噬小户,进而尖锐指出漕事敝极,"而旧习莫肯稍更,实由当路未尝悉民间疾苦耳",可谓针砭之言;而银贵钱贱则加剧了漕运困局。如何解决漕弊问题,措施之一就是海运。经过对北洋盗帮、上海夷人及沙船等因素的综合分析,包世臣重持海运之议,并在汲取前次海运的基础上规划了具体措施,其中有两点值得关注,一是要把"越过剥船之方"作为解决问题的关键;二是将"官民两益"与不至"反为民病"作为解决漕弊的目标。措施之二是通盘筹划并解决漕运过程中积累的种种弊端,涉及到粮户、帮船、书吏、旗丁及管理层面等各个环节,更触及漕棍、仓费、浮勒、规费等深层问题,其核心是"宽民力",包世臣颇具深意地指出"民情之当俯顺,不可与之争胜也"[1],只有民力能胜才能上下相安、无虑意外。包世臣晚年所论银价、漕运及河工诸事,莫不以民生、民利为最终依归,念念不忘的始终是"宽民力""悉民间疾苦",体现其思想体系中鲜明的民本色彩,如其自谓"鄙人一无所与,杜门倚虹园中,但望其上益国而下益民耳"[2]。

3、裒集论说,编纂《安吴四种》

包世臣年过五十的时候,自觉年事渐高,产生了整理旧稿的设

---

① 《答桂苏州第六书》《与桂苏州第七书》《答桂苏州第一书》,《中衢一勺》卷七下,第209、210、208、195页。

② 《答族子孟开书》,《齐民四术》卷二,第234—235页。

想,迁葬其父于江宁时,拟居白门,编《小倦游阁文集》三十卷,并有《自编小倦游阁文集三十卷总目序》。道光二十二年,返抵白门的包世臣"整齐旧业,勒成定本。抑以维廉耻之尚存,俟取法于来者"①。

《中衢一勺》与《艺舟双楫》刻成流布,影响很大,在闽、粤、浙等地区读者甚多,坊间多有翻版,但其中多有错讹,包氏认为"二书于鄙说实未详备,故校正错误而附益之,较旧刻倍有差"②,计《中衢一勺》七卷、《艺舟双楫》九卷。在编集《安吴四种》的过程中,包世臣以怎样的态度对待早年旧刻,是一个颇值得关注的问题,他既没有整体移植,也未完全弃置,而是将相关著作放在既有框架之中,正所谓"校正错误而附益之"。包世臣将诗、词、赋之作得意者集录为《管情三义》,有赋三卷、诗三卷、词一卷,再有《浊泉编》一卷,共八卷。包氏晚年着力最多的编集工作是衰生平论说以为《齐民四术》,所谓四术者,"明农以养之,贵礼以教之,刑且可以不施,何论于兵"③,计十二卷。道光二十四年,整理编集工作基本完成,将《中衢一勺》《艺舟双楫》《管情三义》和《齐民四术》总名为《安吴四种》,凡三十六卷,"举凡宇宙之治乱、民生之利病、学术之兴丧、风尚之淳漓,补救弥缝,为术具设。"④《安吴四种》的编排具有鲜明的特点,打破了按体裁编排的惯例,取法子书,以事为经,以主题为编排标准,凡属同一项内容者,不论是系统的理论著作,还是书传碑志、书信杂著、论说序跋,都编为一类,四种当中每种都有一

①《抵白门却寄豫章诸公书》,《小倦游阁集》卷三,第29页。
②《安吴四种总目序》,《包世臣全集 中衢一勺·艺舟双楫》,第2页。
③《齐民四术·序言》,第161页。
④(清)范麟:《读安吴四种书后》,《包世臣全集 管情三义·齐民四术》附录,第557页。

个鲜明主题。这种编集方式，重内容而轻形式，自成系统，既能体现作者编辑方面的卓越识见，亦便于读者悉其指归。

《安吴四种》的刊刻时间，胡朴安编《包慎伯先生年谱》将其系于道光二十四年，依据大约是包世臣本年所作《安吴四种总目序》中有"拟求活字板排出数百部"之语，但胡谱似是忽略了其中的"拟"字。《安吴四种》初刻当在道光二十六年，包世臣在作于当年四月望日的《答桂苏州第一书》有"拙集已排成奉寄，乞加诲削"的客套之言；五月二十四日的《答族子孟开书》有"书渐可成"一语；六月十八日所作《致前大司马许太常书》又谓："近始衰集，排成四种三十六卷，五十余万言"；九月朔日《复桂苏州第二书》说到"承谕再征书一部，谨附便呈两部"；丁未年八月有请陈子鹤转呈"四种"的嘱托。在甲辰、乙巳年间，包世臣著作或往来书信中均未见有"赠送"《安吴四种》的记载。由此可推知，《安吴四种》刻本最终当成于丙午年，即道光二十六年。姚柬之在《书安吴四种后》言之甚明，"道光丙午夏，倦翁排印新旧文稿为《安吴四种》三十六卷。"[1]《安吴四种》刻后，包世臣即分送各处，与友人多有交流，并很快感觉到其中的不足，"同人得书者，多苦句读之难。仆亦病其错误层出，又间有未稳洽处"，于是亲自校定，遇有芜蔓，间加芟剃，于咸丰元年"厘订差定，重付梓人"[2]，此即《安吴四种》咸丰辛亥本。

包世臣刊刻《安吴四种》以备有心世道者采览，践行其"但期有益于世耳，身虽不显而所言得行"[3]的人生理念，带有浓重的经世致用色彩，是中国近代思想史上的重要篇章，该集亦表明包世臣晚

---

① （清）姚柬之：《书安吴四种后》，李星点校：《包世臣全集 管情三义·齐民四术》附录，第553页。
② 《安吴四种总目序》，《包世臣全集 中衢一勺·艺舟双楫》，第3页。
③ 《与秦学士书》，《中衢一勺》卷四，第92页。

年已经踏临近代的门槛,触摸到新的时代脉搏。

第四节　孙家鼐:近代高等教育的开拓者

孙家鼐(1827—1909),字燮臣,号容卿,安徽寿州人,咸丰九年己未科状元及第,为光绪帝师,历任中枢,创办京师大学堂,是近代中国高等教育的开拓者。

一、完整的科场经历

孙家鼐出身寿州大族,孙氏先世为避元末之乱,由济宁迁到寿州,至孙家鼐高祖孙珩时,"家道浸昌,赀产繁殖。"① 孙家鼐曾祖孙士谦和曾叔祖孙蟠皆为生员,"白首同居,共继父志"②,置义田,建宗祠,设义学,赠应试者路费,义行卓然,闻名乡里,事迹载于(道光)《安徽通志》。孙家鼐祖父孙克伟和父亲孙崇祖都是贡生。与绝大多数科举人不同,孙家鼐有着非常完整的科场经历,从入学,到中举,再到进士及第,而后出任学政,充任乡会试考官。

孙家鼐六岁开始入塾受书,道光二十二年十六岁时即入府庠,此间其长兄孙家泽和次兄孙家铎已先后考中进士。道光二十九年考中拔贡,咸丰元年举于顺天乡试。该科顺天乡试以协办大学士杜受田为正考官,吏部尚书柏葰、户部左侍郎舒兴阿、右侍郎翁心存为副考官,首题"吾未见能见其过而内自讼者也",次题"故君子不动而敬不言而信",诗题"敬胜怠得诚字"③。

咸丰九年三月,孙家鼐入都参加己未科会试,该科会试正考官

①《寿州孙文正公年谱》,《北京图书馆藏珍本年谱丛刊》第 169 册,第 233 页。
②(道光)《安徽通志》卷二百二《人物志·义行》,第 2805 页。
③《寿州孙文正公年谱》,《北京图书馆藏珍本年谱丛刊》第 169 册,第 237 页。

是大学士衔、吏部尚书贾桢,副考官为刑部尚书赵光、户部左侍郎沈兆霖、工部右侍郎成琦为,首题"色难有事",次题"今夫金天",三题"焉能使予不遇哉"①,孙家鼐中式,房师是编修罗嘉福。四月辛酉,和马传煦等一百八十位贡士在保和殿参加殿试,户部尚书周祖培、吏部尚书贾桢、礼部尚书麟魁等殿试读卷官将孙卷置为前十卷。四月甲子,"御乾清宫,召读卷官入,亲阅定进呈十卷甲第",四月乙丑,"上御太和殿,传胪,赐一甲孙家鼐、孙念祖、李文田三人进士及第"②,二甲朱学笃等八十六人进士出身,三甲陈祖襄等九十一人同进士出身,旋授翰林院修撰。

据说孙家鼐是以一副妙联而大魁天下的,咸丰皇帝在最终确定进士及鼎甲名次时,要求各人以大清王朝的兴盛为题作对联,孙家鼐稍加思索,信笔而成:

亿万年济济绳绳,顺天心,康民意,雍和其体,乾健其行,嘉气遍九州,道统绍羲皇尧舜;

二百载绵绵奕奕,治绩昭,熙功茂,正直在朝,隆平在野,庆云飞五色,光华照日月星辰。③

这是一副嵌字联,不仅将历代皇帝的年号,如顺治、康熙、雍正、乾隆、嘉庆和道光非常巧妙地嵌入对联,而且歌颂了大清王朝的丰功伟绩、国泰民安,对仗工整,通畅贴切,别具匠心,咸丰皇帝不禁拍案称绝,擢为一甲一名。这种说法仅仅只能是一种传说,孙氏该联作于引见时或有可能。按照定制,殿试读卷官进呈前十卷,

①《寿州孙文正公年谱》,《北京图书馆藏珍本年谱丛刊》第 169 册,第 240 页。
②《清实录·文宗显皇帝实录》(五),第 127、128 页。
③赵振远:《孙家鼐与楹联》,《江淮文史》2002 年第 2 期。

待皇帝确定名次之后,再按名传齐,带领引见,是为小传胪。

孙家鼐大魁天下之后,并没有完全离开科场,而是以另外的形式继续参与,多次担任乡会试考官。咸丰十一年,孙家鼐任山西乡试正考官,编修沈秉成为副考官。同治三年,翰林院修撰孙家鼐提督湖北学政。光绪八年,孙家鼐以工部左侍郎任顺天乡试副考官,正考官为礼部尚书徐桐。光绪二十三年,孙家鼐以吏部尚书充任顺天乡试正考官,兵部尚书徐郙、都察院左都御史裕德、户部右侍郎溥良为副考官。光绪二十四年,孙家鼐为戊戌科会试正考官,都察院左都御史徐树铭、吏部右侍郎徐会沣、兵部右侍郎文治为副考官,该科夏同龢为状元。光绪二十九年,孙家鼐再为癸卯科会试正考官,兵部尚书徐会沣、刑部尚书荣庆、吏部右侍郎张英麟为副考官,该科王寿彭为状元。该科会试发生一个小插曲,孙家鼐因"策题书写错误,自行检举",得旨着"交部照例议处"①。

光绪年间,钦命试题,"多寿州孙文正公代拟",以书一册折角为记上呈。四书文、经文为蓝本进,无可更改;诗题初出《唐宋诗醇》,继改尹文端所编《斯文精粹》,再用《御选唐诗》。光绪帝年长,择句无须乎人。"故自壬午会榜之后,孙文正公从未膺衡文之命。洎科举末造,迭掌文衡,乃由于此。"②

光绪三十一年八月,袁世凯与张之洞等会奏,请立停科举以广学校,并妥筹办法,清廷决定自丙午科为始,所有乡会试一律停止,各省岁科考试,亦即停止,科举至此停废。在科举停废过程中,孙家鼐所持态度如何、所起作用如何,就现有材料难以作出判断,但就科举停废之善后事宜,孙家鼐则有所表现。孙家鼐一直非常关

---

①《清实录·德宗景皇帝实录》(七),第783页。
②(清)刘体智:《异辞录》,中华书局,1988年,第148页。

注新式学堂的建立与推进,但筹设学堂,经费不敷,于是他在光绪三十一年十一月提出"学务紧要,请提科场款项",谓"现在科举停止,专办学堂,京师为总汇之区,需款尤巨,所有各省科场款项,自应提充经费,著各省督抚将关于科举各项用款,无论报部外销,尽数解京,专备学务经费。至各省认解大学堂协济各款,仍当源源照解,以应要需"①。针对新学堂教学偏重西学,孙家鼐心生隐忧,深恐"经学荒废,纲常名教,日益衰微,拟请设法维持",提出凡学堂毕业生考试,应分门别类,仅通语言文字者为一科,只供翻译之用,习制造者当另设官职,不能界以治民之权;惟有中学贯通,根原经史,则内可任部院堂司,外可任督抚州县。又专门提出,"东洋留学回国学生,宜慎重任用。"②光绪三十二年十二月,孙家鼐与陆润庠、寿耆、张亨嘉等一道,被派充考试毕业进士阅卷大臣。

孙家鼐尝督湖北学政,典山西乡试,再典顺天乡试,总裁会试,屡充阅卷大臣,"独无所私。"曾经选中一卷列于二甲,同列有意不可者,即屏退不取,"其让不喜竞类此。"③

孙家鼐高中状元之后的仕途极顺畅,这在清代状元群体当中亦较少见。同治四年,授翰林院侍读,七年任上书房行走,八年充武英殿提调。光绪四年任毓庆宫行走,与翁同龢一起教授年幼的光绪皇帝读书,由此成为帝师,也是后来光绪帝最信任和伴随时间最长的老师。其后孙累迁内阁学士,擢工部侍郎,历任工、刑、户、礼、吏部尚书,充管学大臣、学务大臣,拜体仁阁大学士,转东阁、文渊阁,再晋武英殿大学士,位极人臣。宣统元年卒,赠太傅,谥

---

①《清实录·德宗景皇帝实录》(八),第313页。

②《清实录·德宗景皇帝实录》(八),第454页。

③赵尔巽等撰:《清史稿》卷四百四十三《列传二百三十》,第12440页。

文正。

　　孙家鼐虽然贵为状元帝师、朝廷重臣，但却一直秉持"简约敛退"之风，"生平无疾言遽色"①，甚至连英国传教士李提摩太也说孙是"所有中国官员中最有教养、最具绅士风度的人之一"②。孙家鼐为官具有大器量，庚子国难之后，外国人要求惩办祸首、杀戮大臣，编修刘廷琛认为此举有失国体，责备并攻击宰辅不能据理力争是为失职，孙就此揖而引过。他不但没有记恨此事，反于后来诏举御史时独保刘廷琛，谓其大义见责，可见其忠，将来必不负国，朝野上下一片称颂之声。

　　位高权重的孙家鼐严于自律、治家，家乡寿州有很多传说。光绪二十五年，因废立之事，孙家鼐独持不可，以病乞罢回籍。一天夜晚便服出行，走到钟楼巷附近时，遇着都司率队巡逻，将他误认为是行迹可疑的窃贼，当即缉拿带走。他们走到状元府门前时，孙要求叩门请人作保，守门人见状大惊，痛斥都司妄行，这可吓坏了都司。第二天地方官带着都司前来请罪，孙不但没有怪罪，反而称赞都司忠于职守，并建议提升，一时间州人传为佳话。再有一次孙出城门时迎面碰上一个挑粪担的壮汉，把粪水溅在了他的衣服上，他并未说话理论，但那壮汉居然大声呵斥说："我是状元家种田的，溅脏了你的衣服，你敢把我怎么样！"孙家鼐一字一板地说："状元家种田的也要讲道理，不能仗势欺人啊！"后来人们告诉那壮汉，你碰到的那个人就是孙状元啊，壮汉顿时傻了，懊悔不迭。几天后此事四邻八乡无人不晓，孙家鼐德行流播乡里。

---

① 赵尔巽等撰：《清史稿》卷四百四十三《列传二百三十》，第12440页。
② 李提摩太：《亲历晚清四十五年：李提摩太在华回忆录》，天津人民出版社，2005年，第239页。

二、开办京师大学堂

孙家鼐既是帝师重臣，也是著名教育家，对近代中国教育，尤其是高等教育的起步及发展作出了巨大贡献，主要体现为创办京师大学堂。如果说光绪皇帝是创办京师大学堂的最高决策者，那么孙家鼐就是创办京师大学堂的主要设计者和领导者，戊戌变法期间他被任命为管学大臣，先后上《议覆开办京师大学堂折》《奏筹办大学堂大概情形折》，系统阐述说明其办学思路与教育理念，不仅是开办京师大学堂的重要原则，也对近代新式教育的发展有着极大的指导价值。从这个意义上，我们可以说孙家鼐是近代中国高等教育的开拓者。

强学会成立时，孙家鼐列名其中，为其代备馆舍，以供住宿，强学会被查封他还代为疏通，后强学会改建为官书局。光绪二十二年一月，孙家鼐被任命为管理官书局大臣，精心筹划官书局章程，包括藏书籍、刊书籍、备仪器、广教肄、筹经费、分职掌、刊印信等七条，提出"拟设学堂一所，延请精通中外文理者一人为教习"[①]。

光绪二十二年七月，孙家鼐上《议复开办京师大学堂折》，就开办京师大学堂提出初步而系统的构想，该折上于戊戌变法前两年，所见思路已与维新派相类。

孙家鼐反思中国旧设之学，皆有其弊，官学与义学老师授以经义帖括，学生猎取功名，于大局无益；同文馆和各省广方言馆斤斤于语言文字，充其量也只能培养出几十个翻译者；福建船政学堂、南北洋水师武备学堂及江南制造局学堂等洋务时期的所谓新学堂，又囿于一才一艺，即使稍有成就，而其人多不明大体，先厌华风，办理数十年"欲求以缓急可恃之才，而竟不可得者"。京师大

[①]（清）孙家鼐：《官书局奏定章程疏》，中国史学会主编：《中国近代史资料丛刊·戊戌变法》（二），上海人民出版社，1957年，第423页。

学堂"作育人才,储异日国家之大用,则非添筹经费,分科立学不为功。独是中国京师建立学堂,为各国通商以来仅有之创举",所以开办不能仿照此官学、义学之例,亦不能搬用同文馆之式,更不宜如福建船政学堂那样局囿于一才一艺。孙家鼐就大学堂开办情形,胪列六事,条分缕析,提出相当完整的办学计划,期以"准今酌古,原始要终,实以兼包中外"①。

第一,先定宗旨。孙家鼐指出京师大学堂必须以中学为主、西学为辅,中学为体、西学为用,"中学有未备者以西学补之,中学有失传者以西学还之,以中学包罗西学,不能以西学凌驾中学",这种立学宗旨,亦是中体西用理论在教育领域的倡导。

第二,宜造学堂。在京师选择适当宽旷之地,或者购置民房,建设学堂。先建能够容纳百人的大学堂,四围分建小学堂四所,每所可容三十名小学生。尤其值得肯定的是,孙氏颇具发展眼光,提出"四周仍多留隙地,种树栽花,以备日后扩充,建设藏书楼、博物院之用"。

第三,学问分科。孙家鼐以为"不立专门,终无心得",拟在京师大学堂设立十科,即天学科(附算学)、地学科(附矿学)、道学科(附各教源流)、政学科(附西国政治及律例)、文学科(附各国语言文字)、武学科(附水师)、农学科(附种植水利)、工学科(附制造格致)、商学科(附轮舟铁路电报)、医学科(附地产植物化学),十科之设"总古今,包中外,赅体用,贯精粗,理索于虚,事征诸实",已和近代学科体系十分接近,由此可见设计者的世界眼光和近代意识,甚至有"他日并包六国"的宏大抱负。

第四,访求教习。仿燕昭筑黄金台以待天下贤士,悉心访求教

----

① (清)孙家鼐:《议复开办京师大学堂折》,《中国近代史资料丛刊·戊戌变法》(二),第425、429页。

习,并对中西教习的条件提出明确要求。他说中国教习必须"品行纯正、学问渊深,通达中外大势",即使不懂外语也可以;外国教习则须"深通西学、精识华文"。孙家鼐强调选择高质量的教师,尤其是以德为先的要求,即使在今天的教育领域仍然具有启示意义。

第五,慎选生徒。关于学生来源,孙家鼐强调要慎选生徒,同文方言各馆学生、调取内外各衙门咨送、举贡生监曾学西文者,自行取给投考,应"第其优劣,分别去留,仍须性行纯正、身家清白,方能入选"。入选者年龄最好在二十五岁,以中学西学兼通为上等,中学通而西学略通者次之,西文通而粗通中学者又次之,三等分别编班,而且发给不同的薪水津贴。

第六,推广出身。对学成毕业的学生应推广出身,用今天的话来说就是解决毕业生的出路问题,让他们能够学有所用。他说"学而不用,养士何为,用违其才,不如不用"①,必须宽筹出路才能鼓舞人才,为此设计三途,其一立科,准许大学堂学生参加科举,仿算学科之例,在乡试与会试单设时务一科,包含算学在内,单独录取,且中式定额宜宽。其二派差,对科举考试不中的学生,由学堂发给金牌文凭,依其所长,派往各国使馆充当翻译随员,或者分配到海军、陆军、船政和制造各局充任帮办。其三分教,即仿照西方师范学堂学生例,将不能应举为官者,考核之后奖给牌凭,派往全国各地陆续开办的中小学堂担任教习,正是学有所用、用其所长,也可以保证地方学堂有良好的师资。

该折上后,基本没有反响,仅是奉旨暂存,换言之就是被搁置了,大学堂一直未能设立。直到戊戌变法期间,光绪皇帝对京师大

---

① (清)孙家鼐:《议复开办京师大学堂折》,《中国近代史资料丛刊·戊戌变法》(二),第426—429页。

学堂非常上心,数次表示"京师大学堂为各行省之倡,尤应首先举办","现在亟须开办,其详细章程,著军机大臣、总理各国事务衙门王大臣妥议具奏"。光绪二十四年五月十五日,总理衙门上《遵筹开办京师大学堂折》,其中关于总教习的职权设计是一个焦点问题,"总教习综司学堂功课,非有学赅中外之士,不足以膺斯重任,非请皇上破格录用,不足以得斯宏才。若总教习得人,分教习皆由其选派,亦可收指臂之效。"①梁启超代为起草的大学堂章程一同缮单呈进,该章程虽经军机处与总理衙门多人修改,而"康、梁的主张仍占据主导地位。其中最为关键,即康、梁最具用心者"②,为功课书的编写与总教习及其职权两点。

光绪皇帝任命孙家鼐为管学大臣,负责筹办京师大学堂,光绪二十四年六月二十二日,孙家鼐上《奏筹办大学堂大概情形折》报告筹办情形。与《议复开办京师大学堂折》所论偏于宏观不同,《奏筹办大学堂大概情形折》所说多为具体问题,"查取东西洋各国学校制度,暨各省现办学校章程,体察情形,详慎斟酌",详论如拟立仕学院、宜筹出路、变通中西学分门、宜慎出身名器、译书宜慎、设西学总教习、西教习薪水、变通膏火等八事。其中"译书宜慎"一节特别指出,"若以一人之私见,任意删节割裂经文,士论必多不服。盖学问乃天下万世之公理,必不可以一家之学,而范围天下。"③此语当是针对康学及功课书编写而言,反映出孙家鼐与康梁

① 总理衙门:《遵筹开办京师大学堂折》,《中国近代史资料丛刊·戊戌变法》(二),第410—412页。
② 茅海建:《戊戌变法史事考二集》,生活·读书·新知三联书店,2011年,第236页。
③ (清)孙家鼐:《奏筹办大学堂大概情形折》,《中国近代史资料丛刊·戊戌变法》(二),第435—437页。

维新派旨趣各异,其实两人学术思想亦多不同,此前五月孙家鼐奏疏,请将"康有为书中,凡有关孔子改制称王等字样,宜明降谕旨,亟令删除,实于人心风俗,大有关系"①。

梁启超所拟大学堂章程,总教习即暗指康有为,康也"欲任此职而充当全国的学界领袖",虽然官职低微,但有光绪帝的支持与庇护,出任该职有很大可能。孙家鼐宁肯"忤逆光绪帝,也绝不同意由康来任此职"②,而是提请许景澄充任京师大学堂总教习。

功课书编写的不同认识与总教习人选的确定,固是孙家鼐与康有为的矛盾与斗争,其实还有潜在的意义,孙家鼐通过两事的处置,在变法高潮阶段就与康梁维新派划清了界限,所以戊戌政变之后,他个人的政治命运没有因此受到影响,他所主持的京师大学堂也成为变法仅存之硕果。戊戌政变之后,变法新政几乎全部废除,正是在孙家鼐的努力坚持和苦心经营之下,京师大学堂保留下来,并且于光绪二十四年年底正式开办。京师大学堂的创办,对近现代中国教育,尤其是高等教育产生了深远影响。

第五节 鼎甲群体:科举顶级人物的 规模与分布

殿试是清代科举最高层级的考试,每科取中第一甲三名,即状元、榜眼与探花,均赐进士及第,如鼎之三足,故谓鼎甲。鼎甲群体居于科举体系的塔顶,是人生成功的标志,亦是社会崇拜的对象,

---

① (清)孙家鼐:《奏译书局编纂各书请候钦定颁发并请严禁悖书疏》,《中国近代史资料丛刊·戊戌变法》(二),第431页。
② 茅海建:《戊戌变法史事考二集》,第255页。

有着十分广泛而深远的社会影响。清代安徽鼎甲人物共有21位，规模仅次于江苏与浙江两省，在清代科举格局当中占有重要地位。安徽鼎甲群体的变迁大约经历了三个阶段，由最初的平台期到乾嘉的繁盛期，至晚清转向衰微。安徽鼎甲区域分布具有不均衡的趋势，鼎甲人物朝安庆、徽州、宁国等科举发达地区集中，与进士的区域分布态势密切相关，又和进士中心县高度重叠。安徽鼎甲人物多有进士家族的背景，来源较为狭窄，其社会流动处于半封闭的状态。

一、鼎甲群体的规模与地位

有清一代，自顺治丙戌至光绪甲辰，共开正科、加科及恩科112科，除顺治壬辰和乙未两科满汉分榜之满榜不计外，共产生鼎甲336人，安徽鼎甲人物（不包括寄籍他省者）有21人，其中状元9人、榜眼7人、探花5人，兹将其姓名、功名、籍贯及科年等信息列表如下。

表3-1　清代安徽鼎甲人物表

姓名	功名	籍贯	科年
程芳朝	榜眼	安庆府桐城县	顺治四年丁亥加科
吴国对	探花	滁州全椒县	顺治十五年戊戌科
孙卓	榜眼	宁国府宣城县	康熙十八年己未科
吴昺	榜眼	滁州全椒县	康熙三十年辛未科
戴名世	榜眼	安庆府桐城县	康熙四十八年己丑科
张廷璐	榜眼	安庆府桐城县	康熙五十七年戊戌科
梅立本	榜眼	宁国府宣城县	乾隆二十二年丁丑科
韦谦恒	探花	太平府芜湖县	乾隆二十八年癸未科
黄轩	状元	徽州府休宁县	乾隆三十六年辛卯恩科
金榜	状元	徽州府歙县	乾隆三十七年壬辰科
吴锡龄	状元	徽州府休宁县	乾隆四十年乙未科
程昌期	探花	徽州府歙县	乾隆四十五年庚子恩科

姓名	功名	籍贯	科年
王宗诚	探花	池州府青阳县	乾隆五十五年庚戌恩科
赵文楷	状元	安庆府太湖县	嘉庆元年丙辰恩兼正科
洪莹	状元	徽州府歙县	嘉庆十四年己巳恩科
龙汝言	状元	安庆府桐城县	嘉庆十九年甲戌科
凌泰封	榜眼	凤阳府定远县	嘉庆二十二年丁丑科
戴兰芬	状元	泗州天长县	道光二年壬午恩科
李振钧	状元	安庆府太湖县	道光九年己丑科
吕朝瑞	探花	宁国府旌德县	咸丰三年癸丑科
孙家鼐	状元	凤阳府寿州	咸丰九年己未科

乾隆五十五年庚戌恩科探花王宗诚,早取甲科,历任清要,父子同朝,极优渥之遇,屡典乡会试。商衍鎏著《清代科举考试述录及有关著作》《殿试会试首先姓名表》,将王宗诚的籍贯记作江苏,实误;李世愉所编《清代三鼎甲籍贯一览表》亦将王宗诚籍贯作"江苏青阳"[1],同误。江庆柏编著《清朝进士题名录》作"江南池州府青阳县人"[2],朱保炯、谢沛霖编《明清进士题名碑录索引》也录为"江南青阳"[3],(光绪)《重修安徽通志》卷一百五十七《选举志·表七》亦记为"青阳人",且在《人物志·宦绩》有传,传曰:

> 王宗诚,字莲府,青阳人,尚书懿修子,乾隆庚戌一甲三名进士,授编修。历官礼部、工部侍郎、工部尚书,终兵部尚书兼顺天府尹,皆能举其职。历任河南、山东、江西学政,优贤爱

---

① 李世愉:《清代科举制度考辩》,第 222 页。

② 江庆柏编著:《清朝进士题名录》,中华书局,2007 年,第 653 页。

③ 朱保炯、谢沛霖编:《明清进士题名碑录索引》,上海古籍出版社,1979 年,第 253 页。

士,然遇弊必发,不稍受私谒。道光八年,回疆戡定,宣庙御午门受俘,宗诚以兵部尚书循例组缚逆酋以献,礼成得越等褒赏。十七年卒,奉有清勤端谨、克尽厥职之谕,赐祭葬如例。①

单独看安徽鼎甲群体,规模似乎并不很大,但如果将其置于清代鼎甲总体格局当中进行考量,其地位则可得到真正反映。清代112名状元,江苏49人,浙江20人,安徽9人,其数在苏、浙二省之后,列于其他诸省之前;榜眼数列浙、苏、赣之后居第四位;探花数列苏、浙、湘后亦居第四位。合状元、榜眼与探花之数,安徽鼎甲群体规模,仅次于江苏与浙江两省,稳居全国第三位,由此可以表明,安徽是科举发达的省份。如果将诸科传胪(殿试二甲第一名)与会元(会试第一名)纳入考察范围,安徽有传胪12人、会元9人②,与苏、浙之外其他各省相较,科举优势更加明显。

为反映鼎甲规模相对于科举水平的真实意义,有必要观照安徽举人与进士人数及其在全国范围内的排序情况。清代各省乡试举额向分大、中、小省,据《钦定科场条例》载,安徽每科取中45名③,与广西(45名)同等,仅高于贵州(40名),列于诸省之末,和直隶(101名)、浙江(94名)、江西(94名)、福建(87名)等大省悬殊明显,的确是乡试层次的科举"小省"。一般而言,各省乡试定额与会试中额应成密切的正相关关系,但安徽却稍显例外。清代安

① 沈葆桢、吴坤修等修,何绍基、杨沂孙等纂:(光绪)《重修安徽通志》卷一百五十七《选举志·表七》、卷一百九十二《人物志·宦绩》,《续修四库全书》(史部·地理类)第653册,第81、487页。
② 商衍鎏:《清代科举考试述录及有关著作》,第191页。
③ (清)杜受田等修,(清)英汇等纂:《钦定科场条例》卷十九《乡会试中额·各省乡试定额》,《续修四库全书》(史部·政书类)第830册,第54页。

徽进士数在全国排在第 10 位,在会试与进士层次,安徽已是科举
"中省"。在鼎甲群体层次,安徽已然是科举大省,进士人数与鼎甲
人数之比颇能反映问题,该比数字越小表明科举实力越强。我们
选取鼎甲人数远超安徽的浙江,鼎甲规模与安徽较为接近的江西
与山东,进士人数与安徽较为接近的福建、广东与山西,乡试举额
与安徽接近的广西、贵州等省略作比较。由表中数据可知,安徽的
进士鼎甲比仅略高于浙江,鼎甲人数造成的巨大差距明显缩小;其
他各省的进士鼎甲比都大大高于安徽,其中江西该比是 106,恰好
是安徽的两倍,这表明江西虽然鼎甲规模与安徽大约相当,但其科
举核心竞争力却逊于安徽,因为江西的进士数是安徽的 1.7 倍,乡
试中额更是安徽的 2.1 倍。

表3-2　清代各省鼎甲与进士数目表

省份	安徽	浙江	江西	山东	福建	广东	山西	广西	贵州
乡试中额[1]	45	94	94	69	87	71	60	45	40
进士数[2]	1119	2808	1919	2270	1371	1011	1420	568	607
鼎甲数[3]	21	76	18	14	10	11	4	5	3
进士与鼎甲比	53	37	106	162	137	92	355	114	202

　　安徽科举实力长期以来似乎被江浙地区炽盛的科举光芒遮蔽,
多被轻视或忽略。从乡试层次科举"小省"向进士层次"中省"的
提升,初步体现了安徽士子具有较强的科举竞争力,再从进士层次

---

① 《钦定科场条例》卷十九《乡会试中额·各省乡试定额》,《续修四库全书》
　　(史部·政书类)第 830 册,第 53—54 页。
② 关于清代各省进士数,研究者有不同的统计结果,为便于比较,此处数据
　　依沈登苗:《明清全国进士与人才的时空分布及其相互关系》,《中国文化研
　　究》1999 年第 4 期。
③ 据商衍鎏:《清代科举考试述录及有关著作》,《殿试会试首先姓名表》,第
　　182—191 页。

"中省"跨越到鼎甲层次的"大省",奠定了安徽在全国科举格局中的重要地位,安徽完全可以和江苏、浙江并为清代科举发达之省域。明乎此,有助于我们理解清代安徽人才丰富的原因。冯尔康的研究,利用第一历史档案馆所藏官员履历档,依据引见官员的籍贯,将有清一代各省籍、旗籍划分为四个层次,其中安徽与满洲、江苏、汉军、浙江同居第一层次[①]。沈登苗的研究成果表明安徽在清代人才排行榜上名列第三(前两位分别是江苏和浙江),他指出"进士与人才的空间分布存在着一定的正比例关系。但也不尽然"[②],譬如安徽进士排名第十,而人才却高居第三。安徽人才辈出的主要支撑性因素就是发达的科举事业(当然不是唯一的因素),安徽人才大省的局面与科举大省的地位,尤其是鼎甲群体的规模正相匹配,两者高度相关。

二、鼎甲群体的时代变迁

安徽鼎甲的变迁大约经历了三个阶段,每个阶段的基本状态及数据如下表所示,表中科均鼎甲数是指平均每科殿试所取鼎甲人数,具有较强的可比性。

表3-3　清代安徽鼎甲群体时代分布表

阶段	开科数	鼎甲数	科均鼎甲数	状元	榜眼	探花
1644—1735年	34	6	0.176	0	5	1
1736—1839年	48	13	0.271	8	2	3
1840—1904年	30	2	0.067	1	0	1
合计	112	21	0.188	9	7	5

[①] 冯尔康:《清朝前期与末季区域人才的变化:以引见官员、鼎甲、翰林为例》,《历史研究》1997年第1期。

[②] 沈登苗:《明清全国进士与人才的时空分布及其相互关系》,《中国文化研究》1999年第4期。

第一阶段是安徽鼎甲发展的平台期,从顺治元年(1644)到雍正十三年(1735),历顺治、康熙与雍正三朝,期间共举行会试与殿试34科。安徽鼎甲6人,其中榜眼5人、探花1人,该阶段无状元,以榜眼为主,故也可视为榜眼期。

第二阶段是安徽鼎甲发展的繁盛期,从乾隆元年(1736)到道光十九年(1839),历乾隆、嘉庆和道光前期,期间共开科48次。该阶段之所以成为繁盛期,主要有三个表现,一是鼎甲人数大幅攀升,达到13人;其二科均鼎甲数为0.271,较前一阶段提高0.095;其三该期以状元为主体,达8位之多,故亦可称为状元期。

安徽科举于乾嘉时期达到高峰阶段,其因固然复杂,若经济支撑、若学术推动等,科举政策的调整亦是主因,苏皖两省乡试与会试中额的变化有利于提升安徽科举影响力与竞争力。康熙初年安徽、江苏两省分立,虽然各设巡抚、学政,但乡试共用江南贡院、合为一省,定额99名,历科江苏入场士子较多,中式名数常居十分之七,安徽虽也人文繁盛,但因应试者少,中式名数只占十分之三。乾隆元年决定,"将下江照中省之二等取中七十二名,上江照小省之二等取中四十八名"①,至乾隆九年分别定为69名和45名,至此两省乡试实行合闱分额政策。该方案的实施使安徽每科乡试中式额数较之以前增加了大约50%,影响至为深远。会试中试无定额,初分南、北、中卷分别取中,至康熙五十一年始定分省取中,礼部于临考时查明入场举人数目,由皇帝"计省之大小,人之多寡,按省酌定取中进士额数。考取之时,就本省卷内择其佳者,照所定之额取中"②。

①《钦定科场条例》卷十九《乡会试中额·各省乡试定额》,《续修四库全书》第830册,第55页。
②《钦定科场条例》卷二十二《乡会试中额·会试中额》,《续修四库全书》第830册,第78页。

此处安徽与江苏仍照江南一省对待,安徽并未从这项政策中获益,甚至在康熙六十年辛丑科出现了"脱科"现象,即无人取中进士。乾隆六十年乙卯恩科会试前礼部以中额请旨,决定"江苏十三名,安徽八名"①,实际上是将前科江南 21 个名额进行分割,而前科安徽仅中五位进士。安徽由此在会试中获得独立地位,不仅保障了每科取中名额,而且有小幅提升。政策的调整、乡会试中额的增加,既增强了安徽贡士的殿试竞争力,更提升了安徽科举的整体地位,均有利于更多人位晋鼎甲、殿试抢魁,甚至出现了"连科三殿撰"的盛状,乾隆辛卯恩科状元黄轩、壬辰科状元金榜、乙未科状元吴锡龄,皆徽州人。

第三阶段是安徽鼎甲发展的衰微期,从道光二十年(1840)到光绪甲辰年(1904),大约与晚清相近,期间 30 次开科,只有鼎甲两人,即咸丰三年癸丑科探花吕朝瑞和咸丰九年己未科状元孙家鼐。同治、光绪两朝四十余年,再无鼎甲,仅见张启俊为光绪三十年甲辰恩科传胪,或为安徽科举的最后一抹亮色。

不管是与前两阶段相比,还是与同期其他省份相较,安徽鼎甲的确已经失却往昔辉煌,无可逆转地走向衰颓。鸦片战争以后,中国开始讲求新学,科举也转向变革,乾嘉时期学术与科举均极兴盛的安徽,没有很好地适应这种转型,导致鼎甲式微,与此相伴的是湖南、广西、山东、广东、湖北、江西、贵州等省鼎甲人数均超安徽。颇有意味的是,该阶段江浙两省人士长期雄踞鼎甲的状况发生巨大变化,优势已不再明显,其转向趋势与安徽基本一致,这也表明鼎甲的地域分布"向着逐渐趋于平稳的态势发展"②。

①《钦定科场条例》卷二十二《乡会试中额·会试中额》,《续修四库全书》第 830 册,第 83 页。

② 李世愉:《清代科举制度考辩》,第 228 页。

安徽鼎甲衰落的主要原因是省内社会经济因素的变迁。安徽是太平天国及捻军运动的主要战场,期间安徽人口损失达到1700万,占战前人口的45.5%,其中皖南人口损失930万,达到惊人的81%[1],其后虽有增长,但极缓慢。人口大规模损失对科举的冲击是根本性的,而徽商衰落则对安徽,尤其是徽州科举产生直接影响。道光年间徽州盐商已呈衰象,经历咸同兵燹而元气大伤,只能凭借茶商勉强维持,光绪中叶以后,"徽州茶商亦由盛而转衰,并进而导致徽州商帮江河日下。"[2]失去经济的依托与支撑,安徽人科举高端的竞争力也就转向黯然失色了,失却往昔强劲之势,以至于偶获鼎甲也成幸事。

三、鼎甲群体的地域特点

清代安徽13个府(直隶州)中,除庐州府、颖州府、六安直隶州、和州直隶州和广德直隶州外,其他八个府(直隶州)均有鼎甲人物,安庆、徽州、宁国等府是鼎甲密集之区,全省21位鼎甲出自安庆府6人、出自徽州府5人、出自宁国府3人,呈现出分布不均衡的鲜明趋势,并与进士区域分布的状况密切关联。安庆得省治之地利,加之桐城文风炽盛,徽州府有"贾而好儒"的徽商为科举提供经济支撑,宁国府地亦向来重学,民习耕稼尚货利,士习衣冠礼乐,故三府为安徽进士强府,安庆府有进士286人,徽州府有进士245人,宁国府有进士165人,在省内各府(直隶州)排序分别列第一、二、三位,与鼎甲排序恰相吻合,此可表明各府鼎甲之盛缘于其进士之众,同时鼎甲人数众多也强化了三地科举发达的形象与地

---

① 曹树基:《中国人口史》(第五卷),第505页。
② 张海鹏、王廷元主编:《徽商研究》,人民出版社,2010年,第642页。

位。凤阳府、滁州、泗州、太平府和池州府虽有鼎甲,却仅有一、二人不等,属鼎甲稀疏区,而这五府(直隶州)进士数在安徽全省进士序列当中多处中游。颍州府、和州和广德州终清一代未见鼎甲人物,为鼎甲空白区,三地在安徽全省进士序列排在榜单之尾,进士人数较少,大约可解鼎甲空白之因。有114位进士、在全省位居第四的庐州府是个例外,虽然进士较多,却未见鼎甲,原因值得进一步探讨。

表3-4　清代安徽鼎甲群体地域分布表

府州	安庆府	徽州府	宁国府	凤阳府	滁州	泗州	太平府	池州府
鼎甲数	6	5	3	2	2	1	1	1
县域	桐城4 太湖2	歙县3 休宁2	宣城2 旌德1	定远1 寿州1	全椒2	天长1	芜湖1	青阳1

　　安徽鼎甲区域分布具有不均衡的态势,且与进士区域分布高度相关,鼎甲人物朝安庆、徽州、宁国等科举发达地区集中,与全国范围内鼎甲集聚于苏、浙、皖等省的趋势高度相似,可见鼎甲群体区域分布的不均衡具有层级性,不仅各省鼎甲多寡悬殊,即一省之内鼎甲往往也朝特定区域集聚。

　　清代安徽60个县级(含属州和直隶州本州辖地)区划中,仅有12个县(属州)出现鼎甲人物,其中桐城4人,歙县3人,休宁、太湖与宣城各2人,其他如定远、青阳、全椒等县均为1人。笔者在考察清代安徽进士群体区域分布时,曾引入进士超强县和进士中心县两个概念,所谓进士超强县特指安庆府桐城县和徽州府歙县,两县分别有进士138人和116人,在省内遥遥领先于其他各县;所谓进士中心县指府内进士数量较为突出的县,如宁国府的泾县、太平府的芜湖县、泗州的天长县、滁州的全椒县、池州府的青阳县等皆是,因安庆府和徽州府科举实力强劲,且各自拥有进士超强县,故可将怀宁与休宁视为进士中心县。另外还存在阶段性的科举中心县，如寿州是凤阳府前期中心县，宣城是宁国府前期的进士大县，安庆府太湖县与宁国府旌德县在清代后期迅速崛起，太湖县进士数已远超怀宁县，与桐城县大约相当，旌德县进士数与泾县基本持平，成为阶段性科举强县。

鼎甲分布县与进士超强县及进士中心县（阶段性），高度重叠，所有鼎甲分布县都出于进士超强县及进士中心县（阶段性），其中桐城与歙县两个进士超强县也是鼎甲人数最多的县，由此进一步说明，一地鼎甲之有无、人数之多寡往往与该地总体科举水平呈正相关关系。但这并不意味着所有进士中心县都有鼎甲人物，最典型者为宁国府泾县，该县有进士 62 人，在省内仅次于桐歙两县，列于第三，却没有鼎甲出现，能否因此否定泾县的科举水平呢？ 显然不能，因为泾县文化、教育与学术一直较为发达，支持着科举也具有较强的竞争力，正所谓"泾士好学问，攻文辞，科第代不乏人……一时人士翕然，骎骎有伊洛之风"。[①] 我们不妨将考察视角稍微转换，乾隆元年丙辰科会元赵青藜、乾隆五十二年丁未科传胪朱理都是泾县人，或可弥补泾县无鼎甲之憾，亦由此说明，鼎甲之产生存在一定的偶然性，因为就考试本身而论，会元、传胪与鼎甲本就没有天渊之别。

四、鼎甲群体与进士家族

社会流动及其频率是科举研究领域颇为关注的论题，相关研究显示明代"完全平民出身"的进士占比为 50%，清代该比为37.2%[②]，表明社会流动频率达到较高的水平；郭培贵指出明代庶

① （嘉庆）《泾县志》卷一《沿革·风俗》，第 23 页。
② 何怀宏：《选举社会及其终结：秦汉至晚清历史的一种社会学阐释》，生活·读书·新知三联书店，1998 年，第 136 页。

吉士的出身来源具有高度的开放性与广泛性,出身进士家族者在庶吉士总数中所占比例为 17.54%[①]。鼎甲群体是否同一般进士群体或庶吉士群体一样,具有较强流动性与较高开放性呢?安徽鼎甲群体可以为该问题的讨论提供一个具体而适当的样本。

何炳棣在分析代际上向流动时,主要考察进士与其父、祖、曾祖三代的功名对比,其研究思路具有示范性,亦为其他学者沿用,有的上推四代,偶见兼及兄弟者,类于现代所谓之主干家庭,而有意或无意之间忽略了家族与宗族。家族与宗族是传统社会的构成要素,在科举体系内有至关重要的作用,家族谱牒多列"科名录"或"选举表"备载家族科场成绩即为其证。我们在考察鼎甲群体流动问题时,将比较范围从狭义的家庭扩展为广义的家族或宗族。

安徽鼎甲人物多出进士家族,韦谦恒所出芜湖县有韦一鹤、韦弦佩等 3 位进士(含韦谦恒,下文亦同),凌泰封所在定远凌氏家族有凌泰交等 4 位进士,吴国对、吴昺所出全椒吴氏有吴国缙、吴晟等 6 位进士;宣城梅氏、休宁吴氏分别有进士 5 人,太湖赵氏有 6 人,旌德吕氏有 11 人;黄为休宁进士著姓,洪、金、程是歙县进士著姓,程芳朝寄籍桐城,本籍是歙县,与歙之程姓原为同族。李振钧所在太湖李氏、孙家鼐所在寿州孙氏、张廷璐所在桐城张氏都是安徽科举望族,太湖李氏仅嘉庆、道光两朝就有李振庸、李振习等同辈五人先后获中进士,寿州孙氏孙家铎、孙家泽、孙家醇等同辈七人从道光到同治三朝先后获中,桐城张氏在康熙雍正年间有张廷玉、张廷珫等同辈五人登科,雍正乾隆年间继有张若霭等同辈六人陆续登科,堪称清代安徽第一科举家族。孙卓"淹通经史,才藻烂

---

① 郭培贵:《明代庶吉士群体构成及其特点》,《历史研究》2011 年第 6 期。

发"①,癸亥奉使册封安南,卒于粤西全州道中,著有《甓社宅稿》。孙卓出身进士家庭,其父孙襄,字惠可,为崇祯七年甲戌科进士,顺治初年请议定律令,刊布成书,为画一之制,又力言于操江巡抚,使宁郡所贡黄连得以减免三分之二,"乡人德之。"② 王宗诚之父王懿修,为乾隆三十一年丙戌科二甲进士,(光绪)《重修安徽通志》有传,谓其"学问优长,充会试及顺天乡试同考官各一,四任乡试主考,三任提督学政,一充会试正总裁,所取文章,理醇义正,原本六经,无不服其衡鉴"③。没有进士家族背景的鼎甲人物只有天长戴兰芬、桐城戴名世和龙汝言三人④,在鼎甲总人数中占比约为 14.3%,该数字远低于学界的一般想象和相关研究结论。

　　85.7% 的鼎甲人物拥有进士家族的背景,表明鼎甲人物的来源较为狭窄,甚至处于一种半封闭的状态,具有鲜明的家族性特点,也反映出随着科举功名的提高,鼎甲群体的社会流动率急剧降低。这种结论对科举社会流动的通行观点造成冲击甚或否定,但却可能切近科举社会流动的真实图景,也更能反映科举高端竞争的一般常态,因为进士家族往往拥有优越的物质条件、深厚的文化积淀与丰富的政治资源,决定了他们能够在激烈的科场竞争中占据优势。

---

① (嘉庆)《宁国府志》卷二十九《人物志·文苑》,江苏古籍出版社,1998 年,第 278 页。

② (嘉庆)《宁国府志》卷二十七《人物志·宦迹》,第 230 页。

③ (光绪)《重修安徽通志》卷一百九十二《人物志·宦绩》,《续修四库全书》(史部·地理类)第 653 册,第 486 页。

④ 笔者在《清代安徽鼎甲群体》(发表于《合肥学院学报》社会科学版 2015年第 2 期)文中将王宗诚和孙卓归入该类,均误。

第六节　边缘群体：科场之外的科举人

科举运行与维系，既需要制度的设计与完备，也需要读书人的向往与应考，更离不开社会大众的参与和支持。这些参与和支持者可以视为科场之外的科举人，是科举的边缘群体。

一、科举事业的支持者

地方士绅与百姓以各种方式积极参加科举活动，或修建学宫考棚，或资助膏火，或设立宾兴，是科举人群体的重要构成部分，其中影响较大者，可见于方志等文献记载。该群体规模颇大，本书仅以（道光）《休宁县志》卷十五《人物·尚义》所载部分人物及其事迹为例略作考察。

1、参与多种科举活动

第一种活动是捐资修建考棚、文庙、学宫等，黄大顺之举具有先行意义。徽州旧无考棚，士子每就试旌德，资斧维艰，古林人黄大顺感念"跋涉艰难，慨然捐赀创建"考棚。郡伯为之檄行府县七学，博集诸生之议，请于上宪而准。和村人吴琛，见考试时士子拥立门外，听候唱名，雨淋日晒，"捐赀数百缗，创立棚厂，每科以为常。"陈志鋐，行贾六合县，"捐重赀以修学宫。"隆阜人戴纯恩，"家仅中赀而性好施"，解囊乐输，重建文庙，又捐千金迁建海阳书院。

第二种活动是捐建书院、义学。陈村人陈有灏敦宗睦族，临没以行善嘱其子陈廷议。陈廷议承其志，倡建育文义学，"大小试皆给以费。"海阳书院新迁，黄士镇捐千金以助膏火，并捐修还古书院。吴继祺倡捐修葺明伦堂，建魁星楼。侨寓汉口时，修紫阳书院，"立义学，聘名师，立教条，乡人子弟就学焉。"汪启山，乐善不倦，修水口，修渡桥，"其有功于学校者尤大"，捐修还古书院，又置田以备岁修。

第三种是助以膏火,创建宾兴,汪国柱等贡献颇大。率口人程子谦,字益仲,"捐赀置文萃会以给族之应举者",后又扩大范围,置府县学义田,为诸生科举之费。滁村人汪朝烘,"族姻之贫困者月有给,业儒者助以膏火。"程守奎生平慷慨仗义,经常资助积学之士,"使成科名。"汪国柱,少时孤贫,乐善好施,海阳书院新迁,捐千金以助膏火,又助修文庙,影响最大者当是建立宾兴。因本邑士子乡试艰于资斧,捐金五千二百有奇,"呈请申详,定立规条,存典生息,以为试资。"邑令纪其事,勒石明伦堂,抚宪奖额"德培俊乂",嘉庆十八年大中丞奏请为建牌坊。徐名进字秀升,竹林人,"自奉俭约,遇邑之公事,必慷慨好施",曾输千金于海阳书院,以供膏火。其莫逆之交汪国柱输金建本邑宾兴,名进"闻之喜,亦乐输五千,以继其美",进一步扩大了休宁宾兴规模。

第四种是组织地方科举事务,以刘启伦为代表。刘启伦,字仲常,号静轩,大北门人,以候补从九品家居,是地方科举事务的组织者。邑绅汪秩等捐资重修明伦堂,刘启伦"独任其劳"。文庙重修需费数万,刘启伦"竭力劝捐",并偕吴昌龄等"躬为率作"。书院学舍无多,膏火亦啬,刘启伦"遍告邑之乐善者,量力捐助",遂购址石羊圩,鸠工兴建,成海阳书院。宾兴之设也得于刘启伦,汪国柱、徐名进等慷慨出巨资,"悉心部署,为酌章程,行之久远。"[1]

2、参加者往往具有家族性

地方科举活动参加者具有很多特点,譬如大多家境殷实,有的甚至是巨商大贾,以捐资为主要参与方式等等,家族性参与亦值得关注。

----

[1] (道光)《休宁县志》卷十五《人物·尚义》,第360—367页。

汪村人汪录,敦仁好义,临终令子孙承其志,其后人"首捐重赏"修建岁久倾圮的文庙,又独修明伦堂,助海阳书院膏火,"所费不下数万",得祀海阳书院报功祠,所为皆"奉遗训也"。渠口人李庆品,捐赀助建义学,临终"以行善嘱子嘉德",嘉庆年间"重建书院考棚,输千金以济公用,皆所以承其志也"。陈村人陈有灏敦宗睦族,临没以行善嘱其子陈廷议。陈廷议承其志,倡建育文义学,"大小试皆给以费。"

黄大顺创建徽州考棚,子黄凤翼"绍其志",于康熙二十八年建成;子黄凤翔,平生敬承父志,友爱诸弟,凡遇免征之年,必将诸佃应纳之租,尽行宽免,地方士绅叙其行谊,请祀于乡贤祠。孙黄铨、曾孙黄治安等,"皆间岁补缀",治安置考棚两庑坐案数百,视前加半,稍广其界,使坐者得舒其肱,益以完美。集议修复文庙,估费甚巨,治安又"慨然独任,输亹聿新"①。徽人对黄氏祖孙"越世增修,继承弗替"之举给予高度评价,谓"自康熙丁卯以迄于雍正癸丑,郡士赖黄之芘者,几五十年"②。

二、科举场域中的女性

女性虽然不能直接走进科场,博取功名,但她们知道功名对维持与改变家族的声望和地位非常重要,于是督促丈夫和儿子读书科举,成为部分女性的生活目标、人生追求,她们以这种方式走进科举场域,"秋灯课子"是许多士子记忆中的永恒图景。

桐城张氏是科举望族,在其绵延数代的家族发展历程中,女性扮演着重要角色,张秉彝妻吴氏和张英妻姚含章是为代表。

① (道光)《休宁县志》卷十五《人物·尚义》,第360—367页。
② (民国)《歙县志》卷二《营建志·学校》,第56页。

　　吴氏为张秉彝之妻,张英之母,出身书香之家,其父吴石莲"文谊冠一时,声振胶庠",吴氏"幼娴姆教,备有女德,通《毛诗》《孝经》《列女传》,持家有礼法。"张英对母亲嘉言懿行不能记忆,根据父兄"间所熟闻于耳者",为撰《先妣诰赠一品夫人吴太君行略》,述说母亲教子情景。吴氏以教子为己任,督子读书甚严,"择贤师良友,脱簪珥以佐束脩"。寓居金陵时,往往迁无定居,而且居屋狭隘,吴氏"必先营书室,隔窗听呫哔声,入深夜不倦,则色喜",又请丈夫"简题数百为签,作大斗贮之,遇文期则掣签命题,文未毕不令就寝"。后来迁回桐城,居于山中,犹择邻庵,命子弟"读书其中",采摘山蔬以食,勉励益力。张英说:"以故播迁琐尾中,而诸兄侄未尝废学,太君之教肃也!"①

　　姚含章为姚孙森女,张英之妻,张廷玉之母,出身科举之家,"生平于《毛诗》《通鉴》悉能淹贯,旁及医药、方数、相卜之书,而尤好禅学",有《含章阁诗》。姚氏逝后,丈夫张英为撰《诰封一品夫人亡室姚氏行实》。长子张廷瓒官翰林之后,姚氏"教子惟谨",每逢乡会试,曰"自予为汝家妇,见汝父于试事皆冰清玉洁,即内廷考教习,与静海励公信誓旦旦,虽得咎朋友,不敢屈挠,从来无一字闲言,况乡、会试乎! 汝宜谨守之,不可以一字与人口实",体现了她对科举的敬畏之情。张廷瓒担任乙丑科会试同考官、己卯科山东乡试正考官,张廷玉任丙戌科会试同考官,张英谓"皆守家训,实无一事訾议,实夫人教之也"②。康熙皇帝对姚氏教子颇有褒奖,曾

①（清）张英撰:《先妣诰赠一品夫人吴太君行略》,《张英全书》,安徽大学出版社,2013年,第436—438页。
②（清）张英撰:《诰封一品夫人亡室姚氏行实》,《张英全书》,第439—441页。

语左右曰："张廷玉兄弟，母教之有素，不独父训也。"① 盖其居京师久，故贤声彻宫壸焉。

潘氏，桐城人，兵备副使潘映娄之女，胡石邻妻，胡宗绪之母，马其昶《桐城耆旧传》，有《胡节母传弟十一》述其教子事。

潘氏守节时，幼子皆在襁褓，长子宗绪方十岁，潘氏对胡宗绪说，"我所以忍而不即从尔父地下者，以尔兄弟在也"，在生计艰难的情况下，"为麦粥饭儿读书，而自茹瓜蔓"②，且"课之严而有法"③。因贫困不能延请老师，只好遣子就学村塾，"旦则倚闾泣而送之，逾岭不见乃返，掩闺而泣；暮复泣而迎之"，三年之后，更加困顿，遂"呼归家自课"。潘氏不知书，就让孩子诵其所读，"以意为解说；或取本，随指书句命题"。凡所读书，必讲而诘问，闻程朱语则叹息起立，曰"我固谓世间当有此"！闻诵司马相如之《美人赋》，则大怒，甚至"取裂掷之"，禁止再读，宗绪"以此终身未尝见邪杂不典之书"。马其昶赞胡母，"立孤尤难，能食之不能教，非所谓可托也。若节母者，其真能教者：与闻读程朱之言则喜，否则怒，何其卓识也！"④ 在母亲的教导下，胡宗绪感愤励学，学修兼茂，自经史以逮兵刑、律历、六书、九章、音律、礼仪之类，莫不研究，于康熙末年以举人荐充明史馆纂修，雍正八年庚戌科以二甲第五十四名进士及第，授编修，迁国子监司业。

查会意（1754—1835），在母家名婉娣，泾县震山乡九都二甲人，国子监生查世镅次女，包世臣之母。查氏性温顺，善持家，对包世臣一生及其科举之路影响深远，包世臣撰《先姚行状》，叙其事

---

① 《张夫人传弟八》，（清）马其昶撰：《桐城耆旧传》卷十二，第 462 页。
② 《胡节母传弟十一》，（清）马其昶撰：《桐城耆旧传》卷十二，第 467 页。
③ 赵尔巽等撰：《清史稿》卷四百八十五《文苑二》，第 13377 页。
④ 《胡节母传弟十一》，（清）马其昶撰：《桐城耆旧传》卷十二，第 467 页。

颇详。

嘉庆四年,包世臣由湖北入川,佐幕治戎事。得到消息的查氏,非常担心儿子的安危,更为包世臣前途着想,召包世荣以口写信,告包世臣曰:"儿入川信到,族众皆说凶多吉少。我闻汝父说,古时男子生,以弓箭射四方。弓箭场中,正男子之事,死生有命,何必怕! 唯闻军功多冒滥,若藉以进身,谁为儿辩其假者。若听计能济巨艰,儿一心事之,若其不然,则速返,毋恋束脩优厚,负汝父之教。"包世臣入蜀三月,发奇谋不见用,又得母书,遂决归计,参加科举考试。嘉庆五年和六年,包世臣赴试庚申科与辛酉科江南乡试,又接连被放,朱珪先后十数通札相招入都,竟不一赴。包母曰:"人贵自立,戊午年朱公监临,乡人皆谓儿必首选,吾深以是科不中为幸。今若应朱公召,得手于北闱,必遭物议,且以累朱公。命应中,自有南场在也。"道光十五年,乙未会试值大挑,查氏促包世臣"赴北"与试,可见她是知道儿子内心追求与科场情怀的。

包世臣奔走浮沉于名利之场,自谓"未尝有不可告人之人",六次乡试,十二次会试,虽名不登于牍,"尚未至使人指摘,为失身慕荣之不详少者,实有赖慈训深厚也。"包母八十寿辰时,刑部尚书戴敦元以楹帖邮祝曰:"天下共知此子,因有此母;同人竞揽其文,不尽其芳。"[1] 应是对包母的最高评价。

汪嫈(1781—1842),字雅安,歙县人,汪锡维女,程鼎调妻,程葆之母。汪嫈幼年就聪颖好学,经传过目成诵,未笄已能赋诗。汪嫈是徽州才女的代表,治家之余,酷嗜吟咏,著作甚富,有《雅安书屋诗集》四卷,刊于道光二十四年,阮元、黄爵滋为作序。阮元对其诗作颇为推赏,评曰"五言古近体,风格大抵与有唐初盛为近,辞气

---

① 《先妣行状》,《齐民四术》卷六,第352—357页。

温厚和平,质而不陋,清而不纤,粹然几于儒者之言。七言长句及咏史诸律,则放笔为之,雄豪跌宕,迥非寒俭家所能梦见。其共传颂者,如《论诗》六首,洞见本源;《示儿》八首,可铭座右;《论陶诗》一首,尤为至论"①。

　　汪嫈婚后生子早殇,后生程葆,慈爱备至,同时也"训之最严","每自塾归,坐灯下课以昼所诵读,且未讲解大义。"程葆十一岁时,父亲遇疾而逝,家道中落,困厄益甚,亲族大都劝说程葆弃书习贾,汪嫈"执不许,命负笈来扬,依舅氏近垣,从师请业"。正是因为母亲"秋灯课子"的坚持和努力,程葆在道光三年寄籍仪征入学,八年举乡试,十三年癸未科以二甲第五十四名进士及第,以主事分工部。程母示以居官之要,"凡事据理准情,总期无愧于己,有利于物,是在虚心省察,不可偏听,不可轻举。"程葆谨奉母教,"卓然负清望",咸谓其"以孤露之身,克自树立,固由奉直公之绩学砥行启佑其后人,而实则太宜人折蓼画荻,更百苦以成之者也"②!

①　许承尧:《汪嫈〈雅安书屋诗集〉》,《歙事闲谭》卷十一,第364页。
②　《程母汪太宜人家传》,闵尔昌:《碑传集补》,沈云龙:《近代中国史料丛刊》第一百辑,第3253—3254页。

第四章　安徽科举文献

　　科举文献是指直接记载和反映科举制度及其运行历程的文献，是认识和研究科举制度、科举人物、科举社会、科举文化的基础。近年来科举文献的整理与研究逐渐发展，科举文献学渐为学界重视，大型科举文献专题丛书陆续出版，如顾廷龙主编《清代朱卷集成》于1992年由台北成文出版社出版，共420册，收录清代从康熙到光绪年间的乡试、会试、五贡等朱卷8235份；陈文新主编《历代科举文献整理与研究丛刊》于2009年由武汉大学出版社出版，共17种22卷，2700万字；陈维昭编校《稀见明清科举文献十五种》于2019年由复旦大学出版社出版，收明代建文元年至清代光绪年间的15种稀见科举文献。

　　安徽是清代科举发达省份，形成类型丰富、数量可观、价值较高的科举文献，安徽科举文献既指反映安徽科举考试与科举制度的文献，如《钦定科场条例》《大清会典事例》《清实录》等有关安徽科举的内容，再如《江南乡试录》《江南乡试题名录》《江南乡试朱卷》等；亦指反映地方科举运行与科举社会的文献，如《重续歙县会馆录》《北平泾县会馆录》《绩溪捐助宾兴盘费规条》《旌德宾兴公项章程》等会馆及宾兴类文献；也应包含安徽地方与人物形成的各种科举文献，如黄崇兰撰《明贡举考略》《国朝贡举考略》①等研究类文献,再如《李鸿章全集》亦收与科举活动相关的奏稿、电报、信札等。安徽科举文献整理与研究较为薄弱,尚处于刚刚起步的阶段,各地方志、文集、年谱、日记、族谱、碑刻等类文献多有整理出版,其中包含富有价值的科举文献与科举资料,但多处于零散状态,少见系统整理与研究。

第一节　安徽方志中的科举文献 ②

　　李世愉、胡平所著《中国科举制度通史》(清代卷)梳理清代科举文献与史料时,在介绍档案、实录、政书、奏议、文集、笔记等类之后,指出"地方志中则有许多科举制度实施情况的记录"③,此说甚

---

① 黄崇兰,字学存,安徽怀宁人,乾隆三十六年辛卯科举人,官蒙城训导和泾县教谕,著《湘庭诗文钞》四卷,辑《明贡举考略》《国朝贡举考略》《历科典试考官试题录》《历科典试题名鼎甲录》等。《明贡举考略》《国朝贡举考略》首列科场盛事,如三试皆元者、会元登状元者、解元登状元者、状元大拜者、祖孙鼎甲、七典乡试者、五典礼部试者等等,后列乡试考官、试题和解元,会试考官、试题、会元、鼎甲等,具有一定的史料价值和检索功能。(民国)《怀宁县志》卷十八《仕业》(第 422 页)有黄崇兰传,谓"《贡举考略》四卷采辑详核,后凡记有明及国朝科目故实者因之"。《明贡举考略》《国朝贡举考略》有道光五年、十二年、二十四年、光绪五年、八年等多个版本。《续修四库全书》第 830—831 册《增补贡举考略》,据"北京图书馆藏道光双桂斋刻本"影印。鲁小俊、江俊伟以《续修四库全书》本为底本,参光绪五年、八年本,进行校注、整理,改原书表格形式为文本形式,纳入《历代科举文献整理与研究丛刊》之《贡举志五种》,由武汉大学出版社于 2009 年出版。《贡举志五种·前言》对《增补贡举考略》之体例、价值及讹误等有简要介绍与分析。
② 该节由盛菊撰写初稿,亦为安徽省哲学社会科学规划项目"清代安徽科举文献整理与研究"(AHSK2019D115)的阶段性成果。
③ 李世愉、胡平:《中国科举制度通史》(清代卷),第 5 页。

是,对地方科举及其研究而言,地方志既是地方科举社会的文献,亦是研究地方科举的资料库,具有更为重要的价值。安徽具有悠久的修志传统,所修志书数量大、种类多、质量高,安徽省地方志办公室、安徽省图书馆编《安徽方志综合目录》,收录安徽省档案馆、公共图书馆、高校图书馆与博物馆现存安徽地方志 340 余种,著录各志"书名、卷数、修纂者、版本、藏书单位和附注"[①] 等信息,反映了安徽方志的基本概况。刘尚恒编著《安徽方志考略》对安徽历代各志的版本、特点与价值有较为详细的介绍,据其统计,自宋以来到 20 世纪 60 年代初,安徽共有各类志书 641 种,存有 418 种,其中清志 273 种,占总数的 65.7%[②]。张安东著《清代安徽方志研究》对清代安徽修志的时间脉络、地域分布、组织管理、编纂理论与体例、学术价值等问题进行了深入系统的研究[③]。地方志记载了大量有关科举制度、科举人物与科举活动的信息,是研究地方科举的资料库,是一种特殊的科举文献,具有重要的史料价值,下面就各类方志所载清代安徽科举的内容,略作考察与梳理。

一、选举:进士·举人·五贡

清代安徽方志均有《选举志》,按科年著录本地科举人物,因其多依既有文献,或据采访修纂而成,故其所记一般较为准确,在科举人物,尤其是地方进士群体研究领域,具有较高的史料价值。

(光绪)《寿州志》,曾道唯修,从《舆地志》到《杂类志》,凡十志

---

① 安徽省地方志办公室、安徽省图书馆编:《安徽方志综合目录》,1983 年内部印行,第 1 页。
② 刘尚恒:《安徽方志考略》,吉林省地方志编纂委员会、吉林省图书馆学会,1985 年内部印行,第 3 页。
③ 张安东:《清代安徽方志研究》,黄山书社,2012 年。

三十六卷,另首一卷、末一卷,其中卷十七和卷十八为《选举表》,卷十八《选举表》涉及封赠、荫袭、文仕籍和武仕籍等类,不作讨论。

卷十七《选举表》由两部分组成,前半部分分五行,从上到下分别是荐辟、进士、举人、武进士、武举,其上一栏则以朝代、年份(年号与干支)为序。"荐辟栏"中第一位是汉代的召信臣,第一位进士是唐代的庞严,见载第一批举人是明洪武甲子科的李裕、孙仁和杨吉,第一个武进士是嘉靖丁卯科的孙仰,第一个武举人则是嘉靖癸卯科戈阳。

《选举表》"进士"栏中记载,清代第一批进士是顺治四年丁亥加科刘允谦和邓旭,其后分别是夏人佺(顺治六年己丑科)、谢开宠(顺治十六年己亥加科)、周文郁(康熙九年庚戌科)、俞化鹏(康熙三十年辛未科)、方一韩(康熙四十八年己丑科)、张希濂(嘉庆七年壬戌科)、刘志本(道光六年丙戌科)、余士琭(道光十五年乙未科)、孙家良(道光十六年丙申恩科)、孙家泽(道光十八年戊戌科)、孙家铎(道光二十一年辛丑恩科)、孙家醇(道光二十七年丁未科)、张瑞珍(道光三十年庚戌科)、孙家谷(咸丰六年丙辰科)、孙家萧(咸丰九年己未科)、孙家穆(同治十年辛未科),至光绪九年癸未科孙传㷆[①],计19人。

《选举表》中的进士,除周文郁名下无任何文字性说明、张希濂名下有"候选知县"字样,其他进士从刘允谦到孙家醇,名下均为"有传",其传见《人物志》,例如:

俞化鹏,字扶九,正阳人,康熙庚午举人,辛未进士。任宁海县知县,有惠政,行取贵州道御史,历通政左右参议、奉天府

① (光绪)《寿州志》卷十七《选举志·选举表》,第216—222页。

府丞、大理寺少卿、顺天府府尹、甲午科贵州主试。居官不畏势要，以刚直著称。雍正元年致仕归卒。所著有《天爵堂诗集》一卷。

孙家醇，字鸿卿，号饮生，道光丁酉选萃科，丙午丁未联捷成进士，内阁中书，协办侍读，署侍读。咸丰初，捐赀助饷，得旨奖以"义笃维桑"匾额。京察上考选四川石砫厅同知。咸丰七年，石涪教匪马锦明谋叛，遣范德信攻石砫，家醇击走之，即帅死士由别径趋赴贼巢，贼归，伏起生擒德信等七十人。锦明窜涪州，杀州同昆秀，复追擒之，以功擢知府，赐花翎。绥定府差民相仇，团练围达县，滇匪扰宕渠，陷新宁全郡，震动大吏，飞檄移守绥定，即日驰赴任集，差民劝谕，咸愿杀贼自效，率之攻新宁。一月城复，以积劳卒于官。其治石砫多惠政，剿教匪，捐廉助饷，创立宾兴之费，加增书院膏火，款以万计，祀石砫厅名宦祠。子孙多登仕籍。①

孙家醇传中"创立宾兴之费"的记载，可为考察石砫厅宾兴提供重要材料。

张瑞珍之后的进士，除孙家谷外，一般即无传，而是简要说明其任官情况，如张瑞珍任甘肃兰州兵备道署布政使，孙家鼐的任职经历则非常详细，因其为咸丰九年己未科殿试一甲一名，也是清代寿州唯一的状元。所以有这样的区别，是因为该志有"人物志各传存者不录，所谓论定于盖棺之后也"② 的编纂原则，张瑞珍、孙家鼐等人在修志时仍在世，固未有传。

---

① （光绪）《寿州志》卷十九《人物志·宦绩》，第 270、273 页。
② （光绪）《寿州志》卷首《凡例》，第 8 页。

刘志本、余士瑈、孙家谷和孙家穆四人名下,均有"州人、县学",颇显特殊。凤台县与寿州关系特殊而紧密,因有"州人县学县人州学者亦两载"① 之例,(光绪)《寿州志》将刘志本等四位实际是凤台县籍的进士载入,并注"州人"以别之。

从进士时代分布来看,寿州在顺治朝有四人考中进士,康熙朝有三人,雍正与乾隆两朝无人进士及第,是寿州科举的低潮期,嘉庆之后,寿州进士人数渐呈上升趋势,表明其科举竞争力越来越强,其中尤以孙氏家族贡献良多,也成就了寿州在沿淮地区的科举地位。

《选举表》"举人"栏中记载,清代第一个举人是顺治乙酉科刘允谦,最后一位是光绪己丑科孙多玢。顺治朝有刘允谦、邓旭、顾佐、金用乾、谢开宠、周文郁等六人中举;康熙朝有费著、方邃、俞化鹏、张御衣、游杏苑、方一韩等六人中举;乾隆朝仅有邓宗源、程永昂、方珀、冯济川等四人中式;嘉庆朝有张希濂、余鸿祖、张汝敦、刘沈少、刘志本、曹好、王会等七人中举;道光朝中举达到十人,分别是余士瑈、李洪青、孙家良、孙树南、孙家泽、孙家铎、刘本忠、张瑞珍、孙家醇、赵怀芳;咸丰朝有孙家鼐、邹常泰、马荫连、周汝金、方咸一、孙家谷、孙家怿、孙家锡等八人中举;同治朝有俞泉、孙炳文、刘潏文、孙传铭、孙传璧、孙佩芝、薛景元、朱恩照、孙家穆、鲍德俊等十人中式;光绪朝(至己丑科)举人有七人,分别是孙荣先、孙家声、石巍然、陆建章、孙传斌、孙传兖、孙多玢②。这份举人名录,与进士类似,也包括"州人县学县人州学者亦两载"的情况,如道光壬午科李洪青、同治癸酉科鲍德俊等人。

《选举表》所载举人共有58人,按照时代顺序,较之顺康雍乾时

---

① (光绪)《寿州志》卷首《凡例》,第8页。

② (光绪)《寿州志》卷十七《选举志·选举表》,第216—223页。

期,嘉道至咸同时期的中举人数,有非常明显的增加,北榜因素较为关键。余鸿祖于嘉庆辛酉科顺天乡试中举,其后余士琛、孙家良、孙树南、孙家铎、孙家醇、孙家鼐、邹常泰、孙家谷、孙家怿、孙家锡、孙家穆、鲍德俊等人皆于北闱登科,这种现象值得进一步关注。举人的时代趋势与进士基本一致,说明文风高下固然是一地进士数多寡的影响因素,而举人数(有资格参加会试的人数)也格外值得考量。

卷十七《选举表》所载进士19人,举人58人,表明清代寿州每3.05位举人当中就有一人考取进士,这为考察举人群体上升比率提供了一个具体的样本。举人群体上升频率也是一个值得考察的问题,所谓上升频率是指举人考中进士所经历的会试次数,也指从举人到进士所经历的年数。

表4-1　寿州进士科年表

姓名	中举科年	进士科年	科数	年数
夏人佺	崇祯十五年壬午	顺治六年己丑	4	7
刘允谦	顺治二年乙酉	顺治四年丁亥	2	2
邓旭	顺治三年丙戌	顺治四年丁亥	1	1
谢开宠	顺治十一年甲午	顺治十六年己亥	3	5
周文郁	顺治十一年甲午	康熙九年庚戌	7	16
俞化鹏	康熙二十九年庚午	康熙三十年辛未	1	1
方一韩	康熙四十四年乙酉	康熙四十八年己丑	2	4
张希濂	嘉庆三年戊午	嘉庆七年壬戌	3	4
刘志本[①]	嘉庆十二年丁卯	道光六年丙戌	10	19

①(道光)《安徽通志》卷一百二十六《选举志·举人八》(第1844页),刘志本为嘉庆十三年戊辰恩科举人;暂依(光绪)《寿州志》卷十七《选举表》(第219页)作嘉庆十二年丁卯科。(光绪)《凤台县志》卷九《选举志·科目》(第133页)亦为“丁卯”;卷十二《人物志·孝友》(第166页)刘志本传,有“嘉庆戊辰公车赴都”之言,当在前一年中举。

姓名	中举科年	进士科年	科数	年数
余士琪	道光元年辛巳	道光十五年乙未	7	14
孙家良	道光十四年甲午	道光十六年丙申	2	2
孙家泽	道光十五年乙未	道光十八年戊戌	2	3
孙家铎	道光十九年己亥	道光二十一年辛丑	2	2
张瑞珍	道光二十年庚子	道光三十年庚戌	5	10
孙家醇	道光二十六年丙午	道光二十七年丁未	1	1
孙家骕	咸丰元年辛亥	咸丰九年己未	4	8
孙家谷	咸丰二年壬子	咸丰六年丙辰	2	4
孙家穆	同治九年庚午	同治十年辛未	1	1
孙传奭	光绪八年壬午	光绪九年癸未	1	1

　　我们可以选取进士作为样本,考察举人群体的上升频率问题。从上表可见,寿州19位进士当中,有邓旭、俞化鹏、孙家醇、孙家穆和孙传奭5人,在前一年秋闱中举,紧接着在第二年春闱就取中为进士,谓为联捷,也就是说他们仅参加一次会试,从举人到进士只用了一年时间,这种情况占比为26%。刘允谦、张希濂、张瑞珍、孙家骕、孙家谷等11人经历了2到5科会试(并不意味着每次会试都入闱考试),用时2到10年,分别取中进士,这种情况占比为58%。周文郁、余士琪分别经历7次会试,历时16和14年考中进士,刘志本则用19年时间,经10次会试方才得获三甲第19名进士,其经历最为漫长,这种情况占比为16%,大部分举人可能多次参加会试。以上19人,平均经历3.2科、5.5年,实现了从举人到进士的跨越。结合举人群体上升比率和上升频率的初步考察,清代科举总体运行平稳正常,制度富有一定活力。

　　《选举表》"武进士"栏中记载,第一批清代武进士是顺治丙戌科的马登云、李洪范,顺治乙未科牛国用,其后从康熙到嘉庆年间均未见载,接下来是道光丙戌科的许锦堂、同治甲戌科的邱长山,光绪时期寿州武科举有兴盛之象,丁丑科吴定国、庚辰科吴宝祺、癸未科沈锡三和廖振钧、丙戌科邓洛亭、己丑科洪殿魁①先后获中,一共11位武进士,光绪一朝即占其6。

《选举表》"武举"栏中记载,第一批清代武举人是顺治二年乙酉科的侯永元、陶尔范、马登云和李洪范,顺治朝有陶尧夫、李昌等17人中举,康熙朝有谢大任、张化等16人中举,朱三元、陶大年等35人在乾隆朝获中,朱青云、丁学鹏等20人在嘉庆朝获中,道光朝许锦堂、杨桂岑等23人先后秋闱中式,咸丰朝无人中式,同治朝有李兆祥、邱长山等7人秋闱中式,杨厚之、洪殿魁、王同文等20人在光绪朝获中武举。寿州在武科江南乡试具有一定的竞争力,共产生138位武举,但其上升比率较低,仅为12.5,意味着每13名武举人才考中一个武进士,表明寿州在全国范围的武科举影响力较为薄弱。

《选举表》后半部分亦五行,从上到下分别是恩贡、拔贡、副贡、岁贡和优贡,其上一栏则以朝代、年份(年号与干支)为序。贡生"在科名中,是很特别一个阶级",一般说来"比秀才阶级应该高多了"②,往往享有较高的社会地位与声望,所以州县方志会记载贡生。(光绪)《寿州志》所载恩贡、拔贡、副贡和优贡人数都不多,而以岁贡为众,制度使然。虽因"沧桑变迁,学册散失,故恩贡、岁贡年份缺如,不得不汇列之"③,使部分贡生不能精确其出贡科年,但该表仍有价值,部分贡生志中有传,部分贡生名下有其任官简况,

---

① (光绪)《寿州志》卷十七《选举志·选举表》,第216—223页。
② 齐如山:《中国的科名》,第58—59页。
③ (光绪)《寿州志》卷首《凡例》,第8页。

可以为考察贡生这一特殊群体提供基本资料。

府志与州县志的编排略有不同,例如冯煦纂修的(光绪)《凤阳府志》,在其《凡例》中言,"选举人数,大多科目,自进士起,至五贡止,皆列表,武科次之,异途仕进附焉,荐辟冠于篇,补列传所未及,寿典缀于末,存征聘之所遗。"[1](光绪)《凤阳府志》将凤阳府举人、进士列为一表,表分四行,由上而下分别是进士、举人、武进士、武举人,每行依科年先后分载诸人,人名之后简要述其籍贯、科年与任官等基本信息。例如,进士丁易,"宿州人,河南籍,广东观察使,己未归允肃榜",这里实际上已将寄籍他省之人载入府志;举人费著,"寿州人,邠州学正,乙卯科";武进士李斌,"灵璧人,癸丑科";武举人尚钦,"凤阳人,丙午科"[2]。(光绪)《凤阳府志》又将凤阳府五贡列为一表,表分九行,由上而下分别是府学、凤阳、临淮、怀远、定远、寿州、凤台、宿州、灵璧,将各学出贡人员依次列出,人名之后简要记其出贡年与任官等基本信息。例如,府学杨建中,"顺治丙戌恩贡";凤阳张国铨,"训导";临淮许守仁,"高唐知州";怀远周盛古,"太平训导,通志古作谷";定远谢昌运,"顺治丙戌恩贡,真定知县";灵璧岁贡李全生,"江宁教授"[3],则是考证性说明。

二、人物:科举人物事迹

《人物志》是地方志的重要构成部分,地方人物若名臣、儒林、文苑等,载传方志,利于扶植风化,修明文教,其中各类科举人物占有很大比例和篇幅,从中可以梳理科举人物之事迹与表现,我们以

---

[1]（光绪）《凤阳府志·凡例》,第5页。
[2]（光绪）《凤阳府志》卷七《选举表》,第307页。
[3]（光绪）《凤阳府志》卷七《选举表》,第329页。

（光绪）《宣城县志》为例进行讨论。

　（光绪）《宣城县志》，李应泰等修、章绶纂，清光绪十四年活字本，除卷首，从建置沿革到杂记，共三十门、四十卷。（光绪）《宣城县志》"人物"序列与其他县志略有不同，例如陈炳德修（嘉庆）《旌德县志》，从疆域、建置到艺文、杂记共十卷，其中卷八《人物》，分名臣、宦业、儒林、文苑、武烈、忠节、孝义、卓行、懿行、善行、侠行、乡耆、五世同堂、隐逸、寓贤、艺术、列女等十七类；王椿林修（道光）《旌德县续志》，体例基本沿袭嘉庆志，尤其重视人物，其序谓"志以续名，则于疆域、山川诸门，旧所有者，无庸复赘，而惟二十年来之人物事迹，汇集而分系之"①，或因旧志人物分类繁琐，改列名臣、宦业、儒林、文苑、孝义、懿行、五世同堂、方技、列女等九类。（光绪）《宣城县志》卷十五至十八为人物门，分为名臣、宦业、儒林、懿行、孝友、忠义、文苑、武烈等类，其他诸如隐逸、封荫、列女、寓士、方技、仙释等门，则与人物并列，篇幅很大，几占志书之半。

1、名臣皆进士

　（光绪）《宣城县志》卷十五《人物·名臣》的清代部分，共载有梅鋗、阮尔询和梅珏成等三人，都是进士出身，传记其事颇详。

　梅鋗，字尔止，康熙六年丁未科三甲第四十九名进士，"疏论漕艘沿途积弊，请厘剔以裨漕政，又以乡会定限太速，请展期详阅，并正文体，俱允行。"梅鋗"性狷介"，官四十余年不置一媵，亦未尝以家属自随，清名上达，累迁副都御史、福建巡抚，至左都御史致仕。

　阮尔询，字于岳，康熙二十一年壬戌科二甲第三十四名进士。湖广以兵变议省总督，阮尔询疏言："楚地方数千里，两巡抚分疆，

---

① （道光）《旌德县续志》序，江苏古籍出版社，1998年，第410页。

地广势悬,于形制非便,请仍设总督,以重弹压。"任顺天丞时,"以京师多游学之士,请另设籍录生童,时论韪之。"

梅珏成,康熙五十四年乙未科二甲第十名进士,梅文鼎之孙,康熙帝曾谓梅珏成"固能承其祖学者"。康熙时诏修乐律历算书兼主历算,雍正时充国史馆、实录、会典、典训、武英殿明史各馆纂修,乾隆时任顺天府丞,升刑部右侍郎、都察院右都御史,曾请"免追举人未会试盘缠"。梅珏成"立朝孤立无所依,性廉约",致仕归宣,旧田庐以畀弟侄,挈家居江宁。乾隆二十七年,乾隆帝南巡,诏曰:"梅珏成家计清素可念,赐子钱举人,俾一体会试。"又赐其诗,"无欲有精神,趋迎清浦滨。闭门惟教子,下榻不延宾。能驻西山日,引恬江国春。推恩缘念旧,皇祖内廷臣。"①

2、任官各地政绩卓著

(光绪)《宣城县志》卷十五《人物·宦业》的清代部分,记载任职各地的官员,多有科举功名,其中政绩卓著者,或维护地方治安,或提振文风,或兴利治灾,均有政声。

科举人为官,大多非常重视地方的文教事业,略举数例。刘尧枝,字根生,顺治乙酉科举人,署建德学谕,"勤于课士",又将远在城外的学宫改建城内,升任广东清远知县,"首建圣庙,移学宫,省近地徭役以宽民力。"钟无瑕,字缺如,顺治戊子恩贡,知汜水县,其俗不知学,"修学宫,勤课士",提振文风。钟铭文,无瑕子,字有锡,康熙三十九年庚辰科进士,任绥宁知县,"劝耕种,宽徭役,振兴诸生,勉以经学。"耿世际,康熙丁巳领乡荐,历徽州、镇江两府教授,"修葺学舍,整饬士行"。张法皋,字玉柯,咸丰壬子举人,同治壬戌

---

① (光绪)《宣城县志》卷十五《人物·名臣》,第214—216页。阮尔询,志作丙戌科进士,误;梅珏成,志作己未科进士,误。

大挑，任婺源县教谕，"整理紫阳书院以课士，由是门弟子益众"，著名者如江廷燮、余文蔚等，余又苦贫，法皋"恒衣食之，并资其膏火，使与江共读"。

有的官员任职偏远地区，他们采取措施振新文教及其影响，尤其值得关注。汤士蛟，康熙丙子科举人，任婺川知县。婺川苗蛮杂处，地瘠民贫，士蛟至，"即发仓谷，减耗羡，民困得苏，复创书院，振新文教"，卒后入名宦祠。张汝霖，字芸墅，雍正乙卯选贡，特膺学臣保荐，乾隆丙辰引见，发广东以知县用，署徐闻，"启文庙前旧文明门，修义学，置义田，自是科名始振。"孙廷相，字省南，由博士弟子循例入中书，铨贵州石阡知府，劝农桑，崇学校，建文澜书院，"由是俗驯而教以兴。"

齐家治国平天下一直是读书人的追求，入仕之后就会积极谋求践行理想与价值。张金度，字旭原，弱冠举于乡，公车数不利，就部试，授邠州知州，"务先教化，有循廉声"，告归后有自警联："富贵功名要须自然而至者，仁义道德贵在勉强而行之。"吴六一，九岁能文章，顺治四年丁亥加科成进士，授青州司理。时兵燹甫定，士民震恐，吴"御以宽和"，后归，"布袍草履，不异寒素，间徒步入市"。张湛逢，字清源，号浣州，顺治十六年己亥加科进士。知山西临晋县，其俗嚣漓难治，湛逢"兴利剔弊，爱士息民，弥巨慝，遏乱萌"，士民悦服，为建生祠，立去思碑。胡梦龙，由拔贡知枣强，俗好斗，前令严治不止，梦龙"下车宽法省刑，狱讼衰息，减差马之累，厘食盐之弊，民赖以苏"。张士骧，字耦韩，康熙四十二年癸未科进士，初仕灵宝，"锄强扶弱，义慨凛凛"，后任荒僻且居民寥寥的泰顺县，"多方安辑，户口渐蕃。"骆大俊，字甸方，乾隆二年丁巳恩科进士（志作雍正乙卯乾隆丙辰联捷成进士，丙辰科应未殿试），任山东鱼台、沂水等地，"所至有政声"，因盐枭为患，被委督兵，擒五百余名，除首犯正法外,余皆开释,"民赖以安。"①

3、儒林文苑精英

(光绪)《宣城县志》卷十五《人物·儒林》、卷十八《人物·文苑》有施闰章、梅文鼎、梅清等人,均是清代极富成就的学者。

施闰章,字尚白,号愚山,顺治丙戌举于乡,六年己丑成进士,授刑部主事,历员外郎,康熙己未以博学宏词征入翰林,官侍讲,纂修《明史》。施闰章有诗名,"每一诗脱稿,辄传播都门,时人目为才子",在双溪草堂与二三朋好吟咏其中,时讲学于同仁会馆,"四方知名士咸来问业,尊之曰愚山先生。"施闰章"绍述理学,矜尚礼义",著有《双溪诗文集》行世。

梅文鼎,字定九,号勿庵,岁贡生,"操履纯洁,不欺屋漏,其学一以躬行实践为宗,而推本于诚敬,绝不为理学空谈,人望之如岱松岳石。"梅文鼎博览群书,于天文、地理莫不切究,历算之学用力尤深,自言"废寝食者盖四十年,凡古今人所撰著残编散帙,必手录之,一字异同,辄反复深思,必通贯乃已。尝以己意,推广古人之法制为仪器"。李光地以其所著《历学疑问》三卷进呈,康熙帝在德州舟次召见梅文鼎,谓"此学鲜知者,当世仅见也"②。

梅清,字渊公,号瞿山,"英伟豁达,读书辄竟夜不寐,既长以博雅负盛名",顺治十一年甲午科举于乡。梅清诗词"雄迈隽逸",遨游燕齐吴楚间,名公巨卿无不推毂,善画理,墨松"苍雄秀拔,为近来未有"③。有《瞿山诗略》《天延阁》前后集行世。

4、地方楷模

(光绪)《宣城县志》卷十六《人物·懿行》和《人物·孝友》记

---

① (光绪)《宣城县志》卷十五《人物·宦业》,第235—243页。
② (光绪)《宣城县志》卷十五《人物·儒林》,第248—249页。
③ (光绪)《宣城县志》卷十八《人物·文苑》,第428页。

载懿行、孝友甚众,其中多具有科举功名者,与在外为官者不同,这些人虽然只有生员等出身,但主要生活在本籍地,因积极参与各种事务,与地方紧密相连,是地方的楷模与领袖。

科举人是孝友典范。因父亲梅庚游学四方,康熙丙子举人梅琢成"善事大母,以慰父心";康熙三十九年,随父公车,舟泊山东夹马营,盗劫庚舟,持刀相向,"琢成以身翼父,几受刃致落水死,盗惊其孝,散去。"邑廪生刘汝凤,家贫每借人书读,辄手抄之,"性孝友",每岁馆谷"悉委其弟主之,弟死从子仍依以居,衣食婚娶皆仰给焉"①,姊寡而瞽,迎归养之,终其身。

科举人热心宗族之事。夏英生,郡廪生,"以授徒为业,有余粟,辄分之族人,有贫不能娶者,捐馆谷以助"。包承哲,郡廪生,教授生徒,"口讲指画,晨夕不倦,一时出其门下者多名诸生。"在宗族扮演重要角色,倡捐修葺祠堂,倡修族谱,公置祀产,"合族赖之。"②

科举人积极投身地方慈善。邑庠生钱彬,"值岁歉辄输粟以赈,有称贷不能偿者,积券约数千金,悉取焚之。"邑庠生李凤阁,"生平见义必为",康熙年间,有芜邑射利者挖掘搬运郡北河道泥沙,毁坟坏田,凤阁首呈督宪,请示严禁,前后"费不下五六百金",邑人"莫不颂其遗泽",子孙中有两人先后中举。太学生袁焕,所居介于两湖之间,频年水患,出资购木石,鸠工筑堤,极其完固,后遇大水又设法补筑,"至今称为乐土。"邑庠生徐鼎臣,尤好施,"凡城池、桥梁及地方诸善事,每为倡首"③,道光末年遇水灾,劝捐助赈,解囊不吝,在城设粥厂,救活饥民甚众。

① (光绪)《宣城县志》卷十六《人物·孝友》,第301、302页。
② (光绪)《宣城县志》卷十六《人物·懿行》,第260、270页。
③ (光绪)《宣城县志》卷十六《人物·懿行》,第261、264、267、296页。

科举人支持科举事业。孙譓,字我行,号止庵,太学生,"性方正廉敏。"康熙己丑,郡守修复正学书院,孙譓董其事,"堂序斋舍,规模大备,构文昌台,建南楼",又辟射圃,即后之敬亭书院;癸巳督修本县学宫,葺旧增新,焕然改观。阮维修,国学生,"凡文庙寺观有大营作,守令辄委董工,首肩其任",又设家塾,聘名师督训子侄,隆礼有加。张嘉玉,国学生,六岁而孤,由其叔父延师课读,后理家政而家业丰盈。乾隆癸卯地方议修文庙,张嘉玉"踊跃以襄",其他如桥梁寺观等,也"无不慨输" [①],又建义学,置田以助膏火之资。

　　(光绪)《宣城县志》卷十六《人物·懿行》和《人物·孝友》在选择具体人物时,对科举功名者具有潜在的倾向,试图通过将科举人物及其事迹载入邑志的方式,表达对科举人物与科举制度的肯定和推崇。

5、女性与科举

　　"女子而能明大义,重名节,贞烈之行所在多有" [②],故地方志中的《列女志》,一般都是篇幅巨大,如(光绪)《宿州志》有八卷,分别记贤淑、孝淑、节妇、贞烈、烈妇、烈女、贞女等类女性人物。《列女志》及所记列女,给人们留下的印象一般是守节、愚昧、封建、压迫等符号化的想象,这类记载也就没有什么价值了。其实如果转换一种角度,我们可以发现,《列女志》为考察传统时期的社会生活,尤其是人口状态提供特殊的第一手资料,亦包含部分科举资料。

　　(光绪)《宣城县志》卷二十至二十五为列女门,分义烈、贞孝、完节、节孝、节烈等类,所记女性人物数目庞大,与科举有关者有二,其一是部分女性出身科举家庭,其二是部分女性抚子成长,取

---

① (光绪)《宣城县志》卷十六《人物·懿行》,第 262、267、277 页。
② (光绪)《宣城县志》卷二十《列女》,第 464 页。

得科举功名。

　　载入方志的部分女性出身科举家庭,例如庠生贡祖禹妻徐氏、庠生贡登俊妻梅氏、庠生汤白女汤氏、庠生高裴彝妻张氏等载于卷二十《列女·义烈》;庠生冯均斋妾张氏、太学生杨一蕃妻荀氏、诸生马德良妻许氏、郡廪生梅钟龄妻詹氏、庠生刘梦鹤妻王氏等载于卷二十《列女·贞孝》;庠生唐允岳妻张氏、庠生张一骥妻刘氏、监生张希清妻唐氏、庠生袁腾凤妻吴氏与媳李氏等载于卷二十《列女·完节》。

　　有的女性在夫亡之后,矢志守节,扶孤成长,获得功名,殊为不易,这种情况见载于《列女·完节》。庠生汤瑞妻俞氏,年二十三夫亡,"抚二孤长,俱入郡庠,氏以节终。"郡庠汤廷宗妻茅氏,"矢志抚孤正域,亦补庠生。"丁景相妻张氏,"夫殁,抚子开芳、俊芳,皆入邑校。"①庠生沈兰生妻张氏,守制,抚子入太学。陈廷槐妻芮氏,抚遗腹子长,入庠。中书梅振祚妾张氏,督孤子梅清"登乡荐"。廪生梅朗中妻刘氏,抚孤庚"早岁入泮,登乡荐",刘氏泣曰:"襁褓儿有今日,恨若翁不及见也。"②这种女性为数不少,不再一一列举,但有一种现象值得指出,科举家庭的守节者,往往会督促儿子读书入学,走科举之路。

　　三、艺文:科举活动记录

　　《艺文志》所收之记、序等文,记录了大量地方科举活动。我们以(道光)《休宁县志》卷二十二《艺文·纪述》为例,略作考察。何应松修(道光)《休宁县志》,纂于嘉庆年间,道光三年刻,从"疆

①(光绪)《宣城县志》卷二十《列女·完节》,第477页。
②(光绪)《宣城县志》卷二十《列女·完节》,第479页。

域"到"杂志",凡十四志,二十四卷,志前有小序。《休宁县志·艺文志序》言:"邑志志邑事也。为文以纪事,斯因事以存文。由宋元以及国朝,凡得若干篇,裒而览之,可以知其事之所由始,事之所由成。"① (道光)《休宁县志》卷二十二《艺文·纪述》共有二十篇文章以地方科举为主题,涉及四类科举活动。

1、记载县学与文庙的修建活动

县学与文庙是地方科举的中心与象征,官员、士绅非常重视其兴建和重修,往往作记刻碑,并载入邑志。(道光)《休宁县志》卷二十二《艺文·纪述》载有《修学记》《新建儒学大门记》《重修儒学记》《重修文庙碑记》《重修大成殿碑记》《重修休宁县明伦堂碑记》《重修崇圣祠记》《重修休宁县文庙记》《重修休宁县学碑记》等篇,对于了解清代休宁县学、文庙及有关建筑的修建活动有着重要价值。

休宁有学自宋始,"高明完美实为江南乡校称首"②,入清之后,木有腐折脱落,瓦有破缺,墙有危圮,甚至室有鞠为茂草者。廖腾煃于康熙二十八年任休宁知县,在任期间,"新学宫,修邑志,兴文学,捐廉以助肄业,士民德之。"③ 廖腾煃甫一到任,就勘察县学,见学颓垣堕,慨然叹曰:"余莅兹土,而学校之弗葺将何以为政?"④于是捐俸六十金,为同官及士夫倡,又为文《修学记》,以告邑人,阐述学宫之功能与价值,他以"造鼎彝者必待追金以成器,资薪樵者

---

① (道光)《休宁县志》卷二十二《艺文志序》,第553页。
② (清)汪晋徵:《重修儒学记》,(道光)《休宁县志》卷二十二《艺文·纪述》,第616页。
③ (道光)《休宁县志》卷七《职官·名宦》,第138页。
④ (清)汪晋徵:《重修儒学记》,(道光)《休宁县志》卷二十二《艺文·纪述》,第616页。

必待养木以成材"为喻，"造士者必待绩学以成俊彦，故立学宫而统以学官，使之教以人伦，明以经术，豫讲修齐治平之理于平日，而以待用于异日，三年则合郡州县之士，大比之计，偕而献之……未仕而时入学以讲道请业，既仕而又时谒学以振民育德，均不能离于学也。"① 汪晋徵《重修儒学记》对这次重修活动，尤其是"择人以司之，去浮而归诸实"之事，有较为详细的记载。于诸生中择其贤且能者曰金兰，"俾司其入"，择吏之廉谨善综理者曰金嘉蛰，"命司其出"，又择乡宾中之老成练达者，金士伸、程尧德、李启元、黄志说等四人，"彼此相度，互相监督"，邑人输助，以四乡为断，各有专人主持。汪晋徵高度评价本次儒学重修，谓："吾邑之学巍巍峨峨，视昔有加矣！今者守令能留意学校者固难，而如侯之知人善任，费半而功倍者，不尤仅见也哉！"②

嘉庆五年，休宁县学再次重修，汪滋畹撰《重修休宁县学碑记》记其事，其中亦可反映出，重修县学固是因其年久，更可见参与其事者振兴科第的期望。捐输兴建"非为邀福求利也，而学校修则讲肄勤，讲肄勤则士风振，士风振则人才出，而科名盛焉。其效有必至，然而不必遽期其至也"。汪滋畹又以乾隆庚寅年倡修魁星楼为例说明，是年乡试只有一人中举，其后辛卯、乙未两科，黄轩与吴锡龄"以本籍相继魁天下"，以此期望本次重修能够带来"蝉联鹊起，掇上第而登巍科"③ 的局面。

---

① （清）廖腾煃：《修学记》，（道光）《休宁县志》卷二十二《艺文·纪述》，第603页。
② （清）汪晋徵：《重修儒学记》，（道光）《休宁县志》卷二十二《艺文·纪述》，第616页。
③ （清）汪滋畹：《重修休宁县学碑记》，（道光）《休宁县志》卷二十二《艺文·纪述》，第638—639页。

　　自康熙以至嘉庆,休宁县学多次整修,或建儒学大门,或重修大成殿,或重修明伦堂,或重修崇圣祠,洪泮洙《新建儒学大门记》、王家斡《重修文庙碑记》、王霁《重修大成殿碑记》、朱珪《重修休宁县明伦堂碑记》、周光镛《重修崇圣祠记》等文,俱载县志,述之颇详。

2、记载书院沿革与发展

　　(道光)《休宁县志》卷二十二《艺文·纪述》载有汪鋆《重修海阳书院序》、李蟠根《迁建海阳书院碑记》、汪滋畹《移建海阳书院记》、汪晋徵《还古书院祀朱文公议》、陈嵩鉴《重修还古书院记》等,是考察海阳书院和还古书院的一手材料。

　　休宁旧有县令王公所建书院,久而荒废,廖腾煃莅任,"绅士请更新,以为讲学之地"①,此即海阳书院。嘉庆十二年,在汪滋畹、李蟠根、刘启伦等人的倡议、主持与经理下,将"近市喧杂"北街的旧书院转售,迁建于城东北隅试院之旁,至嘉庆十五年落成。海阳书院"规制宏巨","仿郡中之旧紫阳书院"②,前为讲堂,后为院长下榻处,最后内间为祠祀朱子等卫道先贤,后院之西有肄业房舍三十六间。

　　汪晋徵《还古书院祀朱文公议》谈书院祠祀朱子,议论颇精,其间亦见朱王两学之歧。汪晋徵认为,"书院祀先贤,所以正道脉而定所宗也。今天下所共读者何书?朱子书也。朱子所阐明者何书?孔圣书也。故欲明孔圣之道者必尊朱,而后邪说不得作,欲行孔圣之道者必尊朱,而后进德修业始有序。此天下古今之学人所

---

① (清)汪鋆:《重修海阳书院序》,(道光)《休宁县志》卷二十二《艺文·纪述》,第611页。
② (清)汪滋畹:《移建海阳书院记》,(道光)《休宁县志》卷二十二《艺文·纪述》,第641页。

当遵守而勿失,凡讲学之区皆当祀朱子,以定道脉之大宗也。"新安为朱子桑梓之邦,"尤当奉祀而不可缓。"还古与紫阳同为徽郡"会讲不辍"①的书院,自应同样奉祀朱子,康熙三十一年秋,敬立朱子神主于孔子之侧。

3、记载科举会馆的兴建

徽州府有京师会馆,但狭小局促,歙县别营会馆,汪由敦亦欲为休宁营之,遂于乾隆十七年购置地产,"凡为屋若干楹,稍加缮葺"②,为休宁会馆,汪由敦并作《休宁会馆碑记》。汪承霈《重修京师休宁会馆碑记》记载了三十年后的重修会馆之事。在京休宁同官看到会馆"所入仅足供岁支,惧无以广前徽而嘉后进",于是复有劝输之议,驰书四方,"游宦及里中戚友,闻风响应如初,乃别置屋若干楹,而以其余为缮葺费。"③

4、记载科举宾兴的活动

嘉庆十二年,汪国柱捐输乡试盘费五千两,后徐名进亦捐银五千两,并订《乡试旅资规条》,载(道光)《休宁县志》卷三《学校》,而休宁宾兴的筹建过程则见李蟠根《捐输乡试旅资记》,汪滋畹《乡试旅资记》《增捐乡试旅费记》,方崇鼎《捐输卷资记》等文。

休宁人文渊薮,科甲鼎盛,有乾隆辛卯、乙未联科殿撰之况,"近岁以来渐不如前,金以文风日靡为虑",李蟠根任休宁县后,课诸生文,详加访问,认识到休宁科名之减,不尽文风为之,而是另有

---

① (清)汪晋徵:《还古书院祀朱文公议》,(道光)《休宁县志》卷二十二《艺文·纪述》,第617页。

② (清)汪由敦:《休宁会馆碑记》,(道光)《休宁县志》卷二十二《艺文·纪述》,第625页。

③ (清)汪承霈:《重修京师休宁会馆碑记》,(道光)《休宁县志》卷二十二《艺文·纪述》,第637页。

其因。"读书家大半多寒士,平日焚膏继晷尚能刻苦自励,而志切观光便觉舟车旅费,动形拮据……往往以资斧为艰,阨于进取",导致"困骐骥于空山,阻鲲鹏于涸泽"。李氏以筹应试之资,商于书院董事及绅士,相与转劝同志,因有休宁宾兴之设。汪滋畹《乡试旅资记》与《增捐乡试旅费记》叙说宾兴创建过程颇为详细,尤其对汪国柱、徐名进二人相继捐输五千金以助宾兴之事的记载很是生动。

四、有关科举的其他史料

地方志是研究地方科举的重要资料库,除上文所论《选举》《人物》《艺文》等,《学校》已于前文讨论学宫、书院等相关问题时有所应用,兹不专论,其他如《疆域》《营建》《风俗》《食货》《职官》等门,及至卷首、卷末等也包含一定的科举史料,往往多被忽略,亦值得关注。

1、职官:县官群体的科名构成

州县正印官号称父母之官、牧民之令,是清代州县制度及其运行的核心角色,地方志《职官志》为考察州县官群体提供了直接资料。一般认为咸同之后,"捐纳和军功保举人员众多,导致仕途壅塞"[1],造成所谓正途和异途的冲突,降低了科举制度的生命力。我们以(民国)《潜山县志》卷十《秩官志·文职》所载清代知县为例,考察知县群体科名构成及时代变迁,为所谓壅塞问题的研究提供一个不同的思路。

(民国)《潜山县志》修成于1920年,卷十为《秩官志·文职》(清代部分),表分知县、教谕、训导、县丞和主簿五行,其上一栏标

---

[1] 魏光奇:《有法与无法:清代的州县制度及其运作》,商务印书馆,2010年,第73页。

示年号为序。该表从顺治二年六月任潜山知县的胡绳祖开始,到宣统三年六月任职的忻江明,记载了有清一代所有潜山知县的基本情况,包括其籍贯、功名、任职时间等,例如,周盛时,"辽阳人,五年任";何中行,"汝州郏县人,恩贡,十五年任";常大忠,"太原交城人,解元,十六年任,有传"①。现依该志统计并制《清代潜山知县科名表》,表中将清代分成顺康雍、乾嘉道和咸同光宣三个阶段,分别统计各个阶段进士、举人、贡生和其他四类科名的人数(包括署任、再任和复任等情况),计算其所占比例,以百分比表示,并略去百分号。

表4-2 清代潜山知县科名表

	人数	进士		举人		贡生		其他	
		数量	占比	数量	占比	数量	占比	数量	占比
顺康雍	24	4	16.7	6	25.0	4	16.7	10	41.7
乾嘉道	38	9	23.7	13	34.2	2	5.3	14	36.8
咸同光宣	25	3	12.0	9	36.0	2	8.0	11	44.0
合计	87	16		28		8		35	

清代潜山知县,出身进士与举人者所占比例大约在50%左右,咸同光宣时期为48%,虽低于乾嘉道时期的57.9%,却高于顺康雍时期的41.7%,并不能有力证明"仕途壅塞",所谓仕途壅塞或另有他因,当然这只是个案的考察。

2、纂修姓氏:科举人是地方文教活动的主体

地方志卷首一般会有《纂修姓氏》,开列直接参与修志工作之人的姓名、职衔与科名,具有一定的史料价值。地方修志是一个系统工程,从创议、捐资,到采访、编写,再到刊刻,往往历时数年,参

---

① (民国)《潜山县志》卷十《秩官志·文职》,江苏古籍出版社,1998年,152页。

与者众,编修群体的人员构成是影响志书质量的决定性因素。略加考察,我们就可发现,州县方志编修者以科举人,尤其是生员层次的科举人为主体,试以(光绪)《霍山县志》为例说明。

　　(光绪)《霍山县志》卷首《纂修姓氏》详列总修、监修、分修、总理、参阅、编纂、绘图、探访、校勘、缮录诸人姓名。(光绪)《霍山县志》总修是赐进士出身花翎同知衔知霍山县事秦达章,秦达章是该志修纂群体当中唯一的进士(光绪二十四年戊戌科),浙江会稽人,已具有比较明确的近代意识与思想,他在志序中言,不遗余力地修志,"相期激发群性,维持公益,油然生爱国之心,奋然励同胞之气。"①乙酉科举人、县学教谕庆昌銮,己卯科举人、县学训导姚延禧为监修。分修担任者是县典史平斌和上土司巡检纪光荣,两人均无科名记载。总理四人,仅萧文英是廪贡生。参阅三人,吴贤扬为癸巳恩科举人,余起凤是增贡生。编纂五人,分别是壬寅科举人程秉祺、优增生宋煜修、廪贡生黄从默和何辅冲。绘图两人都是附生。探访十五人,其中八人为附生、廪生或贡生。校勘四人都有功名,分别是倪正藩、程炳衡、陈炳然和何才矩。缮录有廪贡生陈德炎、廪生程桂林等七人,亦均有科名②。以上共有四十五人,其中进士一人,举人四人,贡生与生员二十六人,具有功名者超过三分之二,是志书纂修的骨干力量。

　　3、(光绪)《宣城县志余》的价值

　　学宫维修及地方修志所需经费甚巨,主要来源于倡捐与募集,但具体捐集情况却少见记载,科举人在其中扮演着怎样的角色往往不得而知,(光绪)《宣城县志》为考察这个问题提供了一个实

①(光绪)《霍山县志》卷首《序》,第1页。
②(光绪)《霍山县志》卷首《纂修姓氏》,第2—3页。

例。(光绪)《宣城县志》之后附有《宣城县志余上卷》和《宣城县志余下卷》,上卷为嘉庆年间修志事,"胪列乐输姓名、捐数,并总计出入若干,汇为一帙",下卷"将黉宫规复旧制,兼修县志,捐助芳名登载"[①],起于光绪七年,止光绪十六年。

《宣城县志余下卷》登载了捐助及两项工程的支出数额,总共收捐洋11428.83元,黉宫工程支用10339.311元,下存洋1080.519元,总其收领志洋1312元,志书支用洋1440.478元,除支下空洋1646.959元[②],在入籍款项并修考棚余款内拨补。这次捐助活动的参与者非常广泛,分布于城乡各地及官绅民等诸阶层,据初步估计,直接捐款的人数当在两千人以上,如果考虑到很多宗族以"堂"名义公捐的因素,其数更巨,说明民众对参与地方文教事业有着较高热情。这次捐集活动规模很大,在东南西北诸乡各团,均有募首负责收捐,而募首多由具有低级科举功名者担任,例如东乡梓泥上团募首是监生王塈和监生孙玉廷,梓泥下团募首是生员胡饶镜,监生董献廷、仲绍明、孙桂枝、陶源等分别担任冲岭团、仲村团、双庙团、山西团的募首。这种状况一方面反映出科举人投入地方科举活动的热情,另方面也表明他们在地方享有很高的声望和社会公信力。

4、科举转型的反映

科举制度废除前后,安徽旧式教育趋于式微,近代教育逐渐兴起,成于过渡时代的志书,对地方科举的转型多有反映,试以《皖政辑要》为例,略作说明。

冯煦主修,陈师礼纂《皖政辑要》,以"皖政大要悉著于篇,以

---

① (光绪)《宣城县志》卷末《宣城县志余》,第929、949页。
② (光绪)《宣城县志》卷末《宣城县志余》,第993页。

为官吏研究政治之资。事求核实，一以简而能赅、质而不俚为宗旨"①，依清末新官制分为交涉、吏、民政、度支、礼、学、军政、法、农工商、邮传等十科，共 100 卷。因时局变化，经费停拨，陈师礼不忍废弃，独自捐资力主编务，仓促抄毕书稿，今人刘辰、汤华泉等标点校勘、编卷整理，纳入《安徽历代方志丛书》，由黄山书社于 2005 年出版。《皖政辑要》卷五十至五十六为《学科》，下设建置（提学使司、学务公所、劝学所、教育会）、专门（高等学堂、法政学堂）、普通（师范学堂、中学堂、小学堂、女学堂）、实业（农业学堂、工业学堂）、游学、奖励（毕业奖励、捐资奖励）、经费等目，资料颇为详实；卷五十二《学科·普通》，详载各地于科举制度废除前后创办的师范学堂、中学堂、小学堂的开办信息。

新式学堂在两个方面和旧科举有紧密的联系，其一是部分新学堂是就科举遗址开办。光绪三十二年，许承尧"就紫阳书院改设"徽州府紫阳师范学堂；光绪三十三年，当涂县师范传习所由绅士李梁生开办，"在太平府试院内。"徽州府中学堂在城内"就试院改设"，宁国府中学堂"在城内府学东首"，池州府中学堂"就考棚改设"，凤阳府中学堂就"淮南书院改设"，六安州中学堂"就棚场防雨公所改设"，阜阳县中学堂"就考棚东院改设"②。科举时代的府县学、书院、考棚，在各地创办新学的潮流中，成为学堂开办的重要选择。

其二，部分中小学堂的经费来源，包含科举时代的宾兴等款项。光绪三十二年就熙湖书院改设的太湖县中学堂，以"书院宾

① （清）冯煦主修，（清）陈师礼纂：《皖政辑要》《凡例》，第 1 页。
② （清）冯煦主修，（清）陈师礼纂：《皖政辑要》卷五十二《学科·普通》，第 502—506 页。

兴田租、县署衙租、地丁提款为常年经费"。桐城县中学堂"以文庙培文书院考棚田租为常年经费",其数超过万元。滁州高等小学堂"以宾兴田租及庙产为常年经费"。和州两等小学堂以"书院宾兴款"等为常年经费。泗州初等小学堂"以虹乡旧有宾兴田租及陶春廷充入羊城湖地租为常年经费"。吴道桢创办的太湖两等小学堂"以吴氏育贤堂公款及学费为常年经费"。宿松高等小学堂"以书院卷费、宾兴、田租、洲租、房租为常年经费"。黟县高等小学堂"以碧阳书院旧有田、房租及考棚款为常年经费"[①]。科举时代的民间资本大多转移到新式教育的开办与维持,应该说这是自然而理想的转型。

五、(道光)《徽州府志》进士史料问题举例

马步蟾纂修(道光)《徽州府志》,成书于道光七年,十六卷首一卷,包括舆地志、营建志、食货志、武备志、职官志、选举志、人物志和艺文志等八个门类,保存资料较为丰富。(道光)《徽州府志·选举志》(下文简称《选举志》)所载进士题名间有讹误,在进士科年及籍贯著录方面也存在一些问题,现以其所载清代进士部分为例,略加考察与说明,亦可由此推见,虽然方志是科举研究的重要史料,但也存在溢美、衍漏、错讹等问题,在使用时仍需考证、甄别。

1、人名讹误

《选举志》乾隆四十三年戊戌戴衢亨榜,歙县下据道光续县志载有吴绍燦。

朱保炯、谢沛霖编《明清进士题名碑录索引》、江庆柏著《清朝

---

① (清)冯煦主修,(清)陈师礼纂:《皖政辑要》卷五十二《学科·普通》,第505—515页。

进士题名录》及北京歙县会馆观光堂之题名榜,在乾隆四十年乙未科中均作吴绍濂。吴氏玄孙吴保琳编有《清翰林院编修安徽歙县丰溪三十二世吴苏泉公讳绍濂年谱》,"吴氏讳绍濂,字澄野,一字苏泉",从吴氏名与字含义来看,其名当为濂;年谱中有吴氏兄弟名绍浣,其父吴锹名中有"金"字做偏旁,另有同科乡试中举的父辈名吴钜,其子吴嘉树名中则有"木"字,另子以"樂"为名①,从命名的一般习惯与规律来看,若吴氏名中以"火"为偏旁,则与情理不通,故《选举志》载以吴绍燦,当误。

《选举志》顺治十八年辛丑马世俊榜歙县下,据乾隆县志载张都甫,河南籍,通政司参议。

(民国)《歙县志》和北京歙县会馆观光堂之题名榜未载张都甫。查江庆柏编著《清朝进士题名录》,是科三甲第124名进士为都甫,河南开封府祥符县籍;《明清进士题名碑录索引》亦作都甫。都甫曾任山西阳城知县,与邑绅等修魁星阁、聚奎书院,田六善撰有《重建魁星阁聚奎书院记》述其事,"邑绅直指卫澹足先生,慨然谋所以修复者,与邑侯都平倩先生……集邑中之绅衿合力襄事。"②因清代进士改名甚或改姓现象较为常见,未审都甫与张都甫是否为同一人,此暂存疑。

2、进士误收

《选举志》康熙十八年己未归允肃榜歙县下,据采访册载江笔,江村人,桐城籍。民国《歙县志》卷四《选举志·科目》亦载。朱保炯、谢沛霖编《明清进士题名碑录索引》、江庆柏著《清朝进士题名

① 吴保琳:《吴苏泉编修年谱》,《北京图书馆藏珍本年谱丛刊》第110册,第467—471页。
② 晋城市地方志丛书编委会:《晋城市金石志》,海潮出版社,1995年,第698页。

录》在康熙十八年己未科都没有收录进士江笔[1]，(光绪)《重修安徽通志》、北京歙县会馆观光堂之题名榜等亦未见载江笔其人；查(康熙)《桐城县志》卷三《选举》，记有己未科进士张廷瓒，却未有江笔，举人栏下明载江氏为戊午科乡试举人[2]。刚刚修纂的县志没有理由失收新科进士，由此推知江笔中举后并未连捷获中进士，《选举志》依据采访册将江笔录于康熙十八年己未归允肃榜，当误。

《选举志》康熙九年庚戌蔡启僔榜歙县下，据采访册载洪寿国，江村人，怀宁籍。(光绪)《重修安徽通志》亦收洪寿国，并注明"怀宁人，见道光徽州府志"[3]。其实光绪《重修安徽通志》于此已有怀疑，因该科所著其他所有进士都未注出处，独于洪寿国名下有所说明，且其依据非安庆府志或怀宁县志，而是"道光徽州府志"。查(民国)《怀宁县志》卷十五《选举表·科名》，进士表中未见洪寿国，甚至举人表中也不见其名。《清朝进士题名录》与《明清进士题名碑录索引》、北京歙县会馆观光堂之题名榜等亦未见洪寿国。

《选举志》康熙十五年丙辰彭定求榜歙县下，据采访册载汪霖，钱塘籍；又康熙十二年癸丑科榜婺源下，依乾隆县志载汪霖，浙江籍。康熙十五年丙辰科"赐殿试贡士彭定求等二百九人进士及第出身有差"[4]，《清朝进士题名录》该科共著录209人，却未见汪霖其人，另有二甲第十三名进士汪霦，与《选举志》所录汪霖同为浙

①　江庆柏编著：《清朝进士题名录》，第200—205页；朱保炯、谢沛霖：《明清进士题名碑录索引》，第2662—2663页。
②　(康熙)《桐城县志》卷三《选举》，第88页。
③　(光绪)《重修安徽通志》卷一百五十七《选举志·表七》，《续修四库全书》(史部·地理类)第653册，第76页。
④　《清实录·圣祖仁皇帝实录》(一)，第782页。

江杭州府钱塘县人①。疑《选举志》因字形相近而误收汪霖,北京歙县会馆观光堂之题名榜即未录汪霖。

《选举志》载江笔、洪寿国和汪霖三人有一个共同特点,其依据都是采访册,由此可见,地方志依据采访册著录之进士信息可能存在误差。

3、一人两收

《选举志》顺治九年壬辰邹忠倚榜歙县下,据康熙府志载吴雯清,名下未注其籍,紧接其下即据采访册录吴元石,并注明杭州籍②。另该志《人物志》有吴雯清传,谓其"歙岩镇人,浙江籍"③。北京歙县会馆观光堂之题名榜在吴元石名下载"更名雯清"④;(乾隆)《杭州府志》卷七十一《选举志》亦云"吴元石,仁和人,改名雯清"⑤,可见吴雯清与吴元石实为一人,吴元石是榜名,《选举志》显然将其视为同榜两进士,误也。(民国)《歙县志》卷四《选举志》与《选举志》同误,亦一人两收⑥。

4、本籍与寄籍杂次无别

徽州寄籍进士数量多、规模大,甚至远超本籍进士之数,形成了独特的寄籍科举现象。(道光)《徽州府志》对寄籍进士多有著录,但其《选举志》对本籍进士与寄籍进士的区分却较为模糊。《选举志》著录进士的格式是在某年某榜之下,以歙县、休宁、婺源、祁

① 江庆柏编著:《清朝进士题名录》,第189—196页。
② (道光)《徽州府志》卷九之二《选举志·进士》。以下凡引(道光)《徽州府志》卷九之二《选举志·进士》,不再一一出注。
③ (道光)《徽州府志》卷十二之二《人物志·宦业三》,第445页。
④ 许承尧撰:《清代歙京官及科第》,《歙事闲谭》卷十一,第350页。
⑤ 转引江庆柏编著:《清朝进士题名录》,第71页。
⑥ (民国)《歙县志》卷四《选举志·科目》,第156页。

门、黟县、绩溪为序,分载各县进士,如某科没有某县进士则略过该县。一般说来,徽州本籍进士不再注其籍贯,若注其籍贯,则该人为寄籍外地的徽州进士。《选举志》中有为数颇多的寄籍进士并未标注籍贯,而与本籍进士混为一体,因此类情况较多,有近六十人,不一一列举,仅以顺治六年己丑科为例。《选举志》顺治六年己丑刘子壮榜共录进士 11 人,歙县张习孔、潘士璜、汪继昌、方跃龙、刘兆元,休宁吴道观、吴正治,婺源李桢、何采、李蔚、汪汇。其中张习孔为本籍进士,标出籍贯的有方跃龙(於潜籍)、刘兆元(浙江籍)、吴道观(桐城籍)、吴正治(汉阳籍)、李桢(江宁籍)、何采(江宁籍)、汪汇(六合籍);潘士璜、汪继昌、李蔚等三人分别是桐城籍、嘉兴籍和溧水籍①,《选举志》未注明他们的籍贯,不察者或将其与本籍进士等同。关于地方志著录本籍与寄籍进士,许承尧认为"京师歙县会馆题名,以本籍列于前,寄籍列于后,此例可谓至当。郡志甲乙第,亦宜用此例",以免"杂次无别"②,所论极是。

5、寄籍进士籍贯标识混乱

除前文已述有近六十人未注籍贯外,其他徽州寄籍进士都注明籍贯,但《选举志》的标识较为混乱。《选举志》寄籍进士籍贯标识混乱的原因较为复杂,既有编修者未能审慎详察等主观原因,也有寄籍者外迁年代久远、信息不畅及变异等客观因素,深层原因则是部分士子为获取自身科举利益最大化而进行改籍,这种现象较为普遍,增大了地方志准确标识寄籍进士籍贯的难度。有的仅标识进士的省籍,如顺治十八年辛丑科张都甫(河南籍)、康熙六年丁未科程国祝(湖广籍)、康熙十二年癸丑科苏玮(贵州籍)、康

---

① 江庆柏编著:《清朝进士题名录》,第 43、42、23 页。

② 许承尧撰:《寄籍》,《歙事闲谭》卷十七,第 585—586 页。

熙二十一年壬戌科孙皋(湖广籍)、康熙三十三年甲戌科吴岳(湖北籍)、乾隆十七年壬申恩科吴椿(湖北籍)、乾隆二十六年辛巳恩科张念祖(湖广籍)、乾隆三十四年己丑科王邦治(浙江籍)、乾隆四十年乙未科戴均元(江西籍)、乾隆四十三年戊戌科戴衢亨(江西籍)、嘉庆十年乙丑科程家督(河南籍)、嘉庆十三年戊辰科吴信中(江苏籍)等,其中湖广分省及分省取中之后的中式进士,《选举志》有的著其湖广籍,有的著其湖北籍,有不确当之嫌。浙江籍进士的标识尤其多样,既有浙江籍者,如康熙二十一年壬戌科汪兆璂、雍正元年癸卯恩科周琰、雍正八年庚戌科戴章甫、乾隆十七年壬申恩科郑鸿撰等,又有浙江榜者,如康熙六十年辛丑科蒋大成、乾隆元年丙辰科凌应龙、乾隆二年丁巳恩科凌应兰、乾隆十六年辛未科吴坦等,再有浙江商籍者,如乾隆十年乙丑科汪宪、乾隆三十七年壬辰科王照、乾隆四十五年庚子恩科吴棠、嘉庆四年己未科王家景等。这里的浙江榜是指浙江乡试榜,此榜只说明某进士是在浙江乡试中举,而浙江商籍与一般意义上的江苏、河南等省籍本就不同,二者与真正意义上的籍贯有较大出入。有的进士籍贯标识为府级单位,如顺治六年己丑科李桢(江宁籍)、康熙九年庚戌科黄云企(松江籍)、康熙二十七年戊辰科查昇(顺天籍)、康熙三十九年庚辰科许迎年(扬州籍)、乾隆二年丁巳恩科朱良弼(保定籍)、嘉庆七年壬戌科余保纯(常州籍)等。其他进士一般标识其县级籍贯,不再举例。

6、科年著录体例不一

《选举志》康熙三十六年丁丑李蟠榜录查嗣珣、乾隆十年乙丑钱维城榜录程化鹏、乾隆十三年戊辰梁国治榜录詹世适、乾隆二十六年辛巳恩科王杰榜录洪锡璋、乾隆三十六年辛卯恩科黄轩榜录方炜、乾隆五十五年庚戌石韫玉榜录凌廷堪。

　　查《清朝进士题名录》,前列诸人的科年与《选举志》所载均有差异,向后延迟数科不等,查嗣珣为康熙四十二年、程化鹏为乾隆十六年、詹世适为乾隆十七年、洪锡璋为乾隆二十八年、方炜为乾隆三十七年、凌廷堪为乾隆五十八年。乍看似是《清朝进士题名录》或是《选举志》著录科年出现重大错误,其实这不是一般意义上的"错误",而是因清代科举体制与地方志著录进士科年的标准不同带来的问题。依制只有殿试通过后才能取得进士资格,《清朝进士题名录》即是据进士参加殿试的年份著录其科年。在一般社会生活中,人们往往赋予并认定会试中试者的进士身份,地方志多据进士会试中式的年份著录其科年。正常情况下两种著录方式不会有差异,但也有例外,即补殿试。有人在会试中式后因病、丧等不能参加当科殿试,而参加下一科或以后科年的殿试,即谓补殿试。对于补殿试者来说,其会试年份与殿试年份就有了差异,前及查嗣珣等六人即属此种情况。例如凌廷堪,《选举志》著于乾隆五十五年庚戌石韫玉榜,但他该科并未殿试,"以头场首艺磨勘停殿试",而于乾隆五十八年春"入京都补殿试"①,得第三甲第二十六名,所以《清朝进士题名录》著于乾隆五十八年癸丑科。

　　对于补殿试者,如果《选举志》均以其会试中式年为著录年,当不至于产生重大疑问,但问题在于还有部分进士,《选举志》又以补殿试年份著录其科年,这样就形成了两个标准,造成科年著录体例的混乱,若用者不察,极易产生错误。例如嘉庆元年丙辰赵文楷榜载程健学,为乾隆六十年乙卯恩科会试中式,未殿试;嘉庆六年辛酉恩科顾皋榜载王以铻,亦为乾隆六十年乙卯恩科会试中式,未

① (清)张其锦:《凌次仲先生年谱》,《北京图书馆藏珍本年谱丛刊》第120册,第376—377、379页。

殿试①,《选举志》于此两人处均未说明补殿试情况与会试中式年。再如康熙三十九年庚辰汪绎榜,载汪绎,状元,丁丑中式。此处"丁丑中式"是指汪绎于康熙三十六年丁丑科会试中式。

上述问题是因科年著录标准不一、体例混乱所致,但《选举志》中还有一种情况,进士的著录科年在其殿试年之后。《选举志》乾隆十九年甲戌庄培吉榜载胡德琳,实际上是乾隆十七年壬申恩科二甲第三十七名进士;乾隆四十三年戊戌戴衢亨榜载吴绍燦(㻐),当是乾隆四十年乙未科二甲第十名进士;嘉庆七年壬戌吴廷琛榜录张朝珍,是为嘉庆六年辛酉恩科三甲第三十五名进士。《选举志》关于这几位进士的著录科年既非其会试中式年,也非为殿试年,当误,例如吴绍燦,因其父亲卒于乾隆四十二年十一月十八日,"以忧去官"②,不可能参加第二年春天举行的会试或殿试。

第二节　安徽科举会馆录

明清时期安徽科举会馆非常发达,各科举会馆非常重视会馆录的编集与刊刻,形成一类非常重要的科举文献。本书以《重续歙县会馆录》与《北平泾县会馆录汇辑》为例,考察科举会馆录的编集与功能,梳理其结构与内容,分析其史料价值。

一、笔诸简编,以示后人:会馆录的编集与功能

歙县于明代嘉靖年间在北京设立会馆,至明代末季,歙人"龙

---

① 江庆柏编著:《清朝进士题名录》,第 668 页。
② (清)吴保琳编:《吴苏泉编修年谱》,《北京图书馆藏珍本年谱丛刊》第 110 册,第 473 页。

泉县尉徐世宁号月洲者,始编《会馆录》"①,该录由徐世宁、杨熷共同编订,"载会馆事宜及义庄原委特详","以纪馆事为重,故纪馆事独详",但其后历年既久,该书已不得多见。乾隆时,徐世宁的六世孙徐光文,在汪廷辅处得见原本,如获至宝,虽恨其篇帙不全,亦"携存会馆匣中,以备典故"。因汪氏力索而归之,汪廷辅"取去仍贮作坊匣中,他日会馆重稽旧典,仍可向作坊取阅,犹寄之外府耳"②。入清之后,会馆创兴,歙县"人文之盛数倍于前……人情踊跃,虽时兴时替,而欣然好义者居多"。徐光文承袭祖先之志,认为"旧录不可不续而成书,而又念五乡义举实足承先而启后,又不可不笔之于书"③,于是在乾隆四十年成《续修歙县会馆录》。

《续修歙县会馆录》编成,至道光甲午,已越六十年,会馆"规条之未备者损益必精,出纳之有恒者权衡必当,既不可不殚述以昭来许……则是录之需乎重辑亟矣"④。加之锓版无存,书亦鲜见,即公匣所藏,"已有残缺,非另付梓,无以垂久远"⑤,于是同人复申前说,以编录之任,委于司馆事、徐世宁八世孙徐上埔。徐上埔就簿籍所载及碑额所登,悉心编次,阅时五月而成重续之录,于道光十四年冬开雕付梓。《重续歙县会馆录》流传不广,国家图书馆、上海图书馆等有藏,笔者暂时未见整理本出版;作为《中国社会经济史资料丛编》之一种,由大东图书公司于1977年出版印行。《丛编》非常看重会馆录当中所列历年商号捐输一项,谓其"蕴藏经济史料至富,对三百年徽帮茶商行号、银楼作业在京师兴替状况,

① 许承尧撰:《北京歙县会馆建置原始》,《歙事闲谭》卷十一,第345页。
② (清)徐光文、徐上埔重录:《重续歙县会馆录·续录原例》,第12页。
③ (清)徐光文:《续修会馆录原序》,《重续歙县会馆录》,第11页。
④ (清)曹振镛:《重续歙县会馆录序》,《重续歙县会馆录》,第3页。
⑤ (清)徐上埔:《重续歙县会馆录序》,《重续歙县会馆录》,第6页。

如按图索骥,荣枯立见"①,实际上该录的价值并非仅仅止于此项,它是科举会馆录的典型样本,对考察科举社会同样具有重要的价值。

泾县会馆是北京十大会馆之一,自明至清相沿弗替,经营及运行状况总体较好,会馆之经营硕画具有成规,载于馆录。同治年间刊有《京都泾县新旧两馆录》;光绪乙未年,潘庆澜以会馆修葺所余之资,编集刊刻《京都泾县馆录》,"将乐输姓氏出入款目胪列如左,附以补税契纸,续增规条,旧存物数",并谓"愿后之人思其艰以图其易,庶不负乡先辈创立之苦心"②。

民国以后,科举会馆面临转型,旅平泾人意识到"国都南迁,北平改成市府,莅此土者不过暂假栖迟而。为久远之计,自不能不重刊馆录,俾各家珍藏而资保守"③,于是在 1932 年 10 月 30 日,泾县会馆董事会开第七次会,就馆录事专门讨论,"议决由本会公请徐震先先生、吴董事錬伯共同于国历年底前办。"④徐震先等深觉编录之责,义不容辞,慨然应事,于次年编成《北平泾县会馆录》,并经董事审核发印。从《重刊馆录序》《老馆缘起》《重修泾县会馆碑记》等起,到《小施兴胡同房屋契据》《河泊厂门牌一百零三号房屋契据》终,《北平泾县会馆录》共收会馆各种文献 92 篇,包括碑记、劝捐启、馆规、章程、乐输款目、会议记录、告示、执照、公函、甘结、契据等,反映了会馆经营状况与发展轨迹,亦可见会馆创业守业之艰难。今人周向华、张翔以《北平泾县会馆录》为底本,汇辑同治年间刊《京都泾县新旧两馆录》和光绪年间刊《京都泾县馆录》等两

①《重续歙县会馆录·出版说明》。
②(清)潘庆澜:《重刻泾县馆录序》,《北平泾县会馆录汇辑》,第 51 页。
③ 徐绍烈:《重刊馆录序》,《北平泾县会馆录汇辑》,第 3 页。
④《泾县会馆董事会第七次开会》,《北平泾县会馆录汇辑》,第 75 页。

种馆录,重新点校而成《北平泾县会馆录汇辑》,由安徽师范大学出版社于 2014 年出版。

曹振镛在所撰《重续歙县会馆录序》中言,会馆之设"所以待贡举之士,馆之兴废,士之盛衰视焉……吾歙人才之盛既足增辉斯馆,而乡人之官于朝者复能代有增修,于以见山川之灵秀、风俗之敦庞。历数百年如一日,固当笔诸简编,以示后人"。曹振镛之论说明了馆录"笔诸简编,以示后人"的编集目的,会馆录的功能大约有三。一曰表彰,表彰会馆创建与经营者,表彰登科名者,表彰好义捐输者,"乡人之登科名,与夫好义捐输者,尤不可不著其姓名,以流芬于奕祀也。"① 二曰倡义,如徐光文所言,"五乡义举实足承先而启后,又不可不笔之于书,以见南溪先生之善作,而后起之能善承也。即今诸同人欣然好义之初心,岂为传芳于后,而余续是录以传其名,传其事,并即传其不希传世之心。"② 三曰昭信,"所有馆款之收入支出,岁刊馆录以昭信于梓里。其间虽有未刊之年,簿册可稽,向无惑语"③,借刊刻馆录,公开收支,提高公信力,扩大会馆之影响。

二、纪事实备考证:会馆录的体例与内容

《重续歙县会馆录》的编集体例与结构承袭原录和续录,在其《凡例》言之甚明,"原录统义庄于会馆名歙县会馆录,续修录因之,兹重续是编仍遵其例。续修录分会馆义庄为二编,分二集,以原录为前集,续修录为后集。今仍其名,各加续录二字于上以别之,重

① (清)曹振镛:《重续歙县会馆录序》,《重续歙县会馆录》,第 3 页。
② (清)徐光文:《续修会馆录原序》,《重续歙县会馆录》,第 11 页。
③ 徐绍烈:《重刊馆录序》,《北平泾县会馆录汇辑》,第 3 页。

续者为新集,分系于后集之后。"①《重续歙县会馆录》编集体例的
特点是分编合刻,所谓分编,就是将义庄统于会馆,分成会馆和义
庄两编;所谓合刻,即是将原录和续录的篇目,以前集、后集,合于
重续录,刊刻成为一书。如此处置,既可避免旧录版毁书少的风
险,更可使会馆二百余年迁变清晰可见。

《北平泾县会馆录》的编者"依照旧录纂述编叙,原有者继承
之,未有者增入之",计划依据会馆文献之主题,"将馆录目标分为
六种",即会馆缘起并管理章程、义园历代经过案牍、北平馆产房
契、历代乐输捐助、历代科举、历代本馆收支,"装订成册,俾阅者一
目了然。"②但未审何故,或因时间紧迫而未编,或因编而未印,又或
因遗失无存,今本《北平泾县会馆录》只有前三种,而不见后三种,
好在(同治)《京都泾县新旧两馆录》和(光绪)《京都泾县馆录》,
关于历代乐输捐助、历代科举、历代本馆收支三种,略有所收,可从
一定程度上弥补原计划没有完成的缺憾。

"馆之有录,所以纪事实备考证也"③,会馆录内容非常丰富,涉
及会馆之创建、管理、运行等诸多方面,依其主旨,会馆录所收篇目
大约可以分成以下数类。

一是馆录序。《重续歙县会馆录》收有曹振镛、潘世恩、徐宝
善、徐上墉等人为《重续歙县会馆录》所撰序文,另有徐光文作《续
修会馆录原序》。《北平泾县会馆录汇辑》编入徐绍烈《重刊馆录
序》与潘庆澜《重刻泾县馆录序》。一般序文虽不免有称颂浮文铺
张泛论之嫌,但馆录序却非其他文字所能替代,对于考察馆录本身

①《重续歙县会馆录·凡例》,第7页。
② 徐绍烈:《重刊馆录序》,《北平泾县会馆录汇辑》,第3页。
③(清)徐宝善:《重续歙县会馆录序》,《重续歙县会馆录》,第5页。

的编集情况有重要价值。

二是会馆缘起、修建等类。《重续歙县会馆录》中的《经始》《重修》《万历三十一年重修会馆纪实》(以上前集)、《新建歙县会馆记》《重建兰心轩记》《乾隆三十六年增置会馆房产记》(以上后集)、《重修歙县会馆记》《纪增置房产》(以上新集)等,《北平泾县会馆录汇辑》中的《老馆缘起》、《重修泾县会馆碑记》、《征修会馆启》、《泾县新馆记》、《新馆改修缘由》等均属此类,《重续歙县会馆录》还有《会馆全图》。该类篇目可见会馆筹划、修造之功,更可见会馆之繁衰兴替。

三是会馆条规与馆规类。条规与馆规是会馆管理和运行的基本依据,其重要性不言而喻,往往会随内部经营及时代变化而不断续议修订,经过损益增删,形成系列。歙县会馆条规有《乾隆六年会馆公议条规》《乾隆二十八年增议条规》《嘉庆十年公议条规》《嘉庆十九年续增条规》《道光十年续议条规》等,从乾隆六年到道光十年,约九十年间先后五议《条规》。泾县会馆馆规见于记载较早的是邑人同订于乾隆五十二年的《泾县会馆申明条例》,其后有多次修订,如《新议馆规》(嘉庆二十二年)《续议规条》《道光十二年续增馆规》《新立议字》(道光十六年)《同治辛未年重议馆规》《光绪丁丑年重议馆规》《光绪乙未年续增规条》。《北平泾县会馆录》辑有民国时期所订之《泾县会馆管理规则》(1918年)、《重订北京泾县会馆章程草案》(1921年)、《修订北京泾县会馆规则》(1926年)、《北平泾县会馆规则》《北京泾县会馆董事会章程》等,短短十余年间,竟有五次规则修订,会馆转型之步履艰难,依稀可见。与歙县会馆所订始终称为"条规"不同,泾县会馆馆规的名称多有变化,到民国时期已经演变为"章程"。

四是捐输类。编集会馆录的目的之一就是表彰公义,故对记载捐输尤其重视,既期永远流布,亦俾互相劝勉。《重续歙县会馆录·前集》在首篇《经始》文后列出杨忠、鲍恩等十三人之"倡首姓名",次列刘嵩、张孔容等二十人之"和成姓名";《重修》文后附有吴守愚、许重光等二十六人之"首事捐资姓名";《万历三十一年重修会馆纪实》文后附有"修馆捐资姓名",列唐文学、朱时明等三十六人;《众捐录》载汪一中、汪道昆、方瑜等捐输者之姓名、里居、官职,"令阅者知其人。"①《后集》中《新建歙县会馆记》《重建兰心轩记》《乾隆三十六年增置会馆房产记》等篇,文后亦列捐输姓名;专有《会馆公捐录》载捐输者的姓名、里居及捐数。《新集》仍《前集》《后集》之例,《重修歙县会馆记》文后,以在京绅士捐输姓氏、京外诸公捐输姓氏、茶商为序,记其姓名、捐数,反映出茶商对科举会馆的积极参与;《会馆公捐录》记载乾隆四十一年之后各捐输者的姓名、里居及捐数等信息。

　　泾县会馆录对捐输者的记载,不若歙县会馆录规整系统,比较零散,缺载较多,因《北平泾县会馆录》虽有"历代乐输捐助"的计划,惜未编成。《京都泾县新旧两馆录》有《同治辛未年修葺新旧两馆乐输题名》等,《京都泾县馆录》收《会馆乐输题名》《二十一年三月补收会馆义助》《二十一年会馆喜助》等,记载乐输者姓名与捐数。从捐助人数及银数看,泾县会馆的捐输规模远逊于歙县会馆,亦反映出两地经济能力的巨大差距。

　　五是契照等类。《北平泾县会馆录》编入会馆所有之房产的契照及相关文件,并附有房屋图,此举一方面是有效保存契据,另方面也为可能发生的纠纷提供法律上的证据。《北平泾县会馆录》所编契据有《前外长巷头条泾县老馆房屋契照》(乾隆九年)、《泾县

①《重续歙县会馆录》,第17—24页。

新馆契据》(嘉庆十八年、道光二十一年)、《宣武门外米市胡同内兵马寺后街西口路北房屋契照》(嘉庆十八年)、《潘家河沿中间路东房屋契据》(道光四年、道光十五年)、《小施兴胡同房屋契据》(咸丰四年)、《河泊厂门牌一百零三号房屋契据》(1925年)等。

《会馆账箱存储各物总数》刊于《京都泾县馆录》,分第一至第七号账箱,分别胪列会馆所存各物,涉及历年折本、房契、典契、账簿、租约、执照、议字、借据、馆录、信件等文书,又及算盘、天平和玻璃等物件;另列出老馆与新馆的木器家具及其数量,如方桌、条桌、木床、茶几、椅子、板凳之类,所有"各件均查清点交长班收存。如有破坏添置,由长班随时回明值年登簿"①。《会馆账箱存储各物总数》是泾县会馆所有资产的汇总,也可反映出会馆日常管理的细致程度。《京都泾县新旧两馆录》的最大特色是非常注重会馆日常收支账目的编集,其中有《同治八年十月至十三年三月结总账》《同治十三年甲戌四月初三日公车接手》《甲戌年四月至乙亥年五月乐输馆规》《乙亥年五月至丁丑三月乐输馆规》《丁丑三月初三日至四月二十三日公车经手》等篇,均详细记载会馆的收支状况,具有极高的史料价值。

六是明清两代的进士题名与举人题名类。科举会馆宗旨是为公车服务,将获得功名者载于馆录就是应有之意和必然之举。《重续歙县会馆录》之《后集》与《新集》分别有《乡试中式题名录》《会试中式题名录》和《武乡试中式题名录》《武会试中式题名录》。《京都泾县馆录》则分文武两科、进士与举人两类,按明清两代,分别编制《明文进士题名》《国朝文进士题名》《明文举人题名》《国朝文举人题名》《明武进士题名》《国朝武进士题名》《明武举

---

① 《会馆账箱存储各物总数》,《北平泾县会馆录汇辑》,第 200 页。

人题名》《国朝武举人题名》等八个题名录,另有《钦赐举人题名》。

七是义庄类。歙县会馆创置以后,在永定门外购地三亩,"建为义阡,凡邑人物故于京无力归榇者,咸与葬焉,死者得即土之安,生者免泚颡之戚,亦泽及枯骨之义也。"①《重续歙县会馆录》统义庄于会馆,分会馆和义庄两编,义庄之编篇幅几与会馆同,有《公议义庄条规》《义庄重造大堂由》《乾隆十四年顺天府尹禁碑》等,更多的则是历年义庄捐输。《北平泾县会馆录汇辑》也收《捐修义园文》《咸丰十一年义园呈请告示文》等多篇义园文献。

三、会馆录的史料价值

会馆录所载七类文献,对于研究科举会馆均有重要的史料价值,前文"科举会馆"部分的讨论即利用该类材料展开,本节再以《重续歙县会馆录》之《会试中式题名录》、《北平泾县会馆录汇辑》之《国朝文进士题名》及会馆董事会会议记录为例加以述说。

《国朝文进士题名》②收于《京都泾县馆录》,记载从顺治九年壬辰科胡尚衡到光绪二十一年乙未科王恕等共六十八位进士,光绪二十四年戊戌科进士查秉钧,因中式于该馆录刊刻之后而未载。这份题名录包含几条信息,可用来分析地方的科举观念及有关问题。

《国朝文进士题名》所载叶沃若(乾隆辛未)和陈鏊(乾隆癸丑)二人,在会试中式后均因卒而未参加殿试,没有获得真正意义上的进士出身。该题名录载二人,表明地方社会往往将这类人视同进士,而且这种科举观念并非个例,具有普遍性。(嘉庆)《泾县志》

---

① 《纪创置》,《重续歙县会馆录》,第69页。
② 《国朝文进士题名》,《北平泾县会馆录汇辑》,第201—202页。

有叶沃若传,谓其"博通经史,为文力惩艰险之习,一轨于正",与族侄叶居仁并擅文名,曾以举人分校壬子楚闱,"晚精推步之学,自制量天尺,以测星辰","乾隆辛未会试中式,榜发,已卒于京邸,人皆惜之。所评经史及自著《壶中啸诗文》诸稿藏于家。"①

《国朝文进士题名》所载赵青藜和朱理二人,名下特别标示赵青藜"乾隆丙辰会元"、朱理"乾隆丁未传胪"。泾县虽然科第繁盛,但终清一代未见鼎甲,会元与传胪同样具有一定的符号意义,或可弥补未见鼎甲的缺憾。

《国朝文进士题名》所载陈鏊(乾隆癸丑,六安州籍)、朱梦元(道光甲辰,江西籍)、洪调纬(咸丰丙辰)、朱琛(同治辛未,江西籍)和朱祥晖(光绪庚寅恩科,湖北籍)等五人,其中洪调纬未著籍,当为湖北籍。将部分寄籍外县外省的进士载入会馆录,说明这些寄籍者与会馆、与原籍地均有或紧密或松散的联系,但显然,泾县的寄籍进士现象远不如歙县发达。

《国朝文进士题名》所载朱邕侯、吴善宝、赵鸿,三人名下分别是道光乙巳、同治癸亥恩科、光绪庚寅恩科。实际上朱邕侯参加道光二十七年丁未科殿试,吴善宝参加同治四年乙丑科殿试,赵鸿参加光绪十八年壬辰科殿试②,取中为进士。题名录所记是他们礼闱中式的科年。

《国朝文进士题名》所载翟绳武(乾隆甲辰科),当为翟绳祖;又载朱琦,记为嘉靖壬戌,当为嘉庆壬戌。两误之因不明,或为原刻之误,或为点校之故。(嘉庆)《泾县志》有翟传,翟绳祖字昭甫,十一都人,"颖敏笃学,淹贯经史,诗古文辞,直追先哲。远近负笈者数百人。以进士任池州府教授"①,捐俸修葺明伦堂,倡议改建考棚。著有《强学斋文集》《四书释略》等。

《重续歙县会馆录》之《后集》与《新集》均有《会试中式题名录》,《后集》中《会试中式题名录》记从顺治丁亥科朱廷瑞、张光祁,到乾隆乙未科吴绍濚、许烺等176位进士,其中顺治朝31人,康熙朝51人,雍正朝22人,乾隆朝(至乙未科)72人。徐上墉加"按"说明,"科目题名原刻自国初起,至乾隆乙未科止,除本籍外,其寄籍多有后来补入匾额者,虽随时登记,而疑误挂漏在所不免,其中确有可稽者为改正之,漏者补之,疑者则存之,皆注于名下。"②《新集》中《会试中式题名录》"自乾隆戊戌科以后,悉照题名匾续叙",记从乾隆戊戌科汪锡魁、汪昶、吴绍浣、吴一骐,到道光癸巳科胡正仁、程葆等66位进士,其中乾隆朝22人(戊戌科后,合前录共94人),嘉庆朝34人,道光朝(至癸巳科)10人③。《重续歙县会馆录》之《会试中式题名录》,与歙县会馆观光堂之题名榜一致,许承尧谓观光堂题名榜,"有清一代,吾歙本籍寄籍官京朝取科第者皆与焉。录之以备参考",录于《歙事闲谭》④,所不同者,《歙事闲谭》至光绪甲辰科许承尧。合两份题名录,歙县在道光癸巳科之前共有242名进士,已可反映其规模之大,亦可初步看到歙县科举事业的变迁轨迹,至道光年间已过巅峰,转而渐下。

《重续歙县会馆录》之《会试中式题名录》的最大价值,当在为考察歙县寄籍进士群体状况提供了核心史料。题名录将历科歙县

---

① (嘉庆)《泾县志》卷十八《人物·文苑》,第386页。
② 《会试中式题名录》,《重续歙县会馆录》,第43—45页。
③ 《会试中式题名录》,《重续歙县会馆录》,第66—67页。
④ 许承尧撰:《清代歙京官及科第》,《歙事闲谭》卷十一,第348—353页。在许烺和汪铭魁两人之间,当补"戊戌"二字;另汪铭魁当为汪锡魁。

本籍进士列于前,寄籍进士列于后,寄籍进士名下注其籍,本籍与寄籍区别清楚,例如乾隆二十六年辛巳恩科下有:项淳、金云槐、蒋雍植(怀宁)、汪为善(昆山)、曹坦(河南)、陈步瀛(江宁)。个别进士名后未著其籍,依其体例,应为歙县本籍,但实际是寄籍者,例如雍正八年庚戌科吴炜籍浙江杭州府仁和县,乾隆十年乙丑科徐光文籍直隶顺天府宛平县,再如乾隆十九年甲戌科徐焕籍直隶顺天府通州。据统计,合两个题名录,至道光癸巳科,共有242名进士,其中本籍95人,寄籍147人,寄籍者是本籍者的1.55倍。清代泾县寄籍与本籍进士之比仅为0.08,歙、泾两县相较,相差悬殊。正是大量寄籍进士的存在,歙县乃至徽州形成了独特而鲜明的寄籍科举现象。

《北平泾县会馆录汇辑》收有《北平泾县会馆董事会章程》,1930至1933年间十四次董事会会议的记录,从中可以看到会馆事务决策与运行的一般状况,亦可由此反映出会馆之近代转型趋向。

旧时会馆管理一般由京中素有乡望地位之人担任,"每年主会一人",亦称值年人,负责馆务及经费管理,而其产生则由"京秩拈阄挨管"[1]。会馆逐步转型的同时,其管理者也从个人转换成组织。1930年3月9日,泾县会馆开会,推举王介侯、陈锡朋、翟建人、徐震先和吴庸五等五人为正董事,另举吴仲南、潘茂孙、吴叔良等三人为候补董事,组织会馆董事会,董事会由总务股、会计股和保管股构成,并制定《北平泾县会馆董事会章程》。董事会对会馆行管理之权,管理"新、旧两馆暨本县义冢,并其他一应进行事宜"[2],馆中事务均由董事会会议决定后付诸实施。董事会的机构设置及其

①《新议馆规》,《北平泾县会馆录汇辑》,第25页。
②《北平泾县会馆规则》,《北平泾县会馆录汇辑》,第61页。

管理权限的规定,是近代组织观念与原则在会馆转型上的折射与反映。

　　从历次董事会会议的记录中可以看到会馆事务决策与运行的一般状况。依据 1930 年 3 月 15 日董事会第二次会议记录,该次会议共议决十一个问题,分别是董事会主席问题、会馆规则问题、董事会章程问题、义冢划界问题、住馆占房又不交租问题、董事委托代表问题、补助学生学费问题、董事会各股因公开支问题、老馆宋长班救济问题、借给学费问题、择用担任文牍事宜等。除两个补助与借用学费的问题,因担心"匆匆核办恐难得其公允"而"议决保留从缓从长计议"之外,其他均予办理,议决本会主席为"固定性质,公推陈锡朋"充任,议决修改后的会馆规则"呈请官厅备案,即日实行",议决酌给宋长班"救济费洋拾元,并准预支月薪拾元"①。董事会如果遇到不能或不便处理的问题,往往做出提交大会讨论的决议,例如 1932 年 10 月 16 日召开的第六次董事会,一共讨论四个问题,其中三个即潘非纯借款事、老馆空屋招租事和答复泾县教育会来函事,均议决"提交大会讨论"②。

　　与传统时期比较,转型中的会馆运行与管理呈现新的特点,首先是管理更注重程序化,事务决策更倾向于集体化,董事会成为会馆运行中心,遇有董事会不能解决的问题,往往会提交同乡大会讨论决定。第二,会馆性质演进为同乡会,旧时会馆的核心功能逐步弱化,教育补助、学生资助与奖学金等,或是其延伸。第三,与其他同类或相关组织,如泾县教育会、芜湖同乡会、南京同乡会,联系渐趋频繁。

---

① 《董事会开第二次会议》,《北平泾县会馆录汇辑》,第 65—66 页。
② 《董事会开第六次会议》,《北平泾县会馆录汇辑》,第 74 页。

第三节　《李鸿章全集》所见科举运行

　　《李鸿章全集》由安徽教育出版社于 2008 年正式出版,该著先后由著名学者顾廷龙和戴逸主编,来自京、沪、皖、鲁等省市的三十多位学者通力合作,历时十余年编集而成,是"李氏文献资料整理工作的丰硕成果,也是迄今对李氏文献资料搜集最为全面、点校最为精审、编辑排版最为完善的一部历史文献资料集"①,诚如戴逸先生所言,这部"广搜精编的跨世纪史料文献的问世,对于推动清史和中国近代史研究所能发挥的作用和影响,将会弥久而愈深"②。

　　《李鸿章全集》规模宏阔,计 2800 万字,按照奏议、电报、信函、诗文等类编年,共三十九册(含总目),其中包含有数量多、价值高的科举史料。《奏议》所收《监临乡试片》(同治三年)、《加广宝应县学额折》(同治四年)、《郧阳府请乡试编立字号折》(同治八年)、《添设热河围场学额折》(光绪四年)、《学堂人员请一体乡试片》(光绪十三年)、《移建正定贡院折》(光绪十六年)、《删定停试地方商允举行会试折》(光绪二十七年)等折片,能够反映晚清科举的实际运行状况;《信函》所收《上曾中堂》《致总理衙门》《复皖幕陈》等书信,《诗文》所收《苏州试院记》《新建安徽会馆记》等文,对考察李鸿章的科举活动与科举变革思想均具有重要的史料价值。

　　一、加广地方学额

　　学额是指府、州、县学每届考试录取入学的固定名额,广额是在固定名额基础上增加学额,或面向全国各学,或针对部分地区,

---

① 王汝丰:《新编〈李鸿章全集〉评介》,《社会科学战线》2008 年第 3 期。
② 戴逸:《序言》,《李鸿章全集》第一册,第 7 页。

又可分为一次性增广和永广学额。永广学额始于咸丰三年,为推
动各省捐输军饷,出台措施,"每一厅州县捐至二千两,准广文武学
额各一名;倘捐数较多,仍不得浮于原额,准其递行推展;如捐至
一万两者,准广文武学永远定额各一名,以十名为限"。江苏省为
太平天国运动的主要战区,省内捐输较多,李鸿章屡为各县请求加
广学额。上海县绅民续捐军饷共银 72148 两,李鸿章复核无异后,
会同两江总督曾国藩、江苏学政孙如仅合词具奏,于同治元年十二
月二十七日上《加广上海县学额折》,请"加广上海县今届岁科两试
文学额各十四名,武学照原额加广各九名,以广取进而昭激劝"①;
同治三年二月二十日,上折请"加广海门厅文武学永远定额各两
名,于同治三年补行壬戌年岁试为始,加广取进,以惠士林而昭激
劝";二月二十八日请准"加广丹徒县文武学永远定额各十名,一
次文武学额各一名,镇江府文武学永远定额各四名,均于以后举行
岁科试为始"②。其后又先后上《请加广崇明县太仓州学额折》(同
治三年十二月十九日)、《加广宝应县学额折》(同治四年四月十四
日)、《华亭娄县加广学额折》(同治五年正月二十六日),增广崇
明县文武学永远定额各十名、太仓州学拨州文武学永远定额各一
名③、宝应县文武学永远定额各五名、华亭县一次文武学额各两名、
娄县文武学永远定额各一名另一次文武学额各三名④。

---

① 《加广上海县学额折》,《李鸿章全集·奏议一》(第一册),安徽教育出版
　社,2008 年,第 189 页。

② 《加广海门厅学额折》、《丹徒县镇江府请加广学额折》,《李鸿章全集·奏议
　一》(第一册),第 458、468 页。

③ 《请加广崇明县太仓州学额折》,《李鸿章全集·奏议一》(第一册),第
　624 页。

④ 《加广宝应县学额折》、《华亭娄县加广学额折》,《李鸿章全集·奏议二》
　(第二册),第 62、414 页。

　　以上诸折所请,只是同治初年增广学额的一部分,从同治元年
到同治五年,通州、泰州、甘泉县、江都县、兴化县、清河县、高邮州、
盐城县、靖江县、海州、宝应县、宝山县、镇洋县、无锡县、昭文县、
阳湖县、昆山县、嘉定县等府、州、县学,以"绅民捐输"①先后获得
加广永远学额。咸同年间的大规模增广学额,全国有二十省区的
八百四十五学,共增永远学额四千七百余名,这种做法"不仅对培
养人才毫无益处可言,而且造成了混乱"②,甚至因广额过多而出
现"根柢浅薄、文艺粗疏者,滥竽充数"③的状况。江苏遭受战乱
破坏,文教停滞,增广学额的举措有利于地方科举事业的恢复与
重建,所以苏省增广学额固然亦有浮冒之嫌,但其积极意义显然更
为突出。

　　热河围场于同治初年准予开垦,举办渐有规模,设有专官同
知,隶其籍者四五千户,承佃者皆为承德府及六州县民人,其中亦
有读书讲学之人,遇有考试,各就原籍投考。平泉和赤峰两地生
童,"谓围佃籍隶同知,不得仍试于州县",出现学额之争。热河都
统延煦、顺天学政何廷谦与李鸿章商议后,由李鸿章领衔,三人合
奏上《添设热河围场学额折》,请求"准给围场地方永远学额文生四
名、武生一名,同附郡庠应试,其应添廪增缺额,亦照平泉州办理,
以广教化而符体制"④。该折所请添设热河围场学额,与前及上海县
学等处增加学额显是不同,而是在边地新添学额,能够反映清代科
举的边地政策及其实施状况。

---

①《钦定大清会典事例》卷三百七十一《礼部·学校》,第768—769页。

② 李世愉、胡平:《中国科举制度通史·清代卷》,第59页。

③《清实录·穆宗毅皇帝实录》(六),第310—311页。

④《李鸿章全集·奏议八》(第八册),第157页。

二、编立乡试字号

各省乡试中额并非全部在通省之内凭文取中,为兼顾省域之内各地区应试者的利益,清代科举推行定向配额制度,并通过编立字号的方式实施,而各地之另编字号又有变动,体现了地方科举利益的博弈,湖北乡试郧阳府另编员字号和顺天乡试宣化府另编旦字号即为其例。

湖北乡试初无另编字号,因施南所属距省城较远,数十年间乡举无人,同治元年准于两湖游额一名、轮应湖北取中之年,另编方字号取中一名,每科均有中者。郧阳绅士胡敬经等因该郡"十余科来,乡举亦无一人",援案呈请仿照施南,"每届乡试将卑郡应试各生编列员字号,在于加广中额内拨中一名,或将前拨方字号中额与卑郡员字号轮流编列,以宏作育而昭平允。"接郧阳知府金达禀告后正在核议之时,又接到施南知府松林报告,请求"免编方字坐号,仍归散号一体中式,庶多士志切观光,得以各图进取"。于是李鸿章会同湖北学政张之洞,于同治八年九月初七日上《郧阳府请乡试编立字号折》,谓"已编字号者蕲请邀免,而未编字号者,环吁乞恩",为顺舆情而作士气,当量为变通,"拟请即将原拨施南府方字号中额一名撤销,准予改归郧阳府,另立员字号轮值取中",自庚午科开始,府属文闱应试士子,在三十名以上者取中一名,若不足三十名及不应轮中之年,则毋庸另编字号。如此处置非常巧妙,两府均愿接受,"一转移间,既不阻施郡学者向上之心,益广作人之雅化,复可开郧郡士子登迎之路,同邀盛典于抡才。"① 光绪四年,出现新的情况,湖广总督李瀚章等奏,施南与郧阳二府乡试,"请分编字

---

① 《郧阳府请乡试编立字号折》,《李鸿章全集·奏议三》(第三册),第514页。

号,轮流间科取中"①。

顺天乡试所涉地域广阔,考生身份差异较大,字号编定非常复杂,有夹字号、皿字号、满字号、合字号、贝字号、承字号和旦字号等。宣化地处边陲,士习朴鲁,未能与通省文风一律,是故向来在顺天乡试另编旦字号,定额四名取中,是朝廷体恤寒畯、曲予成全之意。嘉庆七年,因应试人多,绅士呈请加额,与定例不符,遂请撤消旦字号,归并通省合中。归并之后,宣化府入场应试者逐渐增加,由原先的二百余人,增至三百多人,偶有四百五六十人,但取中数却不及归并前的四人,甚至屡有脱科、不中一人的情况出现。鉴于承德府每试入闱一百二三十人,尚有中额三名,于是生员郝瑞龄等又请宣化府仍复旦字号原额,保障中式人数。光绪四年十二月初五日,李鸿章会同顺天学政何廷谦合词具奏《乡试仍复旦字号折》,谓"寒儒皓首穷经,往往终身不得一第,殊觉向隅,倘因进取为难,遂致废书不读,尤非造就人才之道。自应准如所请,仍复旦字号原额另中四名,自光绪五年己卯科乡试为始,以作士气而顺舆情"。仍复旦字号的举措,虽是"复还该属原额,并非另定新章,亦与通省中额无碍"②,对宣化府的科举事业而言却是至关重要的,因为该府可以确保乡试中额,不至偏枯脱科。

郧阳、施南及宣化等地乡试另编字号,有时呈请撤消归并,有时要求再行恢复,并偶见反复,朝廷一般不会严厉斥责,大多顺其所请,究其因乃是对边远偏僻之地科举利益的保护,在科举制度运行过程中蕴含着地域公平的价值和追求。

---

①《清实录·德宗景皇帝实录》(二),第110页。
②《乡试仍复旦字号折》,《李鸿章全集·奏议八》(第八册),第273页。

三、补行江南乡试

江南乡试在清代科举体系当中一直占有特殊而重要的地位，历来为科举"大省"，江南乡试中举者的功名成就令人瞩目，获中状元 58 人，超过清代状元总数的一半，三鼎甲计有 137 人，占全部三鼎甲总数的 40.77%[①]，直接反映了江南的文教昌盛与科举发达。因太平天国占领南京，江南乡试于咸丰五年停科，八年又停，九年借闱浙江，十一年和同治元年两科再停。

清军攻破南京之后，朝廷寄谕曾国藩，谓"江南北现经荡平，亟宜振兴文教，前次寄谕以贡院有无损坏为问，原欲于来岁特开一科，以免士子日久向隅"。曾国藩亲至江南贡院履勘，发现至公堂等处及号舍均尚完好，惟号板毁失，监临、主考、房官等屋则片瓦无存，迅即派员采办木料，赶紧兴修，同治三年八月上折，"拟于九月奏请简放考官，于十一月举行乡试"。朝廷对当年能否开科尚存犹豫，"如工料一时不能毕集，即缓至来岁补行乡试亦无不可。仍著该大臣酌度时势，再行奏请。"[②] 同治三年九月，曾国藩查验贡院工程，均已完竣，再请于十一月举行乡试，并咨明李鸿章，届期入闱监临。朝廷决定十一月举行江南乡试，"江宁省城新复，现即举行乡试，两江士子闻风云集，商贾辐辏，一切稽查奸宄，镇抚地方各事宜，均应加意筹度"，但对李鸿章能否入闱监临颇有顾虑，"苏境虽已肃清，惟善后各项事宜仍须次第筹办。李鸿章能否驰赴江宁入闱监临之处，并著曾国藩悉心酌度，会筹妥办"[③]，甚至设计了李

---

① 李世愉:《江南乡试在清代科举中的地位》，刘海峰、李兵主编:《科举学的提升与推进》，华中师范大学出版社，2015 年，第 60 页。

②《清实录·穆宗毅皇帝实录》(三)，第 503 页。

③《清实录·穆宗毅皇帝实录》(三)，第 566 页。

鸿章不克入闱监临的方案,已抵江宁藩司万启琛能否代办,或咨明安徽学政朱兰代办监临事务,均由曾国藩、李鸿章迅速筹商,奏明办理。

李鸿章与曾国藩一样,高度重视江南乡试,将其视作"草创之役"①,往来数函,筹划科场事宜。同治三年十月十一日李鸿章由苏州起程,赴江宁筹办监临事宜,十三日途次常州时,奉到初八日寄谕,"著曾国藩前赴皖、鄂交界督兵剿贼,李鸿章前赴江宁暂署总督篆务,江苏巡抚著吴棠暂行署理",并谓"李鸿章籍隶安徽,该省系总督兼辖,固应回避,惟此时军情紧急,不能不权宜变通"②。十月十七日,李鸿章抵达江宁,因江南补行文闱试期已迫,会商曾国藩督同善后局司道次第办理,筹办录遗收考各项事宜,渐有头绪,上下江士子陆续齐集,安静就试。因为从前经办科场案卷概已遗失,李鸿章"酌度目今时势,访照邻省章程,权宜变通,总求赶赴试期,不敢拘执成例"③。李鸿章于十一月初六迎同正副考官刘锟、平步青入闱,计上、下江应试者仍有万余人,场内外均恪遵规矩,三场完竣,朱卷封送内帘,将闱中事务饬交提调监试道员承办,二十九日先行出闱,出闱后静养数日,即驰回苏州料理本任公事,所有文闱钤榜事宜,饬江藩司届期代印,并由曾国藩就近督率照料。李鸿章监临乡试出闱以后,同日即上《本科乡试通融办理折》,专折陈明江南本科乡试通融办理的各项事宜,该折能够反映本科乡试的特殊情形,具有重要的史料价值,将其部分内容摘录于下:

臣惟查此次江南乡试,事同草创,督臣曾国藩先期督饬

①《上曾中堂》,《李鸿章全集·信函一》(第二十九册),第340页。
②《恭谢天恩折》,《李鸿章全集·奏议一》(第一册),第600页。
③《江南补行文闱片》,《李鸿章全集·奏议一》(第一册),第601页。

司道布置周备,而苏皖士子流离迁徙之余,资斧维艰,风波多阻,未能克期豫集。又临场连遇雨雪,寒苦困顿,迥异曩时,有不得不格外体恤者。即如试卷一项,向例盖用江宁藩司印信。乃初四日以后投卷尚多,司印盖用不及,因令兼用江安粮道印,俾可无误试期。又向来上、下江学政录遗截止后,不再收考。此次学臣虽极宽限,其迟到诸生,仍有不及录遗者,即准由臣处给照办卷入场。场后仍咨送学臣补考。臣复于受卷之日,督同提调、监试各员查阅应贴各卷照例议贴。其添注涂改等项错误及无碍文理、无关弊窦者,酌从宽免。夫国家抡才大典,臣敢不恪慎将事。惟金陵停科十二年,多士荒疏已久,一旦振兴文教,远近鼓舞。臣仰体朝廷宽大之意,未便拘执成例,尤愿明年试卷解部,部臣磨勘,稍宽其例以相绳也。①

李鸿章于同治三年十一月二十九日所上《恭缴江南乡试满汉文翻译试题折》和同治四年三月二十二日所上《乡试循例恩赏副榜折》两折,为考察驻防八旗翻译科考试与乡试恩赏举人副榜制度提供了直接史料。驻防八旗翻译乡试开始于道光二十三年,各归驻防省份应考,只试一场,试题钦命,于该省文闱三场后,由监临点名入场,试卷于场后连同题纸钤用关防,监临与将军会衔起解,限五十日送达礼部。江南乡试时李鸿章咨查江宁将军和京口副都统,称"自遭兵燹,并无考童录科之人,实难举行",遂将钦命翻译题目,"原封咨缴军机处并咨礼部"②,由此可见该科江南翻译乡试并

①《本科乡试通融办理折》,《李鸿章全集·奏议一》(第一册),第 608 页。
②《恭缴江南乡试满汉文翻译试题折》,《李鸿章全集·奏议一》(第一册),第 611 页。

未如常举行。

恩赏乡试落第年老诸生,始于乾隆三十五年,其后沿行发展,乡试年老诸生年届八九十以上,三场完竣榜发未经中式者,分别尚给举人副榜。咸丰二年规定,"嗣后各省办理年老诸生恩赏,由各学政录科时,将该老生等何年入学、何年报捐贡监、何年应试、现年若干岁,分别查明,详晰登注。榜后即行一面具奏,一面逐细造册送部,以备复核。"①该项规定有利于老生在获得恩赏举人之后的第二年,即行赴京参加会试,但江南甲子科乡试关于恩赏举人副榜的处理却与前项规定不完全相符。该科乡试榜后查明应试年老诸生三场完竣、未经中式而年届九十以上者,有桃源县学附生魏乾三等四名,年届八十以上者,有安庆府学附生胡勉等十一名,由江宁布政使万启琛行查诸生年岁。直到同治四年三月二十日,监临李鸿章才与两江总督曾国藩、安徽巡抚乔松年、江苏学政宜振、安徽学政朱兰"恭折具奏,并将诸生姓名、年岁、籍贯另缮清单"②。

四、变通科举考试

同治三年四月,承总理衙门奕䜣询问外国火器、洋枪、火药、铜帽等事,李鸿章复函言之颇详,进一步引申论到科举制度和人才选拔,提出"专设一科取士"的建议,颇显其眼光与识见。蒋廷黻著《中国近代史》说"这封信是中国十九世纪最大的政治家最具历史

①《钦定大清会典事例》卷三百五十六《礼部·贡举》,第576页。
②《乡试循例恩赏副榜折》,《李鸿章全集·奏议二》(第二册),第51页。该折以《乡试循例恩赏举人副榜折》为题更为妥当,因折中魏乾三系"赏给举人"(《钦定大清会典事例》卷三百五十六《礼部·贡举》,《续修四库全书》第803册,第581页)。

价值的一篇文章，我们应该再三诵读"①。

　　李鸿章在《致总理衙门》中痛陈，"中国士大夫沉浸于章句小楷之积习，武夫悍卒又多粗蠢而不加细心，以致所用非所学，所学非所用，无事则嗤外国之利器为奇技淫巧，以为不必学，有事则惊外国之利器为变怪神奇，以为不能学"，进而提出推行洋务运动的纲领性路径，"鸿章以为中国欲自强，则莫如学习外国利器，欲学习外国利器，则莫如觅制器之器，师其法而不必尽用其人"，"欲觅制器之器与制器之人，则或专设一科取士，士终身悬以为富贵功名之鹄，则业可成，艺可精，而才亦可集"②，于此开始其变通科举的思想历程。

　　同治十三年十一月，李鸿章将总理衙门原奏紧要应办事宜逐条切实办法，又将丁日昌续奏各条并入，详细拟议为《议复条陈》，与《筹议海防折》同呈。《议复条陈》详议练兵、简器、造船、筹饷、用人、持久诸事，特别指出"用人最是急务，储才尤为远图"，猛烈批评科举"甚非作养人才之道"，提出"另开洋务进取一格"③的主张，现将《议复条陈》用人部分的议论摘录于下：

　　　　军务肃清以后，文武两途仍舍章句弓马末由进身，而以章句弓马施于洋务，隔膜太甚，是以沈葆桢前有请设算学科之奏，丁日昌前有武试改枪炮之奏，皆格于部议不行，而所用非所学，人才何由而出。近时拘谨之儒多以交涉洋务为浼人之具，取巧之士又以引避洋务为自便之图。若非朝廷力开风气，

————————

① 蒋廷黻：《中国近代史》，天津人民出版社，2016 年，第 54 页。
②《致总理衙门》，《李鸿章全集·信函一》（第二十九册），第 313 页。
③《议复条陈》，《李鸿章全集·奏议六》（第六册），第 166 页。

破拘挛之故习,求制胜之实济,天下危局终不可支,日后乏才且有甚于今日者。以中国之大而无自强自立之时,岂惟可忧,抑亦可耻。臣愚以为科目即不能骤变,时文即不能遽废,而小楷试帖太蹈虚饰,甚非作养人才之道,似应于考试功令稍加变通,另开洋务进取一格,以资造就。现在京师既设同文馆,江省亦选幼童出洋学习,似已辟西学门径,而士大夫趋向犹未尽属者,何哉?以用人进取之途全不在此故也。拟请嗣后凡有海防省分,均宜设立洋学局,择通晓时务大员主持其事,分为格致、测算、舆图、火轮、机器、兵法、炮法、化学、电气学数门,此皆有切于民生日用、军器制作之原,外国以之黜陟人才,故心思日出而不穷。华人聪明才力本无不逮西人之处,但未得其法,未入其门,盖无以鼓励作新之耳。如有志趣思议于各种略通一二者选收入局,延西人之博学而精者为之师友,按照所学浅深酌给薪水,俾得研究精明,再试以事,或分派船厂炮局,或充补防营员弁,如有成效,分别文武,照军务保举章程奏奖升阶,授以滨海沿江实缺,与正途出身无异……二十年后,制器驶船自强之功效见矣。

　　李鸿章另开洋务进取一格以资造就的主张提出以后,引起很大的波动,反对者众,但他依然坚持认为"试帖小楷,丝毫无与于时务,此所已知者也……综核名实,洋学实有逾于华学者,何妨开此一途",并指出"近人条陈变通考试亦多术矣,皆被部驳,吾姑发其端,以待当路之猛醒而自择,其执迷不悟,吾则既言之,无可驳也"①。
　　鉴于所论"专设一科取士"和"另开洋务进取一格"的主张一

①《复署赣抚刘仲良中丞》,《李鸿章全集·信函三》(第三十一册),第174页。

直未能见诸施行,李鸿章开始创办新式学堂,推动幼童留学,希冀借此培养洋务所需的新式人才。光绪六年七月奏开天津水师学堂,挑取各省良家子弟专习驾驶,授以天文、地理、几何、代数、平弧、三角、重学、微积、驾驶、御风测量、演放鱼雷等项。八年四月分设管轮学堂,授以算学、几何、三角、代数、重学、物力、汽理、行船汽机、机器画法、机器实艺、修定鱼雷等项课程。十一年正月奏开武备学堂,调取各营中颖异少年,授以兵法、地利、军器、炮台、算法、测绘及步、炮、马队操法,后更考取幼生文义粗通者,课以几何、代数、重学、测量、炮准等书。光绪十三年闰四月二十八日,李鸿章上《学堂人员请一体乡试片》,希望为新式学堂学员谋求科甲正途出身,"查学堂之设,虽为造就将材起见,要皆以算学入手,兼习经史,其中亦有文理清通而志切观光者,倘异日得由科甲进身,则文武兼资,未始不可为御侮干城之选"。学堂学生来自各地,籍隶各省,程途远隔,若令他们先期回籍静候学臣按临考试,未免费时旷课,"当兹洋务奋兴之际,既欲惜其寸阴,又体国家作人之方,未便阻其进取",李鸿章提出解决方案,"准于乡试之年,除各省士子兼通算学者由本省学臣考试咨送外,所有天津水师、武备学堂学生及教习人员,届时就近由臣遴选文理清通者,开单咨送总理衙门听候考试录送,一体乡试,以资鼓励而广登进,若幸而获隽,仍归学堂及水师、陆军调用,俾收实效。"①

甲午战后,李鸿章远涉重洋,周游欧美各国,归来之后对科举变革的看法又为之巨变。光绪二十二年九月初四日复函陈雨樵,对陈"取士之法亟应变通"之论深表赞同,谓为"同声感喟",明确

---

① 《学堂人员请一体乡试片》,《李鸿章全集·奏议十二》(第十二册),第132—133页。

提出"尽罢各省提学之官,辍春秋两试"。

李鸿章通过比较古今、中西选人之法,深刻剖析科举之弊,古者用人,先有教养而后有选举,泰西人才无不出于学堂,但"今自殿廷以至郡县之试,旁及书院之课,皆就其已成之业而进退高下之,则有举而无教矣。而所学又非所用"!他回顾科举变革历程之艰难,论者咸知时文试帖之无用,又不敢倡言废科举,辄欲调停期间,于是艺科、算学之说迭见条陈,或搁置不行,或暂行辄止,"盖事无两胜,此优则彼绌,数百年积重之势非偶然更置一二所能转移",果断提出"今惟有尽罢各省提学之官,辍春秋两试,裁并天下之书院,悉改为学堂,分门分年以课其功,学成即授以官,而暂停他途之入仕者,庶二十年间风气变而人才出,但亦不过托之空言耳。"①

李鸿章之论已越出洋务范畴,开维新时期科举变革之端绪。梁启超著《变法通议》有论变科举之法,指出"欲兴学校,养人才,以强中国,惟变科举为第一义,大变则大效,小变则小效,综而论之,有三策焉"。所谓上策,"远法三代,近采泰西,合科举于学校";所谓中策,"用汉唐之法,多设诸科,与今日帖括一科并行";所谓下策,"一仍今日取士之法,而略变其取士之具"。并谓"由上策者强,由中策者安,由下策者存"②。梁氏所谓上策实与李鸿章之论相通相同,戊戌与洋务两个时代的中心人物在变革科举问题上达成一致,从这个意义上我们可以说,李鸿章是晚清科举变革的引领者与推动者。

五、推进地方科举

李鸿章是安徽合肥县人,久任江苏、直隶等地,所以《全集》中

①《复皖幕陈》,《李鸿章全集·信函八》(第三十六册),第110页。
② 梁启超:《变法通议·论科举》,《梁启超全集》第一册,第24—25页。

材料所反映的地方科举活动也主要集中在江苏、直隶、安徽等地。

　　李鸿章撰《苏州试院记》对考察苏州试院之设及其沿革具有重要的参考价值。苏州科第之盛甲于海内,又"郡而省者也",但"试院乃僻在昆山,且与太仓州合,于常制独殊"。李鸿章率军东征,戡定苏州之后,始议试事,苏州、太仓诸绅皆言昆山试院已毁于战火,"今同一重建,不如各于府州治建之为便"。李鸿章委属郡绅冯桂芬、薛书常董治苏州试院,同治三年七月始建,十月落成,凡为屋一百六十椽,花费官钱一万八千缗,其门庭、堂寝、廪庖、广狭、多寡等制,一准松江之式。试院建成后,"郡县正场复试一皆于试院举行,永以为例,亦一便也"。李鸿章以"景范"名其堂,又为撰《苏州试院记》,寄望苏州试院能"养出一范文正"①,可谓厚焉!苏州试院建成之际,李鸿章在同治三年十月初七日上《苏太分建考棚片》,报告苏太分建考棚情由,其个人态度亦很鲜明,"臣查苏州省会本应另建考棚,从前苏、太两属均于昆山汇试,实系一时权宜牵就之计。太仓既升直隶州,照例亦应分建"②,更可以顺众情,兴修文教。从苏太分建之事可以看出,地方督抚对所属府州县之科举利益分配具有直接作用与影响。

　　李鸿章督直期间,会同顺天学政周德润于光绪十六年七月二十九日上《移建正定贡院折》,简要说明正定府移建贡院之事,报部查明立案,该折价值在于为考察地方试院之移建提供一个鲜活样本。正定试院原建于府城内西北隅,后因地势低洼,泉水为灾,于乾隆年间移到东南巽地,时久屋宇倾颓,遇有考试有覆压之虞,更要者自移建以来科第寥寥,"形家每言风水不利",地方绅士吁请

---

①《苏州试院记》,《李鸿章全集·诗文》(第三十七册),第54—55页。
②《苏太分建考棚片》,《李鸿章全集·奏议一》(第一册),第587页。

请还建旧址，填高地基，开通水道，由此可以见到民间之一般科举心理，希望改建以提振科举。移建经费来源于知府"按所属州县分别劝捐"，委员照料一切收发钱文，购料监工，责成绅士经管。新试院从光绪十五年三月十二日开工，到十一月初七日工竣，共修建瓦房二百一十六间、平房十四间、奎星楼一座、辕门两座、石桥两座、照壁、围墙，另挖沟、号板、号桌等项，计用经费制钱近三万串。节余经费三千串，"分存所属当商，每月一分生息，以作岁修之用，归绅董经管。其十四属向来应派岁修一律蠲免。"[①] 正定试院修建经费来源及管理模式，在地方科举事务举办体系中具有一定的代表性，官绅共同参与、协力经营，致力于地方科举事业的发展与提升。

李鸿章对家乡的科举事务一直非常关注，例如同治三年十月初七日有《复曾中堂》，函中商办东南军务、江南乡试及监临等诸项要事，同时又向曾国藩询问，"竹如先生以京内皖捐奖数寄呈尊处求加中额，是否赶办得及。皖士未必甚多，或俟下届"[②]，实则关心安徽科举名额之事。

李鸿章对安徽地方科举影响最大的事情当是倡建安徽会馆，所撰《新建安徽会馆记》《重修安徽会馆记》述之颇详。

李鸿章、吴廷栋、鲍源深等人倡议集资修建的京师安徽会馆，于同治十年正式落成，位于宣武门和正阳门之间的后孙公园旧址，会馆坐北朝南，北起八角琉璃井，南到前孙公园，西从十间房，东至厂甸，分中、东、西三路，中路大门楼上悬挂李鸿章题写的"安徽会馆"匾额。湖广、江右、全浙、关中之属皆有京师会馆，安徽会馆建成后，弥补了"吾皖顾阙然，未有兴作"的遗憾，曾经"少侍京邸，侧

---

① 《移建正定贡院折》，《李鸿章全集·奏议十三》（第十三册），第 421—422 页。
② 《复曾中堂》，《李鸿章全集·信函一》（第二十九册），第 344 页。

闻长老绪论谋成之而未果"的李鸿章,十分高兴,为撰《新建安徽会馆记》,叙会馆之倡集,言会馆之修建,述会馆之结构,谓"凡馆之中,屋数百楹,庖湢悉备。经始于八年二月,落成于十年八月,共糜白金二万八千有奇……吾馆旷二百数十年未有作者,一旦亦乘事会,以观厥成,非偶然也"①。

光绪十五年,因西邻失火祸及会馆,安徽会馆正屋焚毁殆尽,李鸿章再次出面,与孙家鼐等共同倡议捐集银两,重修会馆,作《重修安徽会馆记》,记"阅十月而毕工,费银二万有奇",言"会馆之设于京师,以为宦游宴聚栖止之地,所以联恰乡谊也"②。安徽会馆建成之后,馆务活动十分兴盛,成为皖籍科举人物、在京高官及淮军将领聚会活动的重要场所,一度有"京师第一会馆"之誉。

六、《全集》未收的两篇科举文

《李鸿章全集》规模宏大,收集丰富,但亦偶有遗漏,例如《安徽史学》2015年第2期发表徐世中《李鸿章集外文考论》,辑出《百将图传序》等七篇集外文;又如《安徽史学》2016年第2期发表李永泉《李鸿章集外文补遗》,补出《春秋三子传序》等六文,其中有《道光甲辰恩科直省同年录序》一文,据台湾学生书局1976年版《道光甲辰恩科直省同年录》所辑。

台湾学生书局印行的《道光甲辰恩科直省同年录》(全一册),为《中国史学丛书续编》之一种,是依据光绪刻本影印。《道光甲辰恩科直省同年录》卷前有《甲辰齿录凡例》,又有光绪三年孟传金跋,述采访补辑各省齿录,谓"三十余年科名,十八省同谱,一经开

①《新建安徽会馆记》,《李鸿章全集·诗文》(第三十七册),第67页。
②《重修安徽会馆记》,《李鸿章全集·诗文》(第三十七册),第68、69页。

卷,了如指掌,于以重科名,于以敦谱谊"①。李鸿章于道光二十四年甲辰科乡试中举,同治七年秋展觐回京时,在京的甲辰科同年举人酌酒慰劳,问及旧刻《同年录》,已残缺不全,遂出金嘱人收辑付梓,并为作此叙,置于光绪刻本卷首,特录于下:

> 自唐人以九州四海之人同科目者谓之同年,于是注题名之籍,有登科之记,其曰齿录者,则叙其家世阀阅,又备及其岁年,而凡夫仕宦于中外,其姓氏禄位亦备书焉,策名记载,志不忘也。道光甲辰,直省行乡试,余亦举是科。岁丁未,入词馆,及咸丰初,东南多故,乃归任兵事,遂以词臣驰驱于江淮吴皖间,群盗以次削平。同治戊辰,复督师山东,剧贼殄灭,秋七月,展觐来京师,同岁生官中朝者率酌酒相慰劳,乃问旧录,已残缺不全,因出金属张午桥太史缀拾搜辑付诸梓。夫仕隐穷达后先出处不必同,而所以不负科名则无不同,学问事功词章经济不必同,而所以不惭记载则无不同,惟流传各有可勉者,是并不以齿之少长论也。回忆登进之初,尚如昨日,愿与同岁诸君共勉之,遂书以为叙。同治七年十二月,合肥李鸿章叙。②

江南贡院为江南乡试的考试之地,始建于南宋乾道四年,明嘉靖年间大修,形制趋于成熟,入于清后,"划苏皖为两省,而贡院独踵前明,乡举俱在江南。应试者辄二万人,文物蔚然,为廿三行省

---

① 《道光甲辰恩科直省同年录》,台湾学生书局,1976年影印版,第10页。
② (清)李鸿章:《道光甲辰恩科直省同年录叙》,《道光甲辰恩科直省同年录》,第1—3页。

冠。"①江南贡院号舍之多，规模之大，布局之精巧，位居全国各省贡院之首，谓"天下文枢"，成为"庞然伟大之建筑物"②。李鸿章称"两省之士，冠冕半天下，丞相、御史、翰林学士之属，更仆不能数，而皆出于院中"，贡院盛况于此可见。贡院屡经增建修整，规模不断扩大，曾国藩于同治三年主持，"增号舍若干，犹不足容多士"，同治五年，李鸿章又扩而大之，相院旁地垣而合之，东至平江府，西至西总门，"凡增二千八百十二间，厕房八十一所，官房四区，合旧号都为万八千九百奇"，李鸿章对这次增建非常得意，言"自是两省之士，庶无遗珠之憾"③。同治十年七月，李鸿章为撰《重修江南贡院碑记》，碑记收入时呈忠主编的《南京夫子庙志略》，因《全集》未收，兹录于下：

　　　昔史记，孔子教授洙泗弟子，身通六艺者七十有七人，而鲁人居其大半，其中有弁南武城城阳人。盖山川精辟之气，灏宕流转。当春秋时钟于鲁，而旁见于其下邑，故其诗曰：泰山严严，鲁邦所瞻，言曲阜也。又曰：奄有龟蒙，遂荒大东，至于海邦淮夷来同。又曰：保有凫绎，遂若徐宅。言其四封，属城也。惜孔子素王，诸弟子多不达，独子夏为魏文侯师，余或仕于私室，为陪臣，以故道不行。然后世之言儒者，宗师之则固流于百世下也。江南之有贡士院，昉于前明，盖合今安徽、江苏之士而试之，以举于礼部。顾其号舍湫隘，道光中尝一新

---

①《苏皖两省贡院析产记》，南京市秦淮区地方志编纂委员会编：《秦淮区志》，方志出版社，2003年，第683页。

②《南京贡院处分问题》，《申报》，1916年12月28日。

③（清）李鸿章：《重修江南贡院碑记》，时呈忠主编：《南京夫子庙志略》，中国工人出版社，2005年，第79、80页。

之,粤逆之祸,兹地幸存。同治三年,爵相乡师使汉阳洪观察汝奎修之,增号舍若干,犹不足容多士。五年,余权总督,迺更扩而大之,相院旁地垣而合之,东至平江府,西至西总门,凡增二千八百十二间,厕房八十一所,官房四区,合旧号都为万八千九百奇。自是两省之士,庶无遗珠之憾,既崇既硕,维洁维栗,甲于宇内。而董其役者,江右桂观察嵩庆,监护课程皆中法制,其加惠于士子也,功巨焉。

夫江南本斗牵牛女分野,其辰星纪兼有降娄、大火之次,文明之象也。而吾乡得汉九江、庐江、衡山诸郡地,其山,司空之潜天柱,盛唐龙眠居巢浮槎,北控僮邵,其民广而寒,毅而廉,渊靖而善谋,文翁、朱邑、召信臣,其彰彰见诸政事者也。连犿云龙,葛峄砀吕梁以东,傅海得汉楚沛、泗水、下邳、临淮诸郡地,果敢任气,疏达重信义,学者质重专一,亦若施雠、庆普之于经,萧曹之于政治也。惟樊良射阳、古广陵郡,煮海为富,华藻多文,犹有胡安定弟子遗风焉。皖南白岳、黄山蝉联三天子障,丹阳鄣郡也,其俗伶而好学,系朱子之教实然。茅蒋以东,具区洮滆之墅,泰伯、仲雍、季扎、言子之遗风存焉,温文而尔雅。两省之士,冠冕半天下,丞相、御史、翰林学士之属,更仆不能数,而皆出于院中。余更广之以期,闳博、魁杰之儒尽出,而毗佐天子以扬圣人之烈于无既,必有鲁颂所云斯才斯作者,以副中干。蓬勃郁盘之气,而蔚为国家之桢干者也。

同治十年辛未七月,合肥李鸿章记,石埭陈艾书,歙陈鑑镌。①

---

① (清)李鸿章:《重修江南贡院碑记》,时呈忠主编:《南京夫子庙志略》,第79—80页。

第四节 《实庵自传》:科场经历的 记忆与重构

陈独秀(1879—1942),原名乾生,字仲甫,号实庵,安徽怀宁人,是新文化运动的主要倡导者,中国共产党的主要创始人。陈独秀所撰《实庵自传》详细记述了参加童试和江南乡试的经历,通过描述童试经历中不通的科举文章、糊涂的科场考官和莫名其妙的录取,塑造腐朽不堪的科举形象,作出科举考试算不得什么正经事的判断。陈独秀对参加江南乡试的记忆与书写,关键环节是南京城的破烂、考生的龌龊与荒唐、考场犹如动物展览会,甚至以"屎"隐喻江南乡试及其代表的科举制度。陈独秀通过记忆的选择与过滤,对其科场经历进行重构与再建,进而对科举制度进行严厉的审视和批判,他试图通过这种方式,将自己与旧时代进行分离和切割。《实庵自传》是研究陈独秀早年经历及特有精神的一手材料,也是具有重要价值的科举文献,一方面可为考察晚清科举社会与科举生活提供素材,另方面亦是研究后科举时代科举塑造问题的核心史料。

一、尽我所记忆的描写出来:《实庵自传》的撰写与发表

1937 年 7 月 8 日,陈独秀自南京致函陶亢德,"许多朋友督促我写自传也久矣,只以未能全部出版,至今延未动手。"[1] 陈独秀写自传的想法旋起旋辍,按其最初设想,自传规模较大,他于 1932年 12 月告友人,"自传一时尚未能动手,写时拟分三四册陆续出版,有稿当然交老友处印行。如老友不能即时印行,则只好给别

---

[1] 亢德:《关于〈实庵自传〉》,《古今》第 8 期,1942 年 10 月 1 日,第 10 页。

家。"①1933年10月,陈独秀致函汪原放,谓"自传尚未动手写",表示"如能写,拟不分为少年期等段落,因为我于幼年、少年的事,一点也记不得了,即记得,写出也无甚意义。我很懒于写东西,因为现在的生活,令我只能读书,不能写文章,特别不能写带文学性的文章,生活中太没有文学趣味了",并委托汪"告诉适之,他在他的《自述》中望我写自传,一时恐怕不能如他的愿望"②,暂时搁置了写作自传的打算。

经汪孟邹"写信到南京去作先容",《宇宙风》杂志编者陶亢德与陈独秀联系,约请写作自传。陈独秀予以积极回应,1937年7月8日复函陶亢德,谈了"正正经经写一本自传"的初步设想,"前次尊函命写自传之一章,拟择其一节以应命,今尊函希望多写一点,到五四运动为止,则范围扩大矣,今拟正正经经写一本自传,从起首至五四前后,内容能够出版为止",又说"以材料是否缺乏或内容有无窒碍,究竟能写至何时,能有若干字,此时尚难确定"③。紧接着就勾勒写作笔法,"几年以来,许多朋友极力劝我写自传,我迟迟不写者,并不是因为避免什么虚荣;现在开始写一点,也不是因为什么虚荣……我现在写这本自传,关于我个人的事,打算照休谟的话'力求简短',主要的是把我一生所见所闻的政治及社会思想之变动,尽我所记忆的描写出来,作为现代青年一种活的经验,不力求简短,也不滥抄不大有生气的政治经济材料,以夸张篇幅。"④

1937年7月16日起,陈独秀在南京监狱里以"写此遣闷"的

---

① 《致灵均女士信十二封》,任建树主编:《陈独秀著作选编》第五卷,上海人民出版社,2009年,第48页。

② 汪原放:《回忆亚东图书馆》,学林出版社,1983年,第165页。

③ 亢德:《关于〈实庵自传〉》,《古今》第8期,1942年10月1日,第10页。

④ 陈独秀:《实庵自传》,《宇宙风》第51期,1937年11月11日,第88页。

心态和极快的速度完成自传的前两章,当月30日去信通知陶亢德,第一章拟写《没有父亲的孩子》,第二章拟写《由选学妖孽到康梁派》,但"没有提到第三章以次拟为什么,大概是当时没有拟到";8月中旬,两章自传"就在炮火连天中寄到了上海"①。陶亢德接到传稿,将其在《宇宙风》杂志第51至53期连载,以《实庵自传》为题,第51期发表第一章《没有父亲的孩子》,第52期发表《第一章没有父亲的孩子(下)》,第53期发表《江南乡试》。后汪孟邹在亚东图书馆印成《实庵自传》单行本。

《实庵自传》一直未能真正完稿,陈独秀也没有进行续写工作。因抗战全面爆发,出狱后的陈独秀辗转武汉等地,"日来忙于演讲及各新出杂志之征文,各处演词又不能不自行写定,自传万不能即时续写。"《宇宙风》第51期发表陈独秀所撰《多谢敌人的飞机大炮》,第52期又刊所撰《怎样使有钱者出钱有力者出力》,为抗战鼓与呼,确是无暇为自传之事。最初写作自传时就计划只写到五四前后,五四运动之后的经历非常复杂,他认为即使写出,"最近的将来,亦未必能全部发表"②,而他早就表示"著书藏之名山,则非我所愿也"③,所以写作而不能发表,索性放弃续作自传。

时人对陈独秀的自传颇多期望,论其自传"所代表之意义,不仅只是一个人的历史,实过中国近代一部文化史及政治史"④,甚至有人认为他没有完成自传,"不仅是中国近代史上的一个损失,也是中国近代文学史上的一个大损失。"⑤这种"意义"与"损失"是

---

① 亢德:《关于〈实庵自传〉》,《古今》第8期,1942年10月1日,第10页。
② 亢德:《关于〈实庵自传〉》,《古今》第8期,1942年10月1日,第11页。
③《陈独秀致胡适》,《陈独秀书信集》,新华出版社,1987年版,第469页。
④《关于实庵自传》,《宇宙风》第72期,1938年8月1日,第332页。
⑤ 静尘:《我所知道的陈独秀》,《古今》第5期,1942年7月,第18页。

对完成自传而言的,仅就发表的前两章内容,陈独秀的友人郑学稼对《实庵自传》多有批评,但他同时敏锐地意识到,"自传中有一点是成功的,它就是对当时抱着'学而优则仕'者的生活,有贴切显明的描写。这种笔调和色泽,绝非身人其境者所能奏其功。"[①]

《实庵自传》是研究陈独秀早年经历及其特有精神的一手材料,也是具有重要价值的科举文献,一方面可为考察晚清科举社会与科举生活提供素材,另方面亦是研究后科举时代科举塑造问题的核心史料,从某种意义上说,陈独秀对科举的记忆与重构更值得我们关注。

二、算不得什么正经事:童试的别样记忆

在科举时代,"科举不仅仅是一个虚荣,实已支配了全社会一般人的实际生活"[②],《实庵自传》为这种"虚荣"与"实际生活"提供了一种鲜明映照。

陈独秀出生之后不久,屡困场屋的父亲陈象五就在苏州染疫去世了,所以他自谓"自幼便是一个没有父亲的孩子",并以"没有父亲的孩子"作为自传第一章的标题。陈独秀认为,对他的童年教育及科举生涯影响较大的有三个角色,分别是严厉的祖父、能干而慈爱的母亲、阿弥陀佛的大哥。

严厉的祖父,是陈独秀的启蒙者。陈独秀从六岁到八九岁,一直跟随祖父陈章旭读书,祖父对他寄予厚望,要求很高,恨不得他一年就能读完四书五经,并且非常严厉,经常因为他不能背书而生气,怒目切齿几乎发狂,甚至动手打人。陈独秀挨打却总是一声不

---

① 学稼:《读〈实庵自传〉》,《青年向导》第 4 期,1938 年 7 月 30 日,第 14 页。
② 陈独秀:《实庵自传》,《宇宙风》第 52 期,1937 年 11 月 21 日,第 129 页。

哭,祖父更是愤怒而伤感,责骂孙子:"这个小东西,将来长大成人,必定是一个杀人不眨眼的凶恶强盗,真是家门不幸!"祖父去世后,陈独秀又经过几位塾师,但他似乎都不太满意。

　　能干而慈爱的母亲,是陈独秀参加科举的驱动者。陈母查氏很能干,疏财仗义,好打抱不平,亲戚邻里都称她为女丈夫。在教育陈独秀的过程中,陈母不知流了多少眼泪。陈独秀说,"母亲的眼泪,比祖父的板子,着实有威权","母亲的眼泪,是叫我用功读书之强有力的命令。"陈母有尊崇科举的思想,经常劝勉陈独秀"务必好好用心读书,将来书读好了,中个举人替你父亲争口气,你的父亲读书一生,未曾考中举人,是他生前一桩恨事"[1],对儿子的教育,就是"考科举,起码也要中个举人,替父亲争气"[2]。正是母亲和她的眼泪,驱动着陈独秀在大哥的带领下,去走那条父亲一直没有走完的科举之路。

　　阿弥陀佛的大哥,是陈独秀的引路者。十二三岁时陈独秀开始跟随大哥陈庆元读书,大哥教他温习经书,读《昭明文选》,陈独秀渐渐读出味道,也打下了文章基础。但这事也使阿弥陀佛的大哥夹在中间,很是为难,因为受了母亲严命,要教习八股预备应考,而兄弟又不喜欢八股之文。直到县试之前才央求陈独秀,陈独秀勉强同意应考。大哥于是赶紧拿路德、金黄和袁枚的制艺,细细讲解,并且向母亲报告,母亲总算看到希望,非常高兴。大哥对陈独秀的学业很有信心,陈独秀去考试时,陈庆元就对母亲说,"兄弟可以中秀才,母亲准备喜蛋吧",陈母很兴奋,嘴上只说:"还没考上就

———————————

[1] 陈独秀:《实庵自传》,《宇宙风》第51期,1937年11月11日,第89、90页。
[2] 陈独秀:《实庵自传》,《宇宙风》第52期,1937年11月21日,第130页。

准备,不叫人笑话吗!"①陈独秀到南京参加江南乡试也是在大哥的带领下同去的。

光绪二十二年,十七岁的陈独秀参加了童试,县试和府试虽然名次不甚理想,但都顺利通过,院试时受到学政的青睐和欣赏,收卷时专门叫住陈独秀,略略通览答卷后,睁大眼睛,从头到脚看了陈独秀一遍,询问为啥不考幼童,并鼓励他"年纪还轻,回家好好用功,好好用功",最终陈独秀取为第一名,入学成为生员,即俗称之秀才。陈独秀考取秀才,母亲高兴得几乎掉下眼泪,乡人也都对陈家另眼相看,甚至造出很多神话,说陈家祖坟风水如何如何好,说迎江寺宝塔是陈家祖坟前一管笔,说出生前夜陈母做了什么梦,诸如此类,不一而足,反映了一般社会的科举崇拜心理。

陈独秀对这次院试的考题和答题言之颇详,也最有意味。院试题目是出自《孟子·梁惠王》的《鱼鳖不可胜食也材木》的截搭题。这里所谓截搭题,是八股命题当中的特别之题,不同于多见于乡会试且较为整齐的大题和小考常用的纤佻琐碎的小题,截搭题又分短搭、长搭、无情搭、有情搭、隔章搭诸体,其法皆用调、渡、挽,其中各有讲求,题忌亦多,不经刻意训练难以成文,而一旦违式,也就黜落不取。陈独秀认为这个截搭题题目不通,但他仍就"用不通的文章来对付,把《文选》上所有鸟兽草木的难字和《康熙字典》上荒谬的古文,不管三七二十一,牛头不对马嘴上文不接下文的填满了一篇皇皇大文"。考毕回家将稿子交给大哥看,大哥的反应是皱着眉头足足有个把钟头,一声不响,颇为失望。陈独秀说"应考本来是敷衍母亲,算不得什么正经事","谁也想不到我那篇不通的

---

① 陈松年:《回忆父亲陈独秀》,璩鑫圭、童富勇编:《中国近代教育史资料汇编·教育思想》,上海教育出版社,2007年,第967页。

文章,竟蒙住了不通的大宗师",也就是担任主考的"那位山东大个儿的李宗师",竟然被取为第一名,"这件事使我更加一层鄙薄科举。"①

这里的"不通",可能不是大宗师,而是陈独秀的回忆与记述。陈独秀记忆能力很强,不仅记得考试题目和自己的答卷,也记得大宗师是大个子的山东人,甚至记得和大宗师对话的情景与内容,却为何独独记不清大宗师的名字? 似被陈独秀刻意隐去的这位大宗师的名字,是李端遇,山东青州府安邱县人,同治二年二甲第六十八名进士,光绪十五年任江南乡试主考,光绪十七年任浙江乡试主考,光绪二十年提督安徽学政。进士出身的李端遇,在文风最盛、科举最发达的江南与浙江两省担任乡试主考官,可以说是阅人无数、阅卷无数,岂能轻易被十多岁的童生"蒙住";再者,作为学政,主持院试录取生员,不仅要对礼部、朝廷负责,也要对考生、舆论负责,又怎愿轻易被"蒙住"? 我们目前难以看到陈独秀当年的答卷,不知到底是怎样的"牛头不对马嘴、上文不接下文",只能推断,陈独秀通过描述不通的科举文章、糊涂的科场考官和莫名其妙的录取,试图塑造腐朽不堪的科举形象,科举考试及参加科举考试都"算不得什么正经事","这件事使我更加一层鄙薄科举"的价值判断,也就顺理成章了。

三、动物展览会:参加江南乡试的叙说

光绪二十三年七月,陈独秀初次离开母亲,和大哥、大哥的老师及同学们一道,乘坐轮船,从安庆出发到南京入闱乡试。《实庵

---

① 陈独秀:《实庵自传》,《宇宙风》第 52 期,1937 年 11 月 21 日,第 130、131 页。

自传》第二章为《江南乡试》,开篇即言,"江南乡试是当时社会上一件大事,虽然经过了甲午战败,大家仍旧在梦中。我那时所想象的灾难,还远不及后来在考场中所经验的那样厉害;并且我觉得这场灾难是免不了的,不如积极的用点功,考个举人以了母亲的心愿,以后好让我专心做点正经学问。所以在那一年中,虽然多病,也还着实准备了考试的工夫,好在经义和策问,我是觉得有点兴趣的,就是八股文也勉强研究了一番。我已打定主意,只想考个举人了事,决不愿意再上进。"①这段叙说隐含着两种比较,一是甲午战败的大事和江南乡试的"大事"比较,称关注科举者"仍旧在梦中";二是用比较手法叙说两次考试,童试仓促备考,"蒙住"了大宗师取为第一名,乡试虽着实用心准备却名落孙山,由此反映科举考试充满偶然的因素,并不能拔取人才。陈独秀对参加江南乡试的记忆主要集中于南京城的破烂、考生的龌龊与荒唐,甚至将考场比作动物展览会。

　　初到南京,看见仪凤门,陈独秀产生"乡下佬上街,大开眼界"的感觉,原先一直引为骄傲的、周围九里十三步的安庆城,仿佛陡然变成一个山城小市了。幻想着南京街市的繁华美丽,幻想着上海的城门如何高大,进城之后,陈独秀的幻想随即破灭,因为他发现南京的房屋和安庆一样矮小破烂,城北一带和安庆一样荒凉,城南街道和安庆一样窄小,南京和安庆简直就是"弟兄"。陈独秀对南京的描写基于两个比较,一是和安庆的比较,同样的破烂,只是"大"些;再是和后来的南京比较,彼时的南京还没有洋房、马路、东洋车、汽车等等,也就是没有现代化的气息,有的只是小驴子,只有驴子跑起路来时,头上一串铃铛的丁令当郎声,和四个蹄子的得

---

① 陈独秀:《实庵自传》,《宇宙风》第53期,1937年12月1日,第170页。

得声相互应和。陈独秀注意到,南京物价很高,猪肉卖到一百钱一斤,每升米要卖七八十钱,民间已是叫苦不迭,或许初到南京,破落景象意味着乡试前景的破落。

《实庵自传》用大量笔墨描写了考生的荒唐、龌龊与不堪,让我们有机会认识读书人的不同面相。陈独秀一行到南京后,先是住在熟人屋里,第二天就寻找寓所,待搬过去之后,几位找房子的正人君子就异口同声地说,"这屋子又贵又坏,真上当"①,为什么呢?原来,找房子时只看见房东家里有位花枝招展的大姐儿,坐在窗口做针线活,等搬进来,却发现那仙女化作清风,不知何处去了,故而大呼上当。这是房东为招揽考生入住所使用的"美人计",临时安排女眷或者土娼在那里装模作样,租房考生的荒唐或可见之。房东家里真有年轻妇女,如果她们不小心把腊肉、咸鱼挂在厨房或屋檐等显眼处,往往就会不翼而飞,而房东也不敢将奸淫盗窃的罪名加在这些"读书人"身上。考生在商店买东西,也会顺手牵羊,有机会就带一点藏在袖子里,店家拿"奉旨乡试"者总是没有办法,因为一旦得罪他们,就会冲突打架,许多认识或不认识的考生也会上前帮助动手,在混乱中可能更多的货品会被顺走了,所谓浑水摸鱼。

解大手问题给陈独秀留下了深刻印象,屋里没有厕所,又用不惯马桶,大家只好到门外空地如厕,导致门外两旁的空地,都是一堆一堆的小小"金字塔",就连那位开口孔孟、闭嘴程朱的博学老夫子,也要天天如是解决。更荒唐的是,同住几位在高声朗诵礼义廉耻的时候,经常在门前探望,发现有年轻女性姗姗而来,就会扯下裤子解大手,好像"急于献宝似的",已有变态之嫌。陈独秀自己总

---

① 陈独秀:《实庵自传》,《宇宙风》第 53 期,1937 年 12 月 1 日,第 171 页。

是要等到天黑才出去解手,有时"踏了一脚屎回来"[①],弄得一屋子充满臭气,本已气闷懊丧,还要被其他人笑骂为假正经。陈独秀所谓"踏了一脚屎回来",固是描绘当时场景,也是暗指即将入场之考试,并借此污秽之物,隐喻整个科举制度的腐朽与污浊。

陈独秀对贡院里的"矮屋"和"矮屋滋味"有着非常生动的描绘。八月初七日,陈独秀背着考篮、书籍、文具、食粮、油布,还有烧饭用的锅炉,艰难进入贡院,几乎在人丛中挤死。到了考棚,"三魂吓掉了二魂半",每条号筒十多丈长,有几十或上百个号舍,号舍低矮,是为矮屋,个头高的人只能低头弯腰。号舍三面是七齐八不齐的砖墙,里面布满灰尘和蜘蛛网,打扫干净坐进去,再拿一块板子,安放在面前,就算是写字台了,当然睡觉也是在这狭小的矮屋当中了。因为天气尚热,考生就在号舍外挂起油布遮挡阳光,空气难以流通,加上大家还要在对面墙上挂起锅炉,烧火做饭,整条长巷也就成为火巷。考生就在这样的环境里作文吟诗,博取功名,可谓百态尽显,令陈独秀印象最深的是"今科必中"先生。头场考试时,陈独秀看见一位考生,是来自徐州的大胖子,一条大辫子盘在头顶,全身一丝不挂,脚踏一双破鞋,手里捧着似已完成的试卷,在炽热如火的号巷里来回走动,上下大小脑袋左摇右晃,拖着怪声朗读自己的文章,到得意处,用力猛拍大腿,翘起大拇指,为自己喝彩:"好!今科必中!"

几至斯文扫地的"今科必中"先生,对陈独秀影响很大,他进行了一系列深入思考,引发他的思想转变。陈独秀在考场中观察徐州大胖子丑态表演的时候,就在联想所有考生的表现和怪现状,担忧"这班动物得了志,国家和人民要如何遭殃",所谓抡才大典的

---

① 陈独秀:《实庵自传》,《宇宙风》第53期,1937年12月1日,第172页。

科举考试,"简直是隔几年把这班猴子狗熊搬出来开一次动物展览会",对科举考试与科举制度彻底丧失了信心,感到梁启超等人在《时务报》上的宣传是"有些道理的"。陈独秀说,"一两个钟头的冥想,决定了我个人往后十几年的行动","这便是我由选学妖孽转变到康梁派之最大动机。"①

四、不同的科场记忆

大约与陈独秀同时代的蔡元培、周作人、蒋梦麟、蒋廷黻等人,也经历了科举时代,他们对科举经历的回忆多充满了平和与理性,显示出不同于陈独秀的科举观念与科举影像。

蔡元培出生于 1868 年,较陈独秀大 11 岁,接受过完整的传统教育,参加了科举各级考试,并入翰林院,亦是新文化运动的著名领袖。他回忆十年私塾寒窗和参加科举考试的经历较为简单,涉及始进家塾、学做八股文、十七岁考中秀才、到省城乡试等情节,字里行间透出的是平和。1885 年蔡元培第一次到杭州,入闱参加浙江乡试,未能中式,也只言"我虽初次观场,幸而未上蓝榜"。他对八股文的评价非常理性,认为八股文训练,"由简而繁,确是一种学文的方法",对考中秀才时的浙江学政颇为尊重,称"那一期的提学使是广东潘峄琴先生,讳衍桐,广东番禺人"②,"先生""讳"等字眼,和陈独秀所谓"那位山东大个儿的李宗师",显是不同。

出生于 1885 年的周作人,比陈独秀小六岁,少年时期经历过两次童试,他的《知堂回想录》有《县考》《再是县考》《县考的杂碎》《县考的杂碎(续)》等篇,记述了八股时文、县考大案、府试题

---

① 陈独秀:《实庵自传》,《宇宙风》第 53 期,1937 年 12 月 1 日,第 173 页。
② 蔡元培:《蔡元培自述》,中国言实出版社,2014 年,第 14—18 页。

目及请人为鲁迅当枪手、试院入场、盖戳、吃食与放班等科场细节，颇具史料价值。周作人明确肯定科举意义的重大，"县考是件小事，似乎没有什么值得讲的，这在清朝还举行科举的时代，每年在各县都有一次，并不是稀罕的事情。但是它的意义却很是重大。这是知识阶级，那时候称作士人或读书人的，出身唯一的正路，很容易而又极其艰难的道路。"①虽然周作人回忆录中存在"削弱科举考试的意义和分量"②的倾向，但其轻松笔调与闲适文字，和陈独秀愤懑与鄙薄的情绪，形成鲜明对照。

出生于1886年的蒋梦麟，比陈独秀小七岁，幼年时就已开始接受新式教育，但也有"一步一步由秀才而举人，由举人而进士，光大门楣，荣及乡里"的想法与梦想，并考中生员，在所著《西潮》专列一章《郡试》，从杭州往绍兴赴试过程，点名、入场、看题、缴卷、放榜、看榜，到报喜、开筵、庆祝等环节，述之颇详。虽然蒋梦麟在参加童试前后有些心理的迷惘，"两个互相矛盾的势力正在拉着，一个把我往旧世界拖，一个把我往新世界拖。我不知道怎么办"，但他对科举制度的评价很能显出一个教育家的理性，他说，"清末时，政府各部门无不百弊丛生。唯有科举制度颇能保持独立，不为外力所染。科举功名之所以受人器重，大概就是这个缘故"③，与将参加江南乡试视为"灾难"的陈独秀，差异巨大。

蒋廷黻出生在1895年，比陈独秀小得多，在那个新旧急剧涤荡的阶段，与陈独秀已是两代人了，但幼年也接受过旧式教育，承载着家人之"将来会入翰林院"的期许，并将科举称为"一向为人向往"，然而他没有参加科举考试。《蒋廷黻回忆录》第四章《新学

① 周作人：《知堂回想录》，香港三育图书有限公司，1980年，第48页。
② 丁文：《周作人科举经历考述》，《鲁迅研究月刊》2012年第1期。
③ 蒋梦麟：《西潮》，天津教育出版社，2008年，第50—53页。

校新世界》记载了一个情节,蒋廷黼的二伯获悉科举废除消息后,"决心采取步骤来应付这种新情况",认为"不管中国怎么变,他的侄辈欲求发展只有读书一途",于是将蒋廷黻兄弟转到省城长沙继续上学。这个细节为考察科举废后的社会反映和应对提供了鲜活的个案。第三章《启蒙时期》蒋廷黻则详细回忆了先后在蒋家、赵家、邓家私塾读书的经历,说《三字经》"是一本很好的书","发现念起来还相当有趣",照帖描写的"练习既有趣又刺激"①,充满温情,甚至下棋游戏而被老师打板子罚跪的细节,也是以儿童天性角度下笔叙说,与陈独秀对童年多是灰暗与沉闷的记忆旨趣相异。

　　蔡元培是科举成功者,蒋梦麟考中生员,周作人未过童试,蒋廷黻甚至没有真正走进科场,虽然科场经历略有不同,同属新式知识分子的他们却有着相似、共通之处,对科举与旧式教育的回忆比较接近历史的场景,对科举的评价较为理性。陈独秀的科举观显然与蔡元培等人不同,带有更多个人情绪,他参加江南乡试没有中举,却于此有了意外收获,从此他距离科举越来越远,从江南贡院走向海外,走向辛亥,走向《新青年》和新文化。他通过记忆的选择与过滤,对其科场经历进行重构与再建,进而对科举制度进行严厉的审视和批判,陈独秀试图通过这种方式,将自己与旧时代进行分离和切割。

第五节　《明清进士题名碑录索引》
安徽进士刊误举例

　　朱保炯与谢沛霖编《明清进士题名碑录索引》(以下简称《索

---

① 蒋廷黻:《蒋廷黻回忆录》,岳麓书社,2003 年,第 19—29 页。

引》）是载录明清两朝进士的工具书,主要由"索引"和"历科进士题名录"两部分内容构成,其中"索引"部分将收录 51624 名进士的姓名,按照"四角号码检字法"混合编排,每名进士一条,每条内容依次为姓名、籍贯、科年、甲第和名次;"历科进士题名碑录"则以科为序刊载明清历科进士题名碑录,按甲次编录进士姓名。近年来随着人才地理与科举地理研究的发展,《索引》的价值突破了编者"便利明清史的研究者能借此较为迅捷地检索到这段时期封建统治集团人物的史料之所在"①的初衷,成为利用频率颇高、进士量化统计的重要数据采集库,但其问题也逐渐暴露出来,陈长文、毛晓阳、龚延明、周小英等人先后撰文进行考订校误②。笔者在利用《索引》梳理明清安徽进士的过程中,也发现《索引》存在部分问题与错误,试以安徽进士为例,略作考察与说明。

一、进士籍贯省际错误

安徽于清代康熙年间正式建省,康乾时期苏皖两省一直以江南名义共占会试中额,至乾隆六十年乙卯恩科会试,两省分额取中,安徽开始获得完整的独立地位。《索引》中涉及安徽进士的省级籍贯,有三种表示形式,明代为直隶,清乾隆以前为江南,乾隆之后则为安徽。省级籍贯著录讹误在《索引》错误中占有一定比例,

① 朱保炯、谢沛霖编:《明清进士题名碑录索引·前言》,第 1 页。
② 陈长文《〈明清进士题名碑录索引〉校误》(《开封教育学院学报》2001 年第 2 期)从进士人数、姓名用字以及某些注释等三个方面进行校误;毛晓阳《〈明清进士题名碑录索引〉进士籍贯刊误述论》(《中国文化研究》2005 年秋之卷)指出刊误主要表现为省际进士籍贯刊载互误和省内籍贯刊误两大类;周小英等《〈明清进士题名碑录索引〉校补:以明代江西进士为例》(《江西师范大学学报》2009 年第 5 期)从人名、籍贯、甲次、补缺等方面,对该书所载部分明代江西进士进行考证。

其中安徽进士误为他省者以江西省为多,间有误为河南省者,或因江南与江西、江南与河南字近之故。

1.《索引》第 60 页,"(庆)振甲　江西玉山　清同治 7/3/76"。《索引》第 826 页,"(吴)联奎　安徽含山　清同治 7/3/75"。

此处庆振甲与吴联奎的籍贯互倒而误,吴联奎应是江西玉山人,而庆振甲为安徽含山人。吴联奎会试卷履历言"广信府玉山县拔贡生"[①]。(光绪)《安徽通志·选举志》在庆振甲名下注"含山人,广西知县"[②]。

2.《索引》第 546 页,"(孔)贞时　应天府句容(江西建德)明万历 41/3/67"。

此处"江西建德"当为"直隶建德"。江西无建德县,孔贞时为直隶池州府建德县人。(道光)《安徽通志·选举志》载之甚明,孔贞时为建德人,"官翰林院检讨。"[③]另,《索引》同页载孔贞运亦直隶建德人,据《类姓登科考》,孔贞时为"贞运弟"[④],亦证孔贞时是直隶建德人。

3.《索引》第 812 页,"(魏)嘉谋　江西繁昌　清康熙 39/2/37"。

4.《索引》第 840 页,"(吴)之珩　江西休宁　清乾隆 31/3/30"。

5.《索引》第 900 页,"(倪)适　江西怀宁　清顺治 16/3/116"。

6.《索引》第 2038 页,"(刘)骥　江西庐江　清乾隆 31/3/82"。

此四人籍贯,江西皆为江南之误。四人均见(道光)《安徽通

① 顾廷龙主编:《清代朱卷集成》第 31 册,成文出版社,1992 年,第 335 页。
② (光绪)《重修安徽通志》卷一百五十七《选举志·表七》,《续修四库全书》(史部·地理类)第 653 册,第 25 页。
③ (道光)《安徽通志》卷一百十七《选举志·进士三》,第 1620 页。
④ 盛子邺:《类姓登科考》,《四库全书存目丛书》子部 226 册,齐鲁书社,1995 年,第 591 页。

志·选举志》,其中倪适"官浙江平湖知县",吴之珩"官直隶隆平知县",刘骥"官安庆府教授"①。

7.《索引》第 605 页,"(翟)绳祖　河南泾县　清乾隆 49/3/2"。

此处河南亦为江南之误,河南无泾县,泾县隶江南(安徽)宁国府。(嘉庆)《宁国府志·选举表》泾县栏载翟绳祖,官池州府教授②。

二、进士籍贯县级讹误

《索引》著录进士籍贯采用省县两级的形式,诸如直隶贵池、江南歙县、安徽芜湖之类,除省际错误外,亦见县级讹误,主要有误作他县、县名错讹、未著县籍等类型。

8.《索引》第 2049 页,"(刘)凡　江南寿州　清康熙 15/2/30"。

刘凡当为江南颍州人,寿州与颍州在康熙年间均为凤阳府属州。查(乾隆)《颍州府志》卷之七《选举表》在"康熙十五年丙辰"科载刘凡,卷之八《人物志》有刘凡传,述其兴修水利及督学三秦"为士人楷范"之事迹③。

9.《索引》第 1043 页,"(汪)澍　直隶黔县　明永乐 4/3/144"。

10.《索引》第 1050 页,"(汪)日宣　安徽黔县　清嘉庆 24/3/52"。

此处黔县为黟县之误,或因形近而误。明代直隶及清代安徽均无黔县,黟县隶徽州府。(嘉庆)《黟县志》卷五《选举志·科第》载汪澍;汪日宣原名汪淦,(道光)《黟县续志》卷五《选举志·科第》在嘉庆二十四年己卯陈沆榜,载汪淦,并谓"钦点翰林院庶吉

①（道光）《安徽通志》卷一百十八《选举志·进士四》,第 1631、1635、1642 页。
②（嘉庆）《宁国府志》卷六《选举表·科目上》,第 257 页。
③（乾隆）《颍州府志》,江苏古籍出版社,1998 年版,第 310、410 页。

士任检讨"①。

11.《索引》第 1192 页,"(左)周　江南桐县　清乾隆 34/3/67"。

12.《索引》第 1442 页,"(萧)比捷　江南宁远　清乾隆 13/3/170"。

此处桐县、宁远皆误,清代江南无桐县、宁远,当为安庆府之桐城县和凤阳府之定远县。(道光)《桐城续修县志·选举表》著左周,任"翰林检讨、浙江宁绍台兵备道"②。萧比捷见录于(道光)《安徽通志·选举志》,"定远人,官江宁府教授。"③

13.《索引》第 627 页,"(吴)廷芬　安徽徽州府　清同治 2/2/40"。

14.《索引》第 1026 页,"(江)文玮　安徽徽州府　清道光 3/3/95"。

15.《索引》第 1427 页,"(范)公辅　安徽庐州府　清道光 3/2/63"。

此处徽州府和庐州府不误,但与《索引》籍贯标注省县两级的一般做法比较,显然体例不一,应注县为是。江文玮是徽州府婺源县人,获中进士后"即用知县分发广东"④;再查(光绪)《安徽通志·选举志》,范公辅为庐州府合肥人,吴廷芬为徽州府休宁人⑤。

16.《索引》第 604 页,"(翟)发宗　安徽宁国　清嘉庆 24/3/78"。

此处宁国府宁国县误,当为宁国府泾县。(嘉庆)《泾县志》卷十四《选举》,嘉庆甲子科有翟发宗,"大程孙,十一都人",此"大程"为翟大程,乾隆二十五年庚辰科二甲第 30 名进士,亦泾县人。查(民国)《宁国县志》卷九《选举志·科甲》,清代进士有顺治十二

① (嘉庆)《黟县志》、(道光)《黟县续志》,第 128、155 页。
② (道光)《桐城续修县志》卷七《选举表》,第 367 页。
③ (道光)《安徽通志》卷一百十八《选举志·进士四》,第 1640 页。
④ (道光)《徽州府志》(二)卷九之二《选举志·进士》,第 62 页。
⑤ (光绪)《重修安徽通志》卷一百五十七《选举志·表七》,《续修四库全书》(史部·地理类)第 653 册,第 20、24 页。

年乙未科洪启槐等六名进士,未载翟发宗其人 ①。(嘉庆)《宁国府志》卷六《选举表·科目中》举人项下,翟发宗系于嘉庆甲子科泾县栏,而宁国县栏则无其人 ②。《清代官员履历档案全编》有翟发宗履历,"现年五十九岁,系安徽泾县人,由嘉庆二十四年己卯恩科进士,奉旨以部属用签分刑部。" ③ 另,江庆柏编著《清朝进士题名录》在嘉庆二十四年己卯恩科收翟发宗,作"安徽宁国府宁国县人" ④,亦误。

三、进士姓名错误

除地名错误外,《索引》著录进士也见人名讹误,其中个别进士的姓名,在书中"索引"部分和"历科进士题名录"部分的著录不一致,颇值得注意。

17.《索引》第 788 页,"(朱)振钧 安徽太湖 清道光 9/1/1"。

"历科进士题名录"道光九年己丑科(第 2786 页)作"李振钧"。

此处朱振钧误,李振钧是。李振钧为道光九年己丑科一甲一名,即状元。李氏是清代太湖县科举望族,仅嘉庆、道光年间,李氏振字辈就有李振祜、李振翥、李振庸、李振习和李振钧先后登进士第。

18.《索引》第 1439 页,"(朱)芄会 江南歙县 清乾隆 22/3/118"。

"历科进士题名录"乾隆二十二年丁丑科(第 2728 页)作"朱

① (嘉庆)《泾县志》卷十四《选举》,第 300 页 ;(民国)《宁国县志》卷九《选举志·科甲》,第 164 页。
② (嘉庆)《宁国府志》卷六《选举表·科目中》,第 273 页。
③ 秦国经主编:《清代官员履历档案全编》(第三册),华东师范大学出版社,1997 年,第 78 页。
④ 江庆柏:《清朝进士题名录》,第 798 页。

莞会"。

莞误芫是。(民国)《歙县志·选举志》作朱芫会;北京歙县会馆观光堂之题名榜亦作朱芫会①。

19.《索引》第 1044 页,"(汪)运纶　安徽歙县　清同治 10/3/24"。

此处运纶应为运鎔。同治十年五月初四日"引见新科进士"名单中有汪运鎔;(民国)《歙县志·选举志》亦作汪运鎔②。

20.《索引》第 252 页,"(王)宗沂　安徽歙县　清光绪 6/3/57"。

21.《索引》第 1096 页,"(潘)志尚　安徽歙县　清光绪 15/3/102"。

此处王宗沂和潘志尚皆错,当为汪宗沂和潘尚志。(民国)《歙县志·选举志》与北京歙县会馆观光堂之题名榜,记载二人为汪宗沂和潘尚志③。《清代朱卷集成》收录了潘光绪十一年乙酉科乡试朱卷,上有其家世及履历,有幼读之胞弟名全志,另有堂弟名缉志和言志④,可证其名为尚志。

22.《索引》第 1439 页,"(藩)江　安徽婺源　清光绪 2/3/147"。

此处藩江为潘江之误。《清代朱卷集成》收录潘江同治九年庚午科乡试朱卷,谓"道光戊戌年八月初十日吉时生江南徽州府婺源县,附生民籍"⑤。

23.《索引》第 337 页,"(疏)莨　安徽桐城　清道光 2/3/37"。

"历科进士题名录"道光二年壬午恩科(第 2780 页)则作

---

① (民国)《歙县志》卷四《选举志·科目》,第 163 页;许承尧撰:《清代歙京官及科第》,《歙事闲谭》卷十一,第 351 页。

②《清实录·穆宗毅皇帝实录》(七),第 109 页;(民国)《歙县志》卷四《选举志·科目》,第 171 页。

③ (民国)《歙县志》卷四《选举志·科目》,第 171、172 页;许承尧撰:《清代歙京官及科第》,《歙事闲谭》卷十一,第 352 页。

④《清代朱卷集成》第 175 册,第 30 页。

⑤《清代朱卷集成》第 156 册,第 359 页。

疏筤。

此处"莨"与"筤"字不同，"莨"误。（道光）《桐城续修县志·选举表》与（道光）《安徽通志·选举志》均作"疏筤"①；道光二年四月初四日"引见新科进士"名单亦为"疏筤"②。疏历官浙江，在所撰《武康县志序》后即署"知武康县事龙眠疏筤"③。

四、进士科年错系

24.《索引》第1300页，"（李）振庸　安徽太湖　明隆庆14/2/7"。

此处明隆庆误，当为清嘉庆，明与清、隆庆与嘉庆，误之甚远，其因不明。明隆庆年间，仅有二年戊辰和五年辛未两科，并无十四年开科之实。（道光）《安徽通志·选举志》嘉庆十四年己巳恩科洪莹榜，载李振庸，"现任礼科给事中。"④《索引》"历科进士题名录"（第2766页）嘉庆十四年己巳恩科有李振庸，列二甲第七名。

25.《索引》第2301页，"（俞）本　直隶芜湖　明洪武18/3/72"。

26.《索引》第2301页，"（俞）本　直隶芜湖　明建文2/3/42"。

此页两个俞本，一是洪武十八年乙丑科，一是建文二年庚辰科，其中洪武十八年乙丑科为误收、重收。（道光）《安徽通志·选举志》洪武十八年乙丑科丁显榜，无俞本；建文二年庚辰科湖广榜有芜湖人俞本，"官南户部主事。"⑤张朝瑞辑《皇明贡举考》，在建

---

① （道光）《桐城续修县志》卷七《选举表》，第375页；（道光）《安徽通志》卷一百十八《选举志·进士四》，第1650页。
② 《清实录·宣宗成皇帝实录》（一），第597页。
③ 《武康县志》，台北成文出版社，1983年，第15页。
④ （道光）《安徽通志》卷一百十八《选举志·进士四》，第1647页。
⑤ （道光）《安徽通志》卷一百十七《选举志·进士三》，第1590页。

文二年会试下,录俞本,"直隶芜湖县。"① 龚延明著文指出,《索引》列俞本为洪武十八年三甲七十二名,"系错榜"②;龚文忽略了问题的另一面,《索引》关于俞本的记载,并非单纯的错榜,而是两科同收之误。

五、个别注释不确

《索引》后附"历科进士题名录",按科年、名次排列,对有关记载彼此有出入的,就所考知者分别加注说明,但所加之注也见不确,亦见未考者。

27.《索引》第 2422 页,"历科进士题名录"洪武二十四年辛未科,第一甲第一名许观,注云"在乡试、会试、殿试中连中三元"。

此注不确,许观是洪武二十四年辛未科会试会元和殿试状元,但非洪武二十三年庚午科应天乡试解元,故不能谓"连中三元",明代"三试皆元者"③ 只有商辂一人。《皇明三元考》述许观事,录于下:

　　许观,直隶贵池人,本姓黄,字澜伯,一字尚宾,父赘许氏,遂从舅姓。治《书》,国子生……庚午领乡荐,联登会状元,时年三十二,授修撰。历尚宝司卿,礼部侍郎,属建文改官制,又为侍中,复姓黄。靖难兵起,观往上江诸郡征兵,亡何而上渡

① 张朝瑞:《皇明贡举考》,《贡举志五种》(上),武汉大学出版社,2009 年,第 103 页。
② 龚延明:《明洪武十八年进士发覆:兼质疑〈明清进士题名碑录索引〉》,《浙江大学学报》2007 年第 3 期。
③ (清)黄崇兰:《增补贡举考略》,《贡举志五种》(下),武汉大学出版社,2009 年版,第 933 页。

江正大统矣。观自分大事已去，乃朝服东向再拜，投罗刹矶水中死。妻翁氏携二女投于通济桥下。按《显忠录》谓观庚午乡试三十一名，《池州府志》亦云洪武庚午科举人，会试廷试俱第一人，而《皇明通纪》乃云庚午解元，不知何据。然庚午解元为黄文史，则非许观，可知。①

28.《索引》第 2634 页，"历科进士题名录"顺治六年己丑科有三甲唐运皞。

（道光）《安徽通志·选举志》在顺治六年己丑科刘子壮榜下载有潘运皞，滁州人，"官内阁中书"②；（光绪）《滁州志·选举志》亦作潘运皞，并言"榜姓唐"，后复姓③。依《索引》注释之例，该处应在唐运皞名后加注，"复姓：潘运皞"。另，江庆柏编著《清朝进士题名录》在顺治六年己丑科三甲第 206 名收唐运皞，作"江南凤阳府滁州人"④。江著于潘运皞亦失考，而滁州为直隶州，在清代未属凤阳府，依其体例，当著为"江南滁州直隶州人"。

29.《索引》第 2742 页，"历科进士题名录"乾隆四十年乙未科有吴绍溙，注云"一作：吴绍燦"。

此注误，吴绍溙不作吴绍燦；（道光）《徽州府志·选举志》载吴绍燦，同误。

《索引》刊误出现的原因，一是底本误，《索引》以乾隆十一年刊行的《国朝历科题名碑录初集》及其所附明代诸科为底本，部分错误即是从《国朝历科题名碑录初集》继承和延续而来；其二，《索

① 《皇明三元考》，《贡举志五种》（上），第 772 页。
② （道光）《安徽通志》卷一百十八《选举志·进士四》，第 1629 页。
③ （光绪）《滁州志》卷六之二《选举志·进士》，第 407 页。
④ 江庆柏编著：《清朝进士题名录》，第 47 页。

引》编者参考《进士题名碑》的拓片、《登科录》及各省方志等对《国朝历科题名碑录初集》进行校订,但限于当时的条件,考订不够精审而致误,有些甚至是常识性错误。在大型《中国历代登科总录》完全出版之前,《索引》仍是研究明清进士群体的重要工具书,只是在利用《索引》进行相关研究时,需要进行细致的考察和订补,以免再次出现错误。

第五章 安徽科举地理

科举地理一般指科举人才的地理分布状况,相关研究主要集中于进士的地理分布,且已取得较为丰富的成果。我们在考察安徽进士分布问题时,努力将其置于清代科举地理的框架当中,试图由此进一步折射和反映全国范围内科举地理的状态与特点,一方面注意到科举地理的动态分析,既着重于特定时点的科举地理,更关注长时段的科举地理变迁;另方面注意到人才分布的层级性特征,既立足省域科举人才分布走向,也着力考察府内县际分布,又通过徽州寄籍进士群体的地理分布,呈现安徽科举地理的特殊面貌。

丁修真著《旧途与新路:科举人才地理研究的范式转向》一文,指出以丁文江为范式的传统科举人才地理研究,"实难有大的突破",时下科举人才地理的出路,"需注意在实践原有范式的旧途之中,寻找新的方向,克服过于依赖归纳法所带来的缺陷。近年来兴起的专经研究则是走向新途的一条可能路径。"[①] 我们暂不讨论专经研究上升到真正意义上的范式转化与路径突破还有多长的一段路要走,可以肯定的是,丁修真提出的"专经维度"确可为科举

---

① 丁修真:《旧途与新路:科举人才地理研究的范式转向》,《安徽师范大学学报》(人文社会科学版)2019 年第 1 期。

人才地理研究提供新的视域,具有鲜明的启发意义。科举地理研究突破科举人才分布的局囿,其"新路"应在于研究场域的扩展,扩展到科举制度地理、科举机构地理、科举活动地理等诸多领域,本章第七节《南京:清代安徽科举的中心》的相关考察,就是这种思路的尝试性探讨。

第一节　安徽进士群体的区域分布

清代安徽共有 1192 名进士,省内府际和府内县际两个层次的进士群体分布都呈现出鲜明的非均衡状态,清代后期与前中期相较,非均衡状态存有弱化趋向。安徽进士的分布状况,折射出清代全国范围内进士群体区域分布的非均衡状态具有普遍性、层次性、递进性和动态性等特点。

一、清代安徽进士的人数

确定进士人数是进士群体及其区域分布研究的基础,李润强《清代进士的时空分布研究》统计清代安徽进士为 1189 人[①],而沈登苗《明清全国进士与人才的时空分布及其相互关系》则认定为 1119 人[②],二者差距较为明显,究其原因,应是统计范围及标准不同。笔者在统计清代安徽进士人数时注意以下几点:

首先,行政区域以清代安徽所辖为主要标准。安徽于康熙年间建省之后,所辖区域范围少有变化,今属江苏省的盱眙县、今属

---

① 李润强:《清代进士的时空分布研究》,《西北师大学报》(社会科学版)2005年第 1 期。
② 沈登苗:《明清全国进士与人才的时空分布及其相互关系》,《中国文化研究》1999 年第 4 期。

江西省的婺源县和今属湖北省的英山县,终清一代均属安徽,故纳入统计范围;相对应者,今属安徽的萧县和砀山两县,在清代隶江苏省徐州府,则不在统计范围之内,所以任衔蕙、周绳祖等人虽是萧县人,亦不视为清代安徽进士群体的考察对象。颍川卫的情况稍显特殊,清初因明之制,在颍州设立颍川卫,颍川卫以兵籍属之河南,至1658年并卫入州。顺治年间以颍川卫籍身份取中为进士者共有滑文蔚、王期远、李文煌、刘体仁、刘廷桂、刘佐临、李敏孙、宁诰、刘壮国、刘㨂等十人,(乾隆)《颍州府志》将这些进士视为颍州人,列于《选举表》阜阳栏下①,(光绪)《重修安徽通志》亦收,均作颍州人,笔者循例将颍川卫籍进士纳入考察范围。

其次,以取中进士时为安徽籍者为考察对象,寄籍者不列入。安徽人多有侨寓迁居他省或客游于外者,年久寄其地之籍参加科举考试,考中进士,安徽方志对这种情况亦有录载。李琳琦依据徽州府志及各县志统计清代徽州进士为684人②,近六成为寄籍外地者,可见其数量之大。寄籍者一般自承本籍地人,所以这种记载及统计方式对于地方史研究并无任何不妥,但鉴于本处试图通过安徽关照全国进士的地域分布状态,故仅考察安徽本籍者,而寄籍者则不予统计,如此则江中楫(顺天籍)、徐惺(江宁籍)等寄籍者不纳入清代安徽进士群体。

第三,会试中式但未参加殿试者不纳入。由于会试和殿试之间有一段间隔,往往会出现部分会试中式者不能参加当科殿试的情况,他们有的在其后科年补行殿试,有的则因各种原因不再参加

---

① (乾隆)《颍州府志》卷七《选举表·进士》,第310页。
② 李琳琦:《明清徽州进士数量、分布特点及其原因分析》,《安徽师范大学学报》(人文社会科学版)2001年第1期。

殿试，此即未殿试。清代方志及私家传记当中往往认可那些始终
未殿试的会试中式者的进士身份，将其作为进士看待。（光绪）《重
修安徽通志·选举志·表七》当中，康熙丙戌王云锦榜有桐城人方
苞、乾隆辛未吴鸿榜有泾县人叶沃若、癸丑潘世恩榜有六安人陈鋆
等，他们都未参加殿试，方志如此处理，固是反映了时人对"进士"
的一般认识，但毕竟与正式体制稍有不合。

　　再者，清代科举制度周密完备，除包括文科和武科的常科外，
尚有博学宏词科、经学科与经济特科等制科考试，本书仅以文科进
士为考察对象，其他不计。

　　按照前述四个标准，依据江庆柏编著《清朝进士题名录》，结合
朱保炯、谢沛霖编《明清进士题名碑录索引》及沈葆桢等修（光绪）
《重修安徽通志》等文献，编制《清代安徽进士题名录》，统计出清代
安徽进士总数为1192人，下文各表数据及相关讨论亦以此为据。

　　二、区域分布的非均衡状态

　　安徽建省之后，所辖府、州、县等屡经裁省升增，到光绪年间基
本稳定，"领府八、直隶州五、属州四、县五十一"①，我们在这一行
政格局之中进行相关问题的讨论与分析，为便于比较，将直隶州本
州辖地视同于县级区划。

　　清代安徽1192名进士，在全国各省排序中大约处于中游，并
非科举大省，就省内来看，进士群体区域分布较为广泛，同时呈现
出鲜明的非均衡特点，可以通过省内府际分布和府内县际分布两
个层次进行分析，我们先考察省内府际分布的非均衡状态，相关数
据见表5—1。

<hr>

① （光绪）《重修安徽通志》卷十七《舆地志·建置沿革》，《续修四库全书》
　（史部·地理类）第651册，第175页。

表5-1　清代安徽进士分府（州）数据表

府（州）	进士数	占全省比例（%）	领州县数	县均进士数	1820年人口数（万）	每十万人进士数
安庆府	286	24.0	6	47.7	546.3	5.24
徽州府	245	20.6	6	40.8	247.5	9.99
宁国府	165	13.8	6	27.5	343.3	4.81
庐州府	114	9.6	5	22.8	354.8	3.21
凤阳府	68	5.7	7	9.7	435.6	1.56
太平府	60	5.0	3	20.0	147.9	4.06
六安直隶州	50	4.2	3	16.7	143.3	3.49
滁州直隶州	48	4.0	3	16.0	60.0	8.00
泗州直隶州	39	3.3	4	9.8	156.9	2.49
池州府	36	3.0	6	6.0	275.5	1.31
和州直隶州	34	2.9	2	17.0	42.8	7.94
颍州府	33	2.8	7	4.7	397.8	0.83
广德直隶州	14	1.2	2	7.0	55.1	2.54
平均数	91.7	7.7	4.6	19.9	246.7	3.72
中位数	50	4.2	5	16.7	247.5	3.49

按照各府（州）进士数，由高到低进行排序，依次是安庆府（286）、徽州府（245）、宁国府（165）、庐州府（114）、凤阳府（68）、太平府（60）、六安州（50）、滁州（48）、泗州（39）、池州府（36）、和州（34）、颍州府（33）、广德州（14），平均数为91.7，中位数是50。排名前四位的安庆府、徽州府、宁国府、庐州府是进士大府，共有进士810人，占全省总数的68%，中间五府（州）有265个进士，占比为22.2%，而排名后四位的池州府、和州、颍州府、广德州，是进士较为稀疏的地区，仅有117人，占比为9.8%，其人数大约为前四府的七分之一，悬殊非常明显。如以平均数作为参考值，除前四府高

于平均数外,其他府州都低于该值,再者中位数和平均数也相差甚大,而人数最多的安庆府是人数最少的广德州的 20.4 倍,这些都反映出府际分布的非均衡性。

以进士数作为府际分布的主要衡量指标,最大的优点是便于比较和判断,但却不能完全反映真实情况,存在夸大非均衡性的潜在倾向。如表5—1,排在前列者主要是各府,而直隶州则多排榜尾,这是否就意味着各直隶州科举事业十分落后呢? 其实并不尽然。为更准确地反映府际不均衡状态,就有必要引入府内各县平均进士数和每十万人口拥有进士数两个衡量指标。

因为各府所领州县数不同,以府内县均进士数作为衡量指标更具合理性。各府(州)县均进士数依次是安庆府(47.7)、徽州府(40.8)、宁国府(27.5)、庐州府(22.8)、太平府(20.0)、和州(17.0)、六安州(16.7)、滁州(16.0)、泗州(9.8)、凤阳府(9.7)、广德州(7.0)、池州府(6.0)、颍州府(4.7),平均数为 19.9,中位数是 16.7。和前个序列比较,除前四府未变外,其他多有细微变化,太平府、和州、广德州名次稍有上升,而凤阳府、池州府和颍州府则有下降。更为重要的是,各府州数值,除安庆、徽州两府较高,池州、颍州两府稍低外,多围绕平均数或中位数集中分布,最高值和最低值相差10.1 倍。相对于单纯以进士人数为标准的判断结果,以县均进士数作衡量指标,体现的府际分布非均衡状态要明显弱化。

地区进士人数和人口总量密切相关,所以真正反映进士区域分布状态的指标应和人口联系在一起。我们以安徽及各府(州)人口接近清代峰值的 1820 年的人口作为参照,计算各府(州)每十万人口拥有的进士数,排序如下,徽州府(9.99)、滁州(8.00)、和州(7.94)、安庆府(5.24)、宁国府(4.81)、太平府(4.04)、六安州(3.49)、庐州府(3.21)、广德州(2.54)、泗州(2.49)、凤阳府(1.56)、池州府(1.31)、颖州府(0.83),平均数为3.72,中位数是3.49。这个序列当中,滁州、和州排序靠前,而凤阳府、池州府、颖州府排序在后,基本已将单纯数量上的府州分布差异状况消弭。除徽州府遥遥领先、颖州府远远落后外,各府州数值亦在平均数或中位数周围集中分布。

　　将三种指标合而观之,在三个序列当中,都处于平均数或中位数之前的有安庆府、徽州府、宁国府、太平府,这四府是清代安徽科举发达的地区,其中尤以安庆、徽州两府为著,安庆府以进士人多取胜,而徽州府则是真正意义上的科举强府,乾隆辛卯恩科状元黄轩、壬辰科状元金榜、乙未科状元吴锡龄,皆徽州人,成"连科三殿撰"之科举盛况。凤阳府、池州府、颖州府、泗州和广德州则在三个序列当中都处于平均数或中位数之后,是科举落后的地区,又以颖州府为甚,每十万人口仅有进士0.83人,徽州是其十二倍。庐州府、六安州、滁州、和州的科举水平大约处于全省中游。颇有意味的是,进士群体的府际分布和安徽的自然地理状况有着内在联系,科举发达府州主要集中于沿江江南,科举落后府州主要分布于沿淮淮北,而江淮之间地区恰恰也是全省科举的中间地带。进士群体区域分布的差异,一方面是不同地区经济发展水平的直接反映,另方面也和各地文风高下密切相关。

　　考察进士地域分布的第二个层次是县际分布。清代安徽六十个县级行政单位(含属州和直隶州本州),平均拥有进士数是19.9个,在该数之上共有17个县(州),占比仅为28.3%,却有全省近70%的进士,初步反映了省内县际分布不均匀的状态。分府考察进士县际分布的意义更为突出,相对于省内府际分布状况,府内县际进士分布的不均衡现象更为严重。

　　安庆是进士人数最多的地区,各县进士数分别是桐城县138

人、怀宁县 52 人、太湖县 47 人、宿松县 21 人、望江县 18 人、潜山县 10 人。徽州是安徽科举最发达的地区,所领六县进士数分别是歙县 116 人、休宁县 60 人、婺源县 39 人、绩溪县 14 人、黟县 9 人、祁门县 7 人。这些数字清晰体现了进士府内县际非均衡的分布状态,安庆府较落后的三县共有进士 49 人,刚刚达到府内县均水平,占本府总量比例为 17.1%;徽州府较落后的三县共有进士 30 人,和府内县均水平尚有很大距离,占本府比例仅为 12.2%。安庆、徽州两府有一个共同特点,那就是各自拥有一个进士超强县,即桐城和歙县,两县进士数占本府比例分别高达 48.3% 和 47.3%,进士数不仅在省内遥遥领先,在全国范围内也都名列前茅。如果我们将考察视界稍稍拓展,就会发现,不管是科举发达的安庆、徽州等地,还是较为落后的皖北府州,每府都有一个进士数量较为突出的县(太平府两个),我们将其称为进士中心县,实际上也是科举中心县。现将各府州进士中心县的有关信息列表于后。

　　进士中心县的进士数,在各自所属府内高居第一,占比都在三分之一以上,有的甚至达到或超过 70%,与同府最低县的进士数相差多在 4.7 倍以上,池州、宁国、徽州和安庆四府超过 10 倍,而凤阳府高达 24 倍。总体来看,除和、广德二州及太平府由于所领县数较少或其他原因,进士分布相对较为平均之外,其他府州进士县际分布都有极明显的非均衡特点,且各府州内的非均衡分布和它们在省内的科举地位没有内在的必然关联。颍州府领六县一州,共有 33 名进士,其中 26 人集中于阜阳县,占比达到 78.8%,其他霍邱县有 4 人、颍上县有 3 人,清代安徽没有产生进士的四个州县,即太和县、蒙城县、涡阳县和亳州,全部隶属于该府。科举发达的安庆、徽州两府不均衡情况已较突出,而科举最落后的颍州府却是县际分布不均衡最彻底的地区。

表5-2　清代安徽进士中心县数据表

府（州）	中心县	进士数	占本府进士总数比例（%）	与最低进士数相差倍数
安庆府	桐城县	138	48.3	13.8
徽州府	歙县	116	47.3	16.6
庐州府	合肥县	62	54.4	8.9
凤阳府	定远县	24	35.3	24.0
颍州府	阜阳县	26	78.8	最低数为0
池州府	青阳县	12	33.3	12.0
宁国府	泾县	62	38.2	10.5
太平府	当涂县	25	41.7	2.5
太平府	芜湖县	25	41.7	2.5
六安直隶州	六安州	29	58.0	4.8
泗州直隶州	天长县	14	35.9	4.7
和州直隶州	含山县	19	55.9	1.3
滁州直隶州	全椒县	37	74.0	7.4
广德直隶州	广德州	10	71.4	2.5

　　进士中心县的形成有着非常复杂的原因，人口基数大、经济较为发达、文风炽盛、府治所在地、科举家族等因素，单独或共同发挥作用，导致区域性科举中心县的产生，正是科举中心县的形成与存在，加剧了进士县际分布的不均衡，从某种意义上说，较之省内府际分布状态，府内县际分布的不均衡更为普遍和严重。

三、区域分布的动态走向

　　清代进士群体在全国范围的空间分布是不平衡的，安徽省内的府际及县际区域分布也呈现明显的不均衡状态，但非均衡是就整体状况而言，并非一成不变，而是始终处于动态的变化过程当中。为便于问题的考察与分析，我们以道光元年为界，将清代科举考试分成前中期和后期两个阶段，前一阶段经顺治、康熙、雍正、乾隆、嘉庆各朝，开科 73 次，后一阶段历道光、咸丰、同治与光绪诸朝，开科 39 次。安徽前中期产生进士 696 人，后期进士 496 人，与前中期相较，后期进士群体的区域分布发生结构性变化，现将清代安徽府州进士动态分布数据列为表 5—3。

表5-3　清代安徽府州进士动态分布数据表

府（州）	前中期进士数	占该期全省进士数比（%）	后期进士数	占该期全省进士数比（%）	上升比（%）
安庆府	154	22.1	132	26.6	4.5
徽州府	160	23.0	85	17.1	−5.9
宁国府	94	13.5	71	14.3	0.8
庐州府	60	8.6	54	10.9	2.3
凤阳府	26	3.7	42	8.5	4.8
太平府	48	6.9	12	2.4	−4.5
六安直隶州	22	3.2	28	5.6	2.4
滁州直隶州	32	4.6	16	3.2	−1.4
泗州直隶州	20	2.9	19	3.8	0.9
池州府	22	3.2	14	2.8	−0.4
和州直隶州	23	3.3	11	2.2	−1.1
颍州府	25	3.6	8	1.6	−2.0
广德直隶州	10	1.4	4	0.8	−0.6

清代后期，各府州占全省进士数之比与前中期相较，均有幅度大小不等的变化，凤阳府、安庆府、六安州、庐州府、泗州和宁国府占比上升，其中凤阳府和安庆府上升最为显著，分别达到 4.8% 和 4.5%；徽州府、太平府、颍州府、滁州、和州、广德州和池州府占比下降，而徽州府和太平府下降最为剧烈，分别为 5.9% 和 4.5%。从安徽三大自然地理区域来看，科举发达的江南地区进士衰落非常

明显,五个府州除宁国府占比稍有上涨之外,其他四地均有程度不等的下降,五个府州前中期进士占全省比例为48%,而后期仅为37.4%,下降了10.6%,表明该地区晚清科举水平出现了巨大滑坡。与江南形成对比的是,科举落后的沿淮淮北地区,晚清科举水平却略有起色,占比从前中期的10.2%上升到13.9%,提高了3.7%,除颍州府下降外,凤阳府和泗州的上升幅度都很显著,凤阳府占比达到8.5%,甚至超过了全省平均水平。科举水平居于中游的江淮之间地区,五府州进士占比有明显提升,从41.8%提高到48.5%,其中以安庆府和庐州府贡献最大。由上分析可见,进士省内府际分布非均衡状态有较为明显的改善,尤其是江南、江淮之间和沿淮淮北三大区域之间的进士分布差距存在缩小的趋势。

省内府际分布非均衡状态弱化的主要原因,笔者以为不仅仅是各地社会经济及教育发展趋向均衡,而主要是受太平天国运动影响而导致的安徽人口遭受重大损失,这种损失又是南北不均的。太平天国战争期间,安徽人口损失达到1700万,其中皖南损失930万,约占皖南战前人口的81%,皖北损失780万,约占皖北战前人口的31%[①]。人口损失致使人口存量区域结构发生重大变化,是进士区域分布非均衡弱化的前提性因素,徽州商帮在近代趋向衰落和解体也是江南地区,尤其是徽州府科举滑坡的主导性因素,而淮系集团崛起则是江淮地区,尤其是庐州府科举地位抬升的潜在原因。

与府际分布非均衡状态弱化相类,县际不均衡也处于动态变化进程当中,县际分布格局发生了巨大变化。各地科举中心县到晚清时期大多受到冲击和挑战,地位有所下降,如歙县、桐城、

---

① 曹树基:《中国人口史》(第五卷),第505页。

天长、泾县、全椒、六安等地,歙县在前中期有进士88人,占全省12.6%,而后期获中进士28人,全省占比仅为5.6%,同治十年辛未科郑成章、黄崇星等四人同中进士,且得选庶吉士,因其所居相距不过十里,有"十里四翰林"之说,虽为稀事,毕竟已近日暮之境。当涂、阜阳、青阳等县甚至丧失了进士中心县的地位,以阜阳最为典型,阜阳前中期进士占颍州府比例为96%,而后期则大幅度降到25%,当涂与青阳已在府内被边缘化,毫无优势可言。定远、含山、广德则主要因为晚清时期的迅速崛起才得以成为科举中心县。只有合肥和芜湖情况较为特殊,不但保持了前一阶段的优势,而且在府内的地位进一步提升和巩固。与科举中心县的相对沦落形成比照的是,太湖、婺源、庐江、旌德、霍邱、泗州、英山等县进士数或府内占比大幅攀升,成为各府阶段性的科举强县。

县际分布动态变化的演进方向是非均衡状态的弱化,我们选取科举发达的安庆府和科举较为落后的凤阳府为例略加考察,并将两府辖县进士数据列于表。

安庆府所领六县,科举实力强大的桐城和怀宁两县,在前中期进士占比超过80%,而后期则不到50%,桐城降幅尤其巨大,达到31.5%,由一枝独秀变成不再突出,太湖、宿松、望江和潜山四县占比大幅攀升,合计超过50%,太湖县占比超过怀宁,与桐城相差无几,所以从进士数量上看,安庆府内县际分布已渐呈均匀之势。凤阳府县际分布变化形式与安庆府略有不同,所领五县二州当中,怀远县占比几无变动,寿州和凤阳县占比下降,而定远县则有明显提高,确立了其进士中心县的地位,凤台县、灵璧县和宿州三地实现了进士拥有量零的突破,全省共有四个州县后期实现零突破,其中三个集中于凤阳府,另一个是颍州府的霍邱县,这种突破使进士区域分布更趋广泛。

表5-4　清代安庆、凤阳两府进士县际动态分布数据表

府（州）	前中期进士数	占本府进士数比（%）	后期进士数	占本府进士数比（%）	上升比（%）
安庆府	154	100.0	132	100.0	0
桐城县	96	62.3	42	31.8	-31.5
怀宁县	30	19.5	22	16.7	-2.8
潜山县	5	3.2	5	3.8	0.6
太湖县	10	6.5	37	28.0	21.5
宿松县	5	3.2	16	12.1	8.9
望江县	8	5.2	10	7.6	2.2
凤阳府	26	100.0	42	100.0	0
定远县	8	30.8	16	38.1	7.3
怀远县	5	19.2	8	19.0	-0.2
寿州	8	30.8	8	19.0	-11.8
凤阳县	5	19.2	3	7.1	-12.1
凤台县	0	0	4	9.6	9.6
灵壁县	0	0	2	4.8	4.8
宿州	0	0	1	2.4	2.4

　　进士群体动态分布的格局,除庐州府、和州与广德州分布基本固化外,各府州均有不同程度或不同形式的反映,这表明县际分布非均衡状态的弱化是一种普遍的趋势。

四、结论

　　安徽进士群体省内分布的非均衡状态,并非清代的孤单特例,从科举强省江苏、浙江、直隶、山东,到进士人数较少的四川、湖南、云南、贵州、广西、甘肃,都存在类似状况,可见进士的非均衡区域分布具有普遍性。普遍存在的进士区域分布非均衡状态具有几个

突出的特点。

　　首先是层次性,区域非均衡分布在省际、省内府际与府内县际三个层次都有体现。全国范围内各省进士数量差异明显,江苏、浙江、直隶、山东四省在 2000 人以上,而四川、湖南、云南、贵州、广西、甘肃六省合计不足千人。各省大多有一到两个进士大府,江苏的苏州府、浙江的杭州府、直隶的顺天府、湖南的长沙府、湖北的黄州府、广西的桂林府、山西的太原府、甘肃的兰州府,和安徽的安庆府、徽州府相类,其进士数在省内领先,所占比例较高,桂林府占比甚至达到了 50.9%①。安徽省府内县际分布情况已如前文所述,他省如江苏松江府之县际分布也和安徽类似,该府领七县,娄县和华亭进士量大,而金山、奉县与南汇三县只有 23 名进士,占该府总数比例仅为 7.9%②。

　　其次是递进性,非均衡状态在不同层次之间呈逐步加剧的趋势,省内分布比省间分布更加不均衡。针对各省进士人数多少不均的情况,康熙五十一年,实行"计省之大小,人之多寡,按省酌定取中进士额数"的措施,对各省进士偏多偏少的弊端进行了矫正和限制,而"考取之时,就本省卷内择其佳者,照所定之额取中"③的做法将竞争转移到各省之内,致使省内进士分布较之省际分布的不均衡更加明显。安徽进士区域分布状况较为清晰地反映了非均衡状态的递进性,我们再以浙江为例加以佐证。浙江是科举强省,进士主要集中在杭州、绍兴、嘉兴、湖州等府,而金华、衢州、

---

① 陈小锦:《广西科举浅探》,《广西师范学院学报》(哲学社会科学版)2010年第 3 期。

② 陈凌:《明清松江府进士人群的初步研究》,《史林》2010 年第 2 期。

③ 《钦定科场条例》卷二十二《乡会试中额·会试中额》,《续修四库全书》第830 册,第 78 页。

严州、台州、温州、处州六府共 255 名进士,占全省总数之比仅为
9%;杭州府领州一县八,893 名进士主要集中在仁和(380)、钱塘
(332)两县及海宁州(120),三地占比高达 93.2%,而另外六县仅
占 6.8%[①],非均衡状态亦极突出。

再者是动态性,非均衡分布并非一成不变,演进方向是随时间
推移而逐步趋于弱化。省际动态分布表现为科举大省地位下降,
落后省份则有不同程度的上升,江苏与浙江两省进士占全国总数
的比例,由清代早期的约 35% 逐步滑落到后期的 15% 左右,降幅
达 20% 之多,而贵州、甘肃等省却正相反,贵州进士占全国比例由
前中期的 1.81% 升至后期的 3.14%[②],甘肃后期进士数大幅增加,
达到 214 人[③],占全省总数的 64.5%,在全国科举格局中的地位有
了明显改善。安徽进士区域分布的演变轨迹说明省内府际与府内
县际分布的地区差距有缩小的趋势。

总体而论,清代进士群体的非均衡区域分布是一种常态,其形
成和科举取士的制度设计密切相关。清代科举考试主要由三级构
成,生员系内考试基本能够保证县际平衡,各地府县学虽有大、中、
小学之别,毕竟学额差距不大;举人系内考试充分考虑省际平衡,
各省乡试中额并非科举水平的真实反映;进士系内考试在兼顾地
域公平(分省取士)的同时,倾向于凭文取士的考试公平,由此造
成了进士区域分布,尤其是各省省内分布的非均衡状态。这实质

① 多洛肯:《清代浙江进士群体研究》,中国社会科学出版社,2010 年,第
115—116 页。
② 曾凡炎:《贵州科举在晚清的崛起》,《贵州师范大学学报》(社会科学版)
2008 年第 5 期。
③ 杨银权:《清代甘肃进士时间与空间分布研究》,《石河子大学学报》(哲学
社会科学版)2011 年第 4 期。

上是对生员系内及举人系内两级考试录取方式的制度性修正与补偿,有一定合理性和积极意义。如果单纯追求各省府州县进士数量的绝对均衡,则会忽略各地人口多寡、文风高下及钱粮轻重的差别,造成另外一种性质更为严重的非均衡。认识清代进士群体区域分布的非均衡状态及其特点,对当前教育发展及改革路向当有重要的启示意义。

第二节　安徽进士群体的姓氏分布

清代安徽进士群体共有 150 个姓氏,依据拥有进士数量,可以分成进士大姓、进士常见姓、进士小姓和进士稀见姓等四个层次。与清代前中期相较,后期进士群体所涉姓氏数量有下降的趋势,姓氏分布集中度产生弱化倾向。进士姓氏在分散的同时,也具有一种区域集聚的特征。考察和揭示进士群体姓氏分布的基本状态,对进士区域分布的非均衡状态、社会流动频率等科举重要问题的研究具有积极的启示意义。

一、进士姓氏的层次分布

清代安徽进士的姓氏分布较为广泛,据统计共有姓氏 150 个,既有王、张、吴、汪等大姓,每姓进士数十人,亦见巫、贡、蒯、昝等姓,每姓仅一、二人不等,具体数据见表 5—5《清代安徽进士姓氏分布数据表》。

安徽进士群体虽有 150 个姓氏,分布较为广泛,但各个姓氏进士数却相差很大,第一大姓为王姓,共有 73 位进士,占总进士数之比达 6.12%,而蔡、单、饶等 44 姓仅分别拥有一个进士。各姓氏所有进士数平均为 7.95 个,其中 40 个姓氏进士数高于该均数,共有 927 人,110 个姓氏进士数低于该均数,共有 265 人,这意味着 73.3% 的姓氏所有进士仅占总量的 22.2%,初步反映了各姓氏进士数量分布的特点。若从社会学领域引入五等分法考察,各姓氏进士数量分布的不均衡状态就能得到更加清晰的体现。各姓氏进士数按降序排列,将其分成各占 20% 的五等分,分别计算各部分姓氏所有进士数及所占比例,最高、次高、中间、次低和最低五个部分进士数分别为 833、201、82、46 和 30 人,占比分别是 69.9%、16.9%、6.9%、3.8% 和 2.5%。该组数据非常直观地反映了各姓氏进士数量分布的不均衡状态,最高部分的 30 个姓氏有 833 位进士,占比为 69.9%,而最低部分的 30 个姓氏只有 30 位进士,占比仅为 2.5%,最高部分是最低部分的 27.8 倍,表明进士群体当中各姓氏的分化趋势,如果将数量极大的、没有进士的姓氏纳入考察视野,这种分化趋势与非均衡状态会更加严重。

依据拥有进士数量,150 个姓氏可以分成四个层次,一是进士大姓,计有王、张、吴、汪、胡、程、李、方、朱、孙等 10 姓,拥有进士数均在 30 人以上,共有 488 位进士,占安徽进士总量的 41%;二是进士常见姓,拥有进士数在 8—30 人之间,计有刘、徐、陈、赵、曹、潘、鲍、唐、石、谢等 30 姓;三是拥有进士 2—7 人的进士小姓,诸如郭、宋、罗、钱、董、邓、宫、盛、昂、熊等计 66 姓;四是仅有一位进士的进士稀见姓,诸如晋、阚、丘、邢、云等计 44 姓。

安徽进士姓氏层次性特点的形成,与中国总人口姓氏分布规律密切相关。由于"各类同姓人群的分布在全国早已定局",从清代到当代没有发生剧烈变化,我们可以袁义达等制《当代 100 大姓频率表》的数据作为基本参照,对清代安徽进士群体的姓氏分布进行对比考察。10 个进士大姓全部位于 100 大姓之列,除方、汪、程 3 姓排序稍后,其他 7 姓均在 14 位以内,各姓氏人口占全国总人口

比例都在 1% 以上 ;30 个进士常见姓除洪、章、鲍、查外,亦在 100
大姓之列。再以安徽大姓分布 ① 为参照,当代 10 大姓氏中,王、李、
张、汪、孙、吴、胡 7 个姓氏都是进士大姓,刘、陈和赵 3 个姓氏虽
不是进士大姓,但在进士常见姓中也是排名非常靠前,分别有进士
28、21 和 16 人。由上比较可见,姓氏大小与其科举实力与进士多
少密切相关,换言之,成为进士大姓或常见姓的主导性因素是其姓
氏总人口的数量与规模,而进士小姓与稀见姓则因其聚姓聚族而
居,多具有隔离性与地域性特点。

二、进士姓氏的动态分布

进士群体姓氏分布的层次性特点与非均衡状态是就整体状况
而言,并非一成不变,而是始终处于动态的变化过程当中。为便于
问题的考察与分析,我们依旧以道光元年为界,将清代科举考试分
成前中期和后期两个阶段,与前中期相较,后期进士群体的姓氏分
布发生结构性变化,相关数据见表 5—5。

清代后期和前中期进士群体所涉姓氏数量不同,有下降的趋
势,但姓氏分布集中度产生弱化倾向。姓氏有无之变化,除崔姓
外,集中于进士小姓和进士稀见姓两个层次,尤以进士稀见姓为
主。前中期有 121 个姓氏,其中梅、任、丁、段等 50 姓氏在后期
未再获中进士,而范、贺、袁、焦等 29 姓仅在后期有进士,所以清
代后期进士共有 100 个姓氏,相较前中期减少了 21 个,降幅约为
17.4%。表面看来,进士姓氏数目减少了,但如果充分考虑清代后
期和前中期在开科数及进士产生数方面的差异因素,前中期每姓

---

① 袁义达:《中国姓氏:群体遗传和人口分布》,华东师范大学出版社,2002
年,第 53、49—51、56 页。

平均有进士 5.75 人,后期每姓平均 4.96 人,就进士姓氏分布的集中度来说,不但未随数目减少而加强,而是有明显的弱化趋势。

与清代整体的进士姓氏排序相比,前中期及后期的姓氏排序有一定变动,如总排序为 38 的崔姓,在前中期没有进士,而后期却有 8 位进士,排序可进前 20,再如总排序为 27 位的戴姓,前中期有 10 位进士,排序亦可进前 20 位,后期仅有 2 位进士,排名非常靠后。前中期排列前十的姓氏是张、吴、王、汪、胡、程、朱、方、刘、杨,后期排列前十的姓氏是王、李、汪、吴、方、张、孙、江、胡、程、徐(徐与胡、程三姓并列),安徽进士十个大姓均出其中。两者相较,朱、刘、杨三姓在后期跌出前十,而李、孙、江、徐诸姓则跻身于前列,这种排序变化反映了特定姓氏的进士数在不同阶段有明显的变动,可以进士大姓、常见姓和部分小姓为基本范围略加考察与说明。

判定变动趋向的主要指标是两个阶段的进士数量,一般说来,一个姓氏前中期进士数应占其总数的 60% 左右,后期占比约为 40% 左右,如果其实际数量距离该比有较大差距,则说明该姓氏进士数在两个阶段产生了明显变动。除前后两个阶段进士占比基本均衡外,这种变动主要有两种趋向,一是由少变多,表明该姓氏在科举及进士体系当中的崛起倾向,二是由强变弱,意味着该姓氏在进士格局中逐渐衰落的倾向。具有崛起倾向的姓氏主要有李、方、孙、江、何、吕、章、鲍、余、郑、查、石、崔、龚、宋、范、葛、林、邵、高、桂、贺、庆、舒、薛、袁等,其中李、孙、查、崔诸姓较为典型。李、孙二姓前中期分别有进士 15 人、12 人,后期则达到 26 人、18 人,占其进士总数比分别为 63.4% 和 60.0%,进士大姓的地位由此奠定;查姓进士共有 10 位,其中 9 位出自后期,而崔姓 8 位进士全部在后期,崛起之势非常明显。具有衰落倾向的姓氏主要有张、吴、洪、周、曹、金、戴、唐、陈、姚、梅、钱、龙、齐、韦、任、丁、宫、盛、施、萧等姓,其中又以张、洪、唐、梅、钱诸姓最有代表性。张姓前中期有进士 50 人,高居各姓之首,而后期 18 人只能与孙姓并列第六名;洪、唐二姓前中期分别有进士 15 人、9 人,后期则只有 2 人、1 人,占其进士总数比分别为 11.8% 和 10.0%,没落趋向似不可转,而梅、钱二姓分别有 6 个进士,却都出自前中期,在后期进士群体的姓氏版图中消失了。

　　将姓氏变动趋势和安徽进士群体的区域分布结合在一起考察,其意义更容易显现,部分姓氏进士数的增减直接影响着区域分布的变化。歙县科名颇盛,有"连科三殿撰、十里四翰林"之说,前中期有进士 88 人,占全省 12.6%,而后期占比仅为 5.6%,与歙县科举地位的阶段性衰落相伴的就是吴、洪、曹等姓氏在科举领域的迅速没落,歙县 13 位吴姓进士无一出于后期。李姓崛起在太湖县表现突出,该县 19 位李姓进士有 14 位出自后期,大大提升了太湖县在后期安庆府进士格局中的地位,几与桐城相当。定远县在清代后期确定区域性进士中心县的地位,方姓进士亦是贡献颇著。

　　三、进士姓氏的区域分布

　　笔者统计了各姓氏分布的州县数,列于表 5—5,以州县为基本分析单位,并依据所分布之州县数,将 150 个姓氏分为 A、B、C、D 四类。A 类为州县数超过 10 个的姓氏,有王、张、吴、汪、胡、李、徐、程、朱、刘、陈、方、杨、孙、潘等 15 姓,其中王姓进士分布最多,达到 34 个州县,其次张姓分布到 26 个州县。B 类为州县数在 6—10 个的姓氏,共有江、黄、谢、宋、钱、姚、赵、叶等 17 姓。C 类包括金、郑、郭、田、宁、吕、翟、左、骆等 50 姓,分布州县数在 2—5 之间。D 类则为姓氏仅集于一个州县,共计 68 个,如石、光、崇、檀、项、仇、孔、柳等。姓氏的区域分布具有三个特点。

第一,区域分布的四类姓氏和依进士数量确定的四类姓氏之间具有较高的吻合度和一致性。A 类 15 个姓氏中有 10 个是进士大姓,刘、陈、徐、杨四姓则是前中期或后期的阶段性大姓,两个序列排名前五的姓氏完全相同,表明姓氏区域分布广度与其人数也存在密切的相关关系。潘姓在该类姓氏中稍显例外,潘姓并非进士大姓,甚至在常见姓中也是排序较后,只有 12 个进士,却散布于 11 个州县。B、C、D 三类姓氏和进士常见姓、小姓及稀见姓也相类对应,值得注意的是部分 D 类姓氏如崔、龚、光、关等 21 姓是进士小姓,而石、崔两姓则是进士常见姓,这实际上可以反映姓氏地域分布另外的特点。

第二,姓氏的区域分布具有一定的广泛性。虽然各姓氏分布之州县数多寡不定,但对特定姓氏而言,分布于各州县进士的平均数却很接近,主要集中于 1—3 之间,如第一进士大姓王姓共有进士 73 位,散于 34 个州县,县均 2.15 人,孙姓 12 位进士分于 11 个州县,县均 1.09 人,其他如梅姓县均 3 人,黄姓县均 1.9 人,洪姓均 2.13 人,邵姓县均 1.0 人。8 个姓氏县均数在 3—4 人之间,例如吴姓 64 位进士见于 17 州县,县均 3.76 人,汪姓县均 3.35 人,洪姓县均 3.15 人,方姓县均 3.25 人,江姓县均 3.38 人,另有姚、马、翟三姓亦属此类。合前两种情况,计有 145 个姓氏,占全部姓氏的比例高达 96.7%。均数在 4 人之上者只有 5 姓,吕姓 13 位进士仅见于 3 个州县,县均 4.33 人,石、崔、龚、光诸姓均数也在 4 人之上。前列数据表明,进士群体姓氏的区域分布就整体而言较为分散。

第三,进士姓氏在分散的同时,又有一种集聚倾向,主要有两种表现形式。第一种形式,部分姓氏的进士分布于多个州县,但其中有一、二个州县进士数较为突出。这种情况在科举大姓表现明显,68 个张姓进士分布于 26 个州县,其中 23 个出自桐城县,散于

17 州县的 64 位吴姓进士,有 13 位来自歙县和桐城县,汪姓 57 位进士分布在 17 州县,其中来自休宁县和歙县者分别为 15 人和 12 人,15 位胡姓、19 位李姓、18 位方姓进士出于泾县、太湖县和桐城县,集聚色彩均较显著。进士常见姓也有体现,如歙县之于洪姓、鲍姓和曹姓,桐城县之于姚姓、马姓与叶姓,泾县之于查姓,婺源之于江姓,怀宁之于杨姓,旌德之于吕姓,都是各姓氏的进士中心县。另一种形式是较为极端的体现,某姓氏的所有进士全部集中在一个州县,除进士稀见姓因仅有一位进士而不具有直接的统计意义外,该类姓氏有 24 个,其中拥有两位进士的姓氏有 14 个,昂姓和完姓之于合肥县、关姓和熊姓之于六安直隶州、劳姓和鲁姓之于怀宁县、曾姓之于舒城县、秦姓之于南陵县、成姓之于和州直隶州等都属该种情形;拥有三位进士的姓氏有崇、宫、贺、庆、檀五姓,其进士分别集于天长、怀远、宿松、含山和望江五县。石、崔、龚、翟、光五姓分别有 9、8、7、7、5 位进士,其聚集色彩尤其鲜明,石姓 9 位进士全部出自宿松县,崔、龚、翟、光姓进士则分别集中在太平、合肥、泾县、桐城四县。与劳、昂、成、檀等非常见姓氏相比,石、崔、龚、贺、秦、曾、熊等均为中国人口大姓,在安徽也有较为广泛的分布,但其进士却完全集于一县一地,其中应该蕴涵着超出一般姓氏层面的信息。

四、余论

梳理清代安徽进士群体姓氏层次分布的基本状况,揭示姓氏区域分布的主要特点,可以为进士区域分布的非均衡状态、社会流动频率等科举领域重要问题的研究提供有益的探索视角,具有积极的启示意义。

近年来关于清代进士群体的时空分布考察已是学术界较为关注的话题,既有研究主要在省际、省内府际或县际分布等层面进行考察,明确指出"进士的地域分布呈现持续不平衡状态"①。因人数太少不具统计意义,或因史料缺乏,县域之内进士分布的考察往往难以展开,笔者以为,把姓氏区域分布引入该论题,能够有效延展县域之内进士分布考察的路径。前文所论进士姓氏分布的集聚倾向已可初步反映县域之内分布的状况,若再转换思路,将州县作为考察基点更可体现其具体的分布状态。安庆府桐城县是清代安徽进士强县,138位进士来自31个姓氏,其中张、方、姚、吴、马五姓堪称科举望族,共有76位进士,占该县进士总数的55.1%,姓均15.2个进士,而其他26姓平均每姓只有2.38人,差距较大。宁国府旌德县共有出自9姓的32位进士,吕、江、汪三姓分别有11个、7个和5个进士,其他五姓仅有9个进士,其数量甚至低于吕姓。再如徽州府祁门县7位进士中的3位为谢姓,泗州直隶州10位进士中的4位是杨姓。县域之内进士朝少数姓氏集中,考虑到中国人口往往聚姓聚族而居的地域性特征,其地域分布不均衡的状态即清晰体现,且较之省际分布与省内县际分布更为突出,从这一意义上可以说,清代进士群体区域分布的非均衡状态在不同层次之间具有递进性的特点。

科举社会流动率一般是指进士出自平民阶层的比例,是衡量科举制度开放性的重要维度。何炳棣是科举社会流动研究的代表性学者,他把进士的社会出身分为三类,A类是家庭上三代未获得任何科举功名的人,B类是家庭上三代只产生过生员的人,C类是家庭上三代获得过较高功名或官职的人,其研究结果认为清代进士出身A类的占19.1%,出身B类者占18.1%,合两类即出身平民

① 李润强:《清代进士的时空分布研究》,《西北师大学报》(社会科学版)2005年第1期。

者占比为 37.2%[①]，表明社会流动频率达到较高的水平。何炳棣的研究思路具有示范性，亦为其他学者沿用，这种研究在分析代际上向流动时，主要局限于进士的家庭，考察进士与其父、祖、曾祖三代的功名对比，有的上推四代，偶见兼及兄弟者，类于现代所谓之主干家庭，但有意或无意之间忽略了家族与宗族。

　　家族与宗族是中国传统社会的有机构成部分，在科举体系内发挥着至关重要的作用，家族谱牒多列"科名录"或"选举表"备载家族科举成绩即可为证，而朝廷对官员在其家族成员科举活动中的影响也有清晰而准确的认识，《钦定科场条例》明确规定"入场官员之子弟及同族，除支分派远散居各省各府、籍贯迥异者毋庸回避外，其在五服以内虽分居外省外府外县，及服制虽远，聚族一处之各本族"及其他相关者"概令回避，不准入场考试"[②]。前文揭示进士姓氏分布的集聚倾向实际上反映了县域之内科举与进士家族的普遍存在，这些科举家族往往绵延数代，登第者众，进士间的相互关系并非完全出自直系，属同宗之旁系血亲者为数甚大。如果在考察进士群体上向流动问题时，将比较范围从狭义的家庭扩展为家族或宗族，出身于进士家族的进士所占比例将会有较大幅度的上升，相对应的则是出身于平民的进士所占比例就会下降，这种思路及导出之观点会对科举社会流动的通行观点造成冲击和矫正，亦可促进科举社会流动的研究向纵深发展。笔者所论非为否定何炳棣等学者的研究方法，只是试图转换视角，以更加切近科举社会流动的真实图景。

---

① 转引自何怀宏:《选举社会及其终结:秦汉至晚清历史的一种社会学阐释》，第 135—136 页。

② 礼部纂辑:《钦定科场条例》卷二十六《回避》，沈云龙主编:《近代中国史料丛刊三编》第 48 辑，第 1877—1888 页。

表5-5　清代安徽进士姓氏分布数据表

序号	姓氏	进士数	前中期数	后期数	州县数	序号	姓氏	进士数	前中期数	后期数	州县数	序号	姓氏	进士数	前中期数	后期数	州县数
1	王	73	40	33	34	51	光	5	2	3	1	101	薛	2	0	2	1
2	张	68	50	18	26	52	龙	5	4	1	2	102	严	2	1	1	2
3	吴	64	45	19	17	53	宁	5	3	2	3	103	袁	2	0	2	2
4	汪	57	36	21	17	54	齐	5	5	0	3	104	曾	2	2	0	1
5	胡	44	30	14	16	55	韦	5	4	1	2	105	詹	2	2	0	2
6	程	41	27	14	13	56	邓	4	3	1	4	106	钟	2	2	0	1
7	李	41	15	26	15	57	范	4	0	4	4	107	蔡	1	1	0	1
8	方	39	20	19	12	58	葛	4	1	3	3	108	岑	1	1	0	1
9	朱	31	21	10	13	59	林	4	1	3	3	109	仇	1	1	0	1
10	孙	30	12	18	11	60	任	4	4	0	2	110	单	1	0	1	1
11	刘	28	17	11	13	61	邵	4	1	3	4	111	杜	1	1	0	1
12	徐	28	14	14	15	62	田	4	3	1	4	112	段	1	0	1	1
13	杨	28	17	11	12	63	魏	4	3	1	2	113	冯	1	0	1	1
14	江	27	11	16	8	64	左	4	2	2	1	114	邴	1	0	1	1
15	陈	21	14	7	13	65	崇	3	1	2	1	115	贡	1	0	1	1
16	姚	20	14	6	6	66	丁	3	3	0	3	116	郝	1	0	1	1
17	黄	19	11	8	10	67	高	3	0	3	3	117	侯	1	1	0	1
18	洪	17	15	2	8	68	宫	3	3	0	1	118	滑	1	1	0	1
19	赵	16	8	8	6	69	桂	3	0	3	2	119	姜	1	0	1	1
20	许	14	7	7	8	70	贺	3	0	3	1	120	蒋	1	1	0	1
21	叶	14	7	7	8	71	彭	3	1	2	3	121	焦	1	0	1	1
22	周	14	9	5	10	72	庆	3	3	0	1	122	晋	1	0	1	1
23	曹	13	10	3	6	73	盛	3	3	0	2	123	敬	1	1	0	1
24	何	13	4	9	7	74	施	3	0	3	3	124	阚	1	0	1	1
25	金	13	10	3	5	75	舒	3	0	3	3	125	康	1	1	0	1

序号	姓氏	进士数	前中期数	后期数	州县数	序号	姓氏	进士数	前中期数	后期数	州县数	序号	姓氏	进士数	前中期数	后期数	州县数
26	吕	13	4	9	3	76	檀	3	1	2	1	126	柯	1	1	0	1
27	戴	12	10	2	9	77	萧	3	3	0	2	127	孔	1	0	1	1
28	潘	12	7	5	11	78	俞	3	2	1	3	128	蒯	1	0	1	1
29	章	12	5	7	9	79	昂	2	2	0	1	129	黎	1	0	1	1
30	鲍	11	5	6	4	80	成	2	2	0	1	130	柳	1	1	0	1
31	余	11	3	8	8	81	褚	2	1	1	1	131	庐	1	0	1	1
32	郑	11	4	7	5	82	傅	2	0	2	2	132	陆	1	1	0	1
33	查	10	1	9	5	83	关	2	2	0	1	133	鹿	1	1	0	1
34	马	10	6	4	3	84	韩	2	2	0	2	134	孟	1	1	0	1
35	唐	10	9	1	7	85	劳	2	2	0	1	135	裴	1	0	1	1
36	石	9	3	6	1	86	梁	2	1	1	2	136	丘	1	1	0	1
37	谢	9	6	3	7	87	鲁	2	1	1	1	137	饶	1	0	1	1
38	崔	8	0	8	1	88	骆	2	2	0	2	138	尚	1	0	1	1
39	郭	8	4	4	3	89	欧	2	2	0	2	139	史	1	1	0	1
40	沈	8	4	4	5	90	濮	2	1	1	2	140	疏	1	0	1	1
41	龚	7	2	5	1	91	秦	2	2	0	1	141	汤	1	1	0	1
42	宋	7	3	4	6	92	邱	2	1	1	2	142	滕	1	0	1	1
43	翟	7	4	3	1	93	阮	2	2	0	2	143	翁	1	1	0	1
44	凌	6	3	3	3	94	苏	2	2	0	2	144	奚	1	1	0	1
45	罗	6	4	2	3	95	完	2	1	1	1	145	邢	1	1	0	1
46	梅	6	6	0	2	96	巫	2	2	0	2	146	阎	1	1	0	1
47	倪	6	3	3	5	97	武	2	1	1	1	147	喻	1	1	0	1
48	钱	6	6	0	6	98	夏	2	2	0	2	148	云	1	1	0	1
49	陶	6	3	3	5	99	项	2	2	0	1	149	昝	1	1	0	1
50	董	5	3	2	3	100	熊	2	1	1	1	150	庄	1	1	0	1

第三节 徽州寄籍进士的规模与分布

徽州素有"东南邹鲁"之誉,为江左名郡,亦是科举发达之域,历代取中进士者为数颇巨。由于徽州人"多客游于外,往往即寄其地之籍,以登第仕宦"①,至清代这种寄籍外地而获中进士者甚至已远超本籍进士之数,形成一个独特的寄籍进士群体②。由此亦可反映清代异地科举考试的一般样貌。

一、寄籍进士群体规模巨大

清代徽州到底产生了多少名进士? 叶显恩统计为 226 人③,吴建华数据是 247 人④,李琳琦的研究结论则是 684 人⑤,诸说差异明显,究其原因当是不同研究者使用了不同的判断标准与统计范围。笔者依据所编制的《清代安徽进士题名录》,统计出清代徽州本籍进士共有 245 人。因清代题名录一般不载进士的原籍地,所以徽州寄籍进士数量的统计,较之本籍进士要复杂得多。笔者

---

① 许承尧撰:《寄籍》,《歙事闲谭》卷十七,第 585 页。

② 徽学与科举学领域对徽州进士多有关注,但对徽州寄籍进士群体却鲜有单独考量,李琳琦《明清徽州进士数量、分布特点及其原因分析》(《安徽师范大学学报》2001年第1期),梁仁志《明清侨寓徽商子弟教育的特色》(《安徽史学》2008年第5期),唐丽丽、周晓光《徽商与明清两浙"商籍"》(《安徽师范大学学报》2011年第3期)等文对徽商与科举问题有较好探讨,然非以寄籍进士群体立论。

③ 叶显恩:《明清徽州农村社会与佃仆制》,安徽人民出版社,1983 年,第 192 页。

④ 吴建华:《明清苏州、徽州进士数量和分布的比较》,《江海学刊》2004 年第 3 期。

⑤ 李琳琦:《明清徽州进士数量、分布特点及其原因分析》,《安徽师范大学学报》(人文社科版)2001 年第 1 期。

再以（光绪）《重修安徽通志》、（道光）《徽州府志》、（民国）《歙县志》、（道光）《休宁县志》、（民国）《婺源县志》、（同治）《祁门县志》、（嘉庆）《绩溪县志》、（嘉庆）《黟县志》、（道光）《黟县续志》、（同治）《黟县三志》、（民国）《黟县四志》等地方志的《选举志》为基本资料，辅以许承尧著《歙事闲谭》所录北京歙县会馆观光堂之题名榜，参校江庆柏编著《清朝进士题名录》，统计出清代徽州寄籍进士（文进士）共为 441 人。

　　应该指出的是，该数字并非清代徽州寄籍进士的精确数量。由于寄籍年代久远或信息不畅等原因，各地方志所载进士亦有脱漏，例如有武汉"两相国"之称的吴正治和叶名琛二人，均为徽商后代①，吴是顺治六年己丑科进士，见录于（道光）《徽州府志》卷九之二《选举志·进士》，亦见录于（道光）《休宁县志》卷之九《选举·进士》；道光十五年乙未科进士叶名琛则未载于徽州方志。另有康熙三十年辛未科探花黄叔琳，顺天大兴籍，"系出新安程氏"，或许是因其父幼年时被舅父"抚为己子，遂姓黄氏"②之故，（道光）《徽州府志》与（民国）《歙县志》都未著黄氏其人。因体例之限，本书未将叶名琛和黄叔琳纳入徽州寄籍进士群体的考察范围。尽管只是较为保守的最低约数，441 位进士已经能够较充分反映清代徽州寄籍进士群体的总体规模。清代徽州 245 位本籍进士占安徽全省进士数 1192 人的比例达 20.6%，是安徽省科举最为发达的地区，而寄籍进士则是本籍进士的 1.8 倍，由此可见徽州科举的发达程度实远超于一般的想象，亦可反映出徽州寄籍进士群体数量多、

---

① 张海鹏、王廷元主编：《徽商研究》，第 126—127 页。
②（清）顾镇：《黄侍郎公年谱》，《北京图书馆藏珍本年谱丛刊》第 91 册，第 1 页。

规模大的特点。

　　徽州寄籍进士数量多、规模大,甚至远超本籍进士之数,形成了独特的寄籍科举现象,其因颇值得考察与探讨。

　　徽州寄籍进士群体发达的表层原因是徽州人口大量外迁、清代实施的寄籍科举与商籍应试制度。明代中叶始,随着徽商的兴起与繁盛,大量徽州人口向外迁移,不仅人口迁移总量规模较大,且流动速率快、流向多元,"田少民稠,商贾居十之七,虽滇黔闽粤、秦燕晋豫,贸迁无不至焉。淮浙楚汉,又其迩焉者矣。沿江区域向有无徽不成镇之谚"①,而且外迁徽人文化素质较高,这是徽州寄籍进士规模庞大的前提性条件。清代科举有原籍应试原则,绝大多数考生在原籍地以其本身所属户籍类别应试,但针对流动人口实行寄籍应试之法。商籍主要是指为"盐商及其子弟设立的应考科举的籍类标记"②,因徽商业盐者众,所以盐商子弟通过商籍入学应试者亦众,尤以浙江商籍为著。(道光)《徽州府志·选举志》在乾隆三十七年壬辰科进士王照、乾隆四十五年庚子恩科进士吴棠、嘉庆四年己未科进士王家景、嘉庆七年壬戌科进士金式玉之后均著"浙江商籍"③。寄籍与商籍应试之法为徽州寄籍进士之发达提供了制度支持,最要者外迁徽人能够充分利用这种制度设计谋求自身科举利益的最大化。

　　徽州寄籍进士群体发达的深层原因有二,一是徽州移民非常重视子弟教育与科举,二是徽州移民土著化趋势明显,能够与迁入地之经济、文化有效互动融合。一般而言,人口迁移可以分成生存

①(民国)《歙县志》卷一《舆地志·风土》,第 39 页。
②刘希伟:《清代科举考试中的"商籍"考论:一种制度史的视野》,《清史研究》2010 年第 3 期。
③(道光)《徽州府志》卷九之二《选举志·进士》,第 58—60 页。

型和发展型两种类型,与一般移民为简单生存而流动不同,徽人外迁主要通过经商一途,他们在解决基本生计的基础上,迅速由生存型向发展型转变,正所谓"贾而好儒"。徽州商人经由业儒路径践行其发展型迁移,他们继承了本籍昌盛文风,并播扬于迁居寄籍之地,形成徽商子弟教育的鲜明特色。外迁徽人往往父兄训其子弟,朋友勉励同侪,相互砥砺;或在侨寓之地专设"为其子弟参加科举考试服务"①为主要目的书院与义学,如汉口紫阳书院、杭州崇文书院等,希冀子弟擢高第、登仕籍。徽商对科举的不懈追求与晋商形成鲜明对比,山西一地子弟俊秀者多入贸易一途,中材以下方才读书应试,故晋商虽然势力极大,但晋省寄籍进士却是寥寥。

　　关于寄籍士子参加科举考试的问题,清代礼部纂辑之《钦定科场条例》有较为清晰的制度规定,"士子寄籍地方,室庐以税契之日为始,田亩以纳粮之日为始,扣足二十年以上",经呈明并办理若干手续后,"准其入籍考试",而"迁居寄籍已满六十年,确有田粮庐舍可据者,即与土著无异,不必补行呈明,准其在寄籍捐考"②。徽商所到之地,往往求田问舍,甚且舆其祖父骸骨葬于他乡,争取尽快土著化,其最大动力就是争取寄籍参加科举考试的资格与权利。在土著化进程中,徽人通过以侨寓地为中心的重修族谱与再建宗祠,推动其"由祖籍地缘转向了新的社会圈"③,在经济、文化、教育等领域与迁入地实现充分的互动与交融,极大地降低了在寄籍地参加科举考试的阻力与风险。

---

① 梁仁志:《明清侨寓徽商子弟教育的特色》,《安徽史学》2008年第5期。
② 礼部纂辑:《钦定科场条例》卷三十五《冒籍》,《近代中国史料丛刊三编》第48辑,第2423—2424页。
③ 王振忠:《明清徽商与淮扬社会变迁》,生活·读书·新知三联书店,1996年,第74页。

　　徽州寄籍进士发达还有一个非常重要的隐性因素,即徽州人非常重视寄籍进士,徽州方志也着意记载寄籍进士的信息,此点不可不察。清代苏州潘氏家族共出潘祖荫等八位进士,在科举题名录上,在苏州方志里,乃至潘氏自述中,他们都是苏州人,但在徽州方志里、北京歙县会馆里,甚至在潘家日常生活与意识深处,他们却一直是徽州人。潘氏现象并非个案,而具有普遍意义。究其原因,当是因为徽州一直保存着完整的宗法血缘社会结构,"聚族居,最重宗法"①,外迁徽人与本籍保持着紧密的千丝万缕的联系,从而形成了独特的寄籍进士发达的社会文化现象,方志编纂者总是尽力录载寄籍进士的姓名。形成鲜明对比的是,科举十分发达的苏州对寄籍进士的重视程度远逊于徽州,以至于"人们几乎忘记了苏州也有寄籍进士"② 这一社会文化现象。

二、寄籍进士区域分布的特点

　　清代徽州寄籍进士的足迹遍及全国十二个省份,但并非均匀分布于各省各府,而是朝科举大省及发达府县集中,体现了极为鲜明的非均衡特点和集聚倾向,同时寄籍进士的分布区域与徽商活跃地域呈现出高度的正相关关系。

　　考察寄籍进士的区域分布,首先必须解决的问题就是确定其籍贯,但徽州各志对寄籍者籍贯的著录却较为混乱。(道光)《徽州府志》卷九《选举志·进士》标识寄籍进士籍贯的标准并不统一,有的未见注明寄籍者的籍贯,几与本籍进士混同;有的仅标识进士寄籍的省籍,如康熙十二年癸丑科苏玮(贵州籍)、康熙二十一

―――――――
① (嘉庆)《黟县志》卷三《地理志·风俗》,第58页。
② 吴建华:《明清苏州、徽州进士数量和分布的比较》,《江海学刊》2004年第3期。

年壬戌科孙皋(湖广籍)、乾隆十七年壬申恩科吴椿(湖北籍)、乾隆三十四年己丑科王邦治(浙江籍)、乾隆四十三年戊戌科戴衢亨(江西籍)、嘉庆十年乙丑科程家督(河南籍)等,其中浙江籍进士的标识尤其多样,既有浙江籍者(如雍正元年癸卯恩科周琰),又有浙江榜者(如康熙六十年辛丑科蒋大成),再有浙江商籍者(如嘉庆四年己未科王家景);有的进士籍贯标识为府级单位,如顺治六年己丑科李桢(江宁籍)、康熙九年庚戌科黄云企(松江籍)、康熙二十七年戊辰科查昇(顺天籍)、乾隆二年丁巳恩科朱良弼(保定籍)等;其他进士一般标识其县级籍贯,如顺治六年己丑科吴道观(桐城籍)、嘉庆元年丙辰科许庭椿(南昌籍)等,且县级籍贯标识偶有讹误。各县志关于寄籍进士籍贯的著录与(道光)《徽州府志》相类,亦存在标准不一的问题。方志《选举志》寄籍进士籍贯标识混乱,既有寄籍者外迁年代久远、信息不畅及变异等客观因素,也有编修者未能审慎详察等主观原因。笔者据江庆柏编著《清朝进士题名录》,对方志所载籍贯进行补充与修正,依清代行政区划,按照省、府、县三级确定了徽州寄籍进士的籍贯,下文相关考察与比较均以此为据。

　　李琳琦教授在《明清徽州进士数量、分布特点及其原因分析》(《安徽师范大学学报》2001年第1期)文中指出徽州进士在所属六县的地域分布极不均衡,徽州寄籍进士在全国范围内的区域分布也具有这种不均衡的特点。

　　徽州寄籍进士遍布全国十二个行省,涉及江苏、浙江、安徽、直隶、湖北、江西、河南、山东、贵州、广西、湖南与云南诸省。十二省中,江苏166人,浙江142人,安徽58人,这三省是寄籍进士分布最多的地区,合三省共366人,占寄籍进士总数的比例高达83.0%;另外直隶22人、湖北19人、江西18人,合三省占比为13.4%;其他六省均人数较少,广西、云南与湖南分别仅有一人,合

六省计有 16 人,占比仅为 3.6%。由上可见,徽州寄籍进士所在的
省际分布是非常不均匀的,而这种状况在各省内部的府际层面也
有同样的表征。湖北省 19 位进士集中在武昌府(7 人)和汉阳府
(7 人),直隶 22 位进士有 18 位来自顺天府,江苏省 166 人主要分
布在扬州府、苏州府、江宁府和常州府,这种情况以浙江最为典型,
杭州一府即有 106 位徽州寄籍进士。如果我们将目光继续下移,
可以发现,在徽州寄籍进士分布较多的府中,往往朝少数县集中。
杭州府的钱塘县和仁和县、顺天府的大兴县和宛平县、江宁府的江
宁县和上元县、扬州府的仪征县和江都县、安庆府的桐城县和怀宁
县、武昌府的江夏县、汉阳府的汉阳县、南昌府的南昌县等都是徽
州寄籍进士非常集中的地区。

　　徽州寄籍进士主要集中于江苏、浙江等省,这两省恰是清代科
举最为发达的省份,两省籍(含徽州寄籍)的状元占整个清代状元
总数的 61.6%[1],即可为证。就各省而言,徽州寄籍进士集聚于省
治所在,如杭州府、江宁府、武昌府、安庆府及南昌府等,或为历来
科举实力强劲之地,若顺天府、苏州府、扬州府等,就县级区划来
看,府治之附郭县最是显眼,若杭州府的钱塘县和仁和县、顺天府
的大兴县和宛平县等,桐城虽非附郭县,亦为文风炽盛之地。这些
地区同时也是全国范围内的进士大府与强县,或是区域性的科举
中心地。例如顺天府有清一代共有进士 1036 人[2],占直隶进士的
38.9%,再如仁和县有进士 380 人、钱塘县有 332 人[3],两县占杭州
府(领九州县)进士之比亦高达 79.7%。徽州寄籍进士的分布状态
与全国范围内进士分布的趋势基本保持一致,这表明徽州寄籍进

[1] 李世愉:《清代科举制度考辩》,第 225 页。
[2] 刘虹等:《清代直隶科举研究》,科学出版社,2012 年,第 166 页。
[3] 多洛肯:《清代浙江进士群体研究》,第 116 页。

士往往集中在科举发达与实力强劲的地区,这一特点可以揭示出,徽州外迁人口在寄籍地参加科举考试非为冒籍。一般来说,冒籍现象多表现为文风发达或科举竞争激烈地区的士子,流向文风相对低下或科举竞争较弱的地区参加科举考试。从徽州寄籍进士的分布状态分析,徽州固然是文风发达、科举竞争激烈之地,但他们在寄籍地参加童试与乡试并不占据必然的优势,尤其是在江南地区,这种所谓优势根本得不到体现。故此,冒籍与徽州寄籍进士之发达亦无必然之联系(当然也不能完全否定部分徽州士子的冒籍行为),那么到底是什么因素支持着徽州寄籍进士的昌盛呢? 徽州寄籍进士分布的另一特点或许有助于理解这一问题。

　　从区域地理的角度考察,清代徽州寄籍进士主要分布在两线一点,即长江中下游沿线、运河沿线,而长江与运河的交汇点则是最重要的分布区域。沿江地区是徽州寄籍进士的主要分布带之一,湖北省有17位,荆州府(1)①、黄州府(2)、汉阳府(7)、武昌府(7)等有徽州寄籍进士的身影;江西的徽州寄籍进士集中在南昌府等地,沿江仅在九江府有一人;安徽省内沿江地区多见徽州寄籍进士,合安庆府(23)、池州府(3)、太平府(6)、滁州(3)、和州(1)、庐州府无为州(1)等府州共37人;江苏沿江地带为徽州寄籍进士分布之重镇,江宁府(27)、镇江府(3)、常州府(17)、苏州府(38)、松江府(15)、太仓州(7)、扬州府(46)、通州(6)等府州共159人。湖北、江西、安徽及江苏四省沿江地带的214位进士,占清代徽州寄籍进士总数的48.5%。运河沿线聚集了63.3%的徽州寄籍进士,多达279人,其中浙江人数最众,134人分布于杭州府(106)、嘉兴府(20)和湖州府(8);江苏有120人,散布于苏州府(38)、常

---

① 括号中的数字为该地徽州寄籍进士数,下文亦同

州府(17)、镇江府(3)、扬州府(46)、淮安府(6);安徽有泗州3人;山东有济南府1人;直隶21人除顺天府18人,另有天津府2人、河间府1人。长江与运河的交汇区域则是徽州寄籍进士密集分布的核心,共有293位徽州人寄籍于此并获中进士。

徽州寄籍进士分布较为集中的长江沿线、运河沿线及两线的交汇区域正是清代经济最富活力的区域,也是徽商最为活跃的区域。以杭州与扬州为代表的运河沿线,向是徽州盐商称雄之地,沿江一线商品贸易大部操于徽商之手,"大小城市几无不是徽商辏集之处。"①徽州寄籍进士高度集中的地区,与徽商势力强劲、最为活跃的地区几乎完全重叠,说明正是徽商的强盛及其积累的雄厚资本,成就了独具特色且非常发达的徽州寄籍科举现象。随着徽商由盛而衰,徽州寄籍进士群体也逐步从繁盛趋于衰落。

三、寄籍进士的繁盛与衰落

徽州寄籍进士在清代前期处于繁盛发达阶段,至嘉庆道光年间出现转折,同光年间落到谷底。寄籍进士与本籍进士的变迁虽不完全同步,却基本同向,同时与徽商之衰落基本同步。

为考察清代徽州寄籍进士群体的时代分布及其演变趋势,并与徽州本籍对比,制作《清代徽州寄籍进士时代分布表》。表中"平均数"是指该朝徽州寄籍或本籍进士各科平均数,"占比"则指徽州寄籍或本籍进士占该朝进士总数之比;清代各朝进士总数,各家说法略有差异,笔者以江庆柏的统计数据②为依据,分别计算"平均数"与"占比"。

---

① 张海鹏、王廷元主编:《徽商研究》,第81页。
② 江庆柏:《清朝进士题名文献概述》,《清朝进士题名录》,第83页。

表5-6　清代徽州寄籍进士时代分布表

年号	科数	寄籍人数	平均数	占比（%）	本籍人数	平均数	占比（%）
顺治	8	54	6.75	1.76	17	2.13	0.55
康熙	21	102	4.86	2.50	27	1.29	0.66
雍正	5	33	6.60	2.20	7	1.40	0.47
乾隆	27	150	5.56	2.79	69	2.56	1.28
嘉庆	12	45	3.75	1.60	40	3.33	1.42
道光	15	27	1.80	0.81	26	1.73	0.80
咸丰	5	10	2.00	0.96	5	1.00	0.48
同治	6	9	1.50	0.57	20	3.33	1.26
光绪	13	11	0.85	0.27	34	2.62	0.83

表中寄籍人数一栏数字能够初步反映各朝进士规模及其差异，但考虑到各个皇帝在位时间长短不一、开科次数不同等因素，取其平均数才具有可比性。例如道光朝徽州寄籍进士有27人，与雍正朝33人相比，似乎差距很小，但雍正朝平均数却是道光朝的3.7倍，差距非常明显，其原因就是雍正朝开科5次，而道光朝却达15次。占比数据更为准确，顺治朝的平均数高于康熙与乾隆两朝，但占比却较低，主要是因为顺治朝正值开国之初，每科取士较多。只有将三个数据系列结合起来考察，才能真正反映徽州进士时代变迁的趋势。

徽州寄籍进士的时代变迁大约经历了三个阶段，反映了由繁盛到衰落的趋势。第一阶段从顺治经康熙、雍正到乾隆朝，该阶段是徽州寄籍进士的繁盛时期，其中乾隆朝达到顶点，有150位进士，占该朝全国总进士数之比为2.79%；嘉庆、道光到咸丰时期是第二阶段，该阶段徽州寄籍进士辉煌不再，开始转向衰微；第三阶段是同治、光绪两朝，徽州寄籍进士群体整体处在衰落期，已跌落到谷底，现出惨淡景象，光绪朝寄籍进士每科平均不到一人，占比仅为 0.27%,与乾隆朝相差十倍之多。

　　徽州寄籍进士的时代分布与本籍进士的时代分布虽不完全一致,但转向衰微的趋势却有惊人的相似。徽州本籍进士的时代分布大致也可分为三期,但与寄籍进士分布之三阶段略有不同。从顺治经康熙到雍正朝是第一阶段,乾嘉年间为第二阶段,整体较为发达,占比为前三朝的两倍以上,道光以后为第三阶段,占比渐次回落到与第一阶段大约相当的水平。本籍进士的衰微更直接的体现是徽州在清代安徽进士版图中的地位趋于下降。前两阶段,徽州本籍进士有 160 人,占同期安徽省进士数之比为 23.0%,高居省内诸府(直隶州)第一位,但后一阶段 85 位进士占同期全省进士数之比急剧下降到 17.1%,较安庆府低 9.5 个百分点,表明徽州进士的科场竞争力已非如往昔那般强劲。

　　寄籍与本籍进士群体的变迁轨迹虽略有不同,但转向衰落的趋势却是共通的,两相比较,寄籍群体的衰落似更加严重。早期各朝寄籍进士数大多是本籍进士数的 2.2 倍以上,其中雍正朝是 4.7 倍,最为悬殊;嘉庆、道光两朝的差距大为缩小,寄籍与本籍进士数基本相当;到同治、光绪朝,该比例已然倒置,本籍进士数反是寄籍进士数 2.2 倍以上,其中光绪朝为 3.1 倍。考察寄籍与本籍进士群体的变迁轨迹,嘉庆朝是一个非常特殊的节点。寄籍群体在乾隆朝的高峰之后,嘉庆朝已明显转向,而本籍群体于嘉庆朝达到辉煌的顶点,其后的道光朝则直线下降。究其因,笔者以为应是苏、皖分省取定会试中额的结果。康熙五十一年,开始实行分省取中之制,礼部于临考时查明入场举人数目,"考取之时,就本省卷内择其佳者,照所定之额取中。"[1] 江苏与安徽两省一直以"江南"名

① 礼部纂辑:《钦定科场条例》卷二十二《乡会试中额》,《近代中国史料丛刊三编》第 48 辑,第 1600 页。

义合而确定取中名额,直到乾隆六十年乙卯恩科"江苏安徽分省取中"①。该制实行之后,安徽省获得了单独的会试中额,取中进士的比例较之以往略有上升,并能基本保持稳定,且在录取人数方面与江苏省的差距亦有缩小趋势。这对科举水平总体较高的徽州府而言,无疑是非常有利的,因为其竞争范围由苏皖两省变为安徽省内,科场优势得到进一步彰显,结果就是成就了嘉庆朝本籍进士群体的辉煌。

嘉道年间是徽州寄籍进士群体由繁盛转向衰落的关键阶段,而此间也正是叱咤明清商界的徽州商帮开始走下坡路的特殊时期。盐商的经营状况在嘉庆年间已是危机暗伏、每况愈下,道光年间清政府在两淮实行以"改纲为票"为核心内容的盐法改革,取消了徽州盐商的经营特权,促使其彻底衰落。"盐商既衰,标志着徽州商帮走下坡路的开始",与此同时,失去依托与支撑的寄籍科举事业也就转向黯然失色了。经历咸同兵燹,徽商已然元气大伤,只能凭借茶商力量勉强维持残局,但"光绪中叶以后,徽州茶商亦由盛而转衰,并进而导致徽州商帮江河日下"②,最终走向衰落。伴随着徽商的残破步伐,徽州寄籍进士之规模也无可逆转地逐渐降到谷底,徽商兴则寄籍进士盛,徽商衰则寄籍进士弱。

第四节　宁国府进士群体分布

清代宁国府共产生 165 位进士,在安徽科举格局中具有重要

---

① 礼部纂辑:《钦定科场条例》卷二十二《乡会试中额》,《近代中国史料丛刊三编》第 48 辑,第 1626 页。
② 张海鹏、王廷元主编:《徽商研究》,第 640、642 页。

地位,与安庆府、徽州府并为安徽进士强府。宁国府进士群体县际区域分布呈现出鲜明的非均衡特点,泾县是进士中心县;县际分布又具动态性特点,旌德县在清代后期迅速崛起,成为阶段性的科举强县。宁国府进士群体姓氏分布有非常明显的集聚趋势,进士向少数大姓集中,而特定姓氏的进士又朝少数县聚集,反映了县域之内科举与进士家族的普遍存在。

一、宁国府是清代安徽科举格局中的进士强府

清代安徽 1192 名进士,在全国各省排序中大约处于中游,就省内来看,进士群体区域分布较为广泛,表 5—1《清代安徽进士分府(州)数据表》可以直接反映出进士群体省内府际分布的非均衡状态,各府及直隶州在全省科举格局中占据着不同地位,差别巨大。

该表分别使用三种指标,形成三个序列。第一种指标是各府(州)进士数,排在前列的依次是安庆府、徽州府、宁国府和庐州府,池州府、和州、颍州府和广德州排位在后,人数最多的安庆府和人数最少的广德州相差 20.4 倍,宁国府排名第三,显示了不容忽视的科举实力。因为各府所领州县数不同,以府内县均进士数作为衡量指标更具合理性,以这种指标衡量,和第一个序列比较,其他府州排序多有细微变化,但前四府(包括宁国府)仍居前未变。第三种指标是各府(州)每十万人口拥有的进士数,因地区进士数和人口总量密切相关,该指标更能反映进士区域分布的状态,我们以安徽及各府(州)人口接近清代峰值的 1820 年的人口数 [1] 作为参照,计算各府(州)每十万人口所有进士数。宁国府每十万人口所有进

---

[1] 曹树基:《中国人口史》(第五卷),第 101 页。

士数是 4.81,排在第五位,与安庆府仅有细微差距。

　　将三种指标合而观之,在三个序列当中,都处于平均数之前的有安庆府、徽州府和宁国府,这三府是清代安徽科举最为发达的地区。安庆府以人多取胜,有进士 286 人,在省内高居第一,徽州府是科举强府,每十万人口所有进士数达到 9.99,在省内遥遥领先,宁国府则紧随安庆、徽州两府之后,显示了较强的综合实力。宁国府既无安庆府得省治之地利,亦无徽州府有徽商之经济支撑,却能够与安庆、徽州两府并为清代安徽科举强府,其因何在? 宁国府地向来重学,民习耕稼尚货利,士习衣冠礼乐,"永嘉已后,衣冠避难萃于江左,艺文为盛……吟咏不辍,有颜、谢、徐、庾之遗风。"[1] 宁国府书院较为发达,各县为培育人才纷纷修复重建或新设书院,其数量在省内仅次于徽州府,以敬亭书院、水西书院为著,水西书院"为明中叶以来诸儒讲学之所。其盛直欲与仲晦之白鹿、子渊之石鼓,以迄岳麓、睢阳媲美焉"[2]。清代书院逐渐官学化,成为科举考试的预备场所,其兴盛必然支撑着宁国府科举事业的发展。清代依据各地人口、钱粮及文风高下确定官学学额,宁国府府学及六县县学的学额总量于较长时段内居省内诸府前列,直到同光年间才略有下降,在"科举必由学校出"的背景下,充裕的学额为科举之发达提供了制度性保障。

　　各府及直隶州在全省科举格局中的不同地位及相互差别并非一成不变,宁国府在这个动态的变化过程当中有着非常特殊的地位。我们以道光元年为界,将清代科举考试分成前中期和后期两个阶段,安徽前中期产生进士 696 人,后期进士 496 人,与前中期

① (嘉庆)《宁国府志》卷九《舆地志·风俗》,第 331 页。
② (嘉庆)《泾县志》卷八《书院》,第 185 页。

相较,后期进士群体的区域分布发生结构性变化。从安徽三大自然地理区域来看,科举落后的沿淮淮北地区科举水平略有起色,科举水平居于中游的江淮之间地区进士占比有明显提升,与其形成对比的是江南地区科举水平出现巨大滑坡,前中期进士占全省同期比例为 48.0%,而后期仅为 37.4%,下降了 10.6%,衰落非常明显。其中徽州府与太平府下降最为剧烈,分别为 5.9 和 4.5 个百分点,广德直隶州和池州府也分别下降了 0.6 和 0.4 个百分点,而宁国府在江南地区却是独为另类,占比不仅没有下降,反而上扬了0.8 个百分点。

　　省内进士南北区域格局变化的主要原因,是受太平天国运动影响而导致的人口遭受重大损失,这种损失又是南北不均的。太平天国战争期间,皖南人口损失 930 万,约占皖南战前人口的81.0%,致使人口存量急剧减少,是江南地区科举力量弱化的前提性因素。宁国府同期人口也同样遭受巨大损失,达到 323.2 万,损失率为 80.8%[①],甚至超过了徽州府 77.1% 的人口损失率,为什么宁国府科举地位没有受到人口损失因素的致命影响呢? 此点颇有意味,值得进一步探究。

二、进士群体区域分布的非均衡状态

　　清代宁国府统六县,即宣城、南陵、泾县、宁国、旌德和太平。宁国府是安徽科举强府,共有进士 165 人,在所属六县均有分布,同时呈现出鲜明的非均衡特点,具体分布数据见表 5—7 需要说明的是,表中宁国府及各县进士数都不包括寄籍外府外省者,亦不包括会试中式却因各种原因而未参加殿试者,如泾县人陈鏊籍六

---

① 曹树基:《中国人口史》(第五卷),第 505、497 页。

安直隶州,乾隆五十八年癸丑科会试中式,卒而未殿试;再如泾县人叶沃若,博通经史,晚精推步之学,于乾隆十六年辛未科会试获中,"榜发,已卒于京邸,人皆惜之"①,亦未殿试,虽然(嘉庆)《泾县志》将其视为进士列入卷十四《选举表》,(嘉庆)《宁国府志》亦将其列入卷六《选举表·科目上》,但这种情形毕竟与体制稍有不合,故不纳入考察范围。

表5-7　清代宁国府进士群体区域分布数据表

	进士数	占全府百分比	1805年人口（万）	每十万人进士数	前中期进士数	同期占比（%）	后期进士数	同期占比（%）
泾县	63	38.2	52.5	12.00	37	39.4	26	36.6
宣城县	35	21.2	130	2.69	31	33.0	4	5.6
旌德县	32	19.4	26	12.31	9	9.6	23	32.4
太平县	17	10.3	27.3	6.18	2	2.1	15	21.2
南陵县	12	7.3	50.3	2.39	10	10.6	2	2.8
宁国县	6	3.6	30.1	1.99	5	5.3	1	1.4
宁国府	165	100	316.9	5.21	94	100	71	100

　　按照各县进士数,由高到低进行排序,依次是泾县(63)、宣城县(35)、旌德县(32)、太平县(17)、南陵县(12)、宁国县(6),平均数为27.5。排名前三位的泾县、宣城县和旌德县是进士大县,进士数都在平均数之上,共有进士130人,占全府总数的78.8%,而排名后三位的太平县、南陵县和宁国县是进士较少的地区,仅有35人,占比为21.2%,其人数大约为前三县的四分之一,悬殊非常明显,说明府内县际分布的非均衡性非常突出。

　　以进士数作为府内县际分布的衡量指标,存在非均衡性变异

①（道光）《安徽通志》卷一百七十七《人物志·文苑五》,第254页。

的潜在倾向。如宣城县进士数是太平县的两倍,但并不能准确反映两县科举实力的真实差距。我们选取嘉庆十年的人口数[①]作为参照,计算宁国府及各县每十万人口拥有的进士数,这个序列当中,旌德、泾县和太平三县靠前,而宣城、南陵和宁国三县列后。两个序列进行比较,南陵和宁国两县排名一致,另外四县略有变动,其中旌德县前移两位、太平县前移一位,而泾县下降一位、宣城县更下降两位。综合两种指标体系分析,南陵和宁国是科举相对落后的县,泾县、旌德是科举强县,旌德县每十万人拥有进士数甚至超过泾县,该项指标在安徽省内亦居前列。泾县是宁国府内的进士中心县,其进士数在府内高居第一,占比达到38.2%,在安徽省内仅在桐城、歙县之后,正所谓"泾士好学问,攻文辞,科第代不乏人……一时人士翕然,骎骎有伊洛之风"[②]。相较而言,宣城地位稍显尴尬,虽然其进士数仅低于泾县,但其人口规模却非常庞大,每十万人拥有进士数只略高于南陵和宁国,距离泾县、旌德两县差距甚大,所以宣城县只能被视为府内进士大县,而非真正的科举强县。

在安徽省内乃至全国范围,进士群体府内县际分布的不均衡状态,并非宁国府一地独有之现象,其他如安徽徽州府、直隶顺天府、湖南长沙府、湖北黄州府、广西桂林府、江苏松江府等地也有类似分布特点,如浙江杭州府领州一县八,893名进士主要集中在仁和(380)、钱塘(332)两县及海宁州(120),三地占比高达93.2%,而另外六县仅占6.8%[③],非均衡状态亦极突出。由此可见,进士

---

① 曹树基:《中国人口史》(第五卷),第92页。
② (嘉庆)《泾县志》卷一《沿革·风俗》,第23页。
③ 多洛肯:《清代浙江进士群体研究》,第115—116页。

群体府内县际分布的非均衡具有一定的普遍性,甚至已成为一种常态,是各地人口、经济及文教等因素的差异在科举领域的折射与反映。

宁国府在安徽省内进士府际分布的动态格局中保持着相对稳定的状态,但府内县际分布却变化显著,具有动态性的特点。宁国府前中期产生进士 94 人,后期进士 71 人,与前中期相较,后期(仍以 1821 年为界)进士群体的区域分布发生结构性变化。泾县与宣城是宁国府前中期的进士大县,两县进士 68 人,占同期全府之比为 72.3%。与前中期比较,后期泾县虽略有减少,仍能保持进士中心县的地位,南陵和宁国两县分别只有 2 位和 1 位进士,占比下降较为明显,而宣城县占比从 33.0% 急剧下降到 5.6%,不仅丧失了进士大县的地位,甚至已和南陵、宁国两县一起沦落到府内科举格局的边缘位置。太平县从 2.1% 到 21.2%,上升幅度显著,其中崔姓进士贡献尤著。旌德县从 9.6% 大幅攀升到 31.4%,几与泾县并驾齐驱,崛起之势强劲,确立了阶段性科举强县的地位。旌德地狭山多,物产不丰,"故富者商而贫者工,往往散在京省,市肆闲居,积通易以致富厚,其秀者业诗书","旌俗重诗书,勤课诵,延请名师,以训子弟……设立会文,聚族之多士,每月有课,寒暑不辍……凡城乡大姓皆然"[①],所以旌德之科第兴盛,实非出于偶然。

三、进士群体姓氏分布的集聚趋向

清代宁国府 165 位进士,据统计共有姓氏 47 个,具体分布见表 5—8,表中"县数"是指某姓进士分布所及的县数。

---

① (嘉庆)《宁国府志》卷九《舆地志・风俗》,第 337—338 页。

表5-8　清代宁国府进士群体姓氏分布数据表

姓氏	进士数	县数	姓氏	进士数	县数	姓氏	进士数	县数	姓氏	进士数	县数	姓氏	进士数	县数
胡	20	3	张	6	3	阮	2	2	何	1	1	舒	1	1
吴	13	2	赵	6	2	姚	2	1	侯	1	1	唐	1	1
吕	12	2	查	6	1	叶	2	2	黄	1	1	陶	1	1
崔	8	1	梅	5	1	钟	2	1	焦	1	1	杨	1	1
朱	8	2	洪	3	2	左	2	1	柯	1	1	俞	1	1
江	7	2	孙	3	2	曹	2	1	骆	1	1	詹	1	1
刘	7	3	方	2	2	程	1	1	马	1	1	章	1	1
王	7	3	李	2	2	丁	1	1	饶	1	1			
汪	7	2	潘	2	2	董	1	1	邵	1	1			
翟	7	1	秦	2	1	贡	1	1	施	1	1			

依据拥有进士数量,47个姓氏可以分成三个层次,一是进士大姓,计有胡、吴、吕、崔、朱、江、刘、王、汪、翟等10姓,拥有进士数均在7人以上;二是进士小姓,拥有进士数在2—6人之间,计有张、赵、查、梅、潘等15姓;三是仅有一位进士的进士稀见姓,诸如程、贡、黄、陶、詹等22姓。与清代安徽进士群体姓氏分布情况比较,宁国府进士姓氏分布具有鲜明的地域特点。安徽省范围内的进士大姓(有进士30人以上)是王、张、吴、汪、胡、程、李、方、朱、孙等姓,十姓当中王、吴、汪、胡与朱姓亦是宁国府进士大姓,但张、李、方与孙姓仅是宁国府进士小姓,程姓在宁国府只有一个进士,属进士稀见姓,由此表明省、府两级进士大姓的一致性和吻合度都很低。

宁国府进士群体姓氏分布有非常明显的集聚趋势,通过两个维度表现出来。

　　第一,宁国府进士朝少数大姓集聚。胡姓有进士 20 个,吴、吕两姓分别有 13 和 12 个进士,崔、朱两姓均有 8 位进士,江、刘、王、汪、翟五姓则分别有 7 位进士,合十姓共有 96 位进士,占进士总量的 58.2%,16 个进士小姓有 47 位进士,占比为 28.5%,而 22 个进士稀见姓所有进士占比仅为 13.3%。进士朝少数姓氏集聚的倾向并非宁国府独有,徽州府、松江府等也有类似表征,如从 1371 年到 1826 年间考中的徽州进士有 956 人,其中汪、程、吴姓分别有 158、106 和 91 人 [①],三大姓合计占全府进士总量之比达到 37.1%。这种现象并非完全出于偶然,其基础原因是宁国府进士大姓在该地区分布广泛、人口众多,直接因素则是这些大姓宗族往往拥有优越的文化教育条件或较雄厚的经济实力,族人与子弟具备较强的科举竞争能力。

　　第二,特定姓氏的进士并非平均分布于府内各县,而是朝少数县集聚,具体情况见表 5—8,一种形式是部分姓氏虽分布于 2—3 县,但其中有一县进士数非常突出。20 位胡姓进士分布于泾县、宁国和太平三县,其中 15 位出自泾县;13 位吴姓进士中的 11 位、8 位朱姓进士中的 7 位、6 位赵姓进士中的 5 位、7 位王姓进士中的 4 位亦出自泾县;12 位吕姓进士中的 11 位和 8 位汪姓进士中的 5 位出于旌德县,6 位张姓进士中的 4 位出于宣城县,集聚色彩均较显著。另一种形式是较为极端的体现,某姓氏的所有进士全部集中在一个县,除进士稀见姓因仅有一位进士而不具有统计意义外,该类姓氏有 9 个,其中拥有两位进士的姓氏有 4 个,秦姓之于南陵县、姚姓之于旌德县、钟姓之于宣城县、左姓之于泾县都属该情形;

[①] 李琳琦:《明清徽州进士数量、分布特点及其原因分析》,《安徽师范大学学报》(人文社科版)2001 年第 1 期。

有 5 位进士的梅姓进士集于宣城县,6 位查姓和 7 位翟姓进士集中于泾县,7 位江姓进士则来自旌德县;最具典型意义的是 8 位崔姓进士全部出自太平县,而安徽全省的崔姓进士也正是 8 位,集聚色彩尤其鲜明。

因人数太少不具统计意义,或因史料缺乏难以支撑,县域之内进士分布的考察往往难以展开。如果把姓氏区域分布引入该论题,能够有效延展县域之内进士分布考察的可能与路径。前论进士姓氏分布的集聚倾向已可初步反映县域之内分布的状况,若再转换思路,将县作为考察基点更可体现其具体的分布状态。例如旌德县共有出自 9 姓的 32 位进士,吕、江、汪三姓分别有 11 个、7 个和 5 个进士,其他五姓仅有 9 个进士,其数甚至低于吕姓;再如太平县 17 位进士亦出 9 姓,崔姓即占其 8 个,其他 8 姓进士数仅与崔姓相当;泾县进士有 14 姓,其中胡、吴、朱、翟、查、赵六姓共有进士 51 人,占其总数之比高达 80.1%。县域之内进士朝少数姓氏集中,考虑到人口往往聚姓聚族而居的地域性特征,其地域分布不均衡的状态即清晰体现,且较之省际分布与省内县际分布更为突出。进士群体姓氏分布的集聚倾向实际上反映了县域之内科举与进士家族的普遍存在,如泾县的胡氏、吴氏、查氏、翟氏家族,旌德的吕氏、江氏家族,宣城梅氏家族,太平崔氏家族等均为清代宁国府科举著姓大族,此不赘述。

第五节　巢湖流域举人群体

环巢湖地区是清代安徽科举地理格局中的重要组成部分。巢湖流域举人群体由江南乡试中式者、顺天乡试中式者、召试钦赐举人功名者、乡试落第年老考生恩赐举人衔者等四种类型构成,以江南乡试中式者为主体,落第年老考生恩赐举人衔者未纳入具体考察。较之清代前期,巢湖流域的科举水平在后期有了明显提升,科举竞争力趋于增强,在省域版图中占有越来越重要的地位。以举人数领先的合肥县、以每万人举人数占优的含山县,是该地区的两个科举强县,构成第一阶梯;第二阶梯包括和州、庐江县、舒城县、无为州和巢县,与第一阶梯之间有很大落差,但阶梯内各地之间较为平缓,科举水平差异不是特别显著。

一、举人群体的规模与类型

巢湖流域位居皖省之中,东南濒临长江,北依江淮分水岭,西接大别山脉,如果按照清代行政区划,所涉地区主要包括庐州府与和州直隶州。庐州府领四县一州,即合肥县、庐江县、舒城县、巢县和无为州,和州直隶州领含山县,共有七个县级区划(含和州直隶州本州)。举人数量的多少及群体规模的大小,是反映巢湖流域及各府州县文风高下、科举强弱的重要指标,其衡量意义实不亚于进士群体。

我们以(道光)《安徽通志·选举志》[①]和(光绪)《重修安徽通志·选举志》[②]为基本依据,参校(嘉庆)《庐州府志》、(光绪)《续修庐州府志》、(光绪)《直隶和州志》、(嘉庆)《合肥县志》、(光绪)《庐江县志》、(光绪)《续修舒城县志》、(嘉庆)《无为州志》、(道光)《巢县志》和(康熙)《含山县志》等府州县志中的选举志或选举表,统计清代巢湖流域举人群体数据,包括举人姓名、籍贯及中式科年

---

① (道光)《安徽通志》卷一百二十三至一百二十六《选举志·举人》,第1759—1858页。
② (光绪)《重修安徽通志》卷一百六十一至一百六十五《选举志·表》,《续修四库全书》(史部·地理类)第653册,第126—180页。

等信息,相关统计数据与计算即以此为据,不再一一注明。

　　需要说明的是,由于各志修纂年代不一,故所及乡试科年之下限有较大差异,如(光绪)《重修安徽通志·选举志》收到光绪二年丙子科,(光绪)《续修庐州府志》收到光绪十一年乙酉科,(光绪)《直隶和州志》收到光绪二十三年丁酉科,(光绪)《续修舒城府志》则收到光绪二十九年癸卯科。因需要进行举人群体区域分布的考察分析,故选择光绪十一年乙酉科作为诸科乡试之下限,这也就是说,该处所谓举人群体,是光绪十一年乙酉科及之前诸科中式举人,非指清代所有举人。所以相关方志所收光绪十一年乙酉科之后的举人,舒城县有葛钟秀、王元庆等8人[1],和州有张如川1人,含山县有张学宽等4人[2],都未纳入考察范围。

　　清代科举地理研究过程中,多以进士或举人的籍贯作为主要指标,以行政区域作为统计单位,丁修真撰文《明代科举地理现象的再认识:以徽州府科举群体为例》尝试以"学籍"为基本依据,分析科举地理问题,颇具新意,但作者本人也意识到,"且从此结果来看,似乎学籍较之籍贯统计,在结论上并无大的区别"[3],原因非常简单,学籍正是建立在籍贯基础之上,二者密切相关,故我们仍采取以籍贯为基本依据的数据统计方法。方志记载举人籍贯时有一种现象值得关注,即载录寄籍外地的本地人,例如(光绪)《重修安徽通志·选举志》在"道光己酉科"栏中载潘鼎新,"庐江人,大兴

① (光绪)《续修舒城县志》卷三十《选举志·科目表二》,第259—260页。
② (光绪)《直隶和州志》卷十四《选举志·科第表》,江苏古籍出版社,1998年,第290、297页。
③ 丁修真:《明代科举地理现象的再认识:以徽州府科举群体为例》,《安徽师范大学学报》(人文社会科学版)2014年第6期。

籍"①,这种记载表明潘鼎新祖籍庐江,现籍则是大兴县;再如(光绪)《续修舒城府志》所载康熙八年己酉科举人陈谦吉,其后注为"广西籍",咸丰二年壬子科举人靳昂,其后注"顺天大兴籍"②。另外,方志所载个别举人并未注出其寄籍地,有可能让人误以其为本籍,如(光绪)《续修庐州府志》在"合肥县"栏中记顺治二年乙酉科举人徐惺,下仅注"见进士"③,实际上徐惺非为合肥籍,而是江宁籍④。该类非本籍的寄籍举人均不纳入本文考察范围。

　　依据上述标准和范围,清代巢湖流域合肥等七个州县共有651位举人。这个举人群体可以细分为四种类型,第一种是参加江南乡试中式者,是举人群体的主体构成部分,共有586人。清制各省贡监生及其他部分具有特定身份的考生,可在办理相关手续后"一体收录"⑤,以应顺天乡试,另编字号取中,地方志在载录该部分举人时,一般会标明顺天榜或北榜。该地区共有44位顺天榜举人,构成第二种类型,这种类型是举人群体的重要补充。不同于科举常科之乡试,康熙、乾隆、嘉庆诸帝,巡幸各地时屡有召试之举,嘉庆帝在嘉庆十三年巡行天津时,御试献赋士子,安徽贡生齐彦槐、唐人最等六人列一等,钦赐举人,准予"一体会试"⑥,其中唐人最是含山人,他也成为巢湖流域唯一的召试举人,可视为举人群体的一个点缀,此为第三种类型。恩赏乡试落第诸生,是清代科举体系

① (光绪)《重修安徽通志》卷一百六十四《选举志·表十四》,《续修四库全书》(史部·地理类)第653册,第172页。

② (光绪)《续修舒城县志》卷三十《选举志·科目表二》,第253、258页。

③ (光绪)《续修庐州府志》卷三十《选举表一》,第520页。

④ 江庆柏编著:《清朝进士题名录》,第45页。

⑤ 《钦定科场条例》卷四《杂项人员科举》,《续修四库全书》第829册,第25页。

⑥ 王炜编校:《清实录科举史料汇编》,第632页。

当中颇有意味的一项制度设计,起于乾隆,完善于嘉庆,其后沿行,赏赐乡试落第的年老考生举人衔,并准参加会试。该地区计有20人获得恩赐举人衔,是举人群体的附属部分,也是第四种类型。该类举人享有举人的部分权利,如参加会试等,不过他们毕竟不是经由乡试的正式录取,只是因年老而获恩赏,不能反映其人及所在地区的科举水平,再因该类举人主要产生于乾嘉时期,具有很强的时段性,故而我们虽然将其视为举人,但在下文进行具体问题的分析与讨论时,并不将其纳入考察范围。

二、举人群体的时代变迁

顺治二年十一月首开江南乙酉科乡试,此后历经顺治、康熙、雍正、乾隆、嘉庆、道光、咸丰、同治和光绪诸朝,到光绪十一年乙酉科,江南乡试共开科104次(含正科、恩科和加科),合肥人赵观乙、庐江人王凤鼎、舒城人胡永亨、无为州人曹开显、巢县人张愈大、和州人叶万善、含山人王镐等中式,共586人。张国城、李孚苍、刘廷铮等44人为顺天乡试中式举人,另含山唐人最为嘉庆十三年召试钦赐举人,共计631人,构成清代巢湖流域举人群体。为考察举人群体的时代变迁及基本状况,将相关数据列表于下。

表5-9　巢湖流域举人群体时代变迁数据表

	顺治	康熙	雍正	乾隆	嘉庆	道光	咸同	光绪	总计
举人数	43	56	27	166	95	108	83	53	631
开科数	7	22	6	27	11	15	11	5	104
科均数	6.1	2.5	4.5	6.1	8.6	7.2	7.5	10.6	6.1
全省举人数	275	544	230	1454	597	802	658	128	4688
占比(%)	15.6	10.3	11.7	11.4	15.9	13.5	12.6	17.2	12.8

表中按照清代诸帝在位顺序分别开列相关数据,举人数指该

朝巢湖流域的举人数,开科数指开科次数,科均数指该地平均每科中举人数,全省举人数为该朝安徽全省举人数,占比指该朝巢湖流域举人数占同期全省举人总数的比例,以百分比形式表示。表中咸丰与同治两朝置于一个单元,因受太平天国运动影响,江南乡试在咸同年间停科四次,后于诸科补行,故将咸同年间的相关数据合并统计。再一个需要说明的问题是,统计安徽省举人数的下限截止到光绪二年丙子科,而巢湖流域举人统计下限为光绪十一年乙酉科,在口径上有三科差异,所以"光绪"栏中的举人数、开科数和科均数,都是从光绪元年乙亥恩科到光绪十一年乙酉科,共五科的数据;全省举人数则是从光绪元年乙亥恩科到光绪二年丙子科,计两科的举人数,占比是指该两科巢湖流域举人数(22人)与同期全省举人总数之比。总计栏中的全省举人数与占比两个项目亦如是处理。

巢湖流域各朝举人数量大小差异非常明显,人数最多的是乾隆朝,达 166 人,其次是道光朝的 108 人和嘉庆朝的 95 人,人数较少的则是康熙、光绪(仅计五科)和顺治朝,雍正朝最少,仅有 27 人。单从这组数字看不出举人群体时代变迁的轨迹,这些数字仅是该地区科举水平的表层反映,因为各朝历时长短不一、开科次数多寡悬殊,反映该地区科举真正水平及演进规律的指标是科均数。

104 科乡试共取中 631 名举人,平均每科中式数为 6.1,以 6.1 为标准,可以将巢湖流域举人群体的变迁分成两个阶段。清代前期顺治、康熙、雍正、乾隆四朝,科均值都不高于 6.1,其中顺治、乾隆两朝恰好也是 6.1,康熙朝甚至低到 2.5;高于该值的是后期嘉庆、道光、咸同和光绪诸朝,嘉庆朝达到 8.6,光绪朝高达 10.6,虽只是两科的结果,却也可反映一种向上的趋势。这种格局表明,较之清代前期,该地区的科举水平在后期有了明显提升,占比数据也可反映出科举竞争力的增强。清代前期各朝除顺治朝外,都在12.0% 之下,后期各朝除咸同时期为 12.6%,略低于总占比 12.8% 之外,其他都高于总占比,明确反映了巢湖流域举人群体的时代变迁趋势。

举人群体的发展轨迹,非常清晰地反映出巢湖流域的科举水平与实力,在清代后期逐步提升与增强的态势,其原因非常复杂,有两方面因素值得特别关注。

首先是国家层面的乡试中额政策及其调整。顺治时期初开科举,为拔擢人才、笼络人心,乡会试中额都非常高,如顺治二年乙酉科乡试,江南中额高达 145 人,顺治十一年甲午科乡试,江南中额也达到 132 人;顺治十五年定乡试举人照各省额数减半,所以顺治十七年庚子科江南乡试锐减到 63 人。康熙、雍正沿袭其制,虽偶有调整增额,总体在较低水平运行,顺治朝科均数较高,而康熙、雍正朝科均数很低,其因正在于此。康熙初年安徽、江苏两省分立,但乡试仍然合为一省,共用江南贡院,定额 99 名,江苏入场士子较多,中举人数常占十分之七,安徽虽也人文繁盛,因应试者少,中举人数约居十分之三。乾隆元年决定,"江南分上下江字号取中,下江照中省之二等取中七十二名,上江照小省之二等取中四十八名。"①两省乡试实行合闱分额政策,安徽由此获得稳定的乡试中额数,对各地士子举业具有极明显的刺激作用,庐州府各县与和州直隶州在乾隆、嘉庆及之后的中式举人数与科均举人数,就此有了较大幅度的攀升。

其次,清代后期安徽省内的局势变化,引发科举格局动荡重组。徽州历来都是安徽省内科举最为发达的地区,至道光年间,叱

──────────

①《钦定大清会典事例》卷三百四十八《礼部·贡举·乡试中额一》,第 477 页。

咤明清商界的徽商开始转向衰落，不能像以往那样为科举事业提供强力支撑；再加咸同兵燹对徽州社会、文化、教育产生沉重打击，导致晚清徽州的科举竞争力急剧下降。几乎与此同时，以李鸿章为核心的淮系集团迅速崛起，为合肥县乃至于庐州府的科举事业注入巨大的活力。彼消此长，强者变弱，弱者趋强，清代后期该地区举人群体的科均数与占比全面上扬，在安徽科举地理的版图中占有越来越重要的地位。

三、举人群体的地理分布

清代庐州府统六县，即合肥县、庐江县、舒城县、巢县和无为州，和州直隶州（领含山县），共有举人631人，在七县（州）均有分布，具体分布数据见表5—10。

表5-10　巢湖流域举人群体地理分布数据表

	合肥	含山	和州	庐江	无为	舒城	巢县	总计	县均
举人数	220	98	79	72	64	55	43	631	90.1
占比（%）	34.9	15.5	12.5	11.4	10.1	8.7	6.8	100	14.3
人口数（万）	159.8	9.7	33.4	32.8	72.8	39.6	46.6	394.7	56.4
每万人举人数	1.38	10.10	2.37	2.20	0.88	1.39	0.92		1.60

按照举人数指标衡量，七个州县可以分为三个层次，第一层次是合肥县，有220位举人，比县均数高出近130人，比排在第二位的含山县多122人，占比高达34.9%，在该地区遥遥领先，是区域内的举人大县和科举大县。合肥县居江淮之间，控南北之要，湖山环汇，最为雄郡，素有向学之风，"民勇而好义，务农力学""家有弦诵之声，人多朴茂之习"①，兼为庐州府治所在，得地利之便，又

---

① （光绪）《续修庐州府志》卷八《风土志》，第119页。

李氏、龚氏等科举家族勃然兴起,遂成科举大县,也是区域内的科举高地。第二层次有含山县、和州直隶州本州、庐江三县(州),分别有举人 98、79 和 72 人,大约在县均数上下浮动。第三层次包括无为州、舒城县和巢县,该层次和第二层次之间的差距并不特别显著。这三个县是该地区的乡试小县,中式举人较少,巢县举人数最低,不及县均数的一半,大约只相当于合肥县的五分之一。

　　学界研究举人的地理分布问题时多以省为考察范围,以所属府(直隶州)为具体比较单元,如丁蓉《明代南直隶各府举人的地理分布》(《学术探索》2011 年第 10 期)、姜传松《清代江西举人的地理分布及特点》(《教育与考试》2010 年第 6 期)等文大体运用这样的方法,分别考察了明代南直隶和清代江西省举人的地理分布状况,共同指向分布不均衡的结论。我们以巢湖流域为特定考察区域,该样本的研究表明,在省级以下的区域,举人群体的地理分布同样存在非均衡的状态与特点,由此可以进一步推论科举地理分布的非均衡性具有层级性。

　　以举人数作为地理分布的主要指标,存在判断结果变形的可能。如合肥县举人数是含山县的 2.2 倍,是否能直接反映两县科举实力的真实差距呢? 再如庐江和无为的举人数差距不大,是否就意味着两县科举水平也同样很接近呢? 引入每万人口拥有举人数作为衡量指标,可以更准确地反映举人分布的基本状态,因为某县举人数和人口总量密切相关。

　　每万人口拥有举人数是一个虚拟指标,举人数是清代某县举人数,人口数则选取特定年份作为参照,因清代康乾时期人口膨胀式增长,晚清再有起伏,所以我们选择较为稳定的嘉道年间人口数量作为计算基数,该指标最大优点是能够并便于进行比较分析。表5—10庐州府所领州县人口数是嘉庆元年数据[①],和州人口是道光五年数据[②],含山县数据获取稍复杂。含山县顺治四年的户丁数为19197[③],顺治五年和州本州有口66321,道光五年有口334182,两地有相同的国家人口政策及变化,假设亦有相近的人口增长率,忽略其他因素影响,至道光五年,含山人口应当增长到9.7万人。合道光五年含山与和州本州人口数为43.1万,与《嘉庆一统志》记载的嘉庆二十五年和州直隶州(包括含山县)人口数42.8万非常接近[④]。

　　以每万人口拥有举人数作为观察的主要切入点,按照高低排序,形成七州县新的序列。与举人数序列比较,含山县、和州、庐江县、巢县均前移一位,舒城县则从第六位升至第四位;无为州从第五位降到第七位,排在序列末尾,合肥县只能排在第五位。含山县每万人有举人数为10.10,可谓一骑绝尘,独领风骚,反映了含山县在科举格局当中具有极强的冲击力和竞争力。合肥县该值仅为1.38,和舒城县大约相当,说明合肥县举人数量大的主要原因是人口基数的庞大。在这个序列当中,含山县遥遥领先,其他各州县数据多在1.60上下浮动,表明六个州县科举水平较为接近,意味着科举地理的分布不均衡特点存在弱化的态势。

　　结合两个指标分析,该地区的两个科举强县是合肥县和含山

① (光绪)《续修庐州府志》卷十四《田赋志》,第218—219页。
② (光绪)《直隶和州志》卷七《食货志·户口》,第1377页。
③ (康熙)《含山县志》卷八《户口》,江苏古籍出版社,1998年版,第61页。
④ 曹树基:《中国人口史》(第五卷),第98页。该著谓(光绪)《直隶和州志》所载和州户口系列数据不可靠。笔者认为(光绪)《直隶和州志》记载的户口数据是和州本州数据,非为和州直隶州(领含山县)的数据,曹著将二者混同致误。故在更权威资料发现之前,笔者以为《直隶和州志》所载数据仍有一定可信度,并以之为基础推算含山县人口数据。

县,合肥县以举人数领先,含山县以每万人举人数占优,共同构成第一阶梯。第二阶梯包括和州、庐江县、舒城县、无为州和巢县,和第一阶梯之间有很大落差,但阶梯内各地之间差距较为平缓,科举水平差异不是特别显著。这是巢湖流域科举地理分布不同于一般省域科举地理分布的特点。如果把观察范围稍微延展,将巢湖流域和周边地区联系在一起,可以发现一种科举地理分布的有趣现象,我们将其称为科举盆地现象。清代合肥有 220 名举人,桐城更高达 451 人,都是科举发达县域,舒城北接合肥,南邻桐城,与两县山水相连,人文相通,举人数却只是合肥的四分之一、桐城的十分之一略强,地处两地之间,形成科举盆地。与舒城类似,居于合肥、含山与全椒之间的巢县也是科举盆地。这种科举格局中的"盆地"现象,很值得思考和探讨。

第六节　安徽科举盆地 [①]

　　清代科举采用分地取士的录取制度,非常重视区域公平的追求,但由于各地文风有高下之别、人口有多寡之分,不同地区的科举水平及科举竞争力多有不同,呈现出鲜明的地理差异性。笔者在进行清代科举地理研究过程中,发现一种颇有意味的现象,部分特定区域的科举人才数量与科举竞争力明显高于其周边地区,如直隶的顺天府、浙江的杭州府、江苏的苏州府、湖北的黄州府、湖南的长沙府、广西的桂林府、甘肃的兰州府等,我们可以将这类地区称为科举高地;与此相反的另外一种呈现状态,是某些特定区域的科举人才数量远低于周边地区,科举竞争力也弱于周边地区,我们

---

① 该节由盛菊撰稿。

尝试引进地理学词汇,把具有这种特征的地域称为科举盆地。

一、县域科举盆地

安徽科举地理具有鲜明的特点,科举盆地与科举高地交错存在,科举盆地在三大自然区域均有分布,规模则大小不等,以县域为单位的小型科举盆地,主要有巢县、霍山、滁州和建平四个。

巢县为古巢国,汉代为庐江郡居巢县,清代巢县隶属安徽省庐州府,"东至清溪和州含山县界二十五里,西至巢湖中合肥庐江二县界九十里,南至芙蓉岭无为州界三十八里,北至东山口合肥县界八十里,东南至无为州界三十五里"①,周边分别与庐州府合肥县、庐江县、无为州及和州含山县接壤。举人群体规模的大小及数量的多少,是反映一地文风高下、科举强弱的重要指标,我们即以举人数量作为标准,初步判断巢县的科举水平,并与周边各州县进行比较。

根据本章第五节的统计数据,巢县共有 43 位举人,周边州县的情况是,合肥县 220 人,含山县 98 人,庐江县 72 人,无为州 64人,均明显高于地居其中的巢县,科举盆地现象非常清晰地显现出来。合肥县湖山环汇,控南北之要,最为雄郡,素有向学之风,"家有弦诵之声,人多朴茂之习","民勇而好义,务农力学"②,兼为庐州府治所在,得地利之便,又有龚氏、李氏等科举家族勃然兴起,遂成科举大县,也是区域内的科举高地。巢县与合肥县的陡坡式差距最为显著,举人数仅及其五分之一。如果考虑到含山县人口较少的因素,相对于简单的举人数量差异,巢县与含山县科举竞争力的差异可能还要进一步拉大。相对而言,以巢县为中心的科举盆地,在无为州

---

① (道光)《安徽通志》卷二《舆地志・疆域一》,第 76 页。
② (光绪)《续修庐州府志》卷八《风土志》,第 119 页。

方向的变化趋势比较平缓,两地科举水平的差距不是十分巨大。

　　霍山县于雍正年间归六安直隶州,幅员广阔,东西相距二百八十里,南北距二百零五里,由县治"东至山王河本州界四十里,西至瓮门关湖北罗田界一百八十里,南至界岭安庆府潜山县界一百八十里,北至小七畈本州界二十五里,东南至郎当岭庐州府舒城县界一百十里,西南至太阳山安庆府太湖县界一百四十里,东北至三尖铺本州界三十里"①,四境分别与六安本州、庐州府舒城县、安庆府潜山县和太湖县、六安州英山县、湖北省黄州府罗田县、河南省光州直隶州商城县等毗邻。霍山地处大别山区,是安徽省内的地理高地,但其科举水平却与海拔高度很不相称,是典型的科举盆地。

　　我们以清代进士数作为衡量指标,比较霍山县与毗邻州县的科举水平。霍山县一共有六位进士,分别是乾隆三十四年己丑科程在嵘、乾隆六十年乙卯恩科汪玉林、道光十三年癸巳科王兰新、同治十三年甲戌科何才价、光绪三年丁丑科余德秀、光绪二十年甲午恩科陈德铭。康熙三十年辛未科二甲第三十二名进士俞化鹏,(光绪)《霍山县志》收载,"进士"栏俞名下未注籍贯情况,在举人名下注明"寄籍寿州"②,该进士即视为寿州人。商城县产生52位进士③,太湖县47人,六安本州29人,英山县15人,舒城县13人,潜山县10人,罗田县10人④。清代安徽共有进士1192名,县均19.9人,霍山县进士数在省内排名比较靠后,甚至不及县均数的三分之一。与四周诸县比较,在商城、太湖、六安方向落差巨大,仅

①（道光）《安徽通志》卷三《舆地志·疆域二》,第81页。
②（光绪）《霍山县志》卷八《选举志》,第136页。
③ 程伟:《清代河南进士地理分布特征及其成因》,《教育评论》2014年第8期。
④ 王美英:《简论清代黄州府的进士》,《江汉论坛》2002年第6期。

达到商城县的 12%,是太湖县的 13%,是六安本州进士数的 21%,英山县与舒城县两县并非科举发达地,其进士数也都超过霍山两倍。罗田县所在黄州府是湖北科举最发达的地区,罗田县在黄州府内各县却排名最后,与之相类,潜山县所在安庆府是安徽进士数最多的地区,潜山县在安庆府内亦排序末位,尽管如此,两县进士数仍是霍山县的 1.7 倍。霍山县科举盆地的边缘,在罗田县和潜山县方向,趋势相对较为平缓。

霍山县地处山区,对外交通不便,其风俗"士庶最守礼法……然长于自守,拙于进取,故游宦者少,虽极贫困,不肯轻去乡里"①,缺乏交流的动机和实践,使其科举竞争力自然弱化。县内教育十分落后,明清所建会胜、衡山书院等皆不持久,难以维系,甚至到嘉庆年间,"邑中始有膏奖之费"②,导致文风不振,科第不兴,成为科举盆地。

滁州虽为"故唐宋名郡"③,但清代只有顺治六年己丑科潘运皞、乾隆四十年乙未科张士凯、嘉庆六年辛酉恩科骆师璟、道光二年壬午恩科王煜、道光十二年壬辰恩科王保昌等五名进士,其科举事业被所领全椒县的光芒完全遮蔽,与接界之合肥县、定远县、盱眙县、来安县、江苏省江浦县等地,均有或大或小的差距,形成科举盆地。

建平县属广德直隶州,仅在康熙年间有岑鹤(三年甲辰科)、王志援(四十五年丙戌科)、戴兆佳(四十五年丙戌科)、严文在(五十七年戊戌科)等四人考中进士,远低于接境的宣城县、广德本州及江苏省的溧阳县、高淳县,亦为科举盆地。

前述巢县、霍山县、滁州与建平县四个科举盆地,具有两个颇有

---

① (光绪)《霍山县志》卷二《地理志·风土》,第 47 页。
② (光绪)《霍山县志》卷五《学校志·书院》,第 103 页。
③ (光绪)《滁州志》续志序,第 227 页。

意味的特点,一是有三地为直隶州或为直隶州所领,二是有三地位于省之边地,与他省接壤,仅有巢县特殊,隶庐州府,居省域中心。

二、府级科举盆地

安徽科举地理显出科举水平南高北低的基本态势,但就科举盆地而言,南北皆见,皖南的池州府和皖北亳州、太和、蒙城、涡阳四县相连的两个大型科举盆地,南北并存,遥相呼应。

池州古属扬州之域,明为池州府,直隶南京,清代隶安徽省,辖县六,即贵池县、青阳县、铜陵县、石埭县、建德县和东流县,贵池为附郭。由府治"东至宁国府南陵县界一百五十里,西至江西彭泽县界二百四十里,南至徽州府祁门县界二百二十里,北至江口安庆府桐城县界十五里,东南至宁国府太平县界二百里,西南至江西鄱阳县界三百二十里,东北至太平府繁昌县界二百里,西北至安庆府怀宁县界一百二十里",又铜陵县"西至大江中庐州府无为州界二十里"[①],周与安庆府、庐州府、太平府、宁国府、徽州府和江西省饶州府、九江府接壤。(道光)《安徽通志》谓池州府"居本省之中,亦不与他省接"[②],不知何故,当误。

池州扼皖江上游,地理位置非常重要,"固东南一重镇"[③],但在科举领域却非重镇,颇为黯淡。府辖六县当中,青阳县科举水平最是突出,"士多敦气节,工辞章,文采风流,视昔稍振"[④],共产生乾隆五十五年庚戌恩科探花王宗诚等 12 位进士,但也不及安徽省内县均进士数的三分之二。贵池县有顺治十六年己亥加科吴运新

① (道光)《安徽通志》卷二《舆地志·疆域一》,第 73、74 页。
② (道光)《安徽通志》卷四《舆地志·图说一》,第 106 页。
③ (乾隆)《池州府志》序,江苏古籍出版社,1998 年,第 1 页。
④ (乾隆)《池州府志》卷五《风土志》,第 59 页。

等七名进士,铜陵县有嘉庆二十五年庚辰科宋应文等六名进士,建德县有光绪十八年壬辰科周学铭等五名进士,石埭县有道光十六年丙申恩科沈衍庆等五名进士,这几个县的进士数非常接近。东流县地狭而瘠,民寡而贫,加之学校不茂,终清一代仅有冯云路一人于嘉庆二十五年庚辰科考中进士,以至于(嘉庆)《东流县志》发出慨叹:"鲜有登进,岂抱德自逸欤? 抑山泽之秀,将久蕴而丕焕欤?"① 合六县,清代池州府计产生36位进士,在安徽八府五直隶州的行政格局中只能排在第十位,八府之中仅略高于颍州府。

　　我们将池州府进士数与毗邻诸府进行比较,可以发现其科举水平的差异更为显著。安庆府得省城首府之利,有文风炽盛的桐城县,张、吴、马、姚诸多科举家族兴盛发达,成为安徽进士数第一的地区,共有286位进士,是池州府的近十倍,宛如一座科举高峰,耸立在大江对岸。徽州素有"东南邹鲁"之称,又有"贾而好儒"的徽商强力支持,科举事业非常发达,有245位进士,甚至出现过"连科三殿撰、十里四翰林"的科举盛况,是耸立在池州府东南方向的另一座科举高峰。安庆府与徽州府两座科举高峰的存在,凸显了池州府科举盆地的特征。宁国府地向来重学,民习耕稼尚货利,士习衣冠礼乐,逐渐成为科举发达之域,清代有进士165人。庐州府与太平府分别有进士114人、60人,均在池州府之上,如果考虑到庐州府领四县一州、太平府领三县的因素,引入县均进士数作为衡量指标,则池州府和两地的差距还会进一步放大。

　　池州府西南方向与江西省九江府、饶州府接壤。九江、饶州两府在清代江西科举格局当中均属中等靠前的位置,其中九江府有进士105人,饶州府有进士100人,在江西十四个府(直隶州)中分

---

① (嘉庆)《东流县志》卷五《选举表》,江苏古籍出版社,1998年,第354页。

别排在第五和第六位,较池州府为优。其中与池州府直接相邻的彭泽县有 20 人、鄱阳县有 47 人、浮梁县有 15 人[①],进士数都在池州诸县之上,完成了池州科举盆地外围的最后一块拼图。

　　与皖南的池州遥相呼应,皖北地区也有一个科举盆地,而且其"海拔"像淮北平原一样低下,这个盆地由亳州、太和县、蒙城县和涡阳县共同组成。亳州在雍正年间由凤阳府属州升直隶州,领太和与蒙城二县,后又降为属州,隶颍州府;涡阳县于同治年间析亳州、宿州、蒙城和阜阳四属相连之地设置。为与皖南池州盆地对应,我们暂且将该盆地称为亳州盆地。亳州盆地四州县,文风敝弱,人文凋零,终清一代没有产生一位进士,是安徽科举地理格局中最为落后的地区,亦是完全意义上的科举洼地。亳州地处淮河流域水陆枢纽,"固淮西一郡会也"[②],商贾云集,经济较为繁荣,但其举业却极度落后。科举水平低下的深层原因是特殊的社会风气,"士生其间,浮动易而沉潜难……厌文好武,相尚无已"[③]、"尚气安愚"[④]、"刚强而好斗"[⑤] 的记载在州县志中屡有所见,说明尚武少文的风气具有普遍性,人们无意、也无力追求举业,致使该地文风衰下,缺乏科场竞争力。

　　亳州盆地东与凤阳府宿州、怀远县接,南邻凤阳府凤台县、颍州府阜阳县,西依河南省陈州府沈丘县和归德府鹿邑县,北靠归德府商丘、永城等县。与池州盆地比较,亳州盆地科举水平更低,但

---

① 郑建明:《试论江西进士的地理分布》,《中国历史地理论丛》1999 年第 4 期。

② (光绪)《亳州志》卷一《舆地志·都邑》,第 48 页。

③ (乾隆)《颍州府志》卷十《杂志·纪闻》,第 633 页。

④ (光绪)《亳州志》卷二《舆地志·风俗》,第 70 页

⑤ (民国)《太和县志》卷一《舆地志·风俗》,第 36 页。

四周却不似池州盆地那般陡峭,相对较为平缓。东向宿州,虽号称
"为南北之冲,地处襟要,俗尚朴悫,官善治之,则四民率教,喁喁相
安,吁可取也"①,也只有邵心豫一人于光绪三年丁丑科进士及第,
仅是有无之别;怀远境况稍好,有 13 位进士,距安徽省内县均进士
数尚有一定差距。南向凤台县有 4 位进士,阜阳县因地广人众,且
为府治,有 26 位进士,是淮北地区唯一达到县均进士数的县。

　　值得关注的是盆地西、北两侧的河南诸县。陈州府沈丘县在
清代有 11 位进士,归德府鹿邑县产生进士 23 人,商丘县有 54 人,
虞城县有 19 人,夏邑县有 38 人,永城县则有 31 人,除沈丘外,各
县进士数都在河南省内县均数 15.5② 之上,排名比较靠前,在河南
俱属科举发达或较发达的县域,商丘甚至高居第三位,与祥符、河
内等同为最发达的科举大县。商丘等县科举发达的局面,与亳、
太、蒙、涡地区形成鲜明对比,使该地区成为名副其实的科举盆地。

　　归德府有 254 名进士,在河南为科甲鼎盛之区,与亳州盆地
进士零分布的状况,形成极大反差。两地人文相近、文化相通、地
理交错,在历史上一度归属同一行政区划,何以产生如此鲜明的消
长,其因值得深思。亳州盆地科举衰弱,原因固然复杂,但有一种
隐性因素特别值得关注,那就是清代科举取录层面的"分省取士"
制度。清代江南地区既是全国科举重心,也是天下文章中心,正所
谓"江南人文,甲于天下",包括亳州等地的皖北地区,与江南地区
既有科举水平的差距,亦有文化文风的差异。在"分省取士"的制
度框架中,亳、太、蒙、涡地区的读书人,长期与文风炽盛的苏南地
区(苏皖两省分额之前)、皖南地区士子同场竞技,势必落于下风,

---

① (清)何庆钊:《重修宿州志序》,(光绪)《宿州志》,第 22 页。
② 程伟:《清代河南进士地理分布特征及其成因》,《教育评论》2014 年第 8 期。

且其劣势会被逐步放大,外显表现就是举人、进士人数极为悬殊,与皖南地区悬殊,也与相邻归德府悬殊,随着时间推移,弱者更弱逐渐成为趋势和常态。

(民国)《太和县志》记徐翰、徐广缙、徐广绂三位进士,徐广缙之父徐翰"寄河南鹿邑籍,仍居故里,广缙与兄广绂同举于乡"[1],可见三人虽为太和人,实是寄鹿邑籍而中式。(光绪)《宿州志》载入康熙己未科进士丁易、道光己丑科进士丁彦俦,但实际上二人都是"占籍河南永城"[2]。换种说法,徐翰父子等人考中举人、进士,非与安徽士子同场竞技,而是占用河南名额,与河南士子竞争而来,这种情况非为个例,并不鲜见,或许可以为分析皖北、豫东两地科举高下问题提供一种注解。

清代实行"分省取士",目的是追求科举的区域公平,"包含着对文化落后地区的扶植与政策的倾斜"[3],在推动全国各地均衡发展方面发挥了积极作用。但问题的另一面,该制度的实施却也使部分特定区域的科举水平持续弱化,科举利益难以保证,产生潜在的、另种形式的区域不公平,这是制度设计者没能预料到的,亳州盆地的形成,或即此因。

三、安徽非为科举盆地

安徽之县域科举盆地与府级科举盆地,大多分布于省际边缘,那么安徽省是不是一个更大的科举盆地呢? 我们说,不是的。

为便于分析安徽的科举地位,并与周边江苏、浙江、江西、湖北、河南等省比较,列《安徽及周边各省科举数据表》于下。

[1](民国)《太和县志》卷一《人物志·政绩》,第461页。
[2](光绪)《宿州志》卷十五《选举志·进士》,第268页。
[3]李世愉等:《中国科举制度通史》(清代卷),第219页。

表5-11　安徽及周边各省科举数据表

省份	乡试中额	进士数	科均进士数	举人进士比（%）	鼎甲数	进士鼎甲比（%）
安徽	45	1192	10.6	4.2	21	57
江苏	69	2949	26.3	2.6	116	25
浙江	94	2808	25.1	3.7	76	37
江西	94	1919	17.1	5.5	18	106
湖北	47.5	1247	11.1	4.3	12	104
河南	71	1721	15.4	4.6	5	344

　　表中乡试中额依据礼部纂辑《钦定科场条例》[1]，其中湖北与湖南两省有一个分科轮中的名额，故记为47.5。进士数即各省进士总数，因统计范围与方法不同，各家数据稍有差异，除安徽省外，本文采用沈登苗的研究成果[2]。科均进士数指某省进士总数与清代112科之比，并忽略部分省份的脱科与罚科。举人进士比是一个虚拟值，指乡试中额与科均进士数之比，大约相当于举人考取进士的比率，不计各省贡监生参加顺天乡试中举人数，亦忽略乡试额数的增减与变化。鼎甲数依商衍鎏所作《清代殿试、会试历科首选省份人数统计表》与《殿试会试首先姓名表》[3]统计得出；进士鼎甲比即各省进士人数与鼎甲人数之比，该数字愈小表明科举竞争力愈强。

　　如果单纯比较进士数，较之其他五省，安徽进士数最低，只与湖北大约接近，似乎是一个科举盆地。但我们知道，在分省取士的制度中，进士人数其实来源于举人数，亦即进士之多寡往往取决于

---

① 礼部纂辑：《钦定科场条例》卷二十《乡会试定额·各省乡试定额》，沈云龙主编：《近代中国史料丛刊三编》第48辑，第1414页。

② 沈登苗：《明清全国进士与人才的时空分布及其相互关系》，《中国文化研究》1999年第4期。

③ 商衍鎏：《清代科举考试述录及有关著作》，第182—190页。

举人之多寡。安徽、江苏两省共同继承和享有江南省乡试大省的地位与名额,安徽只能成为乡试小省,每科举额较他省为低。安徽的举人进士比是 4.2,低于江苏、浙江两省,略高于湖北,明显高于江西和河南两省,初步反映了安徽科举竞争力的强劲势态。殿试凭文评定等级高下,不再区分省份地域,所以进士甲次,尤其是鼎甲人数最能反映各省文风高下。安徽共有鼎甲 21 人,其中状元 9人,两个指标在全国各省均在第三名,列江苏与浙江之后,在江西之上,远超湖北和河南,是为鼎甲大省。如果结合进士鼎甲比考察,安徽的优势就能得到更加清晰的反映,安徽该比为 57,意味着每 57 位进士就能产生一个鼎甲,略逊于江苏、浙江,其他三省进士鼎甲比均高于安徽,河南为 344,湖北为 104,江西该比是 106,约是安徽的两倍,这表明江西虽然鼎甲规模与安徽差距不大,但其科举核心竞争力却逊于安徽。

第七节 南京:清代安徽科举的中心

由于历史渊源与分省过程的复杂性,安徽与江苏两省尽管在清初就已分治,但仍有密切的事务关联,共享特定的历史文化资源,科举考试就是其中的典型代表。苏皖两省一直合闱江南贡院,江南乡试及江南贡院所在地南京,不仅是江南科举发达的象征之地,也是清代安徽科举的中心之地。

一、制度设计的中心

江南乡试在清代科举体系当中一直占有特殊而重要的地位,江南与直隶、浙江、江西、湖广、福建并为科举"大省",江南乡试中举者的功名成就更是令人瞩目,获中状元 58 人,超过清代状元总数的一半,三鼎甲计有 137 人,占全部三鼎甲总数的 40.77%[1],直接反映了江南的文教昌盛与科举发达。

　　江南乡试的考试之地即为江南贡院,始建于南宋乾道四年,明景泰年间重建,定基秦淮,嘉靖年间大修,以明远楼为标志,贡院形制趋于成熟,为南直隶乡试之所,为区别北京举行的顺天乡试"北闱",称之"南闱"。入于清后,"划苏皖为两省,而贡院独踵前明,乡举俱在江南。应试者辄二万人,文物蔚然,为廿三行省冠。"[2] 江南贡院屡经修整增建,规模不断扩大,曾国藩于同治三年主持,"增号舍若干,犹不足容多士",同治五年,李鸿章又扩而大之,相院旁地垣而合之,东至平江府,西至西总门,"凡增二千八百十二间,厕房八十一所,官房四区,合旧号都为万八千九百奇",李鸿章对这次增建非常得意,言"自是两省之士,庶无遗珠之憾"[3]。同治十二年,署两江总督张树声在贡院东端增号舍两千间,至此号街二百九十五字,号舍二万又六百四十六间,"为各直省所鲜见"[4],成为"庞然伟大之建筑物"[5]。江南贡院号舍之多,规模之大,布局之精巧,位居全国各省贡院之首,谓为"天下文枢",李鸿章亦称"两省之士,冠冕半天下,丞相、御史、翰林学士之属,更仆不能数,而皆出于院中"[6],

---

① 李世愉:《江南乡试在清代科举中的地位》,刘海峰、李兵主编:《科举学的提升与推进》,第 60 页。

②《苏皖两省贡院析产记》,南京市秦淮区地方志编纂委员会:《秦淮区志》,第 683 页。

③(清)李鸿章:《重修江南贡院碑记》,时呈忠主编:《南京夫子庙志略》,第 79 页。

④(同治)《续纂江宁府志》卷五《学校》,江苏古籍出版社,1991 年,第 47 页。

⑤《南京贡院处分问题》,《申报》,1916 年 12 月 28 日。

⑥(清)李鸿章:《重修江南贡院碑记》,时呈忠主编:《南京夫子庙志略》,第 80 页。

贡院盛况于此可见。

安徽与江苏分省之后，一直合闱共用江南贡院以为乡试考场，分设贡院的呼声与请求时有所见。安徽生员金从古等人请求分闱乡试，甚至愿意捐输廪粮建造贡院，未准。雍正元年，怀宁人杨汝谷借湖广分闱之机，奏请另设安徽贡院，独立乡试，他认为上江士子或冒长江风涛之险、或跋山越岭路费维艰，导致"就试者少，中式无多。乡试中式者既少，则会试之中式者亦复寥寥"，上下两江分闱考试能够改变"多寡悬殊"[①] 的局面，但雍正帝采纳了两江总督查弼纳不另设贡院的意见，认为查弼纳所奏"甚是，且为详尽，何必多此一举，靡费钱粮"[②]，没有批准杨汝谷的奏请。乾隆二年，赵宏恩奏请江苏、安徽分闱考试，各自建造贡院，礼部准行。恰于此前陕甘分闱未准，乾隆帝认为"安徽赴江宁应试，既不若湖南有洞庭之险，并不若陕甘道路辽阔，徒以增广解额……部议准行，明系九卿中江南人多，而陕甘无人，遂致事同而异议，此风断不可长"[③]，果断予以驳回，内里隐含防范江南之深意。此后直到清末，虽时有动议，都没有实现分闱，而是合闱江南，贡院也一直由苏皖两省共同维护与运行，"届有科之年，值事藩司（上下江轮值）提拨漕耗银七千两，江苏安三属分派编征银三千余两，其余在三藩司厘金项下各津贴银一万八千两。"[④]

两省合闱，共同享有江南乡试的大省地位和解额，历科乡试，

① 《通政使司通政使杨汝谷奏请分江南两闱乡试折》，中国第一历史档案馆：《雍正朝满文朱批奏折全译》上册，黄山书社，1998 年，第 264 页。

② 《两江总督查弼纳奏报江南不另设贡院折》，中国第一历史档案馆：《雍正朝满文朱批奏折全译》上册，第 468 页。

③ 《清实录·高宗纯皇帝实录》（一），第 697 页。

④ （同治）《续纂江宁府志》卷五《学校》，第 47 页。

下江中式居十分之七,上江约占十分之三。分闱之请表面看是两省分设贡院,内里则是增广解额的驱动,不仅安徽有增加中额的强大动力,江苏也希望借以加额,虽然一直没有实现分闱,分额却部分满足了两省增额的愿望。乾隆元年,在讨论江南中额时,礼部尚书杨名时奏称,"江南人文甲于天下",下江"贡赋数倍于他省",应试人数也较浙江、江西等大省为多,上江"亦多杰出之彦,非小省可比",建议将下江解额定为大省、上江解额定为中省。礼部讨论认为杨名时增额之议虽属应行,又担心"加增之数未免太浮",决定将"下江照中省之二等取中七十二名,上江照小省之二等取中四十八名,共增额二十一名"。乾隆九年分别减至六十九和四十五名,此后虽偶有增减,两省解额比例大约保持在六四之比。分额之制对安徽科举具有重大影响,原先因应试者寡而中试者少,毕竟"人文本属繁盛","亦多杰出之彦"[1],单独确立了解额,安徽科举利益得到制度性保障,有利于安徽科举的稳定和发展,士子参加乡试的积极性迅速提高。从顺治二年到雍正十三年,江南共举行 35 科乡试,共录取举人 3346 人,其中江苏省取中 2453 人,约占总数的73.31%,安徽省取中 893 人,约占总数的 26.69%[2],平均每科 25.5人。分额之后,安徽与江苏每科取中数大约为四六之比,两省差距缩小,更要者平均每科中式 52.7 人,较前增加一倍有余,为安徽从乡试层面的"小省"提升到会试层面的"中省"奠定了基础。

　　科举制度废除后,江南贡院的处置历经反复曲折,两省在 1919年前后基本完成贡院析产,明远楼及衡鉴堂作为遗迹予以保留,

---

① 礼部纂辑:《钦定科场条例》卷二十《乡会试定额》,沈云龙主编:《近代中国史料丛刊三编》第 48 辑,第 1412—1414 页。

② 邹艳妮:《清代江南乡试研究》,湖南大学硕士学位论文,2016 年。

"别存号舍若干间,以明前代试场之遗迹,余则辟市肆,利群商……分售既罄,获银九万八千二百有奇,苏六皖四,悉入公家。事定,苏以万一千金入皖,于是贡院遗迹及院前五宅,尽入于苏。"[1] 诚如学者所论,"江南贡院遗存,可以说只能是属于江苏省"[2],但作为一种历史资源和科举符号,江南贡院却应该由江苏和安徽两省共有共享,是清代安徽科举的象征,从这个意义上我们可以说,江南贡院及其所在地南京,是安徽科举制度设计的中心之地。

二、科举活动的中心

安徽在南京建有上江考棚,各州县建有多处科举会馆,部分地方的宾兴也在南京实施,南京成为安徽科举的活动中心。

安徽建有诸多考棚,其中建于乾隆中期的上江考棚最为特殊,因其位于省外之江宁。雍正二年,清廷鉴于"江南幅员甚广,士子众多,学臣多以试期迫促,并日连场,未遑尽阅试卷",照湖南、湖北之例,添设安徽学臣,"分上下两江考试"[3]。安徽添设学政之后,省内士子改在太平府的提督学政署考棚参加录遗考试,录取后再赴江南乡试,如此安排,场前时间紧迫,加之赁房备卷,考生颇费周章,多有不便。乾隆二十五年,歙县候选道员徐本增捐出空闲私宅五十四间,改造为安徽学政录遗考棚,并承担修理费用,由此安徽学政录科、录遗考试皆在江宁上江考棚举行。时任安徽巡抚高晋有《建安徽学政行署于江宁题疏》,述之较详,并谓捐建考棚对

---

① 《苏皖两省贡院析产记》,南京市秦淮区地方志编纂委员会:《秦淮区志》,第684页。
② 刘希伟:《科举废止后江南贡院处置事件钩沉》,刘海峰、李兵主编:《科举学的提升与推进》,第57页。
③ 《钦定学政全书》卷八《学政事宜》,《续修四库全书》第828册,第587页。

安徽"乡试士子甚为有益"①。上江考棚初在江宁朝天宫皇甫巷一带,经历了近代历史风云的拍打,是《南京条约》的议约谈判之地,也曾是太平天国领袖石达开的居住之所,后遭到破坏。同治四年,重建考棚,"买三条营梁姓屋修造,为屋七十七间,厢二十七厦,计文场七十九字,九百零四坐",十二年又"移于中正街,系安徽省绅捐建"②,科举停后一度闲置,张謇办河海工程学校,后立安徽公学,聘请陶行知为校长。

　　会馆是同乡人士在京师和其他异乡城市建立的,既指同乡所公立的建筑,也指同乡组织,有商业会馆、移民会馆与科举会馆等多种类型。科举会馆以科举为纽带,服务于科举考试与科举群体,分布于京师及各直省乡试之地。安徽科举会馆创立早,数量大,涉及区域广,主要有京师试馆和省城会馆两种类型,但和一般省份不同,安徽生员在江南贡院参加乡试,所以省城试馆建于南京。清代南京有会馆40处,安徽省所建达半数之多,甚至远远超过了江苏省所建会馆数,主要原因就是安徽士子要跨省赴试。建于南京的安徽各地会馆,一方面为来南京参加乡试的安徽考生提供服务,另方面也深度融入南京当地的社会、经济与文化生活。设于南京的会馆有安徽会馆(下浮桥油市街,会馆具体地点,下同)、旌德会馆(党家巷)、新安会馆(马府街)、庐江会馆(窑湾)、三河会馆(窑湾)、石埭会馆(武定桥)、泾县会馆(百花巷)、金斗会馆(聚宝门外西街)、金东会馆(状元境)、庐州会馆(马道街)、徽州会馆(栏杆桥)、新歙会馆(钞库街)、潜山会馆(东牌楼)、旌扬会馆(油市街南)、歙县试

①(民国)《歙县志》卷十五《艺文志·奏疏》,江苏古籍出版社,1998年,第604页。
②(同治)《上江两县志》卷十一《建置考》,江苏古籍出版社,1991年,第193页。

馆(石坝街)、婺源试馆(顾楼)、和县试馆(不详)、宿州试馆(不详)、太平会馆(甘雨巷)、贵池会馆(石坝街黄公祠)[①],再加上棋峰试馆,计21座,主要为科举试馆,或为商业会馆,亦兼有试馆功能。位于百花巷的泾县会馆,俗称九十九间半,建斗拱门楼,造型俏丽,占地3700平方米,东西各四进,沿街12间,全部为青砖小瓦建筑,是现在保存较好的南京会馆之一。棋峰试馆是位于钞库街的河房,地近江南贡院,有东西两个院落,东院两进,西院三进,一进平房,后两进为跑马楼,北面临秦淮河,建筑组群完整且富有特色。该院落为泾县人朱棋峰所建,"凡朱家来南京赴考之士,均住这里",[②]故名棋峰试馆,该试馆是清代安徽少有记载的家族科举会馆的代表,现为江苏省文物保护单位。

　　清代安徽科举宾兴事业非常发达,有41个县(直隶州本州)设有不同形式与规模的宾兴组织和宾兴基金,其活动中心在南京,从宾兴主要资助乡试考生可以得到清晰体现。

　　各地宾兴资助对象多有不同,从现有文献来看,大约有三种表述,一是指向各级考试的考生,或未作明确区分与指定,例如黟县于同治十三年"由本邑人等捐赀兴复"碧阳书院,又公劝捐银一万九千余两,存典生息,置市房取租,租息收入供"县府岁科考卷资、乡会试宾兴"[③]。第二种是资助参加乡会试者,多称为乡会试盘费,婺源、祁门、宿松、建平、颍上、盱眙等地宾兴均属此类。婺源县令朱理复在道光六年"于茶牙项下划出银六百两,为乡会试盘

---

① 南京市地方志编纂委员会编:《南京民政志》,海天出版社,1994年,第472—473页。

② 南京市地方志编纂委员会等编:《南京文物志》,方志出版社,1997年,第97页。

③ (民国)《黟县四志》卷十《政事志·学校》,第426页。

费,禀府立案"[①],但行之未久。祁门人郑世昌于道光年间,"独捐钱二千缗入书院生息,津贴阖邑乡试卷费。"[②]各地乡会试盘费在实际操作过程中,更倾向资助乡试士子。绩溪士绅胡培翚与合邑绅士劝捐,得银五千两,"发典生息,每科以息银分给应试者"[③],其中十分之九给乡试士子,十分之一给会试举人。第三种是资助参加乡试的生员,这是较为普遍的指向,而参加乡试者又以南闱为主。歙县人汪坤祖,于道光二年呈捐库平纹银一千两,"为乡试卷烛之费",奉县批饬各典生息,于乡试之年,"派给进场诸生";程崧生于道光五年呈捐库平纹银二千两,"以增乡试卷烛之费";潘弈星呈捐库平纹银一千两,"以增乡试卷烛之费"[④],亦照汪案办理。凤阳、怀远两县宾兴也为诸生乡试之用,(光绪)《凤阳县志》载有《乡试公费旧规条》,教谕朱衣点首先捐水旱田地,收租谷若干,以作乡试费,后变价得制钱三百千,存典生息,其后舒梦龄等多次筹捐钱银"以为凤邑士子乡试川资";怀远杨姓绅士捐银三百两,马献廷捐钱二百千,"均请存商生息,以邑诸生乡试之用",且言明"其赴都应一切考试不得领"[⑤]。霍邱张兰田妻谢氏"因夫故无嗣",于咸丰三年自愿将田"捐作南闱乡试盘费"[⑥],该事值得关注,一则捐田者是女性,再则专指南闱乡试。

宾兴活动包括经费筹集、管理与使用等环节,休宁、望江、建

---

① (民国)《婺源县志》卷六《建置·学校》,第28页。

② (同治)《祁门县志》卷三十《人物志·义行》,第345页。

③ (道光)《徽州府志》卷三《营建志·学校》,第247页。

④ (道光)《徽州府志》卷十二《人物志·义行》,第30页。

⑤ (光绪)《凤阳县志》卷八《经制志·学校》,第340页;(嘉庆)《怀远县志》卷三《学校志·书院》,第65页。

⑥ (同治)《霍邱县志》卷四《学校志》,第142页。

德、霍山等地宾兴,在南京将资助经费给付参加乡试诸生,具有特殊意义,不仅人向南京集中,资本也向南京流动。休宁宾兴由汪国柱、徐名进等捐银所立,分给典商生息,每值乡试之年,捐输之家同经管书院董事,邀集在城绅士,公举人品端严者一人司事,再捐输之家乡试子弟及乡试亲友诚实者一人同办,于六月收齐息银即登确记,"一同将银解省,无至迟误"①;士子在省领费,司事立簿对册,领费者须簿内自书收字,以便查考,俾无冒领浮开情事。望江县订有"科举程费公议",每遇乡试年份,"将此项银两公同封固,付与殷实公正生员贰名,带至省城,出闱后十六日赴公所,不论贡监科举遗才,一体均分"。建德县市屋租银,殷练首士轮流收管,乡试时"齐到金陵共同拆分"②。霍山县旧宾兴始于西乡千笠寺等八保旧存公田,每逢乡试之年,"由八保董事等将租变价,携至江宁,分给士子,名曰科费"③,嘉庆后八保将租田捐给书院,由书院派人送江宁分给。该材料中有"将银解省""带至省城"之说,其中"省"与"省城"颇关肯綮,虽然苏皖分省,安徽省域之内仍将南京视为省城。

　　笔者依据现有史料发现安徽有 19 个州县没有建立宾兴组织与基金,其地理分布颇有意味。太平府当涂县、芜湖县、繁昌县,宁国府宣城县、南陵县,凤阳府定远县,泗州直隶州天长县,和州直隶州含山县,广德直隶州本州等九地没有宾兴,而这九地正是距离南京较近的区域。距南京路遥的徽州,六县均有宾兴,科举较为落后的池州府,六县之中仅东流县未有宾兴,甚至科举竞争力最为薄弱

---

① (道光)《休宁县志》卷三《学校·乡试旅资规条》,第 72 页。
② (乾隆)《望江县志》卷四《学校·学宫》,第 440 页;(宣统)《建德县志》卷七《学校志·学租》,第 274 页。
③ (光绪)《霍山县志》卷五《学校志·宾兴》,第 106 页。

的颍州府七县(属州),也只有阜阳、太和两县未见宾兴。特定区域设立宾兴数与其距离南京远近之间恰好成正相关,说明与南京之间的空间距离,构成一地是否设立宾兴的潜在影响因素,从另外的角度反映了南京在安徽科举体系与科举活动中的特殊地位。

三、科举人才的中心

安徽建省之后,所辖府、州、县等到晚清基本稳定,领八府、五直隶州、四属州和五十一个县,其中安庆府和徽州府是科举最为发达的地域,但安徽科举人才的地理中心,却不是安庆府或徽州府,而是省域之外的南京,这种现象颇有意味。为便于问题分析,我们以安徽举人为例,进行科举人才地理分布的考察,并制作《清代安徽分府举人数据表》。

表5-12　清代安徽分府举人数据表

府(直隶州)	举人数	人口数(万)	每十万人口举人数	科举大县及举人数
徽州府	965	247.5	39.0	歙县401；休宁209；婺源194
安庆府	955	546.3	17.5	桐城451；怀宁175；太湖133
宁国府	764	343.3	22.3	泾县295；旌德141；宣城129
庐州府	431	354.8	12.1	合肥204；庐江70
太平府	252	147.9	17.0	当涂131；芜湖92
凤阳府	247	435.6	5.7	定远75；寿州49
池州府	237	275.5	8.6	青阳76
滁州	194	60.0	32.3	全椒132
和州	169	42.8	39.5	含山94；和州本州75
泗州	155	156.9	9.9	天长72
六安州	146	143.3	10.2	六安本州90
颍州府	128	397.8	3.2	阜阳72
广德州	45	55.1	8.2	

　　表中举人数为笔者依据(光绪)《重修安徽通志·选举志》卷一百六十一至一百六十五 [①] 统计所得数据,其中有两个需要说明的问题,一是该志所录举人包括寄籍他省者(一般标示寄籍地)和参加顺天乡试中式者(一般标示北榜或顺天榜),主要是参加江南乡试中式的举人,志中标示其籍贯;二是该志收到光绪二年丙子科,所以表中数据亦截至光绪二年,并非整个清代的举人数。举人数是衡量一地科举水平的直观指标,但因州县所辖地域有大小之分,人口有多寡之别,"每十万人口举人数"这一虚拟指标,更能精确反映科举水平的差异,并取接近峰值且基本稳定的嘉庆二十五年人口数 [②] 作为参照,计算各府(直隶州)的每十万人口举人数。

　　依据"每十万人口举人数",安徽八府五直隶州大约可分成三个层次,一类是和州、徽州府、滁州、宁国府、安庆府和太平府,其中和州与徽州府每十万人口举人数分别达到39.5人和39.0人,在省内居于领先地位,安庆府和太平府数据稍低,也达到或超过17.0人,四府二州是安徽科举较为发达的地区。第二类是庐州府、六安州、泗州、池州府、广德州和凤阳府,与第一类地区比较,这三府三州的科举竞争力明显弱化,每十万人口举人数基本分布在10人左右,庐州府稍高,凤阳府较低。第三类是颍州府,每十万人口举人数仅为3.2人,是省内科举实力最为薄弱的落后地区。第一层次的和州、滁州、宁国府和太平府恰好分布于南京周边,紧邻南京,第二层次的庐州府、六安州、泗州、池州府、广德州和凤阳府距离南京稍远,分布在第一层次各府州的外围,而第三层次的颍州府则位于皖

---

① (光绪)《重修安徽通志》卷一百六十一至一百六十五《选举志·表》,《续修四库全书》(史部·地理类)第653册,第126—180页。

② 曹树基:《中国人口史》(第五卷),第101页。

省西北,远离南京。如果我们分别将三个层次的府州,联成三条不规则的弧线,可以发现这三条弧线的共同圆心正是南京,南京是安徽科举人才中心,由此清晰体现。

观察各府直隶州的科举水平,除了文风炽盛且得首府之利的安庆府、学术发达又有徽商强力支持的徽州府之外,其他府州的科举发达层次,和它们与南京的空间距离密切相关。如果将这样的规律性样态延伸,我们是否可以认为,一地科举水平既是其文教、丁口、钱粮等因素作用的结果,也受到该地与科举中心地理距离的影响,颍州府即为例证。颍州府是清代安徽科举地理格局中的著名"盆地",而与颍州府人文相近、文化相通、地理交错的归德府,因其地近河南科举中心,则为河南科甲鼎盛之区,两地科举地位反差极大、消长鲜明。颍州府科举落后固然是因该地文风敝弱、人文凋零,但远离科举中心亦是不得不关注的潜在因素。

清代安徽有五十一县、四个属州,如加上五个直隶州本州,共有六十个县级行政区域,其中既有歙县、桐城等全国性的科举强县,也有休宁、泾县、合肥、全椒等全省性的科举大县,当涂、含山、天长、定远等则是地域性的科举大县。表5—12中列出21个科举大县,共有3284位举人,占全省举人数之比高达70.1%,分布于除广德州以外的十二个府(直隶州),表面看来其地理分布较为零散,没有规律可言。细加考察,我们发现,除了池州府青阳县,二十个科举大县可以连成四条线,一条位于皖南,从当涂开始,经芜湖、宣城、泾县、旌德、歙县,转休宁、婺源;第二条位于沿江江北,从含山、和州,经庐江、桐城,再到怀宁、太湖;第三条线由全椒经合肥到六安本州,横跨皖中地区;第四条线穿过皖北,由天长至定远,经寿州到阜阳。四线当中,前两线较长,所经州县举人数较大,后两线较短,所经州县举人数较少,反映了安徽科举地理南强北弱的状况。

更重要的是,四线的延长线共同指向南京,换言之,从南京出发的四条线,分别沿西南方向、沿江方向、正西方向和西北方向,向安徽省境延伸和辐射,几乎覆盖了清代安徽所有的科举大县,从这个角度看,我们可以认为南京是安徽科举人才的地理中心。

主要参考文献

政书、正史与档案等

赵尔巽等撰：《清史稿》，中华书局，1976—1977 年版。

《清实录》，中华书局，1985—1987 年影印。

礼部纂辑：《钦定科场条例》，沈云龙主编：《近代中国史料丛刊三编》第 48 辑，文海出版社有限公司，1989 年版。

礼部纂辑：《续增科场条例》，沈云龙主编：《近代中国史料丛刊三编》第 48 辑，台北文海出版社有限公司，1989 年版。

（清）素尔讷等纂修：《钦定学政全书》，《续修四库全书》（史部·政书类）第 828 册，上海古籍出版社，2002 年版。

（清）杜受田等修，（清）英汇等纂：《钦定科场条例》，《续修四库全书》（史部·政书类）第 829—830 册，上海古籍出版社，2002 年版。

（清）昆冈等修，（清）刘启端等纂：《钦定大清会典事例》，《续修四库全书》（史部·政书类）第 798—814 册，上海古籍出版社，2002 年版。

北京市档案馆编：《北京会馆档案史料》，北京出版社，1997 年版。

秦国经主编：《清代官员履历档案全编》，华东师范大学出版社，1997 年版。

中国第一历史档案馆:《乾嘉时期科举冒籍史料》,《历史档案》2000 年第 4 期。

中国第一历史档案馆:《咸丰末期江苏安徽借闱浙江乡试档案》,《历史档案》2019 年第 1 期。

方志

(清)沈葆桢、(清)吴坤修等修,(清)何绍基、(清)杨沂孙等纂:(光绪)《重修安徽通志》,《续修四库全书》(史部·地理类)第 651—655 册。

(民国)《婺源县志》,民国十四年刊本。

(民国)《涡阳县志》,《中国方志丛书·华中地方第 91 号》,台北成文出版社有限公司,1970 年版。

(民国)《重修蒙城县志书》,《中国方志丛书·华中地方第 244 号》,台北成文出版社有限公司,1975 年版。

黟县地方志编纂委员会编:《黟县志》,光明日报出版社,1989 年版。

(同治)《续纂江宁府志》,《中国地方志集成·江苏府县志辑》,江苏古籍出版社,1991 年版。

(同治)《上江两县志》,《中国地方志集成·江苏府县志辑》,江苏古籍出版社,1991 年版。

(光绪)《盱眙县志稿》,《中国地方志集成·江苏府县志辑》,江苏古籍出版社,1991 年版。

南京市地方志编纂委员会编:《南京民政志》,海天出版社,1994 年版。

歙县地方志编纂委员会编纂:《歙县志》,中华书局,1995 年版。

南京市地方志编纂委员会等编:《南京文物志》,方志出版社,1997 年版。

绩溪县地方志编纂委员会编:《绩溪县志》,黄山书社,1998年版。

(光绪)《续修庐州府志》,《中国地方志集成·安徽府县志辑》,江苏
　　古籍出版社,1998年版。以下至(宣统)《建德县志》,均为《中
　　国地方志集成·安徽府县志辑》,不一一注明。

(嘉庆)《合肥县志》,江苏古籍出版社,1998年版。

(康熙)《含山县志》,江苏古籍出版社,1998年版。

(道光)《巢县志》,江苏古籍出版社,1998年版。

(光绪)《直隶和州志》,江苏古籍出版社,1998年版。

(嘉庆)《无为州志》,江苏古籍出版社,1998年版。

(光绪)《庐江县志》,江苏古籍出版社,1998年版。

(康熙)《安庆府志》,江苏古籍出版社,1998年版。

(民国)《怀宁县志》,江苏古籍出版社,1998年版。

(道光)《续修桐城县志》,江苏古籍出版社,1998年版。

(光绪)《霍山县志》,江苏古籍出版社,1998年版。

(乾隆)《望江县志》,江苏古籍出版社,1998年版。

(民国)《宿松县志》,江苏古籍出版社,1998年版。

(民国)《太湖县志》,江苏古籍出版社,1998年版。

(民国)《潜山县志》,江苏古籍出版社,1998年版。

(同治)《六安州志》,江苏古籍出版社,1998年版。

(同治)《霍邱县志》,江苏古籍出版社,1998年版。

(光绪)《寿州志》,江苏古籍出版社,1998年版。

(嘉庆)《重修舒城县志》,江苏古籍出版社,1998年版。

(道光)《阜阳县志》,江苏古籍出版社,1998年版。

(乾隆)《颍州府志》,江苏古籍出版社,1998年版。

(光绪)《亳州志》,江苏古籍出版社,1998年版。

(光绪)《重修凤台县志》,江苏古籍出版社,1998年版。

(同治)《颍上县志》,江苏古籍出版社,1998年版。

(民国)《太和县志》,江苏古籍出版社,1998年版。

(光绪)《宿州志》,江苏古籍出版社,1998年版。

(乾隆)《灵璧县志略》,江苏古籍出版社,1998年版。

(光绪)《泗虹合志》,江苏古籍出版社,1998年版。

(嘉庆)《怀远县志》,江苏古籍出版社,1998年版。

(光绪)《重修五河县志》,江苏古籍出版社,1998年版。

(光绪)《凤阳府志》,江苏古籍出版社,1998年版。

(嘉庆)《备修天长县志稿》,江苏古籍出版社,1998年版。

(光绪)《滁州志》,江苏古籍出版社,1998年版。

(民国)《全椒县志》,江苏古籍出版社,1998年版。

(道光)《来安县志》,江苏古籍出版社,1998年版。

(道光)《定远县志》,江苏古籍出版社,1998年版。

(光绪)《凤阳县志》,江苏古籍出版社,1998年版。

(乾隆)《太平府志》,江苏古籍出版社,1998年版。

(民国)《芜湖县志》,江苏古籍出版社,1998年版。

(雍正)《建平县志》,江苏古籍出版社,1998年版。

(民国)《当涂县志》,江苏古籍出版社,1998年版。

(道光)《繁昌县志》,江苏古籍出版社,1998年版。

(乾隆)《铜陵县志》,江苏古籍出版社,1998年版。

(光绪)《广德州志》,江苏古籍出版社,1998年版。

(嘉庆)《宁国府志》,江苏古籍出版社,1998年版。

(光绪)《宣城县志》,江苏古籍出版社,1998年版。

(嘉庆)《泾县志》,江苏古籍出版社,1998年版。

(民国)《南陵县志》,江苏古籍出版社,1998年版。

(道光)《徽州府志》,江苏古籍出版社,1998年版。

（民国）《歙县志》，江苏古籍出版社，1998 年版。

（道光）《休宁县志》，江苏古籍出版社，1998 年版。

（道光）《旌德县续志》，江苏古籍出版社，1998 年版。

（民国）《宁国县志》，江苏古籍出版社，1998 年版。

（嘉庆）《绩溪县志》，江苏古籍出版社，1998 年版。

（同治）《祁门县志》，江苏古籍出版社，1998 年版。

（嘉庆）《黟县志》，江苏古籍出版社，1998 年版。

（道光）《黟县续志》，江苏古籍出版社，1998 年版。

（同治）《黟县三志》，江苏古籍出版社，1998 年版。

（民国）《黟县四志》，江苏古籍出版社，1998 年版。

（乾隆）《池州府志》，江苏古籍出版社，1998 年版。

（光绪）《青阳县志》，江苏古籍出版社，1998 年版。

（光绪）《贵池县志》，江苏古籍出版社，1998 年版。

（嘉庆）《太平县志》，江苏古籍出版社，1998 年版。

（嘉庆）《东流县志》，江苏古籍出版社，1998 年版。

（民国）《石埭备志汇编》，江苏古籍出版社，1998 年版。

（宣统）《建德县志》，江苏古籍出版社，1998 年版。

安徽省地方志编纂委员会编：《安徽省志·人物志》，方志出版社，
　　1999 年版。

（民国）《英山县志》，《中国地方志集成·湖北府县志辑》，江苏古籍
　　出版社，2001 年版。

南京市秦淮区地方志编纂委员会编：《秦淮区志》，方志出版社，
　　2003 年版。

时呈忠主编：《南京夫子庙志略》，中国工人出版社，2005 年版。

（清）冯煦主修，（清）陈师礼纂：《皖政辑要》，黄山书社，2005 年版。

（光绪）《续修舒城县志》，黄山书社，2009 年版。

（清）陶澍、（清）邓廷桢修，（清）李振庸、（清）韩玫纂：（道光）《安徽通志》，黄山书社，2015 年版。

文集、年谱、笔记等类

（清）包世臣撰：《包世臣全集》，黄山书社，1991 年、1993 年、1997年版。

梁启超：《梁启超全集》，北京出版社，1999 年版。

（清）李鸿章：《李鸿章全集》，安徽教育出版社，2008 年版。

（清）陶澍：《陶澍全集》，岳麓书社，2010 年版。

（清）曾国藩撰：《曾国藩全集》，岳麓书社，2011 年版。

（清）张英撰：《张英全书》，安徽大学出版社，2013 年版。

（清）施念曾：《施愚山先生年谱》，《北京图书馆藏珍本年谱丛刊》第 74 册。

（清）苏惇元：《方望溪先生年谱》，《北京图书馆藏珍本年谱丛刊》第 89 册。

（清）张廷玉：《澄怀主人自订年谱》，《北京图书馆藏珍本年谱丛刊》第 90 册。

（清）顾镇：《黄侍郎公年谱》，《北京图书馆藏珍本年谱丛刊》第 91 册。

（清）吴保琳：《吴苏泉编修年谱》，《北京图书馆藏珍本年谱丛刊》第 110 册。

（清）张其锦：《凌次仲先生年谱》，《北京图书馆藏珍本年谱丛刊》第 120 册。

（清）胡韫玉：《包慎伯先生年谱》，北京图书馆编：《北京图书馆藏珍本年谱丛刊》第 135 册。

（清）邵亨豫：《雪泥鸿爪前编》，北京图书馆编：《北京图书馆藏珍本年谱丛刊》第 162 册。

《寿州孙文正公年谱》,《北京图书馆藏珍本年谱丛刊》第 169 册。

来新夏编著:《林则徐年谱新编》,南开大学出版社,1997 年版。

(清)黄崇惺:《凤山笔记》,《近代史资料》1963 年第 1 期。

(清)法式善等撰:《清秘述闻三种》,中华书局,1982 年版。

刘体智:《异辞录》,中华书局,1988 年版。

(清)徐珂编撰:《清稗类钞》,中华书局,1984 年版。

(清)马其昶撰:《桐城耆旧传》,黄山书社,1990 年版。

(清)英和:《恩福堂笔记·诗钞·年谱》,北京古籍出版社,1991
　　年版。

许承尧撰:《歙事闲谭》,黄山书社,2001 年版。

(清)赵吉士辑撰:《寄园寄所寄》,黄山书社,2008 年版。

资料

中国史学会主编:《中国近代史资料丛刊·戊戌变法》,上海人民出
　　版社,1957 年版。

(清)徐光文、徐上墉重录:《重续歙县会馆录》,大东图书公司,1977
　　年版。

朱保炯、谢沛霖编:《明清进士题名碑录索引》,上海古籍出版社,
　　1979 年版。

顾廷龙主编:《清代朱卷集成》,台北成文出版社有限公司,1992
　　年版。

北京市档案馆编:《北京会馆档案史料》,北京出版社,1997 年版。

杨学为主编:《中国考试史文献集成》(第六卷),高等教育出版社,
　　2003 年版。

璩鑫圭、童富勇编:《中国近代教育史资料汇编·教育思想》,上海

教育出版社,2007 年版。

江庆柏编著:《清朝进士题名录》,中华书局,2007 年版。

鲁小俊、江俊伟校注:《贡举志五种》,武汉大学出版社,2009 年版。

王炜编校:《〈清实录〉科举史料汇编》,武汉大学出版社,2009 年版。

南京市文化广电新闻出版局(文物局)编:《南京历代碑刻集成》,上 海书画出版社,2011 年版。

周向华、张翔点校:《北平泾县会馆录汇辑》,安徽师范大学出版社, 2014 年版。

论著

何炳棣:《中国会馆史论》,台湾学生书局,1966 年版。

何怀宏:《选举社会及其终结:秦汉至晚清历史的一种社会学阐 释》,生活·读书·新知三联书店,1998 年版。

《安徽文化史》编委会编:《安徽文化史》,南京大学出版社,2000 年版。

商衍鎏:《清代科举考试述录及有关著作》,百花文艺出版社,2004 年版。

曹树基:《中国人口史》(第五卷),复旦大学出版社,2005 年版。

李世愉:《清代科举制度考辩》,沈阳出版社,2005 年版。

齐如山:《中国的科名》,辽宁教育出版社,2006 年版。

周晓光:《徽州传统学术文化地理研究》,安徽人民出版社,2006 年版。

李润强:《清代进士群体与学术文化》,中国社会科学出版社,2007 年。

王日根:《中国科举考试与社会影响》,岳麓书社,2007 年版。

王日根:《中国会馆史》,东方出版中心,2007 年版。

茅海建：《从甲午到戊戌：康有为〈我史〉鉴注》，生活·读书·新知三联书店，2009 年版。

李国荣：《清朝十大科场案》，人民出版社，2010 年版。

张海鹏、王廷元主编：《徽商研究》，人民出版社，2010 年版。

王笛：《茶馆：成都的公共生活和微观世界（1900—1950）》，社会科学文献出版社，2010 年版。

杨念群：《何处是"江南"：清朝正统观的确立与士林精神世界的变异》，生活·读书·新知三联书店，2010 年版。

《安徽通史》编纂委员会编：《安徽通史·明代卷》，安徽人民出版社，2011 年版。

《安徽通史》编纂委员会编：《安徽通史·清代卷》，安徽人民出版社，2011 年版。

方宁胜：《桐城科举》，安徽美术出版社，2011 年版。

刘希伟：《清代科举冒籍研究》，华中师范大学出版社，2012 年版。

白继增、白杰：《北京会馆基础信息研究》，中国商业出版社，2014 年版。

毛晓阳：《清代科举宾兴史》，华中师范大学出版社，2014 年版。

郭培贵：《中国科举制度通史·明代卷》，上海人民出版社，2015 年版。

李世愉、胡平：《中国科举制度通史·清代卷》，上海人民出版社，2015 年版。

杨齐福：《科举制度与近代文化》（修订本），人民出版社，2016 年。

关晓红：《科举停废与近代中国社会》（修订本），社会科学文献出版社，2017 年。

张晓婧：《清代安徽书院研究》，社会科学文献出版社，2019 年版。

论文

（日）寺田隆信:《关于北京歙县会馆》,《中国社会经济史研究》1991
年第 1 期。

杜春和:《李鸿章与安徽会馆》,《安徽史学》1995 年第 1 期。

冯尔康:《清朝前期与末季区域人才的变化:以引见官员、鼎甲、翰
林为例》,《历史研究》1997 年第 1 期。

沈登苗:《明清全国进士与人才的时空分布及其相互关系》,《中国
文化研究》1999 年第 4 期。

李琳琦:《明清徽州进士数量、分布特点及其原因分析》,《安徽师范
大学学报》(人文社会科学版)2001 年第 1 期。

陈瑞:《制度设计与多维互动:清道光年间徽州振兴科考的一次尝
试——以〈绩溪捐助宾兴盘费规条〉为中心的考察》,《安徽史
学》2005 年第 5 期。

刘希伟:《清代科举考试中的"商籍"考论:一种制度史的视野》,
《清史研究》2010 年第 3 期。

汪谦干:《安徽寿县孙氏家族与教育》,《史学月刊》2011 年第 4 期。

郭培贵:《明代庶吉士群体构成及其特点》,《历史研究》2011 年第
6 期。

梁仁志:《清同治年间的旌德宾兴:兼与绩溪宾兴的比较》,《安徽师
范大学学报》(人文社科版)2014 年第 2 期。

王立刚:《清代童试录取率研究》,《社会科学论坛》2014 年第 3 期。

邹怡:《善欲何为:明清时期北京歙县会馆研究(1560—1834)》,
《史林》2015 年第 5 期。

张小坡:《明清徽州科举会馆的运作及其近代转型》,《安徽大学学
报》(哲社版)2016 年第 4 期。

刘红阳:《符号科举研究(1905——1949)》,淮北师范大学硕士学位论文,2016年。

王立新:《咸同年间文闱停科问题考订》,《近代史研究》2016年第5期。

贾琳:《时间延展与制度变迁:清代科举"展期"考论》,《中国史研究》2018年第1期。

张瑞龙:《中央与地方:捐输广额与晚清乡试中额研究》,《近代史研究》2018年第1期。

刘海峰:《江南贡院的保存与演变》,《厦门大学学报》(哲学社会科学版)2018年第5期。

丁修真:《旧途与新路:科举人才地理研究的范式转向》,《安徽师范大学学报》(人文社会科学版)2019年第1期。

刘海峰、韦骅峰:《科举家族研究:科举学的一个增长点》,《河北师范大学学报》(教育科学版)2019年第3期。

郝红暖:《宗族、官绅与地方善举:清代桐城对地方科举的资助——以方氏试资田为中心》,《江汉论坛》2019年第11期。

徐世博:《清代贡院号舍添建活动考论》,《近代史研究》2021年第6期。

后　记

我在 2000 年 7 月发表《科举制度的废除与社会整合的弱化》（《安徽史学》2000 年第 3 期）一文，初涉科举研究，只是生硬套用一些社会学概念，试图讨论科举废除与近代中国社会转型的关系，不晓深浅，在懵懂之中搭上了科举学与社会史发展的脉搏。自该文发表，已逾二十年，从科举停废，到晚清科举改革，再到清代科举制度，虽偶有所得，草拟成文，或侥幸见刊，或置于箧中，细细想来，既未"入泮"，更无"登瀛"，仿佛仍在"科场"边缘徘徊。

2017 年我以《清代安徽科举研究》为题，申报安徽省哲学社会科学规划重点项目，原拟在索引式和总账式整理与研究基础上，对清代安徽科举进行专史式整理与研究，但现在看来，这个目标远未达成，仅仅是一个起步，诸多问题只好留待将来继续努力。需要说明的是，著中部分内容曾以论文的形式提交"科举制与科举学国际学术研讨会""安徽省史学年会"等学术研讨会，得到学界各位先行与同道的指导，深表感谢。2017 年 9 月，我参加第十五届科举制与科举学国际学术研讨会，提交《科举的社会表达：明清时期徽州科举牌坊考察》，蒙刘海峰教授、陈文新教授错爱，该文发表于 2018 年第 3 期《教育与考试》，后又收入《科举文化与明清知识体系》（武汉大学出版社 2019 年 7 月版）。从资料收集、结构设计到文字修饰，盛菊副教授深度参与了本项目研究，是书稿的第一位读者，

第四章第一节和第五章第六节由她执笔撰写,本应署名,但她明确表示不必,只在著中节下说明。

往日读书看到"致谢",总觉是例行公事,自己写"后记",才知道感谢之词绝非虚言。

感谢我的老师!高二时选择转往文科班,班主任杨烨老师帮助我迅速适应新班级、新同学和新环境,既是老师,亦似兄长。大学期间,承杨国宜、裘士京、王世华、欧阳跃峰、李琳琦、周晓光、施兴和诸师授业,他们或娓娓道来,或条分缕析,让我逐渐知道了历史是什么,毕业以后不时请益,仍得指教。攻读硕士学位期间,从吴景平教授问学,得窥学术门径,吴师治学谨严,尤重史料,对我影响至为深远。记得应是 1998 年 10 月,吾师在韩国访学,操心我的学位论文选题与写作,专门一信,指导史料搜集,嘱往上海师范大学拜访郭绪印教授。后遵师命,趋前请教,郭先生在家中小客厅为我一个学生,单独上了三个小时的课,"下课"后,郭先生执意送我下楼,甚至送到学校门口,先生对青年后学的提携与期望、先生的平和与博学,至今萦怀感念。2019 年 3 月,应师召参加复旦大学近代中国人物与档案文献中心与美国斯坦福大学胡佛研究档案馆联合举办的"宋子文档案数据库汇报发布会暨近代人物档案整理研究讨论会",期间吴师说"佰合很优秀,我一直觉得后来会回来找我读博士的",闻师之言,几至泪下,生也愚钝,学业无成,"高山仰止,景行行止",虽不能至,心向往之。

感谢我的同事!淮北师范大学历史文化旅游学院及其前身淮北煤炭师范学院历史学系,一直有着浓厚的学术氛围,身在其中,得诸位同事帮助甚多。刚刚站上大学讲台时,曾冒昧将简陋小文呈于张子侠先生,子侠先生指导如何归纳观点、组织行文,场景如昨,感佩至今。纪健生、傅瑛、魏继岚、高刘、余敏辉、牛继清、李勇、

刘亚中、雒有仓、赵恒、陈安全等诸位,或引领教学,或启发思考,或
支持工作,师友之间,获益良多。身边还有一批富有朝气的青年教
师,兢兢业业,沉潜向学,蓬勃发展,于日常多有交流,共同进步。
感谢高玉兰教授,允准中国史特色学科予以资助。

　　感谢我的亲人! 父母虽然距离学术研究非常遥远,但他们总
是关心着我的点滴进步,不时询问,"你在写什么书?""你的书什
么时候出来?"现在总可以给父母肯定的回答了,祝愿双亲健康长
寿! 大哥一直是我成长道路上的榜样,书稿完成时,大哥却在病
中,祈愿早日康复! 儿子梦阳刚刚经历了从中考到高考的"科场"
生涯,我们往来奔走于学校和租屋之间,偶尔讨论高考与科举,很
幸运能和"理工男"有许多共同话题,我们一起学习、一起赶考,共
同成长,我想这应该也是一种陪伴和引领吧。特别感谢志同道合
者吾妻盛菊,不仅是生活伴侣,几乎包揽了全部家务,把我养成"懒
汉",更是精神伴侣,一直鼓励、督促直至参与我的学术研究,如果
能够取得一点成绩,其中至少一半应归于吾妻。

　　打开窗子,科场,就在窗外!

　　　　2022 年 1 月 22 日于淮北师范大学寓中